普通高等教育规划教材

青少年 社会工作

主　编　李　楠　孟续铎

副主编　李付俊　杨雅琪

参　编　高文静　金　剑　贾　妍　李倩云　卫　洁　赵　晨

主　审　吕新萍

机械工业出版社

本书分为五篇，共包含十五章内容，涵盖了青少年社会工作的基本理论和实务操作。

第一篇为基础篇，包括第一章和第二章，主要介绍青少年社会工作的相关概念和内涵，以及基础理论。

第二篇为成长篇，包括第三章和第四章，主要探讨青少年的生理、心理及行为特征，以及青少年的成长环境。

第三篇为方法篇，包括第五章，主要介绍青少年社会工作的具体方法，包括个案工作、小组工作和社区工作。

第四篇为实务篇，包括第六章到第十四章，分别介绍不同类型的青少年社会工作内容，包括药物滥用、抑郁症、恋爱、受虐、学业倦怠、贫困、残疾、流动、网络成瘾等青少年群体。

第五篇为机构篇，包括第十五章，向读者展示了我国内地和港澳台地区具有代表性和特色鲜明的一些青少年社会工作组织机构。

本书可作为普通高等院校社会工作专业教材，亦可作为相关从业人士的专业参考用书。

图书在版编目（CIP）数据

青少年社会工作/李楠，孟续铎主编. —北京：机械工业出版社，2013.11
（2024.1 重印）
ISBN 978-7-111-44319-3

Ⅰ.①青… Ⅱ.①李…②孟… Ⅲ.①青少年-社会-工作-中国-高等学校-教材 Ⅳ.①D432.6

中国版本图书馆 CIP 数据核字（2013）第 240370 号

机械工业出版社（北京市百万庄大街 22 号　邮政编码 100037）
策划编辑：商红云　责任编辑：商红云　何　洋
版式设计：常天培　责任校对：赵　蕊
封面设计：张　静　责任印制：邓　博
北京盛通数码印刷有限公司印刷
2024 年 1 月第 1 版第 8 次印刷
184mm×260mm · 15.5 印张 · 417 千字
标准书号：ISBN 978-7-111-44319-3
定价：45.00 元

电话服务　　　　　　　　网络服务
客服电话：010-88361066　机 工 官 网：www.cmpbook.com
　　　　　010-88379833　机 工 官 博：weibo.com/cmp1952
　　　　　010-68326294　金 书 网：www.golden-book.com
封底无防伪标均为盗版　机工教育服务网：www.cmpedu.com

前　言

在世界发达国家和地区，社会工作体系已经比较完善和专业，社会工作者作为维系社会健康运转的一支重要力量，在预防犯罪，特别是预防青少年犯罪、扶持帮助社会弱势群体等方面，已经成为社会不可或缺的重要因素。随着我国经济社会的快速变革和发展，当代社会越来越需要强大而专业的社会工作者队伍，而与此矛盾的是在高校社会工作专业人才培养方面，目前的教学和实践工作仍存在许多不足，不能很好地满足社会需求。因此，有必要进一步加强高等学校社会工作专业的课程和教材建设。

"青少年社会工作"作为社会工作专业的核心主干课程，是设有社会工作专业的高等学校开设的一门专业课。近些年，全国开设社会工作专业的高校越来越多，在读学生数以万计，对社会工作相关教材的需求巨大。特别是自2009年国家设立社会工作专业硕士学位以来，社会工作的教学任务变得越来越重，但有关的教材却相较不够完善，这一点在青少年社会工作教材方面表现得尤为突出。因此，面对众多教师和学生的课堂需求，以及社会工作从业人员的自学需求，编者认为有必要编辑出版一本既符合社会工作专业教学内容，又能满足青少年社会工作者的实践指导需要，同时专业知识与社会现实相结合、理论知识与实践经验并重、充分体现新趋势新内容的青少年社会工作专业教材。

本书分为五篇，共包含十五章内容。第一篇为基础篇，主要介绍青少年社会工作的相关概念和内涵，以及基础理论；第二篇为成长篇，主要探讨青少年的生理、心理及行为特征，以及青少年的成长环境；第三篇为方法篇，主要介绍青少年社会工作的具体方法，包括个案工作、小组工作和社会工作；第四篇为实务篇，分别介绍不同类型的青少年社会工作内容，包括药物滥用、抑郁症、恋爱、受虐、学业倦怠、贫困、残疾、流动、网络成瘾等青少年群体；第五篇为机构篇，向读者展示了我国内地和港澳台地区具有代表性和特色鲜明的一些青少年社会工作组织机构。

本书在内容编排上力求全面详实、特色鲜明，反映青少年社会工作的理论重点和实操特点。编者贯穿全书的写作逻辑是：在开展青少年社会工作时，先在相关的理论基础上，全面分析青少年的生理、心理以及行为特征，了解其所处的成长环境，继而有针对性地运用社会工作的方法，对问题青少年展开辅导。全书各章节的安排也基本符合这一写作思路，相较其他已经出版的青少年社会工作教材而言，本书的框架设计科学合理，内容更加完整全面。

除了注意构建完整的理论体系外，本书还在编写过程中突出了与现实的结合，增强了对现实工作的指导，实用性较强。社会工作的理念是助人自助，读者在阅读本书时不仅能够学到专业知识，为今后开展工作打下坚实的理论基础，更可以通过学习，深入地了解自我、帮助自我。因此，本书在编写过程中特别注意吸收了大量丰富的现实案例：一方面，将其作为专业知识的有益补充，理论与实际相结合，使读者能够更好地理解相关的理论知识；另一方面，这些引入的社会现实案例不但具有时代特点，更与专业知识紧密结合，在丰富教师教学内容的同时，更易于学生的自学，增强了本书的可读性。所以，本书不仅对社会工作专业的学生和从业者，同时对广大青少年也有较强的实用性和指导意义。

本书的编者主要来自于首都经济贸易大学劳动经济学院。中国社会工作教育协会首任会长袁方教授曾在学院前身的劳动经济系任教 27 年并担任过系主任等领导工作，为后来学院社会工作专业的开办和发展奠定了坚实的学科基础。该院的社会工作本科专业早在 2001 年起就开始招生，2005 年起在社会保障硕士点开始招收社会工作方向的硕士研究生，2009 年第一批获得社会工作专业硕士办学资格，2010 年开始招收社会工作专业硕士。在多年的办学过程中，社会工作专业依托学院劳动经济学国家重点学科的优势，已经逐步形成了自己的办学特色。本书的编者也正是站在这样的基础和高度上从事本书的写作的。

本书的主编李楠博士从 2003 年起就开始从事"青少年社会工作"的课程讲授和研究工作，多年来的教学实践使她对青少年社会工作这一领域的问题有着长期的关注和思考，具备坚实的专业基础并积累了大量素材。编写团队中的其他成员也都具备相应的社会工作专业知识和实践经验，不少人都是社会工作专业科班出身并在社会上从事社工的相关兼职工作。出色的编者团队保证了本书的质量。此外，首都经济贸易大学社会工作系主任吕新萍教授担任本书的主审。吕教授具有香港理工大学社会工作硕士学位和中国人民大学社会学博士学位，并师从社会工作领域著名学者阮曾媛琪教授从事博士后研究工作，具有丰富的社会工作理论及实践经验。她对本书的框架、内容及文字都给予了精心指导。

本书的编写分工如下：第一章，李楠；第二章、第四章，孟续铎；第三章、第五章，李楠、赵晨；第六章、第七章，杨雅琪、高文静、赵晨、卫洁；第八章，杨雅琪、高文静、卫洁；第九章，杨雅琪、高文静；第十章，李付俊；第十一章，李付俊、卫洁；第十二章，李付俊、李倩云；第十三章，李付俊、赵晨；第十四章，李付俊、高文静、李倩云；第十五章，李付俊、金剑、贾妍、卫洁。此外，李楠、孟续铎作为主编设计了全书框架和各章节内容，并对全书所有章节进行了最后的修改和完善。

总之，本书在充分借鉴已有的各类中外青少年社会工作相关教材的基础上，综合了目前市场上青少年社会工作教材的优点，突出自身特色，内容丰富，形式多样。同时考虑到能够适应不同层次的青少年社会工作的教学需要，在编写过程中兼顾了不同层次的学生及从业人员对青少年社会工作的不同需求，既适合普通高等院校社会工作专业选做教材使用，也可作为相关从业人士的专业参考用书。

本书在编写过程中参阅了大量文献，在此，谨向各位中外作者衷心致敬。

尽管编者付出很大努力，但仍不免存在可以不断完善和修改的地方，真诚希望广大读者不吝赐教。

编　者

目　录

第五篇　机　构　篇

第一篇　基础篇

第一章　青少年社会工作概述

第一节　社会工作的相关内容

一、社会工作的内涵

（一）社会工作的定义

一般来看，社会工作是由社会福利部门和服务机构及其专业工作者，以利他主义为指导，以科学的知识为基础，运用科学的方法和技巧，进行的助人服务活动。它区别于传统的、日常生活意义中的行善活动。这一定义指出社会工作的本质是一种助人活动，其特征是提供服务。更确切地说，社会工作是一种科学的助人服务活动，它不同于一般的行善活动。

具体来看，首先，社会工作是一门实践性的学科，专门探求改善人与人、人与环境的关系，探求加强人的各种社会功能与作用。其次，社会工作是一门助人的学科，专门探求如何帮助人们解决生活困难，调节诸如人际关系紧张、心理失衡、思想负担等精神困惑。再次，社会工作是一门解决社会问题的学科，探求通过人与人、人与社会的良好互动，来缓解人与社会的矛盾冲突，解决社会问题。因此，我们把社会工作定义为：社会工作是政府与社会团体运用科学的方法，帮助人们克服困难，消除精神、心理障碍，恢复人的正常的社会功能，满足人们基本的物质和精神需求，协调人与人、人与环境之间的关系，维持社会秩序，促进社会稳定的一种专业助人工作。正如佩尔曼（Perlman，1979）所指出的，社会工作表现为"4P"，即人（Person）、问题（Problem）、机构（Place）和过程（Process）。

（二）相关概念

1. 社会保障

社会保障是国家和社会依法保障社会成员的基本生活的社会制度。其目的是保障社会成员不因基本生活受损而招致危险，并进一步达到社会的稳定。社会保障是通过政府立法而确定的，基本上属于政府行为。它与社会工作的区别是：社会保障是一套制度性规定，而社会工作则是依据这些制度性规定而实施的具体服务；社会保障是收入和物质的帮助，而社会工作不仅是物质上的帮助，还有精神上的援助；社会保障的直接目的是通过保障机制维持有困难者的基本生活不致发生危险，而社会工作既要援助又要帮助案主发展自身能力。

2. 社会福利

社会福利有广义和狭义的理解：广义的社会福利是指改善社会成员的物质文化生活和精神文明程度的一切政策、计划、措施、行为；狭义的社会福利是指为社会弱者所提供的带有福利性的社会服务。从传统的社会工作角度来看，对社会福利一般作狭义理解，其二者的关系为：社会工作是现代社会福利体系中的一个重要组成部分。

3. 社会服务

社会服务是以劳务为主要形式向有困难的社会成员，特别是社会弱者提供改善其处境的活动。它是社会保障、社会福利传至有需要社会成员的过程。社会服务与营利性商业服务有本质区别，社会服务即是社会福利服务。狭义的社会福利服务与社会工作基本吻合。

（三）社会工作的构成要素

1. 社会工作者

社会工作者是服务和帮助的提供者，是社会工作过程的首要的构成部分。没有社会工作者，社会工作活动就无从谈起。从现代社会工作的角度来看，社会工作者应该受过一定的科学训练，掌握科学而有效的工作方法，遵循社会工作价值准则和伦理规范，运用社会工作的专业方法供职于某个机构，开展职业性助人活动。这与人们通常见到的在本职工作之外兼任某种服务性工作的"社会工作"有所不同。

2. 受助者

受助者即案主对象，也称工作对象。受助者是指遇有困难，自己不能解决并愿意接受社会工作者帮助的人。他们能够表达自己的意愿，并采取行动与社会工作者互动。受助者是服务的接受者，没有受助者，社会工作就失去了必要性。

3. 社会工作价值观

社会工作价值观是指社会工作者所持有的助人观念。它包括对助人活动的看法、对自己及受助者的看法。社会工作的价值观是利他主义，尊重受助者的权利和选择，认为社会工作是一种真正的服务过程，而不是社会工作者在行使手中的权力。社会工作价值观是社会工作的灵魂，它借助于助人活动与其他类型的社会工作区别开来。

4. 助人活动

助人活动是社会工作的本质，它是助人愿望的传导者，同时也是助人和受助的实现过程。在助人活动中，社会工作者传输的是精心考虑过的、科学的、能够满足受助者需要的信息，而受助者输出的则是需要和对来自社会工作者的帮助行为的理解、选择和反应。助人活动是社会工作者与受助者角色、享用文化、情景、传输手段等多种因素结合而成的行动体系。

二、社会工作的主要功能

（一）助人

叶楚生（1986）在分析社会工作的功能时指出四点：保障个人生活，促进社会安全；维护个人人权，促进社会进步；提高个人活力，增进社会财富与安定社会经济；发扬人类互助精神，实现社会公道，促进世界大同。[一]周永新（1994）指出社会工作有如下社会意义：填补家庭制度不足，调节社会矛盾和不均，促进个人才能发展。[二]他们都认为社会工作既有利于受助者，又有利于社会，并把帮助有困难的社会成员当成社会工作的基本着眼点。确实，社会工作的任务是帮人摆脱困境，因此助人是其基本功能。

人们的需要是多种多样的，主要包括生存、参与社会和发展几个方面。当他们不能依靠自己的力量去满足这些需要时，社会工作应该把帮助他们纳入自己的工作领域。对于受助者，社会工作有预防、救难、解困和促进人的发展等多种功能。

（二）预防

当社会问题和困难产生以后，社会工作者积极伸出援助之手是十分必要的。但是人们也逐渐认识到，与其消极地等待，不如积极地预防问题的产生，这就是预防性的社会工作。

[一] 叶楚生. 社会工作概论. 台北：同泰印刷局，1986.
[二] 周永新. 社会工作学新论. 香港：商务印书馆，1994.

预防性社会工作是指那些能够防止危险发生，减少某些特定的社会问题，在已经出现征兆时延缓或控制问题的产生的所有活动。它包括两方面：其一是对可能出现的问题预先发出警报，即在问题产生之前，对社会及可能受影响的人群发出警报；其二是增强社会成员、社会群体对可能出现的变动的应变能力。

（三）救难

危难是一个人因身体受损、经济破产等原因而危及自身生存的状态。如战场负伤、意外伤害、经济破产、精神崩溃等，都会使当事人陷入危险境地而不能自拔，需要他人救援。

危难涉及的是人的正常生活乃至基本生存问题，社会工作首先应该把这项任务放在自己的肩上。在中外历史上，社会工作者救人于危难的举动十分普遍。从救护战场伤员到救援难民，从救助灾民到挽救吸毒者，社会工作的作用十分显著。

（四）解困

当受助者遇到困难但尚未达到危及生存的程度时，社会工作者对其提供帮助，可视为解困。每个社会成员都会遇到诸多困难，其中有些困难会影响其正常生活和工作，它们既包括物质方面的困难，也包括精神方面的困难和压力。在一般情况下，受助者常可依靠自己的努力或依靠家人、亲戚、朋友、邻居等自然支持体系，解决这些困难；有时则需要由政府、工作单位等正式支持体系出面解决；还有一条出路则要求助于非正式支持体系，即各种非政府组织，其中就包括社会工作机构。由于社会工作机构的专业性及它对受助者的尊重、保密等承诺，在解决有关个人困境，特别是受助人不希望熟人知晓的问题方面发挥着重要作用。当然，社会工作机构的解困活动绝不止于前两种社会支持体系之外的剩余空间，它可以在社会成员遇到各种困难时发挥作用。解困是社会工作最重要的功能之一。

（五）发展

社会工作不但致力于问题的预防、救难与解困，而且有着更积极的取向，即促进人的发展。社会工作尊重人，认为人是有潜能的，并把充分挖掘个人潜能以达至个人幸福和社会进步当做自己的工作目标。促进人的发展并不止于马斯洛所谓人的自我实现的范围，事实上，提高知识和技能、增强自己克服不利因素的能力、提高个人与社会的协调能力都在发展之列。这也就是说，发展不仅发生于人们尚未遇到困难而进行预防性能力增强之时，也发生于其遇到困难但靠自身能力的增强而克服困难之时。由此可见，帮助个人、社会群体乃至社区更好地发展是社会工作的广阔活动空间。

如前所述，人的发展的内容是极其丰富的。埃里克森的人格发展理论从个体生理及社会成长的角度具体指明了这一点；马克思主义的人道主义则是从人类理想及终极关怀的角度指出人类追求全面发展的至上性。这些都对社会工作有启发意义。

三、社会工作的学科性质及与其他社会科学的联系

（一）社会工作是一门应用性的社会科学

社会工作的学科性质是一个有争议的问题。由于社会工作十分重视实务和操作，所以，人们普遍认为社会工作是一套助人方法和技巧，甚至是一个专业，但对社会工作是不是一门学科产生怀疑。其理由是社会工作缺乏一套独立的概念和理论体系，或者说有些概念和理论尚未上升到学科的层次。另一种观点认为，社会工作是一门应用性的社会科学学科。它虽然尚不具备一整套独特的、逻辑严密的知识体系和理论，但却有自己独特的工作理论。此外，它借用相关社会科学知识并对之进行有效的组合，从而形成了对某些现象的独特的解释。因此，从其理论建构、实践工作的科学性等角度看，社会工作应该算是一门学科，它属于应用社会科学学科，如同医学之于自然科学。

(二) 社会工作与社会学的关系

社会工作与社会学都是随着近现代工业社会的来临而成长起来的新学科。社会学的产生早于社会工作。社会学是以社会整体为对象，研究社会关系与社会行为、社会结构及其功能、社会变迁及其原因，并揭示其规律的社会科学。社会学所要解决的基本问题是个人与社会（群体）的关系，即人们怎样组成社会，社会又如何运行以满足其成员的需要，并由于二者之间的张力而导致社会变迁。

历史表明，当社会工作面对的问题不能简单地用个人的、心理的因素解释时，社会学就显示出其特殊的作用。比如，当社区组织和社区发展成为解决某些地区问题的主要方法时，对社区结构（包括社区组织结构、社区权力结构、社区人口结构等）及社区文化的研究分析就成为开展社区工作的关键，而这些都与社会学有直接关系。或者说，社会工作的开展是建立在社会学的研究和分析基础之上的。又如，在当代，经济与社会的协调发展、社会的持续发展成为人类普遍关心的问题，由此引起的问题也必须用社会学的理论来加以解释。

社会学与社会工作之间具有难解难分的普遍联系。一方面，社会学为近代才发展起来的、注重于应用的社会工作准备了取之不尽的精神养料，社会工作者时时可能在社会大师们的著作中发现令人惊叹的言论；另一方面，当社会学强调应用的时候，以应用为特征的社会工作似乎又顺理成章地被纳入到社会学这一学科中。与儿童成长、老年人赡养及家庭关系调适相关的家庭问题，与社区服务、社区关怀、社区建设相关的社区问题，与贫困、利益分配不公相关的阶层问题及社会制度问题，与失业、福利保障相联系的劳动就业问题，与社会可持续发展相关的人与环境的关系问题以及社会规划等问题，与人们生活质量的提高及人的发展相关的社会现代化问题等方面，其二者的联系更是密不可分。

(三) 社会工作与心理学的关系

心理学对社会工作的影响可以简单归结为对心理层面的重视。这就是说，社会工作者在调查、分析、处理案主的问题时，应当高度关注案主的思想、观念、态度、情绪等精神方面的因素。普通心理学、精神分析学和社会心理学各自以不同的方式为社会工作者们接受，因此它们对于社会工作都有重要的意义。

普通心理学和精神分析学对社会工作的贡献主要在于对人类个体行为的理解。普通心理学阐述了人的意识特征和作用，研究和分析人的感觉、知觉、思维、记忆、语言、情绪和情感、意志、能力、气质以及性格等与人的行为有关的精神层面的问题。精神分析学则不停留于任何心理现象的表面价值，而认为在任何心理现象的背后都隐藏着其他更重要、更有深远意义的精神作用，因而它要寻根问底地揭露表象深处的东西。它们拓宽了社会工作者的眼界，提供了认识人的行为、解释社会问题的新视角，从而促进了社会工作的发展。社会工作者从普通心理学和精神分析学中汲取了思想养料，并把它们主要运用于个案工作中，大大增加了个案工作的学术内涵。

社会心理学为社会工作者理解小组、社区以及各种类型的社会互动现象提供了富有启迪意义的解释。社会心理学是研究社会心理现象的发生条件及规律的科学。现代社会心理学研究的问题有个体社会化及人格的形成过程、社会相互作用的机制、人的态度形成的机制及其改变的规律、社会知觉的形成及其对人的行为的影响、精神压力与人的心理健康、群体心理的形成及其对社会生活的影响、文化与人的行为等。社会心理学对以个体为对象的社会工作的贡献是直接的和明显的。当受助者的问题主要是个人的、并与其意识和认识密切相关时，社会工作者就会运用社会心理学的知识去分析和帮助他解决问题。由于社会工作的任务与受助者的心理状态和态度有关，社会工作过程是社会工作者同受助者的细致、复杂的互动过程，所以社会心理学必然成为社会工作的重要理论支柱。社会心理学在总体上对社会工作具有重要价值，其中尤以如下方面更为突出：人的社会化理论、人格发展理论、人际关系理论、群体动力学、社会学理论、符号互动理论、认知理论、民族性格理论等。

(四) 社会工作与政治学的关系

政治学是研究权力关系的科学，它不仅研究国家政治体制，也研究行政和日常生活中的权力运作过程。社会工作与政治学有密切关系。在一些社会工作者看来，社会工作就是要维护社会弱者的权利，使其享受公平。社会弱者所遇到的困难在很大程度上是由社会制度造成的，要彻底解决他们的问题的根本途径是完善社会制度。社会工作者为解决这些问题所付出的努力，在一定程度上也是为了争取社会弱者的合法地位和权利。

另外，社会行政与社会政策的执行过程也具有政治学的意义。社会政策是国家政治的表现：一方面，政府通过社会政策来表达治国的思想；另一方面，通过落实社会政策，政府给社会弱者以利益，可以维护社会的稳定。因此，社会行政既是政治活动，也是间接的社会工作方法。

(五) 社会工作与伦理学的关系

伦理学是研究人类行为之对错、善恶的科学。社会工作以人道主义为旗帜，强调博爱、平等，强调对社会弱者的同情，就是伦理思想在社会工作理念层面的反映。

除此之外，社会工作过程本身也反映出浓厚的伦理色彩。社会工作者在助人过程中特别注意遵守专业伦理，如社会工作者不应利用助人机会谋求个人目的，不应企图控制受助者，不应危害和牺牲受助者的利益，以及应为受助者保密，等等。社会工作者以利他主义为指导思想，强调无私奉献，全心全意为受助者服务，尊重受助者，保护受助者，帮助受助者。这无不体现了社会工作者高度重视伦理道德的精神。

(六) 社会工作与经济学的关系

经济学是研究人类经济活动的科学，它通过研究生产、分配、消费过程来揭示经济规律。政治是经济的集中体现。实际上，生产过程和分配在某种意义上反映了社会权力和社会利益的分配，这就是政治经济学。

经济学与社会工作的关系集中体现于福利经济学对社会工作的影响。福利经济学主张社会物质财富的公平分配，即政府通过收入再分配促使社会弱者从中可以得到好处。并且，它认为这不仅有利于提高社会弱者的生活质量，也有利于促进社会稳定。因此，将社会物质财富更多地用于福利事业，是使社会财富效用最大化的途径。由此可见，福利经济学所倡导的是向社会弱者给予更多的物质支持，这正是社会工作所需要的。

除此之外，劳动就业、人力资源开发、社会救济等社会工作任务也与经济学有直接关系。在社会工作过程中，经济因素一直渗透其中。大部分社会工作服务与受助者的经济匮乏有关，由此可以看出经济学对社会工作的重要性。

(七) 社会工作与管理学的关系

管理学知识对社会工作的贡献，集中反映于社会行政之中。社会行政运用计划、组织、指挥、协调、控制这一整套方法对社会工作机构进行管理，以有效地达成社会工作目标，是管理学与社会工作关系的突出体现。另外，现代社会工作也开始将管理学知识运用于其他社会工作领域，如进行个案工作管理，进一步提高了社会工作的科学性和效率。

> **了解一下：**
>
> #### 中国社会工作的发端
>
> 专业社会工作在中国安家落户，是以中国学者自己编写社会工作教材、社会工作杂志以及与社会工作相关的立法的出现为标志的。20世纪40年代之前，中国社会工作教育大都

采用或编译西方教材，从 40 年代开始，中国社会工作学者开始著书、编写教材，从中国的实际教学和实践调查经验中概括出有中国本土特点的社会工作理论和方法体系。1941—1948 年间，国内共出版了 21 本有关社会工作与社会行政方面的书籍，专业的社会工作理论及方法论体系在此时已初步展现。1944 年 1 月 15 日，《社会工作通讯月刊》在重庆创刊，这是中国历史上最早以"社会工作"命名的杂志，意味着社会工作在中国得到了一定的认识。

（资料来源：孙志丽，张昱. 中国社会工作的发端 [J]. 华东理工大学学报（社会科学版），2009（4）：22-26.）

第二节　青　少　年

一、青少年的界定

"青少年"是一个人们常用但又很难确切定义的概念。"青少年"一词在英文中是"adolescence"，它源自拉丁文"adolescere"。"adolescere"在拉丁文中是一个动词，其含义是"成长为成年人"（Grow up into Adulthood）。在人一生的发展历程中，童年是人生发展的成长期或幼稚期，成年是人生发展的成熟期，而青少年则是个体从不成熟走向成熟、从儿童走向成人的一个过渡时期。

我国发展心理学界一般把青少年期界定为十一二岁至十七八岁这一发展阶段，相当于中学教育阶段。而西方大多数发展心理学家对青少年期的界定更为宽泛一些，认为青少年期是指从青春发育期开始直至完成大学学业这一发展阶段，即十一二岁至二十一二岁。青少年心理学家通常将青少年期进一步划分成三个亚阶段：①青少年早期（11～14 岁），大致相当于初中教育阶段；②青少年中期（15～18 岁），大致相当于高中教育阶段；③青少年晚期（18～21 岁），大致相当于大学教育阶段。在本书中，我们采用西方理论的划分方法，将青少年社会工作的对象群体界定在从青春发育期开始直至完成大学学业这一发展阶段的青少年。

二、不同学科对青少年概念的解释

对于青少年的界定，不同学科从不同的角度进行阐释，判断的根据也有所不同。

生理学视青少年为生理各方面发育迅速，肌肉发达，骨化逐渐完成，心血管系统发育尤快，各种活动能力（灵敏、精确、耐力）得到进一步发展，体力增强的时期。特别是生殖器官与第二性征开始发育的时期是青少年期的开始，而性的发育完全成熟则表示青春期的结束。

心理学则把青少年的标志定位于心智达到一定成熟的状态，具有不同于儿童期的抽象与逻辑思考的能力，情绪也相对稳定的时期。而当心智、智能发育成熟，情绪稳定，逻辑与抽象思维复杂时，个体就结束了青少年期而进入成人期。

教育学认为，青少年最大的特点是处于学习、受教育的阶段。从这个角度讲，青少年时期就是通过社会的各种教育途径，促使其不断熟悉、接受并且内化这个社会的种种规范，达到个性成熟，最终成为一个能为社会所需要的个体的过程。所以，青少年期被认为是"从接受中等教育开始，到就业、独立生活、结婚为止的这段时期"。教育学中最早的青年概念是由 17 世纪著名教育家夸美纽斯提出的，他把人的受教育时期按年龄分为四个阶段：幼儿期（出生至 6 岁）、少年期（6～12 岁）、青年期（12～18 岁）和成年期（18～24 岁）。当然随着社会的发展，教育年龄也在不断地变化和发展。

社会学认为，青少年始于青春期的开始，结束时则依社会承认的标准而定。当青少年具有应对社会与生活问题的能力，并受到社会的认可时，即可视为进入成人期。社会标准会因文化的不同和社会的变迁而有所变化，因此，没有固定的年龄段为青少年期的标准。

法律上没有关于青少年的严格界定。依各国法律通则，一般将18岁以下视为未成年人，予以特别的保护；而对于青少年的法律保护，则各国规定不等，有的上限为20岁，有的为22岁。"青少年犯罪"作为一个特定的概念，或指未成年人犯罪，或指18岁以上30岁以下的人犯罪。

从社会工作的角度看，青少年是指从儿童向成人过渡的这一时期。处于这个过渡时期的个体，生理上走向性成熟，心理上经历"心理断乳期"渐渐发育出独立的人格；从社会适应的角度看，从初级社会群体的圈子走向更大范围的社会，并且试图在次级社会群体中找到自己的位置，逐步成为一个真正的社会人。青少年是正在这个发展过程中的人，并且是一个未成熟但正在走向成熟的人。

这些解释将青少年这一概念作了充分的诠释，使之不再是一个单纯的年龄概念，而是一个内涵丰富的科学界定。

三、青少年的特征

青少年是人生发展的重要时期，"青少年"作为研究上的一个概念，包含着多种特征。

1. 青少年是一个生理特殊发展的时期

生理的快速发展是青少年最明显的特征。个体的身高、体重、骨骼、内脏都有十分显著的增长和发育，性征的发展尤为突出。青少年生理的发展既是量的增长，也是质的飞跃。应该说，生理的急剧变化是青少年不同于其他人生阶段或其他人群的最重要的特征。

2. 青少年是一个转折期

青少年是儿童向成人的过渡。从生理上，是由儿童发育为成人的过渡；从心理上，是从不成熟的自我向成熟的自我的过渡；从社会上，是从一个自然人向一个社会人的关键性过渡。在这一时期，人的生理、心理以及社会化方面都有巨大的变化。如果人生发展是一条直线，青少年期就是一种蜕变、一种转折、一种转型，是一个质变的时期。因此，这一时期发生各种成长性问题的概率远远高于其他年龄段的人群。

3. 青少年是一个关键期

正因为青少年是人生发展的重要转折期，这一时期的发展对人的一生具有关键性的作用。尽管有不少研究认为婴幼儿的发育对人一生的影响十分关键，但其影响是基础性的，如体格、智力发育等；而青少年期对人的影响则是全面的，不仅会影响到个体的生理、心理，而且会全面影响其婚姻、家庭甚至下一代。青少年期发生的各种障碍，将直接导致各种心理的、社会的危机。

4. 青少年是一种社会文化现象

青少年是一个特殊的人群，由于其生长发育的特殊性以及在社会生活中的特殊位置，使得青少年现象逐渐成为一种现代社会文化现象。青少年在参与各种社会活动时，会表现出区别于其他人群的价值标准、行为规范、思维方式和人格倾向，形成独特的"青少年文化"概念。这是根植于时代文化基础上的亚文化，是一种极具时代特征、既有积极意义又包含不安定因素的文化，其明显的"反叛性"常常令成人社会产生烦恼和不安。

四、青少年的价值

青少年的价值包括青少年作为人类整体一员的价值和作为一个特殊群体的价值。

作为人类整体的一员，与其他社会成员一样，青少年也有作为个人的价值与尊严，应该受到尊敬和周到的对待，应该参与影响他的决策，应该发展自己的能力与天赋。[⊖]

作为一个特殊的群体，青少年自身的价值包括青少年群体的独特价值、青少年群体对社会的价值和青少年作为个体的独特性和发展性价值。

1. 青少年是有独立文化形态的亚社会群体

从社会学的角度看，相对于实体社会，青少年构成了一个文化或观念形态的社会。由青少年所创造的、结合时代发展特点和青少年个性特点的青少年亚文化，对青少年的成长有着比主流文化更大的影响。这种亚文化的反叛性和不安定性既对主流文化造成冲击，同时又推动着主流文化的更新和发展。因此，对青少年的认识应该着重于他们的创造性，以便引导其对社会作出积极贡献。

2. 青少年是社会未来的主导和现在的伙伴

作为人类社会的一分子，青少年群体既是人类社会未来的希望，也是人类社会现在的伙伴。1995年联合国大会第50届会议上正式通过的《到2000年及其后世界青年行动纲领》明确宣称：世界各国的青年不仅是促进发展的主要人力资源，也是社会变革、经济发展和技术创新的关键动力。但从某种意义上讲，青少年能否成为社会未来的主导，取决于当前的社会是否能将青少年视为社会建设的伙伴，给青少年提供必要的参与机会[⊖]。

3. 青少年是有自己独特个性和特殊需要的人

作为一个个体，青少年既会受到主流社会的影响，也会受到自己所属亚文化社会的影响。但是，青少年在多大程度上接受主流文化和亚文化社会的影响，还取决于青少年个体的主观能动性和特殊需要。从这个角度来说，青少年的价值还在于每个青少年的独特性。正是这种独特性，构成了青少年世界的多样性和丰富性。

4. 青少年是具有各种潜能和有待开发的人

青少年时期是个体生理、心理和社会性发展的关键时期，处在个体一生中发展的重要过渡阶段，其生理、心理和社会性发展如何，对今后一生的发展有重要影响。从这一点上来说，能否恰当地处理青少年在这一阶段所遇到的成长问题和社会问题，能否给予青少年有效的帮助，必将成为影响到他们一生的关键所在。

了解一下：

中国青少年的总体状况

中国拥有世界上最为庞大的青少年人口群体。2011年全国人口变动抽样调查数据显示，全国10～24岁青少年共有295807059人，占总人口的21.96%。其中男性154138824人，女性141667059人，分别占总人口的11.43%和10.52%，性别比为110.18。

（资料来源：《中国统计年鉴（2012）》）

第三节　青少年社会工作的基本内容

青少年社会工作是一门新兴的社会工作的分支学科。由于青少年及其群体在人群中表现得

⊖ 王思斌. 社会工作概论 [M]. 北京：高等教育出版社，1988.
⊖ 章友德主编. 青少年社会工作. 天津：天津大学出版社，2010

最为活跃、最为敏感，因此，青少年社会工作也是社会工作中的非常重要的部分。它通过社会保护、社会教育、社会辅导、社会实践等形式，帮助青少年解决自身成长过程中的困难和问题，缓解青少年与社会之间的矛盾与冲突，使青少年成为一个有健康人格的人、一个社会所需要的人。

一、青少年社会工作的概念

青少年社会工作是指社会团体通过社会保护、社会教育、社会辅导、社会实践等方式，帮助青少年解决各种生活困难、心理困惑、行动偏差等成长性问题，并对其进行思想道德教育，协助其开发潜能，促使其参与社会活动，使之与社会进步协调发展。从服务角度来看，青少年社会工作的主要内容为：学业辅导；生活辅导（思想指导、品格指导、利益指导、社交指导、健康指导、生活开支用度指导、休闲指导）；职业培训和职业介绍；心理咨询；婚前教育与婚姻介绍；休闲服务；矫治服务等⊖。从过程角度去认识，则可以将青少年社会工作定义为：根据青少年的生理和心理状态、兴趣倾向、特长嗜好、家庭背景以及智力等实际情况，予以个别的或集体的辅导，使其获得正常的发展与进步，并启发其个别的才能与志趣，使其发展至最大限度，以贡献于社会和国家⊖。

青少年社会工作的概念应包括如下要素：

（1）青少年社会工作是面向青少年的社会工作。这种划分是建立在青少年这一特殊群体之上的，即针对青少年期常见的问题，包括从青少年自身角度看出现的问题，如成长的困惑与烦恼等；从社会角度看出现的问题，如青少年吸毒、犯罪等；针对青少年发展的问题，如青少年学习、择业等。

（2）青少年社会工作以青少年发展为根本目的。和其他人群相比，青少年时期的发展任务不仅十分重要，而且十分艰巨，发展的项目多于成年人，复杂性亦十分突出。而且，青少年期出现的不适应不仅会覆盖整个青少年人群，而且易出现较为激烈尖锐的形式，对个体的危害也较为严重。因此，启发个体的才能和潜质，使其在获得正常发展的前提下，最大限度地实现青少年个体与社会发展的和谐与一致，是青少年社会工作的重要责任。

（3）辅导是青少年社会工作的本质特征。国外不少著作将青少年社会工作或青少年服务称为"辅导"，即通过辅助和指导，发挥青少年的潜能，再予以适合其需要的指示、诱导、说服、纠正、同情、协助和服务，使之获得充分的发展。青少年时期既是成长问题较多的时期，也是自我意识发展的重要时期。批判性是青少年文化的重要特征之一，他们一方面为自身的成长所烦恼，另一方面对现实社会不满，批评家庭生活方式，批评学校教育与管理方法，反抗父母师长，甚至会出现激烈的反社会行为。这时对他们的社会工作，精神上的辅导重于物质上的服务，特别需要通过适当的辅助和指导帮助他们度过这一特别发展期，协助他们达到自我决定和自我辅导的境地。教训、管制、责罚或逼迫就范都只能引起青少年的反抗。

（4）青少年社会工作具有特别强烈的社会功能。青少年是国家和社会的未来，他们的发展状况直接关系到国家的发展。青少年是社会上一个敏感而又极具影响力的团体，青少年问题作为一个社会性问题，比其他群体的问题具有更大的破坏性和震撼力。青少年产生的社会适应不良问题归根到底是个体如何积极地适应社会的问题，其问题的焦点往往集中在价值观、自我认知、与他人关系等问题上。青少年的潜能正常发挥、自我健康发展最终表现在与服务社会、贡献

⊖ 张海鹰，唐钧. 社会保障词典. 北京：经济管理出版社，1993

⊖ 范明林. 社会工作理论与实务［M］. 上海：上海大学出版社，2007.

国家的辩证统一中。因此，青少年社会工作的社会功能格外突出。一个国家在未来世界范围内的竞争力，取决于人力资源的状况，而青少年是人力资源的预备队和主力军。做好青少年社会工作，是国家社会人力资源的最重要的开发，也是实现国富民强的最有力的措施。

二、青少年社会工作的价值

社会工作专业的价值取决于社会工作专业在实现个人价值和社会价值中的地位与作用。可以说，协调个人与社会的关系，代表社会和监督社会实现对个人需要的承诺和社会公正，同时帮助个人对社会作出贡献，达成个人的自我实现，就是社会工作的专业价值所在。从这个意义上说，社会工作的专业价值具有工具性。

作为社会工作的分支领域，青少年社会工作的专业价值体现为以下几个方面：

（一）满足青少年的发展需求

在社会工作者眼里，处于青少年时期的个体，最大的特点是生理发育上的变化，性的发育成熟使青少年对性充满好奇心。青少年时期个体的脑机能发展迅速，趋于成熟。个体在大脑和神经系统上的一系列变化大大促进了个体心理的发展，特别是抽象思维能力的发展。个体思维的灵活性、独创性、批判性在青少年时期逐步发展起来，表现为他们越来越喜欢探究事物的本质，思维方式越来越趋于理性，同时又带有这一阶段的特征。

青少年的个体情绪最突出的表现就是不稳定性，易出现极端。思维能力的发展使个体开始用全新的眼光审视自己，开始注重自己的社会形象，逐渐由自我为中心的个体转变为社会化的个体，开始学习调整自己的言行举止，逐步适应社会的要求。但对复杂社会，他们又不能充分认识和很好地适应，很多青少年在从家庭、学校走向社会的过程中，原有的价值观受到了一系列的挑战。在实际的社会生活中，个体对复杂社会的反映表现为情绪的多变。

青少年的心理发展是一个循序渐进的过程，这一阶段的心理发展表现出过渡性、动荡性、闭锁性和社会性的特征。过渡性是指青少年还处于一个半幼稚、半成熟的时期，会遇到许多成长中的问题。动荡性是指处于青少年时期的个体，思维容易受外部环境的影响，在行为、情绪上表现得很不稳定，他们对父母和老师所表现出的独立性，使家长和老师也面临如何继续社会化的许多问题。闭锁性是指青少年经常将他们成长中遇到的矛盾、心理困惑等隐藏起来，对自我与社会的关系还没找到有效的处理方法。每一个青少年都会遇到这类问题，但不同青少年社会化的环境有很大的差异，这使他们成长过程中的道路选择也有很大的差异。

青少年社会工作就是要为全体青少年的发展提供必要的福利服务，帮助青少年免于可能预料到的不幸和打击，帮助他们在遇到不可知的困难时有健康积极的态度，并设法调动一切可以利用的资源来摆脱困境。同时，对于一些因过去受到伤害而丧失全部或部分社会适应能力的青少年，青少年社会工作者应试图通过帮助，使得他们能够从过去的创伤中恢复，重新建立在这个社会生存所必需的社会适应能力。

（二）促进青少年的社会化

社会化是人一生成长的主要任务，对青少年来说，社会化帮助他们完成从儿童向成人的过渡，对他们的成长具有特殊的意义。青少年社会工作的目的就是促进青少年社会化的顺利实现。

1. 解决青少年面临的具体问题

青少年社会工作的具体目标是通过对每一个具体服务对象的服务，帮助他们解决所面临的各种具体问题，走出危机或困境，恢复正常的学习和生活。青少年的最大特点就是其发展性，在发展中出现这样那样的困惑是很正常的，青少年社会工作者的任务之一就是帮助青少年应对突如其来的危机。比如，针对各种由于身体发育、自我意识觉醒而产生青春期危机、认同危机、学业危机、人格障碍的青少年，青少年社会工作者可以通过个案心理辅导、小组工作或社区工作的方式，为其提供物质支持、心理支持和社会支持，帮助他们摆脱困境、走出危机的阴影。

2. 增强青少年的社会适应能力

青少年社会工作的目标是通过提供服务，帮助服务对象发现自我潜能和社会资源，并利用自我潜能和社会资源处理问题、解决问题。换言之，青少年社会工作的目标是促进服务对象社会适应性的发展和服务对象社会适应能力的提升。

授人以鱼，不如授人以渔。帮助服务对象摆脱困境的最好方法，不是为他们提供各种现成的社会支持，而是让其学会开发和利用自身的潜在资源与身边的各种社会资源。青少年自身蕴涵了巨大的生理、心理和社会适应性发展潜能，因此，面对任何一个需要帮助的青少年，社会工作者的目光都要放在他们的发展潜质上，尽最大努力，帮助他们正确面对发展过程中出现的生理、心理和社会适应性问题，教会青少年处理问题的方法，让他们学会应对突如其来的危机。

3. 实现青少年与社会的和谐发展

青少年社会工作的终极目标在于：通过帮助青少年寻找内在发展动力，充分调动青少年主动参与社会发展和建设的主动性和积极性；通过帮助青少年找到生活的目标、工作的理想，使青少年达成身体与心理的平衡、自我认同与社会认同的平衡；通过帮助青少年实现自身价值和社会价值，促成个人发展与社会发展的和谐统一。

（三）在社会工作体系中占据重要地位

青少年社会工作的意义取决于青少年社会工作在社会发展中的地位和作用，同时也取决于青少年社会工作在整个社会工作体系中的地位和作用。

1. 青少年社会工作有助于整体社会的稳定发展

一方面，青少年是社会生产的生力军和后备军，一个国家和社会未来经济发展的方向和趋势如何，与这个国家和社会青少年的整体文化素质和技能发展状况密切相关，所以，青少年的发展是整个社会发展的基础和前提，青少年的未来是整个国家和民族的未来。通过青少年社会工作，全面推动包括每一个青少年在内的全体青少年的健康成长，为社会造就大批合格的建设者，其本身就是社会发展的重要组成部分。另一方面，现代社会，特别是进入后工业社会以来，青少年群体成为社会中最有活力、最有创造力的群体，青少年所特有的某些亚文化往往成为未来社会主流文化的一个组成部分，这个群体的能量得到了前所未有的释放。但是，这个群体又是一个最年轻、最没有经验、最容易冲动的群体，这个群体的巨大能量对于整个社会的冲击越来越大，所以，对他们能量的释放必须有所指引，使这种能量向着有利于整个社会和谐发展的方向释放。青少年社会工作正是通过真正尊重青少年的权利、充分了解青少年需求为青少年的健康发展提供福利服务的方式，使得青少年的发展与整个社会的全面进步相一致。

2. 青少年社会工作是各项社会工作的基础和重点

人生在各个阶段都会面对不同的来自自身和来自社会发展引发的危机，所以，社会工作服务领域在纵向上囊括了儿童、青少年、中年、老年等不同年龄段，在横向上又包括了妇女社会工作、残疾人社会工作、优抚安置社会工作、社会救助社会工作、家庭社会工作、学校社会工作、医务社会工作和企业社会工作等。然而，与其他年龄段社会工作、其他人群及领域的社会工作相比，青少年社会工作对人一生的发展以及对社会的发展影响最为深远。

20世纪60年代以来，就全球范围而言，青少年犯罪问题已经成为继环境污染、吸毒贩毒之后的第三个世界性问题。因此，如何促进青少年的健康发展、如何治理自然环境和社会环境污染、如何消除吸毒和贩毒现象，已经成为全球社会共同努力的目标。回顾社会工作的专业发展历程，可以发现它始终关注青少年的健康成长，一直重视青少年社会问题的解决，并采取积极行动预防青少年的越轨犯罪。因此，从这个意义上说，青少年社会工作在各项社会工作中，意义最为重大。

综上所述，青少年社会工作的专业价值，在于承认青少年个人价值和社会价值的现实性与合理性，在于开发和整合各种社会资源，促成青少年个人价值和社会价值的实现。

三、青少年社会工作的主要内容

1. 治疗性的青少年社会工作，主要面对与回应青少年问题

治疗性的青少年社会工作是指运用专业方法，协助青少年恢复失调的社会功能。这里的"治疗性"是指当青少年遇到困难或出现问题之后，社会工作者对其实施的服务与帮助。具体内容包括学业辅导、生活照料、偏差及越轨行为的预防和矫正、人际交往障碍训练等。

2. 发展性的青少年社会工作，面对与回应发展层面的青少年问题

发展性的青少年社会工作面向所有青少年，以激发青少年的潜能，帮助青少年学会利用环境资源为目的。具体内容包括健康成长指导、就业辅导、生活方式辅导、社会交往和社会适应训练、自我发展训练等。

3. 倡导与影响青少年社会政策

倡导有利于青少年发展的社会政策，积极发挥青少年社会政策的社会功能；在充分了解青少年需要的基础上，协助政府有关部门制定契合青少年成长需要的各项政策，促进和推动青少年社会政策的发展。

需要注意的是，在青少年群体中有特别需要关注的对象，如青少年自杀人群、药物滥用人群、网络成瘾人群、贫困流浪人群、违法犯罪人群等，为他们提供相应的特别服务，积极宣传、预防、介入、恢复，使他们更早更好地回归主流社会，顺利度过人生成长的关键时期。

社会工作内容从来都是两个主要方面，既有问题层面，又有预防与发展层面，并且二者之间相辅相成。青少年问题的介入是青少年社会工作的基础，预防与发展又将围绕青少年成长中的问题展开。实践中，二者相互渗透、相互贯通。

四、青少年社会工作的功能

（1）教育功能。青少年社会工作通过社会教育、社会辅导等形式，协助青少年解决成长中的各种问题；通过实践活动促使青少年参与社会生活，增强社会责任感。

（2）开发功能。青少年社会工作通过适当辅导，发掘青少年的潜在能力，发挥青少年的优势，调动青少年的积极性与创造性，使他们成为社会所需要的人。

（3）服务功能。青少年社会工作为青少年的顺利成长提供各种服务，如：关心青少年，为他们办实事，做好事；帮助青少年，为他们排忧解难，解决他们自身难以克服的困难；鼓励青少年，促使青少年参与社会实践，在实践中锻炼成才。

（4）保护功能。青少年社会工作代表青少年的正当利益，保护青少年的合法权益。在我国，青少年享有广泛的权利，但由于认识上的偏见和保护工作经验的缺乏，青少年的合法权益容易受到非法侵犯，比如正当的学习要求容易受阻、恋爱婚姻遭受非法干涉等。这都需要青少年社会工作者代表青少年的权益，对青少年实施适当保护，使他们能够健康成长。

根据以上分析，青少年社会工作的功能侧重于开发，即通过教育、辅导、保护和鼓励青少年参与社会实践等形式，开发青少年的潜在能力，培养青少年的健康人格，使青少年成为社会所需要的人。

深入阅读：西方青少年社会工作的历史沿革

青少年社会工作产生于近代西方资本主义社会，由于伴随工业化、城市化的发展而带来的一系列青少年社会问题的出现，作为应对青少年社会问题的青少年社会工作才从社会工作中得以分离，成为社会工作的重要领域。我国学者王玉香在《中国青年研究》上发文提出，将西方青少年社会工作的发展历史划分为三个大的阶段，具体为：

一、青少年社会工作的萌芽阶段（17世纪初—19世纪中叶）

18世纪，法国启蒙思想家卢梭已经认识到儿童期和成年期中间的过渡阶段很长。他在《爱弥尔》一书中就认为，这一时期对人的情感和精神产生的影响之大不亚于一次重生，其症状表现为脾气改变、易怒、总是心血来潮。德国著名文学家歌德在狂飙突进运动中的经典之作《少年维特之烦恼》中，形象地再现了年轻人的这种特殊时期及特征。维特的自杀让人们了解了处在特殊时期的年轻人的情感纠葛、情绪特征及处理问题的极端表现。这一时期并没有出现"青少年""青春期"的概念，但是年轻人处于这样一个特殊的时期，已经开始被人们广泛关注。此外，以1601年英国伊丽莎白女皇颁布的《济贫法》为标志，有关政府的社会保障政策有效地推动了现实社会工作的开展。这一时期是青少年社会工作的萌芽与起源时期，在社会政策领域开始出现对童工的关照。但这时的青少年社会工作并没有从社会工作领域中分离出来，只是社会救济的一个重要方面，主要是以救济、培训与提供工作机会为内容。

二、青少年社会工作的产生与初始发展阶段（19世纪中叶—20世纪初）

19世纪，人们并没有把发育期当成人生的独立阶段来看待。1904年，G. 斯坦利·霍尔的研究青少年的巨著《青春期》的出版，标志着"青春期"这一概念的产生和青少年研究的出现。霍尔也被称为"青春期研究之父""青少年研究的鼻祖"。霍尔认为："青春期不仅仅是发育期，它可以延续10年之久：女孩儿是12～21岁，男孩儿是14～25岁，高潮是在15或16岁。"另外，当时的青少年社会问题非常严重，青少年的自杀现象屡见不鲜，青少年犯罪也时有发生，妓女低龄化现象严重。青少年流浪团伙成为早期资本主义城市发展中最严重的社会问题。此时，一些青少年群体组织及小组活动开始出现，如1844年6月6日在伦敦成立的基督教青年会、于1876年开办于纽约的"男孩俱乐部"以及历史上著名的童子军运动等。与此同时，对青少年的社会控制与社会保护开始出现，如延长学校教育时间、实施青少年保护与宵禁、建立青少年法庭、出台有关青少年的劳动法案等。这一时期，青少年已经作为一个独立的社会群体被社会所重视，成为西方殖民者实现军国主义梦想的有力工具。这一时期对青少年的认识还只是局限于这是一个问题丛生的时期，尽管有对青少年的一些保护政策的出现，但如何对处于这一年龄阶段的人进行社会控制，仍然成为这一时期关注的重点。

三、青少年社会工作的专业化发展阶段（20世纪初开始）

20世纪初，社会工作开始进入专业化的发展时期，学校社会工作得以发展。随着青少年作为独立的研究群体的出现，人们对青少年群体的认识越来越深入，开始从不同的学科角度研究青少年问题；而青少年社会工作则开始结合青少年特点，采用社会工作的专业理论与方法。此时，很多国家改变了忽视或者简单化处理青少年问题的状况，开始注重青少年群体的社会参与问题与发展问题，注重青少年群体权利的社会政策得以制定，宏观青少年社会工作开始取得长足的发展，青少年社会工作也由原来的问题型转向发展型，青少年社会工作的服务领域也进一步细化。到了 20 世纪 70 年代，青少年社会工作成为一个普遍的职业，"青少年社会工作者"的称呼也在北美得到广泛使用，并成为专业性的术语。除此之外，青少年社会工作组织开始网络化，青少年福利政策也逐渐完善。

总之，青少年社会工作产生于西方现代社会，是在应对贫穷、帮派争斗、堕落等严重的青少年社会问题的历史背景下产生的，经历了从为青少年提供基本生存服务与保障，被动解决青少年社会问题，到主动促进青少年发展，为青少年提供发展支持与服务的根本性转变。

（资料来源：王玉香. 西方青少年社会工作的历史沿革研究 [J]. 中国青年研究，2012（2）：92-97.）

第四节　青少年社会工作者

作为青少年社会工作的组织实施者，青少年社会工作者在价值观、性格、能力以及实务原则等方面都有相应的素质要求，同时他们也扮演着多重角色，是青少年社会工作有效开展的前提条件。

一、青少年社会工作者的角色

青少年社会工作者是遵循社会工作的价值观念和专业伦理，运用社会工作的专业方法从事青少年社会服务的人员。青少年社会工作者应持有社会工作职业证照，具有社会工作专业教育背景，受社会工作伦理道德和职业守则的制约，从属于社会工作专业组织或协会，以社会工作作为职业等条件。

1. 服务者

青少年社会工作者最基本的角色就是向青少年服务对象提供社会福利服务，既包括提供物质、资金等方面的服务，也包括心理、精神、教育等方面的服务。

2. 支持者

青少年社会工作者凭借自己的专业知识、技能，从客观的立场，给予服务对象心理上的支持与关心，帮助服务对象正确分析、评估个人的处境与问题，引导服务对象思考解决问题的方向与思路，实现社会工作"助人自助"的宗旨。

3. 教育者

青少年社会工作者的教育角色作用明显，他们一直从事各种形式的教育活动，不仅直接向服务对象传授相关知识，提供各种信息和情感支持，而且教给他们自我发展的技巧与方法，以提高青少年应对和处理各种问题的能力。这主要涉及发展性教育和再社会化教育两个方面。

4. 协调者

青少年社会工作者不仅为青少年本身提供必要的帮助，在一定时候还要代表服务对象的利益，作为服务对象的代言人与政府、机构或者其他人进行协调。同时，他们也会积极地影响政府部门，给予政府部门政策上的建议，制定适合社会需要的政策法规。

5. 资源获取者

社会工作者在助人过程中不可避免地要利用各种社会资源，青少年社会工作者同样要灵活地运用周围一切可以利用的环境、机构或人脉资源。资源意识与资源能力建设是青少年社会工作者能力的重要体现。

二、青少年社会工作者的特点及素质要求

(一) 青少年社会工作者的工作领域及其特点

根据美国《职业分类大典》，美国的社会工作者可分为儿童、家庭与学校社工，医疗与公共卫生社工，精神健康与药物滥用社工，其他社工四大类。而不同领域细分的社会工作者，其工作内容的差异是很大的。其中，儿童、家庭与学校社工主要负责儿童福利、家庭服务、儿童保护服务；医疗与公共卫生社工则主要负责为个人、家庭或者脆弱人群提供心理支持，以及患病与恢复期间的康复建议与帮助和老人照管；精神健康与药物滥用社工主要负责评估与治疗个体精神疾患或药物滥用问题及该个体与其家庭成员回归社会的安排；其他社工包括社会工作管理者、研究者、计划与政策制定者。这样看来，以青少年为服务对象的青少年社会工作者在美国社会并不是一个独立的职业类别，其四大分类中，儿童、家庭与学校社工的工作对象大部分是青少年，其余三类社会工作者的工作也可能会涉及青少年。例如，青少年药物滥用、青少年康复以及青少年福利政策研究与制定等。因此，在考虑青少年社工的领域素质上，可以参考《职业分类大典》对他们的知识技能要求。按照职业分类大典的要求，社会工作者应当情感成熟、客观，对人及其问题具有敏感性、责任感、能独立工作、有很好的合作意识。将这些特点与青少年工作相结合，用契合度更高的方式表达出来，就是对青少年社会工作者工作领域的素质要求。

我国的青少年社会工作是把青少年作为工作和服务对象，通过运用青少年成长和发展的规律以及社会工作专业的理念、理论、方法和技巧，最大限度地发掘青少年的潜能，促进其全面健康发展，使其更好地适应社会生活的专业活动。其工作内容主要包括三大方面：一是解决青少年问题；二是推动青少年发展；三是协助制定青少年政策。青少年社会工作在解决青少年问题方面的具体服务内容有：学业辅导、偏差行为矫正、生活困难照料、越轨行为预防、人际交往障碍训练等。青少年社会工作在推动青少年发展方面的具体服务内容有：健康成长指导、就业辅导、生活方式辅导、社会交往和社会适应训练、领袖素质培养、自我发展训练等。青少年社会工作还可以在充分了解青少年需要的基础上，在协助政府有关部门制定更切合青少年成长和发展的政策方面发挥重大作用。

由此可见，青少年社会工作具有与一般社会工作不同的特点，具体表现在：首先，社会工作价值观是青少年社会工作的核心基础；其次，社会工作专业方法和技巧是开展青少年社会工作的主要载体；再次，"人与环境互动"的视角是青少年社会工作的基本介入焦点；最后，青少年社会功能的改善和提高始终是青少年社会工作的主要目标。

(二) 青少年社会工作者的素质要求

1. 价值观和态度

青少年社会工作者应当将社会工作的价值观映射到青少年这一群体上，要具备服务、社会公正、人的尊严和价值、人际关系的重要性、诚实、胜任的核心价值观。因此，他们应当坚信青少年是需要被关注的人群，相信青少年有其价值和尊严，相信青少年有改变、管理自我和成长的能力。

2. 个性和性格

青少年社会工作者应当具有青少年所喜爱的一些特质，同时，他们也应当是乐于了解和接近青少年的。因此，青少年社会工作者应当是活泼的、好奇的、乐群的、行动导向的以及积

极的。

3. 能力要求

（1）社会交往能力。社会交往简单地说就是在社会中人与人的往来与接触，是人们为了实现自己的目标而进行的相互影响的社会活动方式。与不同社会阶层、不同年龄阶段、不同文化背景以及不同生活方式的青少年都能够达到有效的沟通，是青少年社会工作者必备的素质。例如，在与不同的受助青少年的交往中，青少年社会工作者如何从其讲述的内容、言谈的方式，用口头语言和肢体语言传达的信息来准确地把握案主叙述的内涵；如何与案主之间进行态度与情感的互动，建立更有利于工作开展的合作关系，等等，都是对青少年社会工作者应具备的社交能力的具体要求。此外，青少年社会工作者所面对的不仅是需要帮助的青少年或青少年群体，同时还需要与其他成员及有关部门交往。因此，一名优秀的青少年社会工作者在社会交往方面是多面手，能合理、得体、娴熟地在社会资源的供需两端进行协调与联络，达到社会工作事业的目的。

（2）组织协调能力。青少年社会工作是一个涉及多方面的综合型工作，从个人到家庭、从学校到社区，无不需要联系、组织与协调。在团体社会工作中，社会工作者要结合成员各自的利益，根据团体的具体需要考查团体的发展，拟订工作计划，组织可以被大多数成员接受的活动项目。同时，在活动开展的过程中，社会工作者应充分运用自己的组织能力领导和管理团体，实现团体社会工作的目标。在社区社会工作中，青少年社会工作者主要有两大目标：一是进行资源的调配；二是发动青少年。建立各种层次的社区工作机构，全面负责社区工作的组织、管理、协调，并且加强社区之间和社区各社会组织、团体之间的沟通。由此可见，组织协调是社区工作的主要内容。社会工作者是否具有较好较强的组织能力，对于其能否在社区顺利地开展工作有着决定作用。

（3）适应能力。随着社会工作的服务范围从基本的生活领域拓展至更广阔的生活空间，工作内容的多样性已成为社会工作者不同于其他职业的特点之一，青少年社会工作者亦是如此。从受助青少年单纯的救助到谋求他们的发展，从个案工作到社区工作，青少年社会工作者要在不同的时空里处理个人、群体、社区遇到不同的社会问题，服务对象与工作情况存在着巨大差异。此外，即便是与同一对象交往，服务对象也可能会随着工作的进展其态度、行为发生变化。这些都要求青少年社会工作者审时度势、随机应变，根据不同的工作情境与服务对象，选择正确合理的工作方法，制订科学、可行的行动计划与方案，作出适当的反应以达到工作的最佳效果。

（4）决断能力。决断是人们对所处情境的判断及对将要采取的行为的决定。决定来自于正确的判断。决断是对自己所处情境的了解、比较、理解和定义，是在此基础上对自己行为的选择，从而得出正确的结论，拿出正确的意见或主张。青少年社会工作者的服务对象尽管都是青少年，但其工作情境变化多样，要求社会工作者针对不同情况作出恰当的回应。社会工作的个别化原则要求青少年社会工作者采取有差别性的处理方法，恰当的、有差别性的处理方法对青少年社会工作者的决断能力提出了近乎苛刻的要求。社会工作实践需要青少年社会工作者有良好的判断能力，遇事善于决断，敢于决断。

（5）时间管理能力。很多青少年社会工作者往往也是学校社会工作者。正如一些学校在对社会工作者进行招聘时所描述的，青少年社会工作者可能要在正常工作时间之外工作，工作时间也很可能超过法定工作时间。这就要求青少年社会工作者有比较强的时间规划与管理能力，在有限的时间内提高工作的效率。

4. 实务原则

经过长期的发展和实践，社会工作已经形成了一套社会工作实务原则，即接纳、非批判、个别化、保密、尊重、案主自决等。这些实务原则同样适用于青少年社会工作。

（1）接纳。接纳原则是指青少年社会工作者要把青少年作为一个拥有独立意志和权利、受到尊重的服务对象来接受，不以种族、性别、宗教和文化的异同而存有歧视与偏见，承认其独特的个性、气质、观念、态度及行为等。青少年正处在被社会接纳的过程中，接纳对青少年本身就意味着成长、发展、成熟。

（2）非批判。非批判是社会工作的一个理念，对于成长中的青少年来说尤为重要。指责和惩罚并不能消除错误，有时甚至会导致更坏的结果。分析、梳理和引导是面对问题的理性思维，而批判与排斥在一定程度上会成为阻碍青少年成长的动力。

（3）个别化。个别化原则也可称为具体情况具体分析原则，即青少年社会工作者要重视青少年个案问题的特殊性，强调青少年的个别差异。传统的青少年工作往往强调青少年发展的共性，而时代的变迁使得青少年的个性更为突出，个性化发展的需求比其他群体也越发强烈，因此个别化原则在青少年个案工作中显得格外重要。

（4）保密。保密原则是指青少年社会工作者应遵守职业道德。青少年本身就是受保护的对象，在青少年个案工作中，必须对青少年的一切资料予以保密，包括录音、录像、书面及电子文本等。如要公开使用，需征得当事人同意。对青少年资料的保密是对他们最基本的尊重和保护。当然保密原则不是无条件的，在以保护当事人的前提下，有时候也可以灵活掌握。

（5）尊重。尊重是一种非控制的、温暖的、关怀的和接纳他人的态度，是一种无条件的、积极的关怀。尊重就是将每个人都当成一个具有独特价值的独立个体。

（6）案主自决。自决即自我决定。在社会工作实践中，自决更多的是对青少年社会工作者而言的，由于其地位关系，青少年社会工作者很容易替案主作决定，犯越俎代庖的错误。自决是提醒青少年社会工作者要尊重案主自我选择和自我决定的权利。案主自决必须具备两个前提：①案主绝对清醒，有自决的意志与能力；②自决的方向与后果对案主绝对无害。如不具备上述两个条件，青少年社会工作者则要为案主负一定的责任。

第二章　青少年社会工作的基础理论

青少年社会工作的基础理论主要来源于不同学科对青少年的生理、心理、行为特点，青春期的形成、特点、冲突，以及青少年发展的研究，涉及广泛，流派众多，因此形成了不同体系的青少年社会工作基础理论。掌握这些主要的理论是做好青少年社会工作的基础。本章内容涉及生物学家、心理学家、社会学家甚至人类学家的各种研究结论和观点，通过回顾各个领域中几个有代表性和影响力的学术理论和观点，进一步分析青春期青少年发展的各个方面，从而勾勒出一幅关于青少年的真实、完整的图画。

青春期在多大程度上由该阶段的基本生理变化所塑造，又有多大程度是由个体成长的环境所决定？持不同理论观点的人，有不同的解读。有些理论将青春期看做是一个由生物（生理）因素决定的阶段，而有些则是将其视做由环境决定的阶段，还有一些则是介于两个极端之间，只是偏向程度有所不同。本章回顾这些理论的目的不是在于支持谁或反对谁，而是在于这些观点能够帮助人们更好地理解青春期的本质及青少年的特点。

本章中的理论按照生物性成分由多到少的顺序来组织论述，也可以理解为按照从极端的生物观向极端的环境观移动的顺序来介绍。我们可以将各个不同的理论观点描绘在一个连续轴上的不同位置来加以表示，如图2-1所示。

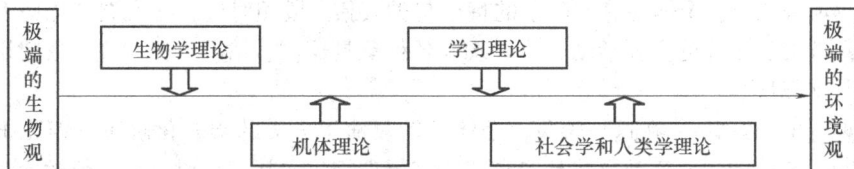

图2-1　本章各个理论观点的关系

持生物学理论观点的学者，主要是生物学家和部分心理学家，他们认为青春期完全是基因、激素和进化的结果。这些学者不认为环境有着重要作用，他们认为无论青少年成长的环境如何，他们的经历是相似的。持较少生物学理论成分的学者，主要是心理学家、社会学家和人类学家，他们则认为所知觉到的个体经历和文化共同塑造着青少年，发生在青少年生活经历中的特殊事件会造成他们之间巨大的差异。下面，本章将按照图2-1的顺序，首先介绍生物学理论。

第一节　生物学理论

生物学理论认为，青少年阶段是指身体发育和性成熟的阶段，在这一时期，人们的身体经历着成长过程中的重要变化。生物学理论强调了生物基因的决定性作用，认为青少年的心理发展和行为特征的根本原因正是生物基因因素所起的作用，是生理成熟的结果。这也是生物学理论与其他理论观点对青少年发展分析的本质区别。生物学理论认为青少年身心的剧烈变化受环境的影响较小，更多的是受人自身内部成熟动力的控制。无论社会文化环境如何改变，青少年的发展总是遵循一种必然的、共同的模式演进，而这种必然的、共同的模式就是人类进化的压力和自然选择的结果。持有生物学观点看待青少年发展的主要代表人物是美国的心理学家霍尔及格塞尔。

一、霍尔的复演说

被称为"青少年心理学之父"的格兰维尔·斯坦利·霍尔（G. Stanley Hall 1844—1924），是利用科学方法研究青少年的第一人。他的代表性著作是 1904 年出版的《青少年：其心理学与生理学、人类学、社会学、性、犯罪、宗教和教育的关系》（以下简称《青少年》），世人将该书推崇为青少年研究领域的第一本科学著作。该书不仅在研究青少年时首次引入了发展心理学的研究范式，并且从各个领域对青少年进行了研究，甚至有学者将其称为青少年研究的"百科全书"。

达尔文的进化论对霍尔的理论产生了影响，霍尔在进化论的基础上提出了个体心理发展的"复演说"。进化论强调人类是通过"自然选择"过程从原始的生活状态进化而来的，亦即"优胜劣汰，适者生存"。霍尔接受了达尔文的进化论观点，认为个体发生"复演种系进化"，即个体的成长与发展反映了其所属种系的进化历史，个体心理的发展层次与种系发生的进化层次在本质上是平行的、相对应的。霍尔用复演说来研究青少年的发展和他们的成长行为。

根据霍尔的理论，与人类物种进化的历史，即动物的、类人猿的、半开化的和文明的阶段相对应，个体心理发展也要经历四个阶段，即婴儿期、儿童期、青春前期（或少年期）和青春期（或青年期）。

婴儿期（出生~4岁）：个体在这一阶段复演了人类种族进化的动物阶段，因此与动物用四肢活动相对应，婴儿的主要活动方式也是爬行。个体在这一阶段主要发展感知能力并获得感知运动技能，从而进行必要的自我保护。

儿童期（4~8岁）：个体在这一阶段的特征与类人猿阶段相对应，在人类进化史上主要是打鱼狩猎时期。此时，个体的主要活动方式是玩弄各种玩具器械、钻洞、捉迷藏、搭建用于避身的临时小屋或其他场所。

青春前期（8~12岁）：在这一阶段，个体活动复演了人类的半开化阶段，即几千年前的农业时代。此时，个体的主要活动方式是亲自实践获得训练，尤其是在对语言、数学、写作、绘画和音乐等的学习方面。

青春期（12~25岁）：按照霍尔所言，这是与2000年前人类所处的骚乱的过渡阶段相一致的时期。直至青春期，个体才出现了人类更高级、更完善的特征，他们发现自己正在经历一个"狂飙期"（Sturm and Drang）。"狂飙期"这一短语源于德语，意思是"风暴与压力"，也有人形象地称其为"暴风骤雨"。它本来是一个文学用语，用来形容18世纪初德国小说的特点，是指当时的小说充满了理想主义的色彩，对那种反对传统束缚、具有神圣使命感和革命热情的个人感受、激情、苦难的一种淋漓尽致的表达。霍尔借用这一词语来形容青春期阶段的特征，就是因为他认为其与青少年的心理发展特点有着相通之处；除此之外，"暴风骤雨"也预示着一个经历新生的阶段。

霍尔的复演说对后世影响巨大，但是后来的学者也指出，复演说将个体发展史与种族发展史完全对等起来是没有道理的，在承认生物因素对个体心理发展的影响的同时，不能忽视社会文化环境和个体主观能动性的作用。

霍尔在阐释"狂飙期"时认为，青春期的本质是动荡的，个体在从青春期向成年期发展的过程中，心理上充满跌宕起伏与矛盾冲突，所以青少年的情绪起伏较大、易激动、不稳定，前一秒钟还是乐观开朗的，下一秒有可能就变得忧郁；此时精力用在这个方向，彼时又用在那个方向；时而冷漠，时而热情。个体的这种情绪极端变化、在两极摇摆不定的情况将一直持续到20多岁，而这些都是由基因导致的，不受人们主观控制，因此很难避免它的发生。霍尔指出，这一切都是由于青少年在这一时期复演了人类种族的进化历史。从另一个角度看，这也是生物成长发展的自然规律所致。因为在矛盾和冲突中，个体可以在更大的范围内探索人类发展的经验，可以不断达到新的成熟，可以更好地适应生活，这都是符合生物成长规律的。

霍尔所著的《青少年》一书还从许多其他角度对青少年进行了研究，包括青少年成长发展的生理和社会基础，青少年的智力特点，青少年的理想，青少年的教育、体育运动、道德和宗教与青少年心理发展的关系，青少年的不良品德与犯罪问题等。霍尔的这些研究成果对后人的研究具有重要的指导作用。虽然今天的心理学家不再完全赞同霍尔关于"青春期是一个困难时期"的观点，但是霍尔作为"青少年心理学之父"依然受到人们的尊敬，特别是由于他的拓展性研究激发了人们对青少年进行进一步研究的热情。此外，弗洛伊德等心理学家也受到霍尔关于青春期经历的一些观点的影响。

二、格塞尔的成熟论

阿诺德·格塞尔（Arnold Gesell，1880—1961）是美国心理学家，以对人类从出生到青春期的发展的研究而闻名于世。他和同事在耶鲁的儿童发展研究所和稍后的格塞尔儿童发展研究院进行了大量的研究。其代表作是《青少年：10～16 岁》（Gesell 和 Ames，1956）。格塞尔的老师就是大名鼎鼎的格兰维尔·斯坦利·霍尔，他继承了老师的很多思想。格塞尔通过观察不同年龄的儿童和青少年的动作和行为，对发展阶段进行了描述性总结，从而推出了行为发展的年龄常模。

格塞尔是成熟论的主要代表人物，他认为个体的生理及心理发展是一个有规律的顺序过程，这一过程由生物的进化顺序决定，也就是说基因是行为特质及其发展趋势出现先后顺序的决定性因素。格塞尔强调个体成长变化顺序的本质是结构性的，因此结构的变化最终构成了个体行为发展变化的基础。在如成熟这样的生物因素的作用下，基本结构有规律地变化发展，最终控制外显的行为特征差异。格塞尔同样承认社会环境因素在个体发展中发挥一定作用，但他认为社会环境因素不能产生或改变发展的基本结构和顺序，只能发挥支持和沟通各个发展阶段的作用。

格塞尔成熟论的观点主要来自其著名的双胞胎爬梯实验。该实验是在 1929 年进行的，格塞尔选择了双胞胎 T 和 C 作为研究对象。他首先检查了 T 和 C 的发展水平，通过对双胞胎进行行为基线的观察，他发现 T 和 C 具有相当发展水平，这样保证了他之后对 T 和 C 进行的研究在同一起点上。格塞尔选择在 T 和 C 出生后的第 48 周时，仅对 T 进行爬楼梯、搭积木、运用肌肉等的训练，对 C 则不作任何训练。对 T 的训练共进行了 6 周，这期间 T 比 C 更早地显示出某些技能。到了他们出生后的第 53 周，此时 C 已经达到能够学习爬楼梯的成熟水平了，于是开始对 C 进行集中训练。但格塞尔发现，C 只经过了少量训练就已经达到了 T 的熟练水平。再进一步观察发现，到第 55 周的时候，C 和 T 的能力已经没有差别了。

经过双胞胎爬梯实验，格塞尔认为，如果没有足够成熟，就不会产生真正的发展变化，能力和技巧的形成并非是特殊训练和练习的结果，在基本结构发展之前，即使进行特殊训练也是没有多少成效的。这一理论蕴含了生物决定论的观点，根据该观点，个体的成熟被认为是自然发生的过程，教师和家长的所作所为并不能影响个体的发展。因此，时间本身就可以理解为解决成长过程中所有小问题的最好方法，发展中的麻烦和偏差会随着时间流逝自行解决，教师和父母则无需对青少年的行为偏差作出过度的反应。

格塞尔将青少年期定义为从童年向成人过渡的时期，具体而言，青少年期始于 11 岁、终于 21 岁，而 11～16 岁这一期间最为重要。基于一项对 165 名个体长达 12 年的研究基础上，格塞尔提出了每个年龄青少年的生理成熟、兴趣和行为特征的详细描述：

11 岁：青少年期的起点，个体开始出现生理变化，并引发心理变化。此时个体会变得冲动、情绪不稳，经常与同龄人吵架，还会顶撞父母。

12 岁：个体在 11 岁时的许多心理骚动已经消失，对外界的态度更加积极，更有理智、耐心和幽默感，同时摆脱父母的自主性增强，更易受同龄人的影响。此时个体开始关注自己的外表，并对异性产生兴趣。

13 岁：这一年龄的个体更多地表现出内向性，变得更加深沉，喜欢沉思和内省，自我意识在不断增强，因此对来自他人的批评很敏感。他们也喜欢用批评的态度对待父母，同时身边会有那么几个十分亲近的朋友。

14 岁：此时个体的内向性消失不见，取而代之的是外向的表现。他们喜欢将情感外露，精力充沛，爱好交际，自信心在不断增强，英雄崇拜开始出现。同时，他们开始关注自己与他人的个性是否相匹配，在选择朋友时将兴趣和个性特征作为基础。

15 岁：格塞尔认为已经不能用统一的标准来描述此时的青少年的实质特征，因为这一年龄的个体间差异在迅速扩大。但也出现了一些新特征，如独立性不断提高，紧张情绪不断加剧，与父母、同学之间的冲突开始增加，这些新特征都可能会导致青春期的诸多问题甚至犯罪行为。15 岁的青少年在成熟的影响下开始具有自我监控的能力。

16 岁：到了 16 岁，青少年重回稳定状态，活泼乐观取代了焦躁紧张，情感越来越趋于稳定，对人际交往的兴趣越来越强，内心自主性也大大提高，向往未来的特点凸显出来。

格塞尔认为个体在青少年期的发展变化是渐进的和重叠的，但他也暗示发展是从一种水平到另一种水平的显著而突然的转变，并且发展不仅是总体前进的，还是一种螺旋式的，在不同的年龄阶段存在前进和后退的重复。例如，个体在 11 岁时比较叛逆，易与人争吵，到 12 岁时变得比较固执，而到了 15 岁时又变得叛逆好斗，等 16 岁时又变回固执己见了。

综合而论，格塞尔认同每个人生下来就是唯一的，个体有着自己独特的基因结构和天生的成熟顺序，因此承认个体之间的差异。尽管格塞尔承认环境对个体发展的影响，但同时也指出环境和文化上的适应并不能改变成熟，因为成熟是最本质的。正是由于格塞尔从有机体内部的过程出发提出了其发展的成熟论理论，才让人们对青少年的发展变化有了更深层次的认识。特别是他经典的双胞胎爬梯实验，使人们认识到生理成熟对个体发展的重要作用，从而为后人的研究奠定了基础。后来的学者确实承认生理成熟是个体心理发展的前提条件，但也认为青少年的发展除了生理成熟以外，还取决于社会环境、教育等外部条件以及个体主观能动性的影响。尽管后来有很多人对格塞尔的理论提出了质疑和批评，他们认为很难为任何一个年龄建立发展的常模，但他的著作和观点依然在 20 世纪 40 年代和 50 年代被大量的父母所接受，对很多人产生了深远的影响。

第二节 机体理论

和生物学理论家一样，机体理论者同样强调青春期生理变化的重要意义，但不同的是，机体理论者同时也考虑了环境的力量与生物本能的影响之间的相互作用及其对生物本能作用的修正效果。在发展心理学领域，一些主要的机体论者长期统治了对青春期的研究，其中最重要的三位理论家是西格蒙德·弗洛伊德（Sigmund Freud，1856—1939）、艾瑞克·埃里克森（Erik Erikson，1902—1944）和让·皮亚杰（Jean Paul Piaget，1896—1980）。尽管他们都被归为机体论者，但他们所强调的个体成长和发展的方面有所不同。

一、弗洛伊德的精神分析理论

（一）西格蒙德·弗洛伊德的研究

精神分析学派理论主要是从心理发展的动力角度出发来研究青少年心理发展的一般规律。精神分析学派理论的创始人和代表人物是西格蒙德·弗洛伊德。弗洛伊德最初是维也纳的一位医师及精神病专家，他的兴趣在神经学方面，喜爱研究大脑和神经障碍。弗洛伊德的理论将性本能看做是人类活动的动力，并以此解释人类的心理和文化。弗洛伊德提出精神分析理论之后，他的追随者们又不断地对其理论观点进行修正。他的女儿安娜·弗洛伊德（Anna Freud，1895—1982）将他的理论应用于青少年，艾瑞克·埃里克森在他的理论基础上提出了自己独到的见解，他们的研究使精神分析理论更趋合理性。

西格蒙德·弗洛伊德理论的本质是心理学，但又有浓厚的生物学意味。他认为"生物学是根本"，男性和女性正是由于生殖解剖结构的差异，才会产生性别差异，从而必然有着不同的经历。在他的理论中，弗洛伊德将无意识作为研究对象，从人格结构出发来分析心理发生及发展的深层动因。性本能被弗洛伊德认为是心理发展的最根本动力，它表现为一种力量或冲动，被称为"力比多"（Libido）。弗洛伊德所称的性，不仅包括两性关系，也包括给身体带来舒适、快乐的所有情感。

实际上，弗洛伊德本人并没有很多关于青少年的理论，他认为个体早年儿童时期的生活是一个有助于成长和发展的阶段。在其著作《性学三论》中，弗洛伊德简要论述了关于青少年的一些问题，他认为青春期是一个容易性兴奋、多焦虑，有时还会产生人格障碍的时期。弗洛伊德依据不同年龄时期力比多集中的部位不同，将个体心理发展划分成五个时期：

（1）口唇期（0～1岁）。弗洛伊德认为力比多的发展是从嘴开始的，个体在婴儿时期时口唇的活动与快感的产生相联系，这就是所谓的口唇期。此时个体通过吮吸、咀嚼、吞咽和咬等口腔活动的刺激来获得性的满足。孩子通过吮吸，从自己身体以外的性感客体——母亲的乳房那里得到快感。同样，母亲在喂养婴儿时，她们会对婴儿拥抱、轻抚、亲吻和保护。由此，婴儿获得身体上的满足感、温暖、安全感和快感。

（2）肛门期（1～3岁）。此时，儿童开始从自己能够进行的活动中寻找快感，学会了自己满足自己的欲望。他们不会再通过吮吸母亲的乳房来获得快感，而是改为通过其他口唇的活动来实现。大约1～3岁的儿童，他们的性兴趣集中到肛门一带，他们从肛门粪便的滞留与排泄中均能获得快感，这就是肛门期。

（3）性器期（3～5岁）。在接下来的3～5岁，儿童开始关注自己的身体，此时的注意力多集中在生殖器部分，他们对自己的性器官产生兴趣。这一阶段的儿童喜欢抚摸和显露生殖器，并且开始出现性欲幻想。此时男孩和女孩会分别出现"恋母情结"和"恋父情结"。

（4）潜伏期（5～12岁）。大约从5岁到青春期的阶段，被称为潜伏期。随着形成较强的抵御"恋母"或"恋父"情结的情感，这一时期的儿童处于相对平静的状态，儿童的性发展出现一种停滞或退化的现象。此时儿童的性兴趣不再强烈，但仍然和那些能够帮助他们满足其爱的需要的人保持亲密关系。而快感的来源则逐渐由自我转向他人，他们越来越对培养与他人的友谊，特别是同性之间的友谊感兴趣。

（5）青春期（11～20岁）。弗洛伊德认为青春期（也就是生殖期）是儿童时期的性欲发生一系列变化之后，达到的一个最终正常的顶点状态。女孩约从11岁、男孩从13岁开始进入青春期，这一时期男孩和女孩的性能量又重新涌";现。到了青春期，"客体搜寻"（Object Finding）的过程逐渐完成，个体的身体和性随之成熟，他们有强烈的需求解决伴随而至的性紧张状况。为了解决性紧张，他们需要寻找一个爱的对象。正是出于这个目的，这一时期的青少年倾向于引起异性的注意，以此来缓解自己的性紧张状态。

了解一下：

"俄狄浦斯情结"与"伊莱克特拉情结"的名称均来自希腊传说。俄狄浦斯是希腊悲剧《俄狄浦斯王》中的主人公，他杀死了自己的父亲，并与自己的母亲结了婚。伊莱克特拉是另一希腊悲剧中的人物，她为了给自己的父亲报仇，煽动自己的弟弟亲手杀死了他们的母亲。

弗洛伊德指出，从性器期开始，男孩和女孩由于身体解剖构造的不同，存在人格上的差异，并体现在不同的行为上面，所以他们性器期的发展是不同的。男孩子会出现弗洛伊德所谓的"俄狄浦斯情结"，就会嫉妒母亲对父亲的注意，同时在无意识中也会认为父亲嫉妒母亲对自己的注意。由此，男孩子会产生"阉割焦虑"，会害怕父亲伤害自己甚至把自己当做情敌赶出家门。为了减轻这种焦虑，他们只有认同自己的父亲，包括模仿父亲的行为特征，接受父亲的信念和价值观。这样做会产生两个方面的结果：一方面，减轻"阉割焦虑"，毕竟模仿自己的父亲会减少父亲与儿子之间的冲突；另一方面，通过认同父亲，男孩可以学会如何才能成为一个真正的男人，从而有助于其日后的成长。也正是因为存在"阉割焦虑"，男孩在进行性别认同的同时逐渐发展出完善的人格。显然，女孩和男孩有根本的不同，她们不会嫉妒自己的父亲，因此也不会有"俄狄浦斯情结"。相反，女孩会有"伊莱克特拉情结"。这一时期的女孩迷恋着自己的父亲，在她们的眼中，父亲是强壮的、有力量的男性，散发着魅力。一旦女孩认识到男性和女性在生理解剖构造上有所不同，她们就会产生"阴茎妒忌"，即妒忌男孩拥有生殖器阴茎。女孩还会怨恨父亲对母亲的关注，从而对自己的母亲充满敌意。女孩对母亲的认同只是部分的，她们只能够认同母亲能吸引父亲这一点，而母亲仅仅作为女性却得不到她们的认同。在弗洛伊德看来，正是这种不完全的认同导致了一些负面的人格特质，比如低水平的道德感、过分的羞怯拘谨、性欲缺乏等，他认为这些都是女性的本质所在。而对于"伊莱克特拉情结"，弗洛伊德是持否定态度的。

弗洛伊德认为当孩子的儿童期结束时，他们就已经完成了对同性别父母的认同，从而产生了情感上的依赖。而接下来的青春期，却恰恰将摆脱这种过分依赖的情感联系作为主要任务，每个孩子都将在这一时期成长为独立的个体，这一过程被称为个体化。个体化包含很多方面，孩子的行为、情感、道德判断和思维方式都将与父母相区别。而随着孩子在家庭中逐渐成长为一个自主的人，亲子关系也将朝着平等、成熟、合作的方向发展。

个体发展到青春期开始逐渐对异性感兴趣，并且在无意识中产生了一种希望接近异性父母的倾向，此时再次显现强烈的"俄狄浦斯情结"与"伊莱克特拉情结"。男孩会选择与自己母亲相似的成熟异性作为爱慕对象，但同时又会避免选择那些有太多相似的异性，因为与自己母亲太多相似容易使他们感受到一种乱伦禁忌。弗洛伊德指出，如果男孩为解决"俄狄浦斯情结"而付出太多心理代价的话，他们会因此而恐惧任何异性，导致成为同性恋者。这一时期的女孩同样也会对与自己父亲相似的异性产生强烈的性欲望，但为了避免乱伦的社会禁忌，她们也会处于冲突之中。如果这种冲突不能得到很好的解决，女孩为此付出巨大的心理代价，也会使她们最终成为同性恋者。虽然在青春期存在这种风险，但弗洛伊德也认为"俄狄浦斯情结"与"伊莱克特拉情结"对于青少年的发展并非特别危险。他认为与异性的接触依然是青少年青春期应完成的任务之一，因为如果青少年只与同性别的人建立友谊则他们将只对同性感兴趣，从而会产生所谓"性别角色倒置"。另一项需要完成的任务则与"俄狄浦斯情结"与"伊莱克特拉情结"相联系，即青少年要摆脱对父母的依赖。个体一方面需要释放集中在父母身上的力比多，另一方面又要摆脱父母的权威。弗洛伊德指出，这种摆脱对父母的依赖将至少在一段时间内产生一定的代际问题，包括对父母及其他权威的拒绝、敌视和憎恨。这是因为摆脱父母的束缚、获得独立并非是一件容易的事情，特别是在感情的分离上，将会使青少年非常痛苦。

在弗洛伊德看来，心理性欲的发展阶段是由生物因素即性本能决定的，因此其发展阶段是不变的，且具有跨文化的普遍性。这种普遍性一方面包含个体在青春期发生的一系列变化与最终的趋于成熟，另一方面也指伴随性成熟等生理变化而随之出现的行为、情绪与社会性的变化。此外，他还强调青春期的生理变化会导致一定的适应困难，性成熟影响个性的建立，同时既容易使人兴奋，也削弱了对歇斯底里和神经症的抵制，因此青少年容易产生精神机能障碍。

虽然弗洛伊德被推崇为精神分析学派的创始者和代表人物，但是在今天的心理学家中，却很少有完全赞同其观点之士。究其原因，是由于弗洛伊德所生活的时代是一个将女性看成是居于弱势地位、处于社会低级阶层的时代，因此他的很多观点都有着那个时代的局限性。不可否认，他的理论开创了有关性心理学的研究，特别是承认了性的重要性，这推动了后来的许多研究成果的形成。但是，他过分强调了性驱力在控制人的行为方面的重要作用，并且他认为人都是自私的、带有敌意的并且欲望强烈的。这些在今天看来略显偏颇的观点，在弗洛伊德看来却是有根有据的。因为弗洛伊德是将医院里的精神病人而非一般正常人作为研究对象，通过研究他们的行为得出其结论的。除此之外，弗洛伊德过分强调早期经验的重要性并将人格看做是固定不变的观点，同样受到后来的大部分心理学家的批评。即便如此，仍然应该感谢弗洛伊德在理解人类行为方面作出的巨大贡献，他的研究值得后世铭记。

(二) 安娜·弗洛伊德的研究

安娜·弗洛伊德是西格蒙德·弗洛伊德的女儿，与她的父亲相比，安娜·弗洛伊德对青少年的研究更加深入。西格蒙德·弗洛伊德只是概略地论述了青少年的一般任务，安娜·弗洛伊德的研究则详细阐述了处在青春期的青少年的心理结构和发展变化，并且还在青少年发展的动力方面比她的父亲进行了更多的研究。西格蒙德·弗洛伊德认为性欲望起源于婴儿早期而非青春期，过分强调了个体的早期阶段，特别是5岁之前对一生发展的重要性。安娜·弗洛伊德认为她父亲关于青少年的解释是不全面的，因此，她将大部分精力用于修正和扩展精神分析理论，并开始将该理论应用在研究青少年发展上。她否定了父亲所说个性在5岁之前就已基本形成的观点，她认为青春期在个体的个性形成中发挥了更重要的作用。

安娜认为青春期是一个充满冲突、心理失衡且行为反复无常的时期。这一时期的青少年本身也是矛盾的：一方面，他们以自我为中心，认为自己是独一无二的，是宇宙的中心；另一方面，他们也能做到自我牺牲与奉献。他们追求和拥有充满激情的恋爱，但这种关系并不能稳定和持久，也会突然破灭。他们有时希望深入地接触社会，积极参加各种活动；有时又习惯孤独与寂寞，不与他人来往。他们会在听从长辈与对抗权威之间摇摆不定，反反复复。他们时而自私和物质至上，时而又怀着崇高理想。禁欲和纵欲的思想在他们身上都有体现，乐观与悲观、热情与冷漠对他们也是"孪生儿"。他们对事事都很敏感，却有时也对一切漠不关心。在安娜看来，之所以出现种种冲突性行为的原因就是青少年心理发展的失衡以及伴随性成熟而来的内部冲突。在青春期，青少年最显著的变化就是本能驱力的增长，主要是由于青少年的性成熟从而对生殖器的兴趣增加以及性驱力的增强。不可否认，青少年本能驱力的增长是与身体上的生理变化息息相关的。在青春期里，青少年攻击性驱力增强，平常的恶作剧也会突变成违法犯罪的行为。从前整洁的生活习惯演变为无序和脏乱，谦虚和优雅也不能幸免，取而代之的是喜爱过度表现与举止粗鲁。安娜将这种青春期本能驱力的增长与婴儿早期出现的相似情况作了比较研究，发现对口唇与肛门的兴趣在经过一段时期的压制之后又重新出现，同时婴儿早期的性欲和攻击性行为在青春期的青少年身上得以"重生"。

本我、自我和超我

西格蒙德·弗洛伊德将人格结构分为三部分：本我、自我和超我。本我是人格结构中最重要、最基本的部分，由先天本能和欲望组成，力比多贮存在本我里。本我是无意识和非道德的，遵循快乐原则，以追求快乐和满足本能的需要和欲望为目的活动。自我介于本我和超我之间，是有意识和理智的，遵循现实原则活动，它既要满足本我的本能需要，又要控制和压制不被超我接受的冲动，但其最终目的是为本我服务，因此会想方设法满足本我的需要。超我代表着社会的伦理道德，按照至善原则行动。西格蒙德·弗洛伊德将青春期看做是一个本我中的生物本能与超我中的社会需要相冲突的阶段，自我处于二者之间，对冲突进行调节并尽量满足本我的需要。

安娜更多地用本我——自我——超我之间的关系来解释个体在青春期发生的一系列变化。安娜把自我看做为了保护个体进行的所有心理过程的总和，是个体中能够进行评价的且具有推理能力的部分。而超我是对同性父母性别认同从而产生的道德感。在儿童期，自我由于害怕本我的欲望显露出来受到惩罚而尽量压制本我的冲动，此时本我的力量相对较弱，因此人格结构内部能够处于一种稳定、平衡的状态。但到了青春期，个体的性功能逐渐成熟，本我的力量逐渐增强，本我的快乐原则使青少年在青春期满足欲望的驱动力也不断增强。这种驱动力对个体的自我和超我是一个挑战，之前建立起来的本我与自我之间的平衡被打破，随之产生了新的内在冲突。而超我通过逐渐内化个体父母及其他权威的道德价值观也得到了发展，从而导致自我与超我中内化了的道德标准产生冲突。因此，安娜指出，青春期的任务之一就是要重新获得内在平衡。

青少年身上复活的本能力量对个体的自我和超我构成了挑战。在之前的潜伏期阶段，个体在本我和超我这二者的心理能量之间保持了较好的平衡。但是到了青春期，这种平衡被打破了，自我从而承担起了调节的任务。但是，就像一个意志不坚定的家长在处理一对争吵不休的孩子时那样困难一样，自我在维持平衡时也会遇到许多麻烦。当自我完全倾向超我时，本我的能量将受到很大的压制，但青少年情感剧烈变化的情况是需要持续不断的心理能量的，因此个体需要一种防御机制来控制自身。而当自我完全与本我保持一致时，"之前个体的性格特征所剩无几，他们成人期的生活将充满因本能存在而不可抑制的不断满足带来的暴乱"。

如果本我——自我——超我这三者之间达不到一个平衡，那么由此导致的冲突将给青少年个体的情绪上带来灾难性的后果。安娜通过防御机制理论，论述了自我是如何对抗冲突达到最终的平衡的。自我通过各种防御的方式作用于本能，使其向相反的方向转化。这些防御的方式包括压抑、转移、拒绝、退行等。这些防御机制将力比多的力量指向自身，往往使个体产生新的压力，并且由于在这一过程中存在强迫性的思维和行为，因此青少年个体会出现焦虑、歇斯底里甚至恐惧症。个体自我抑制的加强和某些神经症状可以看做自我和超我的部分胜利，当然这一胜利是以个体的某些牺牲为代价的。

安娜认为，青少年理智的不断增强和禁欲都是他们摆脱本能束缚的一个表现，同样也是青少年解决冲突的防御方式。青少年理智的不断增强表现为他们试图将有关性和攻击等的问题提升到一种抽象的、智力的高度上，为此他们可能会尽量创造有关爱的本质和家庭的理论，也会构造有关权利和自由的学说。通过理智化，青少年就能尽量把"恋母情结"或"恋父情结"隐藏起来，达到一种纯洁的、理智的高度。而在禁欲方面，青少年往往毫无差别地将禁欲的态度波及生活的全部领域，如拒绝具有吸引力的、自己喜欢的音乐、舞蹈等，转而寻求如体育锻炼等艰苦的方式来阻挡所有肉体上的快感。

安娜相信存在本我——自我——超我三者和谐的可能性，并且三者的和谐最终会在大多数青少年身上出现，从而促进青少年的健康发展。当然，达成这种和谐需要一定的条件：首先，超我在潜伏期时能够得到充分的发展，而不是过分去抑制本我，否则会导致个体极大的焦虑和愧疚感；其次，要相信自我有足够的智慧和力量来调节冲突。

二、埃里克森的自我同一性理论

爱利克·埃里克森也是精神分析学派的代表人物之一。他受过精神分析的正规训练，对西格蒙德·弗洛伊德的心理性欲发展理论进行了修正，同时又保留了许多弗洛伊德的理论观点。他继承了弗洛伊德本我、自我、超我三成分的人格结构的理论，但与弗洛伊德过分强调性本能在个体发展中的作用不同，他不再强调本我的生物性动力，转而认为自我才是许多行为背后的驱动力。同时，埃里克森将个体的发展置于更广阔的社会背景下，关注社会环境对发展的作用，提出了心理社会发展的阶段理论。

自我同一性概念

首先，青少年个体感到自己是一个独立的、独特的、有自己个性的个体，虽然与他人共同活动，但能够与他人区别、分离。其次，能实现自我本身的统一。在时间上，自我的发展是连续的，"我"从童年发展而来，仍处于不断发展变化之中，最终到达将来的"我"，"我"不是别人，只是"我"；在空间上，自我在各种社会活动中能够保持一致性，能将自己扮演的各种社会角色成功地整合到一起。具有以上两方面体验的青少年即实现了自我同一性。

埃里克森认为人类的一生发展要经历八个阶段，在每一个阶段个体都有一个中心发展任务。而当个体面对每一个任务产生冲突时，都可能产生两方面的后果：如果成功解决了冲突，个体就会形成积极的个性品格，人格也会进一步得到发展；如果冲突没有得到很好的解决，仍然存在，则个体就会形成消极的个性品格。埃里克森认为，个体从一个阶段进入下一个阶段面临的所有任务，都是为了获得积极的自我同一性。表2-1列举了埃里克森的心理社会发展八个阶段，每个阶段个体冲突的内容及冲突可能造成的积极和消极结果。

表2-1 埃里克森的心理社会发展八个阶段

阶 段	年龄范围	冲 突	结 果	
			积极结果	消极结果
1. 婴儿	出生~2岁	信任感和不信任感	乐观与安静	悲观与焦虑
2. 幼儿	2~4岁	自主感和羞愧感	自我信任与独立	依赖与恐惧
3. 学龄前儿童	4~6岁	主动感和内疚感	好奇与充满活力	厌倦与淡漠
4. 学龄儿童	6~11岁	勤奋感和自卑感	为自己感到骄傲	为自己感到愧疚

（续）

阶 段	年龄范围	冲 突	结 果	
			积极结果	消极结果
5. 青少年	11～20岁	同一性获得和同一性混乱	对现在和将来的自我的感知	缺乏投入
6. 成年早期	20～40岁	亲密感和孤独感	与他人建立亲密、有意义的关系	感到孤独
7. 成年中期	40～65岁	繁殖感和停滞感	成熟与繁衍	停滞与碌碌无为
8. 老年	65岁以后	自我整合感和失望感	对死亡的接纳	惧怕死亡

在本书中，研究和探讨的内容是围绕阶段5——青少年时期展开的，因此我们最关心和最需要了解的是同一性的形成。埃里克森在其1968年出版的《同一性：青少年与危机》一书中详细阐述了自我同一性的理论，并对青少年心理发展的本质、特点和任务等进行了探讨。在埃里克森看来，个体进入青春期后，身体迅速发育并趋于成熟，性意识随之觉醒，个体开始关注自己的身体形象。个体将自己认识到的他人眼中的"我"与自己知觉到的"我"进行比较，从而对自己的身体形象重新进行认同。埃里克森同时指出，社会对发展到青春期的个体会提出新的要求，分配给他们新的社会角色，他们也需要承担新的责任。种种变化使得青少年处于冲突之中，他们将经历各种困扰和混乱。因此，探寻同一性的阶段也正是这样一个冲突激增的阶段。甚至有研究指出，在探索同一性时表现得更为积极主动的青少年，更有可能经历自我怀疑、混乱、冲动等状态，以及与家长和那些权威人物的冲突。此时，个体必须努力避免同一性混乱，建立一种个人同一性的意识。他们将开始思考"我是谁""我在社会中处于什么位置"以及"我将成为怎样的人"等问题，形成同一性的过程就是个体学会如何获取清晰的"我是谁""我在社会中处于什么位置"以及"我将成为怎样的人"的认识，这需要建立在个体有效评估自己优点和缺点的基础上。此外，青少年的抽象逻辑思维逐步发展，也使得他们能够对个人的、职业的、性别的和意识形态的诸多方面所需承担的任务作出判断和选择。总之，青少年生理上的成熟、心理上的发展以及社会环境的要求等共同作用，引发了青春期心理发展的主要任务，即自我同一性的获得，同时，这些变化也是个体可能完成这一任务的条件。

> **了解一下：**
> 同一性混乱是指个体无法发现自己，不能明确知道自己是什么样的人以及想要成为怎样的人，由此没有获得清晰牢固的自我同一感。消极的自我同一性是指个体对自己的家庭和社区为其所提供的适当和称心的角色，表现出轻蔑、怠慢和敌视，乃至对社会角色的任何方面进行尖刻的嘲弄。

除了同一性概念，埃里克森还提出了"心理社会性延缓期"概念。延缓期是指处在儿童期和成人期之间的一个受社会约束的中间发展时期。在这一时期，个体自由地进行角色试验，以此寻找适合自己的社会位置。埃里克森认为，由于个体从儿童期成长到青春期，其心理发展尚未成熟，感觉没有能力持久地承担义务，需要做的决断也过多过快，因此有必要进入一种"暂停"的状态，这就是延缓期。延缓期允许还没有作好准备承担义务的个体给自己多一些时间，拖延一段时期，来满足自己避免同一性提前完结的内心需要。因此，在埃里克森眼中，青春期是一个可以尝试多个角色而无需为任何人承担责任的阶段。尽管处在不同国家、不同社会的青少年成长的背景大相径庭，每个青少年个体的忍耐力和动力也不尽相同，但形成同一性都是他们青春期阶段的一项主要任务。如果个体在接近青春期结束时仍然不能形成同一性的话，这对每一个青少年而言都将是一件痛苦的事。未能形成同一性的青少年个体将会产生同一性混乱或消极的自我同一性，他们会偏执地专注于某项事物或活动，不关心其他人的感受，形成某些极端的观点，甚至会沉溺于自我伤害。有时为了缓解由同一性混乱引起的焦虑，青少年会变得退缩，直至转向寻求药物和酒精来麻痹自己。

埃里克森认识到青春期并非是一个独立于其他时期的阶段，他指出人生的前四个阶段对青少年同一性的形成也是非常有用的，这是因为人生的每一个阶段都是建立在之前阶段的基础上的，前一个阶段矛盾冲突的成功解决有利于之后阶段任务的完成。相比较而言，那些在早期几个阶段中形成乐观、信任感、安全感、独立自主、有好奇心、为自己的进步感到自豪等积极品格的个体，更可能在青少年时期形成同一性。另外需要澄清的是，同一性的形成虽然是个体在青少年时期需要完成的任务，但其并非是到青春期才出现的，同时也不终于青春期阶段，它是一个毕生的过程。向早期追溯，个体在儿童时期就已经形成了一些同一性，许多因素对青春期同一性的形成也产生了早期的影响。例如，个体在儿童时期感受到的家长与儿童之间的相互关系，对同一性的形成就产生了影响。随着儿童接触到第一个爱的对象，他们便开始寻找一种自我实现。在他们逐渐成熟的过程中，与同伴和其他成人之间的互动将有助于他们意识到"我是谁"。到了青春期，儿童时期形成的同一性已无法适应青少年的种种困境，此时个体需要通过对已经形成的各种自我形象的整合来形成一种新的自我同一性。

虽然埃里克森认为由同一性引起的危机是青春期最常见的，但他同样强调对自我同一性的重新定义依然可能发生在个体生命历程的其他阶段，例如个体独立成家、结婚、生养子女、离异或更换职业时。当发生这些情况时，个体在多大程度上能成功应对同一性的改变，与他们是否成功解决了首次出现的青春期同一性危机是密切相关的。

埃里克森对弗洛伊德的心理性欲发展阶段理论进行了较好的修正与发展，他将个体的发展置于生物的、心理的和社会的相互作用之下，总结出心理社会发展阶段理论。同时，他的有关青少年的自我同一性理论开创了对青少年研究的新领域、新思路，也为后人对青少年成长与发展的研究提供了重要的理论指导。

三、皮亚杰的认知发展理论

认知是认识的活动或过程，也是人们理解事物的思维或心智活动。认知理论虽然是围绕人们的大脑思维而言，但是不可否认思维的技能还要依赖于个体大脑的发育程度，就好比教会一岁大的婴儿操作计算机是一件不可想象的事情。因此，认知理论也必然要尊重生物学的观点。下面将介绍认知理论学的代表人物让·皮亚杰的认知发展理论。

让·皮亚杰是瑞士心理学家，他一生都对人类认知发展的变化抱有浓厚的研究兴趣。他的认知理论中的某些观点明显保留着生物学的成分，因此他被人们看做是机体心理学家。他将主要精力放在研究儿童青少年的认知发展上。他曾在巴黎的阿尔弗雷德·比纳测验研究所工作，那里是现代智力测验的发源地。比纳认为智力是天生的，并且保持稳定不变。但皮亚杰并不同意他的观点，他开始了自己的研究，并希望探索更高水平的思维过程。皮亚杰认为儿童是如何解决问题的远比他们的答案正确与否更值得关注，他的研究要求儿童找出藏在答案背后的逻辑，而不是对他们提问并判断他们答案的对错。皮亚杰通过大量严谨辛苦的观察实验，最终构建了自己关于认知发展的理论。皮亚杰指出，个体从出生前开始，智力水平就一直在持续不断地发展，他的研究改变了人们对儿童青少年认知相关概念的认识。

皮亚杰提出，大脑的成熟和个人经验共同推动了认知的发展，他认为认知发展是大脑与神经系统的成熟和环境影响共同作用的结果，每一种认知活动都有一定的认知结构，他用四个概念来描述认知结构。

（1）图式。它是指思维或心理结构的最初形式。图式是人类认识事物的基础，个体用它来处理环境中发生的一切。图式最初来源于先天遗传，之后在适应环境的过程中不断变化、不断丰富。图式从低级水平经过同化、顺应、平衡，逐渐构造出新的、更高级的图式，反映了个体的心理水平从低级发展到高级的变化情况。举例来说，当儿童看到他们想要的事物时，便学着伸手去抓，久而久之就形成了此种环境需要的图式。之后，儿童会不断形成新的、更高级的图式。而通过将各种图式相互联系起来，儿童也就逐渐学会适应生存的环境。

（2）同化与顺应。同化与顺应是适应的两种形式。适应是指个体对促进自身对周围生存环境认识的新信息及这些新变化的调节。同化是指从外界获得新信息并将其整合到已有的图式中，从而对新的环境刺激作出反应。顺应是指建立一个新的图式来替换原有的图式，以此来调节自己的认知结构，从而适应一个新的刺激。举例来说：如果儿童发现家里饲养的黄色宠物犬产下了一只褐色幼崽，那么他就会认识到宠物犬可以是黄色的，也可以是褐色的，这就是同化的过程；如果儿童被这只褐色幼崽宠物犬咬到（而从未被那只黄色宠物犬咬过），那么他就会认识到一些宠物犬会咬人，而另一些则不会，这就是顺应的过程。同化与顺应并非是独立存在的两个过程，而是相互联系、相互依存的关系，它们同时存在于个体的认知活动当中。

（3）平衡。它是指个体保持认知结构处于一种相对稳定状态的内在倾向性，是同化与顺应两种活动之间的平衡。其主要表现为当个体已有的认知结构能够轻易同化外界的新刺激，此时个体就会感到舒适，感到平衡，因为他们经历的现实与已有的认知经验之间保持了和谐一致的关系。具体到儿童青少年，当他们经历新的知识经验时，总会先试图用原有的图式进行同化，若同化成功，便获得了暂时的认知上的平衡。相反，如果同化不成功，现实与已有的认知结构发生矛盾，个体就会感到失衡，此时就需要进一步的顺应。个体将通过形成新的思维方式来解决这种矛盾，使他们的理解与观察到的事实相一致。之所以如此，是因为心理上的失衡会产生一种内在驱动力，来促使个体调整或改变已有的认知结构，从而达到认知上的新平衡。皮亚杰指出，正是不断交替出现的平衡和不平衡的状态促使个体的认知不断发展，儿童青少年认知的发展就是不断经历这种从不平衡走向平衡的所谓"平衡化"的过程。因此在皮亚杰看来，对平衡化的需要是推动儿童青少年认知发展的内在驱动力。

除了对认知结构进行描述外，皮亚杰还通过研究个体从出生到青少年时期的心理发展，提出了著名的认知发展阶段论。

皮亚杰关于认知发展阶段特征的观点

（1）阶段性与连续性统一。个体认知发展的外在表现呈现出阶段性，但认知发展本身是一个连续的过程。

（2）认知发展具有顺序性。认知发展各阶段出现的一般年龄可能因个体智慧程度或外界环境不同存在差异，但出现的先后顺序不会发生改变。

（3）每个阶段有一整体结构作为特征，据此说明该阶段的主要行为模式。

（4）整体结构是整合的，各阶段间不能彼此互换。

皮亚杰将个体的认知发展划分成四个阶段，分别是感知运动阶段、前运算阶段、具体运算阶段和形式运算阶段。表2-2中列举了这些阶段及其主要特征。每个阶段都以一种特殊的思维方式为特征，较早阶段的思维方式会被整合到新的、更高级、更具适应能力的思维方式中。

表2-2 皮亚杰理论中的四个认知发展阶段

阶 段	大致年龄	主要特征
1. 感知运动阶段	出生~2岁	在做一些动作时，学习协调感知活动，发现了感知和运动行为之间的关系
2. 前运算阶段	2~7岁	能够使用内部符号，尤其是语言来表示客体，但尚缺乏心理运算能力
3. 具体运算阶段	7~11岁	具有了心理运算能力，掌握了逻辑规律并发展了理性思维，但是仅限于具体直接的体验，不会进行假设性思考
4. 形式运算阶段	11岁~成年期	发展了逻辑思维能力、抽象推理能力和假想推理能力，能够作出假设并系统地论证，思维更加复杂，并具有反省思维能力

在感知运动阶段，个体仅靠感知动作来适应外部环境，学会将身体运动动作和感觉经验加以协调，于是形成了动作图式的认知结构。个体在该阶段所蕴含的逻辑是动作逻辑。婴儿的触觉、听觉、视觉、味觉和嗅觉使他们可以感知到周围存在的客体的属性。例如，当婴儿伸出手抓住一个物体时，他们会移动胳膊和手去抓取，以及移动头部和眼睛去追踪移动的物体。在该阶段，认知发展的根本任务被称为"客体的获得"。

在前运算阶段，个体学会了语言，并用这些符号来表征客观环境。由于语言符号的出现，儿童开始从具体动作中摆脱出来，凭借象征性图式在头脑中进行表象性思维。但这些思维是不系统、不合逻辑的，也就是说，个体还只能在符号的水平上对外界作出反应，仍不能进行逻辑思维。正是因为个体还未能形成进行逻辑思维所需的心理操作，因此将该阶段称为"前运算"。而这一阶段认知发展的任务是"符号的获得"。

在具体运算阶段，个体开始有了有条不紊的思维，具备了逻辑运算能力，但只能把逻辑运算应用于具体的或观察所及的事物，对具体存在的事物进行逻辑推理。此时，儿童形成了一定的心理操作，能够理解包含关系、顺序关系、层级分类、对称和可逆等关系。这一阶段主要的认知发展任务被称为"类、关系和数量概念的获得"。

在形式运算阶段，青少年可以不受具体内容的束缚，开始通过带有逻辑性的、抽象的术语进行思考。根据皮亚杰的理论，形式运算阶段的思维及主要特征如表2-3所示。在这一阶段，青少年在思考和处理问题时变得灵活多变，能够设想多种可能情况。他们能够摆脱具体现实的束缚，思考将来会怎样，并将自己置身未来，作出规划。这一阶段的主要认知发展任务被称为"思维的获得"。

表2-3 形式运算阶段的思维及主要特征

形式运算阶段的思维	主要特征
内省	对思维的思考，青少年开始对自己的想法进行反思
抽象思维	超越现实，思考各种可能性
联想思维	能够考虑到所有重要的现实情况和主意
逻辑推理	能够使用系统化的逻辑解决问题，得出正确的结论。他们学会了归纳推理，将一些事实综合在一起，并以此为基础建构理论。此外，还能够使用演绎推理进行科学实验，证明结论或使用代数符号和比喻性的语言符号
假设推理	形成假设，并尽可能全面地考虑各种变量，寻找证据，检验假设

根据皮亚杰的认知发展阶段论，青少年正处于形式运算阶段。随着从低级阶段向高级阶段的发展，他们由一个仅依靠感觉和运动认识周围世界的有机体，逐步发展成一个具有灵活思维和抽象推理能力的独立个体。青少年的认知与儿童相比，无论在内容上还是形式上都有了质的飞跃，其思维方式达到或接近思维的最高水平。一方面，青少年身体的发育，尤其是大脑的发育出现了第二个加速期，为个体的认知发展提供了坚实的生物前提；另一方面，青少年正处于人生学习的重要时期，学习是青少年面临的一项重要而不可逃避的任务，并且青少年个体情感的丰富、道德的发展、人际交往的扩大、社会行为的增多等也必然要求其认知的进一步发展。

皮亚杰强调，青少年在整个形式运算阶段都积极主动地建构着自己的心理世界，在这一时期，青少年开始出现了特有的心理系统。形式运算使思维能够脱离具体现实，从而从具体的现实中解放出来，这使个体进入青春期后出现了自我中心主义。

自我中心的概念

自我中心这一概念最早是由皮亚杰在《儿童的语言和思维》一书中提出来的。自我中心是指个体不能区别一个人自己的观点和别人的观点，不能区别一个人自己的活动和对象的变化，把注意集中在自己的观点和自己的行为上。

青少年的自我中心主义表现为青少年非常关注自己，他们认为别人会非常注意自己的外表和行为，因此，很多时候青少年会感到自己"站在舞台上"，从而作出对假想观众的反应。有时，青少年会通过大喊大叫来回应假想观众。此外，青少年相信反省思维是万能的，似乎世界应该服从于一个观念的格式，而不应该服从于现实的系统。此时，个体处于一个典型的形而上学的年龄时期，他们认为"自我十分强壮，足以改造宇宙，而且十分巨大，足以吸收宇宙"。[⊖]

在青春期阶段，青少年的生活中既充满了高尚的情操和利他的想法，同时也具有令人不安的妄自尊大和过分夸大自己的情绪。青少年虽有许多雄心壮志，但他们常常是通过想象来参加和实现各种社会活动的。随着身心发展，当青少年最终清楚了自己思想的局限和阻力，认识到理论和梦想只有在能真正产生效果时才有价值的时候，心理就获得了新的平衡，从而标志着青春期的结束。

与精神分析学派主要用"俄狄浦斯情结"来解释情感的发展变化不同，皮亚杰认为在情感发展过程中，包括社会化和文化传递在内的社会因素的作用尤为重要。如果与认知变化相比较，社会因素更有利于促进情感的发展。此外，在个体的发展阶段理论方面，同样作为机体论者的弗洛伊德、埃里克森和皮亚杰均有各自不同的划分，具体比较如表2-4所示。

表2-4 弗洛伊德、埃里克森和皮亚杰的发展阶段比较

生 命 周 期	弗洛伊德的 心理性欲阶段	埃里克森的 心理社会发展阶段	皮亚杰的 认知发展阶段
婴儿期	肛门期	自主感与羞愧感 信任感和不信任感	感觉运动阶段

⊖ 皮亚杰. 傅统先, 译. 儿童的心理发展 [M]. 济南：山东教育出版社, 1982.

（续）

生命周期	弗洛伊德的 心理性欲阶段	埃里克森的 心理社会发展阶段	皮亚杰的 认知发展阶段
儿童早期	性器期	主动感和内疚感	前运算阶段
儿童中期与晚期	潜伏期	勤奋感和自卑感	具体运算阶段
青春期 成人早期 成人中期 成人晚期	生殖期 ↓	同一性获得和同一性混乱 亲密感和孤独感 繁殖感和停滞感 自我整合感和失望感	形式运算阶段 ↓

第三节　学习理论

当读者继续沿着本章讲述顺序的理论连续体（见图2-1），从极端的生物观向极端的环境观移动时，就会遇到一批将强调的重点从生物因素转向环境因素的学者。机体论者倾向于强调生物变化和环境需求间的相互作用，而学习理论家则更关注行为发生的环境。另外，个体从经验中学习的能力被认为需要生物基础，而学习理论家关心的则是个体学习到的内容。学习理论家研究的视角不是一个发展性的视角，因此对青春期这一发展阶段几乎没有特别的论述。对学习理论家而言，个体行为的基本过程在青少年阶段和其他人生阶段没有什么区别，但学习理论的研究成果却能帮助人们更好地了解青少年特定的生存环境是如何塑造他们的行为的。

学习理论可以大体分为两大类：一类是行为主义理论；另一类是社会学习理论。在研究青少年如何学习行为的时候，行为主义者强调强化和惩罚过程对青少年行为的重要影响，社会学习理论家更看重观察学习和模仿过程的作用。行为主义理论的主要代表人物是伯尔赫斯·弗雷德里克·斯金纳（Burrhus Frederic Skinner，1904—1990），他关于操作性条件反射的理论对整个心理学界都有莫大的影响。社会学习理论的代表人物则是阿尔伯特·班杜拉（Albert Bandura，1925—　　），他将社会学习理论应用于对青少年的研究中。

一、斯金纳的操作行为主义理论

伯尔赫斯·弗雷德里克·斯金纳是享有盛名的美国心理学家。1931年，斯金纳获得哈佛大学心理学博士学位，并自1947年起担任该校心理学系的终身教授，从事行为及其控制的实验研究。由于在心理科学方面的重大贡献，斯金纳于1958年获得美国心理学会的"卓越科学贡献奖"，之后又于1968年荣获美国最高科学奖——美国国家科学奖章。斯金纳提出的操作性条件反射理论是最著名的学习理论，他强调积极强化（奖励）和消极强化（惩罚）的双重作用影响着个体的行为表现。

斯金纳将个体行为区分为应答性行为和操作性行为两类。前者是指由特定的、可观察的刺激所引起的行为；后者是指在没有任何能观察到的外部刺激的情境下的个体行为，它受行为的结果控制。斯金纳着重对操作性行为的形成机制——操作性条件反射进行了研究。

斯金纳认为人类从事的绝大多数有意义的行为都是操作性的，这种操作性行为的结果同时又作为一种强化从而使个体的这种行为得以继续保持。而这种结果的作用可以分为积极强化（奖励）和消极强化（惩罚）两大类。在操作性条件反射理论中，积极强化和消极强化都是非常重要的。积极强化被斯金纳定义为能够增加某一行为再次发生可能性的过程，而消极强化则是指能够减少某一行为再次发生可能性的过程。青少年的行为可以看成是个体所经历的奖励和惩罚的产物。比如，一个在学校里积极努力、各方面都表现优秀的青少年之所以如此，是因为他（她）过去曾经因为这样的行为而受到教师的积极强化，或是因为没有这样做而受到了惩罚。无论是积极强化还是消极强化，斯金纳指出其最终目的都是增强和鼓励某种行为。

> **讨论一下：**
> 积极强化和消极强化的双重作用影响着每一个青少年的行为，那么下列青少年行为是积极强化还是消极强化呢？
> （1）15岁的小李逃课，受到了同伴的肯定，将来会更容易逃课。
> （2）小李逃课后被学校抓到，并且被罚做额外多很多的作业，这样能够阻止他再次逃课。

对青少年行为的强化控制，是斯金纳重点研究的对象。他认为，强化在青少年行为产生和发展的过程中起着重要作用，主要表现在以下几方面：

（1）强化作用是塑造青少年行为的基础。只要了解了强化效应并操纵好强化技术，就能控制行为反应，从而随意塑造出一种教育者所期望的青少年的行为。青少年偶然做出某种行为而得到了教育者的强化，那么，这个行为就比其他行为更容易被重复做出。强化次数越多，其概率就越大，这便促成青少年行为的建立。

（2）强化在青少年行为发展过程中起着重要的作用，行为不强化就会消退。因此，如果要巩固青少年的某种良好行为，就必须在其做出行为后予以强化，否则就可能消退。在斯金纳看来，如果只是重复练习某种行为而不强化，是无法巩固和发展起一种行为的。因为练习的多少本身并不会影响到行为反应的速率，它只是为青少年获得重复强化提供机会而已。也就是说，青少年练习某种行为的目的是获得强化物而不是其他。

（3）斯金纳还非常强调及时强化的影响，如果强化不及时则不利于个体行为的发展。教育者要及时强化希望在青少年身上看到的行为，否则，那种行为就不能持久。

在生物因素与环境因素的关系上面，斯金纳认为应尽可能地同时考虑遗传和环境的影响。斯金纳指出，人类和其他生物一样都有生存的本能，为了适应不断变化并难以预料的环境，人类开始具备学习的能力，斯金纳将其定义为根据行为的结果进行学习的能力。虽然斯金纳并非一个完全的环境决定论者，但与其他流派的理论家相比，他更重视环境的影响，强调外界的强化对个体行为的塑造作用。

在个体的心理发展阶段上，斯金纳持一种无阶段的观点。他将个体发展看成是一个连续的、渐进的过程，在不同的发展时期不存在明显的、质的不同。

强化现象是人类行为中的一种普遍现象，斯金纳在对此进行系统研究的基础上，提出了个体行为的强化控制理论，这是对人类学习理论研究的创造性贡献。此外，斯金纳非常重视将自己的理论应用于实际，他的理论在行为矫正、程序教学等方面取得了举世瞩目的成就，对当代的教育教学工作具有重要的影响。

二、班杜拉的社会学习理论

社会学习理论探讨的主题是社会化，即社会是如何影响个体以使他们掌握社会规范，向着社会要求的方向发展。社会学习理论家的观点与行为主义者有联系，但与其不同的是，社会学习理论家更看重观察学习和模仿的作用。也就是说，青少年并不仅仅靠接受环境力量的强化来学习如何行为，而且也会通过对周围人的观察和模仿来学习。社会学习理论可以很好地解释，青少年是如何受其父母所采用的教养方式以及他们同龄人的影响的。社会学习理论的重要代表人物是阿尔伯特·班杜拉，在20世纪60至80年代，班杜拉成为世界最有名的社会学习理论家。由于他的创造性研究工作，他在心理学界树立了很高的声望。1974年，班杜拉当选为美国心理学会的主席。1977年，班杜拉出版了《社会学习理论》（Social Learning Theory）一书，这是社会学习理论及其研究成果的一本总结性的著作。

（一）观察学习

与斯金纳等其他行为主义者强调"个体必须通过操作亲自体验到操作的后果，得到强化，学习才能发生"的观点不同，班杜拉提出观察学习是人类最主要的一种学习方式。观察学习又称替代性学习，是指个体通过观察榜样在处理刺激时的反应及其受到的强化而完成学习的过程。也就是说，个体不必亲自参与活动，也不必亲自体验强化，而只是通过观察他人在一定情境中的行为以及他人接受的强化来进行学习。正因为人类具有观察学习的能力，所以人们才能不依靠尝试错误一点一点地掌握复杂的行为，而是很快地学到大量的复杂的行为模式。

班杜拉将观察学习过程分为四个主要的组成部分：注意过程、保持过程、动作再现过程和动机过程，如图2-2所示。

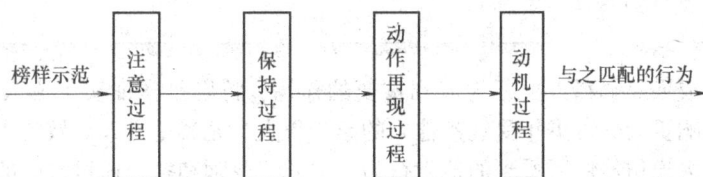

图2-2 观察学习的过程

（资料来源：唐卫海，杨孟萍．简评班杜拉的社会学习理论．天津师大学报，1996（5）：31.）

1. 注意过程

注意学习的对象是观察学习的第一步。观察学习的方式和数量都由注意过程筛选和确定，这种选择性注意在观察学习中起着关键的作用。班杜拉认为，观察者与榜样之间的关系对注意过程起着非常重要的作用。如果榜样与观察者经常在一起，或者二者相似，那么观察者就经常或容易学会榜样行为。例如，许多研究表明，父母是青少年生活中最有影响力的成人。此外，亲戚及学校老师也被认为是有影响力的人。

2. 保持过程

保持过程是指将注意到的示范信息或榜样的行为进行编码，并将其保存在头脑中，以待日后提取。具体而言，班杜拉认为这种保持过程是先将榜样行为转换成记忆表象，然后记忆表象再转换为言语编码（形成动作观念），记忆表象和言语编码同时储存在头脑中，对学习者以后的行为起指导作用。

3. 动作再现过程

动作再现过程是指将储存在记忆中的编码信息（动作观念）转化成适当的行为。动作再现过程是观察学习的中心环节。班杜拉认为，观察者为了再现示范动作和产生最佳的行为模式，一方面需要机体的成熟，另一方面也需要不断实践。观念在第一次转化为行为时，很少是准确无误的，所以仅仅通过观察学习，技能是不会完善的，还需要经过一个练习和纠正过程，动作观念才能转换为正确的动作。

4. 动机过程

动机是推动个体行动的内部动力。动机过程贯穿于观察学习的始终,它引起和维持着个体的观察学习活动。动机过程决定了哪些习得行为通过观察能得以表现。班杜拉认为,人的活动的动机来自过去别人和自己在类似行为上受到的强化。个体习得了某种新行为,并不一定会表现出来,因为个体还要受到强化引起的动机的调节作用。

了解一下:

班杜拉对模仿和攻击性行为进行了调查,其研究结论为:

(1) 如果青少年经常看到真实生活中发生的以及电影或动画片中的攻击性行为,那么大多数青少年的表现是准确模仿其中的攻击行为。此外,接触现实中或电影中的攻击性行为会使攻击性反应增强。这一研究结论使得人们更加关注有攻击性行为的电影或电视对儿童和青少年的影响。

(2) 攻击性青少年的父母对他们的孩子也有攻击性行为,他们会比其他父母更多地使用体罚、孤立和剥夺某些权利的方式控制孩子。因此,这些青少年会模仿他们观察到的父母的攻击性行为来攻击其他青少年。

班杜拉的研究成果对解释人类行为起到重要的作用,特别是他证实了成人的所为比他们的所言对青少年的影响更大。青少年受观察他人的影响很大,尤其是受人尊敬的人,他们有着一种近乎本能的驱动力去模仿他们所看到的他人行为。因此,教师和家长通过自己的实际表现,树立角色榜样,是教育和培养青少年行为得体、道德高尚的最佳方式。

（二）社会认知理论

班杜拉认为,不仅环境能够决定人的行为,人的认知因素也能够影响个体的行为,并且人们可以通过行为来改变环境,也就是说,行为、环境与认知因素之间是相互作用的。随着理论的发展,班杜拉给予认知因素越来越多的重视。20 世纪 80 年代中期,班杜拉最终扩展了他的社会学习理论,在其中加入了认知的成分,并将社会学习理论改名为社会认知理论。

班杜拉认为个体并非单纯由环境影响决定,个体能够通过选择自己追求的生活环境和设定想要达到的目标来决定自己的命运。个体在发展过程中,并不仅仅通过与环境的相互作用来学习知识,同时还能够在头脑中对知识进行操作以形成新的理解。人们会反思自己的想法,以及那些为实现目标而采取的行为。班杜拉指出,个体如何解释环境对自己的影响决定了他们的表现。有研究表明,攻击性的青少年倾向于在各种情境下对他人的行为进行具有敌意的解释。在对他人的行为进行解释时,这些青少年很少注意到那些有助于他们准确判断他人是具有敌意还是友善的信息。因此,当他们快速作出结论时,就倾向于作出具有敌意的解释。由此可以说明,不只是发生在这些青少年身上的行为决定了其攻击性,还包括他们对他人行为的认识。

班杜拉的社会认知理论强调个体能够主动控制那些影响他们生活的事件,而不是被动地接受环境带来的一切,甚至可以说,他们通过对环境作出的反应,能够部分地控制着环境中发生的一切。举例来说:一个平静、乐观、开朗的青少年也会对父母产生积极的影响,会鼓励父母以友善、温暖、关爱的方式对待自己;相反,一个喜怒无常、难于沟通的青少年也会引起父母的愤怒和排斥。因此,青少年也应对营造自己的环境负部分的责任。

总之,班杜拉的社会认知理论有别于生物学理论和机体理论,突出强调了环境因素对青少年成长发展的影响。正是由于不同的青少年在不同的发展阶段对环境的解释和在环境中的行为表现存在差异，每个青少年也因此有着不同的成长经历和人生经验。

第四节　社会学和人类学理论

本章最后介绍的是社会学和人类学的理论，它们处在极端强调环境的位置。社会学家和人类学家对青少年到达青春期后要面对的更宽泛的社会环境感兴趣，他们试图将青少年作为在社会中达到一定年龄阶段的一个群体来加以理解。因此，在他们眼中，青少年的发展主要受到社会和文化的影响。相比较而言，生物学理论家强调了生物因素影响青少年发展的重要性，机体论者则赞同生物因素和经验的交互作用，学习理论家强调与青少年有直接交互作用的个体的影响是主要的，而社会学家和人类学家则支持文化的形式、价值观以及社会环境对青少年行为的主要影响。其中，社会学家强调的不是个体在生物构造和生存环境中体验到的差异，而是青少年或青少年群体由于他们的年龄、性别、种族、社会阶层以及其他人口统计学因素而感受到的共同的影响因素。而人类学家则指出青春期作为一个发展阶段在各个历史时期之间存在着巨大差异，因此他们认为不可能对青少年所受的压力、该阶段的发展任务或者代际关系的性质诸如此类的问题作出概括性回答，因为这些问题的答案取决于某个时代既定的社会、政治和经济条件。

> **了解一下：**
> 社会学家和人类学家对"同一性危机"这样所公认的基本问题也有区别于其他理论家的解释。他们认为这是工业化和学生时代的延长所导致的社会产物，而在工业革命之前，大多数青少年都会子承父业，因此也就根本不存在同一性危机。

一、勒温的场论

库尔特·勒温（Kurt Lewin，1890—1947）是德国著名社会心理学家，场论的创始人。勒温的场论试图解答的是青少年为何在成熟与幼稚的行为之间摇摆不定，以及为何常常不开心等问题。勒温的场论的一个重要假设，是存在人格和文化的差异，使得个体行为呈现多样化。青春期的长度也会随文化的不同而不同，而且在同一种文化背景下，这种跨度也存在社会阶级的差异。

勒温提出，一个人的心理活动是在一定的心理场或生活空间中进行的。心理场包括个体（Person，简称 P）和环境（Environment，简称 E）。勒温场论的核心概念是每一种心理事件或行为（Behavior，简称 B）是个体（P）和其所在的环境（E）的函数。也就是说，个体的行为既取决于个体的状态，又取决于环境的影响，同时还取决于二者的相互作用。要想了解青少年的行为，必须考虑个体的人格和其所处的环境这些相互依存的因素。

在勒温的场论中，个体是指生理和心理特征，包括身体状态、需要和动机等。环境并非是指客观环境，而是指由个体意识到的，或虽未意识到但对个人心理活动产生影响的准物理、准社会和准概念事实组成的心理环境。如准社会事实中，研究的不是警察对于青少年的实际的法律和社会权威，而是青少年自身所感受到的警察的权威。对于不同的青少年而言，这种权威是不同的。

勒温从场论出发，描述并解释了特定青少年行为变化的动力。他指出，个体发展的一个主要特征是随着年龄的增长，生活空间中尚未分化、较松散的区域开始逐渐分化，并且在分化的同时，个体也在进行着重新建构。而这种分化过程在某些时期非常缓慢，在另一时期则非常迅速。缓慢的变化使得发展阶段之间的过渡比较平稳，而变化速度过快则使发展过程容易出现危机。在勒温看来，青少年正是处于一个生活空间分化速度相对较快、分化程度相对较大的时期。勒温比较了儿童和成人的生活空间，认为儿童和成人都有清楚明确的所属群体，而青少年既不完全属于儿童群体，也不完全属于成人群体，因此勒温称他们为"边缘人"。

勒温认为，儿童的生活空间主要由禁令和超出儿童个人能力范围的东西建构。随着儿童逐渐成熟，能力随之增强，对自由的限制越来越少，因此生活空间会向新的领域拓展。当儿童成为青少年时，更多的领域具有可及性。而成人的生活空间则相对更加宽广。依据勒温的观点，青少年时期是从儿童期到成人期的过渡阶段，此时的青少年部分属于儿童这个群体，部分又属于成人这个群体。作为"边缘人"的青少年，会时而表现得像一个儿童，为了避免承担成人的责任；时而又像一个成人，因为他们想要获得成人应有的权利。对于青少年而言，儿童的行为规范不再被接受，同时成人的行为规范要么不被允许，要么即使被允许，这些行为规范对他们来说也是陌生的、奇怪的。父母、教师或社会其他成员往往以一种模棱两可的方式对待青少年。社会通过剥夺青少年作为儿童应有的快乐，同时也不会让他们感到成人的快乐，使得青少年变成了"边缘人"。

> **了解一下：**
> 有些学者的研究指出，与青少年有关的许多问题之所以产生，部分原因在于社会将青少年与成人隔离开来的方式。许多青少年不被允许担当社会中有意义的角色，因而会产生挫败感和不安感。

勒温还对青少年的行为特点进行了详细的描述。他指出，青少年会表现出害羞、敏感的特点，也可能会产生攻击性行为。作为边缘人，他们不从属于任何一个群体，因此除了同伴之外，再无其他社会寄托。而各种价值观、意识形态的冲突，会导致青少年情绪紧张，因此青少年也很容易采取一种极端的立场，从而表现出敌对的态度和行为。

二、哈维赫斯特的发展任务理论

罗伯特·哈维赫斯特（Robert Havighurst，1900—1991）主要探讨了青少年的发展任务，其理论综合了前人关于发展的一些概念。哈维赫斯特指出，个体的需要和社会的要求构成了发展的任务，并且这些任务是个体在生活的各个阶段随着身体的成熟，按照社会期望和要求，通过自己的努力必须获得的技能、知识和态度。个体完成每一个阶段的发展任务都是在为下一阶段完成更难的发展任务作准备。随着完成每个阶段的发展任务，青少年也逐渐成熟。此外，哈维赫斯特指出，发展任务具有文化的差异性，不同社会以及同一社会不同阶层的发展任务都有显著区别。在不同的文化下，社会的要求和机遇不同，关于成功的定义也有差异，因此所要求的能力也会不同。

> **了解一下：**
> 哈维赫斯特强调青少年所处的社会阶层，或者说社会经济地位，建构了他们的成长经历。青春期的"本质"很大程度上取决于青少年所在家庭的资源情况，不同家庭背景的青少年在经历上有显著的差异。

哈维赫斯特列举了美国青少年在青春期面临的八项主要任务：⊖

（1）接受自己的身体构造并有效地使用它。青少年需要接受自己的身体构造和体型发育的模式，需要学会悦纳自己的身体，并在体育活动、娱乐、工作和日常中有效地使用它。

（2）习得与同龄男女之间新的熟练的交际方式。青少年需要从对同性别个体的兴趣和童年中的玩伴中逐渐脱离出来，去建立异性之间的友谊。长大成人意味着学会社会技能和集体生活要求的行为。

（3）习得作为男性或女性的社会性别角色。青少年逐渐成熟的过程是重新审视在他们生活的文化环境下，性别角色的变化以及对他们必须接纳的部分作出选择。

（4）从情感上独立于父母或其他成人。青少年必须形成理解、爱和尊重的情感，学会理解自己和其他人。

（5）为经济上的自立作准备。青少年要实现的一个基本目标即作出职业的选择，并为此作好准备，而后通过自己谋生在经济上获得独立性。

（6）为结婚和家庭生活作准备。大多数年轻人将幸福的婚姻和家庭作为生活的一个重要目标，为此他们需要形成积极的态度，掌握社会技巧，发展成熟的情感，做到必要的相互理解，以使婚姻保持良好状态。

（7）追求并完成负有社会性责任的行动。这一目标的实现需要包含社会价值观的社会意识的发展，以及在社区或国家中积极参与社会生活。青少年必须在社会中找到自己的位置，并为自己的生活赋予意义。

（8）学习能够指导自己行为的价值观和伦理体系，形成意识形态。这一目标包括社会政治—伦理意识形态的发展和对个人生活有意义的价值观和道德观念的接纳和应用。

> 🔓 试一试：
> 　　总结出中国青少年在青春期面临的发展任务。这些发展任务与美国青少年相比，有哪些相同点和不同点？这与中国的文化又有哪些关联？

三、布朗芬布伦纳的生态学理论

尤里·布朗芬布伦纳（Urie Bronfenbrenner，1917—2005）是美国著名的人类学家和生态心理学家。他在1979年出版了《人类发展生态学》（The Ecology of Human Development：Experiences by Nature and Design）一书，提出了著名的人类发展生态学理论，指出了环境对个体行为、心理发展有着重要的影响。他认为，个体在发展过程中并非是孤立的存在，而是能动地与周围的环境相互依赖、相互依存、相互作用。正是在这种相互联系、相互作用中，个体才从中获得了发展。青少年的发展总是在家庭、社区、学校、国家等多背景下发生，这些因素之间发生着千丝万缕的联系或进行着交互作用。青少年不仅会受到来自同伴、亲戚和其他相联系的成人的影响，也会受到学校、社会组织甚至宗教团体的影响。同时，诸如媒体、青少年成长的文化大环境、国家领导人以及世界大事件，也会对他们产生影响。从某种意义上说，青少年正是环境和社会相互作用的产物。

⊖ 改编自：（美）赖斯，（美）多金. 青春期：发展，关系和文化［M］. 11版. 陆洋，林磊，陈菲，译. 上海：上海人民出版社，2009.

根据布朗芬布伦纳的生态学理论，个体的发展与周围的环境之间相互联系，构成了若干个系统，即微系统（微观系统）、中系统（中介系统）、外系统（外在系统）以及宏系统（宏观系统）。这四个层次是以行为系统对个体发展的影响直接程度分界的，从微系统到宏系统，其对个体的影响也从直接到间接。布朗芬布伦纳的生态模型如图2-3所示。

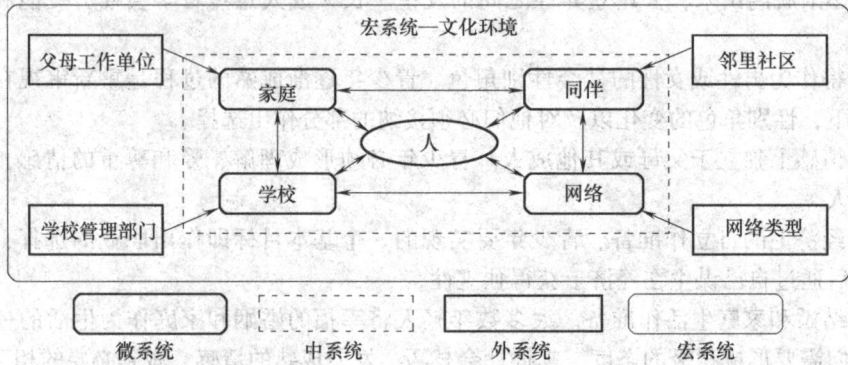

图2-3　布朗芬布伦纳的生态模型

（资料来源：刘杰，孟会敏. 关于布郎芬布伦纳发展心理学生态系统理论. 中国健康心理学杂志，2009（2）：251.）

1. 微系统

微系统（微观系统，Microsystems）是指青少年最直接接触到的环境，包括与个体直接产生联系的人或物。对大多数青少年而言，家庭是最基本的微系统，然后是同伴和学校。其他的微系统还包括网络、健康机构、玩耍地点、宗教组织以及青少年所属的各类社会组织等。一个健康的微系统能够给青少年提供积极的学习和发展机会，为他们成人期的成功作准备。微系统会随着青少年所处的社会背景的变化而变化，如青少年可能会更换学校，不参加某项活动或新加入某些组织等。在微系统中，每一个因素都会对青少年的发展造成积极或消极的影响。如在不同的家庭，由于父母的教养行为和方式的不同，相应地个体的发展机会和状况也就不同。良好的家庭环境、亲密的亲子关系必然为个体的思想品德及身心的健康发展创造良好的条件。此外，青春期时同伴微系统的作用往往会加强，这会给青少年带来更多积极的社会反馈，如接纳、友谊和社会地位。但同伴群体也可能带来负面影响，如药物滥用、盗窃、团伙组织等。

2. 中系统

中系统（中介系统，Mesosystems）是指个体所处的两个或两个以上微系统之间的相互关系，如学校和家庭、家庭与邻居等之间的相互联系。中系统对个体发展的影响取决于微系统之间发生相互联系的数量、质量及程度。只有考虑来自各方面影响之间的相互联系时，对青少年社会性发展的理解才是全面的。布朗芬布伦纳认为，如果微系统之间有较强的积极的联系，发展可能实现最优化。相反，微系统之间的非积极的联系会产生消极的后果。青少年在家庭中与兄弟姐妹的相处模式会影响其在学校中与同学间的相处模式。如果在家庭中，青少年处于被溺爱的地位，在玩具和食物的分配上总是优先，那么其一旦在学校中享受不到这种待遇，则会产生极大的不平衡，不仅不易于与同学建立和谐、亲密的友谊关系，还会影响到教师对其指导教育的方式。因此，要使青少年身心得到全面健康的发展，必须积极调动各个微系统之间的密切配合，使学校、家庭、社会等因素保持良好的互动合作关系和高度的一致性。

3. 外系统

外系统（外在系统，Exosystems）是指在个体成长的生态环境中，一些环境因素并不直接接触或参与，但可以对个体产生直接或间接影响的系统。它包括父母的工作单位、学校的领导机构、当地的教育主管部门等。例如，父母在工作中发生的事情会影响到父母，而这些也会影响到青少年的发展。如果父母的工作单位能够给员工提供良好的福利和充足的休息时间，会在一定程度上加深父母与子女之间的亲子关系，进而有利于青少年的身心健康发展。相反，如果父母被公司解雇，这将给整个家庭带来影响。类似地，学校也会通过许多方式影响到青少年，包括学校的课程设置、日程表、雇用的老师等。如果学校的某个领导由于个人问题受到处罚，学生有可能对学校的一些制度和规则产生怀疑，进而影响到他们思想品德的形成和发展。

4. 宏系统

宏系统（宏观系统，Macrosystems）是指个体成长所处的整个社会环境及其意识形态背景。个体所处的微系统、中系统及外系统三个生态系统均存在于宏系统中。宏系统是一个广阔的意识形态，既包括整个社会长期所形成的政治、经济、社会形态以及社会结构等，也包括各种文化、亚文化、道德观念、风俗习惯和特定文化背景下的法律等。宏系统决定了成人该是怎么样的人，青少年又该如何，等等。青少年所处社会的主流价值观体系和多元价值观状况、所属民族的风俗习惯和道德风尚、人们的教育观念和生活方式等，构成了影响青少年身心发展的宏观系统，并通过其他三个生态系统作用于青少年自身，进而影响青少年的心理发展。同时，宏系统会因国家、种族或社会经济群体的不同而存在差异，从而导致不同群体间的宏系统有所差别。例如：农村家庭和城市家庭的育儿观念是有差异的；在有些国家父母打孩子是可以被宽恕的，但在另外一些国家这一行为是违法的。在讨论青少年发展的相关问题时，必须考虑他们成长的社会大环境。

布朗芬布伦纳的生态系统理论在强调青少年发展的时候，不仅要求必须考查诸如家庭、学校、社会等所有可能的子系统，还特别注重要全面细致地把握它们之间彼此的潜在交互关系。而这种系统化的观点，无疑对人们在青少年成长中构建学校、家庭和社会德育一体化体系有所帮助。

了解一下：

社会学关于青少年研究的一个重要主题是代际冲突问题，也就是更广为人知的代沟问题。社会学家指出，由于青少年一代和成人一代在不同的社会环境中成长，因此会发展出不同的态度、价值观和信仰。结果就是，青少年一代和成人一代之间不可避免地存在紧张关系。

四、人类学理论

在青少年发展的观点上，人类学家是极端强调环境的一批学者，他们基本认为青春期就是社会的创造物，社会文化环境决定了青少年的发展历程。这意味着是社会条件而非生物本能决定了青少年发展的本质。他们指出在现代工业社会，青春期已经成为一个发展的延长阶段，在当今社会中有推迟的迹象，至于它何时结束，是不确定的。最重要的人类学家之一，玛格丽特·米德（Margaret Mead，1901—1978）和鲁斯·本尼迪克特（Ruth Benedict，1887—1948），他们指出，社会看待和建构青春期的方式千差万别，青春期可以看成是由文化决定的人生体验，即：社会把它看成是充满压力和困难的，它就是充满压力和困难的；社会把它看成是宁静平和的，它就是宁静平和的。

（一）再论"暴风骤雨"——米德及其《萨摩亚人的成年》

如果回顾一下历史可以发现，在20世纪初期，人们对青少年发展规律的认识主要受生物决定论的影响，尤其是霍尔的复演说和弗洛伊德的性本能决定论。人们普遍接受了这样一种观点，正如我们在本章一开始所介绍的那样：青春期是一个充满暴风骤雨的时期，青少年体验到的种种冲突和痛苦是不可避免的，而这正是由人的生物遗传因素决定的。然而到了20世纪30年代，随着人类学家研究的逐渐深入，人们开始对生物决定论产生了种种质疑。特别是米德根据其长达9个月的萨摩亚之行所写成的著作《萨摩亚人的成年》，对当时社会上普遍盛行的生物决定论提出了挑战，使整个学术界受到震撼。米德通过实证研究，证实了至少存在一个社会，个体的青春期可以是安静的。这引起了对青少年行为表现的生物学解释的质疑。

> **了解一下：**
>
> 关于女孩月经初潮的例子可以解释人类学家的文化决定论。某个社会（部落）认为经期对女孩来说是危险的，因为她可能会害怕参加某些活动；而另一个社会（部落）则认为对女孩而言这是一件幸事，因为她能够得到更多的食物或者关爱。如此，接收到"月经初潮是件好事"信息的女孩与那些接收到相反信息的女孩的反应和表现将截然不同。由此看来，由青春期身体变化引起的压力和紧张可能是某种文化作用的结果，而未必是固有的生物特征的产物。

米德通过在萨摩亚岛上的观察和研究发现，萨摩亚人有着宁静淡泊的生活态度和较单一的生活方式，个体与自己、他人、社会之间较少有冲突出现。这里的青少年几乎没有体验到不可避免的冲突和压力，也没有"暴风骤雨"的现象存在，他们相对远离心理混乱。"已达到青春期的萨摩亚姑娘同她们尚未成年的妹妹们的主要区别，仅限于在姐姐身上已经表现出的某种生理变化尚未在妹妹身上出现而已。但除此之外，在那些正经历青春期的姑娘们与那些还要过两年才达到青春期的少女们，或那些两年前就达到青春期的女性之间，并不存在着其他巨大的差异。"[1]米德的发现证明了青春期并非必然是一个危机四伏的紧张时期，任何心理紧张都来自于文化条件。米德认为原先人们归之于人类本性的东西，绝大多数不过是人们对于所在社会文化施加给个体的影响的某种反应。如果社会文化能够像萨摩亚岛一样为青少年从儿童期向成人期的过渡提供一种平稳、渐进的环境，那么青少年将较少地体验到"风暴与压力"。

（二）文化的连续性与非连续性

另一位人类学家本尼迪克特进一步发展了米德的观点。他在著作《社会条件的连续性和不连续性》一书中指出，在任何一个社会中，青少年适应困难的一个决定性因素都是儿童期向成人期社会化过渡的不连续性。米德发现了萨摩亚儿童遵循连续性的成长模式，并没有出现从一个年龄到另一个年龄的突然变化，社会也没有期望儿童、青少年和成人有不同的行为模式。因此，青春期并不一定代表行为模式要从一种转换为完全不同的另一种。但是在现代工业社会，在某一个特定的时期，人们希望青少年表现得像一个孩子；而在另一时期，又唐突地希望他们表现得像一个大人。表2-5从三个方面比较说明了如萨摩亚般的原始社会的连续性和现代工业社会的

---

[1] 玛格丽特·米德. 萨摩亚的成年——为西方文明所作的原始人类的青年心理研究 [M]. 周晓红，李姚军，译. 杭州：浙江人民出版社，1988.

非连续性。

表 2-5　原始社会的连续性与现代工业社会的非连续性的比较

	原始社会（萨摩亚）	现代工业社会
性别角色	**相似的性别角色** 　　无论是儿童还是成人，他们的性别角色是相似的。在萨摩亚，个体从儿童成长为成人并未真正经历过性别角色的改变。青少年被允许提前发生性行为，他们将与性有关的问题看成是很平常的事。因此当他们进入成年期后，能很容易适应婚姻中的性别角色	**不相似的性别角色** 　　在现代西方文化下，人们的性别角色是存在差异的。青少年的性欲是受压制的，性被认为是罪恶与危险的。但当他们性发育成熟时，又必须摆脱那些早期对性的态度和禁忌
责任	**需要负责任** 　　原始社会中儿童需要负担责任，他们很小就学会如何承担。对他们而言，玩耍通常与工作有着相同的内容（例如打猎就是在玩耍弓箭的过程中学会的），成人时期的工作不过是儿童时期娱乐活动的一种延续	**无需负责任** 　　现代社会中儿童几乎不用去负担什么责任。但随着他们不断长大，他们却需要从无忧无虑、可以不负任何责任的孩子突然转变为需要负责任的社会角色。在他们开始工作或结婚之后，社会要求他们对自己的行为负全部责任
权威性	**居于支配地位** 　　在原始社会中，儿童已经处于一定的支配和主导地位。萨摩亚的儿童在童年时期并未接受顺从式的教育，因此当他们成人时也不会经历从顺从到主导这一突然的角色转换。一个七八岁的萨摩亚女孩就开始像保姆一样监管年幼的弟弟妹妹，同时自己也受到年长同胞的监管。而父母对子女的约束是很有限的，约束、惩戒几乎都是年长同胞的事情。随着年龄增长，个体会控制越来越多的他人，而支配他的人会变少	**顺从的角色** 　　现代社会中的儿童和青少年通常是顺从的，但社会却希望他们从一种完全顺从父母的状态一下子变得拥有支配权。当他们与父母生活在一起时，父母希望青少年按照他们的意图做事。但当他们结婚并有了小孩之后，社会又希望他们处于一种完全支配的地位，从而能够控制自己孩子的生活。因此，现代社会的青少年长大成人时，可能经历顺从与主导的冲突，他们需要适应突然从顺从到发挥主导作用的转变

　　文化的连续性与非连续性的观点对青少年生活适应的解释具有一定的说服力。

　　此外，米德还提出，通过不再被要求与父母保持一致和摆脱对父母的依赖，允许家庭中个体差异的存在，可以使父母与青少年之间的冲突和紧张关系得到缓解。因此，青少年应该有足够的自由作出自己的选择，拥有自己的生活方式。米德还指出，可以采取一些措施来减轻现代社会中青少年成长过程的文化非连续性，从而使青少年到成人的过渡更加容易和平稳。例如：通过让青少年做全职或兼职的工作，使他们获得经济上的独立性；结婚和生育的时间应该延后；青少年在社会和政治生活中应该享有发言权等。

　　米德和其他学者的晚期著作都表达了对发展的一般规律的推崇，并承认在人类发展过程中生物因素的作用。因此，当今的基因学家和人类学家通常会抛弃极端的立场，他们基本上一致认为生物基因的因素和环境的动力共同在发挥着作用。

讨论一下：

　　按照社会学家和人类学家的观点，你认为像阿富汗战争这样的重大历史事件是否能够改变青少年的发展以及青春期的性质呢？

第二篇 成长篇

第三章　青少年的生理、心理及行为特征

第一节　青少年的生理发育

青少年的生理特征是一个为世人所关注的问题。对这一问题，青少年男女愿意了解，以帮助他们更好地认识自我；青少年工作者也感兴趣，以使他们的工作有根有据；教育工作者试图探询，以更好地对青少年进行正确引导。青少年的一切活动，都以青少年的生理特征为物质前提。而这个生理前提，既包含着性的生理，又包含着青少年的骨骼、肌肉、消化、呼吸、神经及内分泌等一系列生理机制的变化，而且这些方面浑然一体，相互联系，相互制约，共同影响着青少年的各种行为和活动。

一、青少年的生理变化

个体在一生中经历两个生长发育的高峰期：从受精卵开始发育至1岁左右是第一个生长发育高峰期；第二个生长发育高峰期是在10~20岁之间，即青春期。从生物学角度看，青春期始于第二性征的出现和生长突增，并以性成熟和体格发育完全终止。青少年的生理变化主要表现为身体外形的变化和生殖能力的获得。一般来说，青春期的生理变化主要表现在以下五个方面：

（一）生长突增，主要表现为身高和体重的迅速增加

当第一次生长发育高峰于1岁左右结束之后，人体的生长发育速度便开始减慢，特别是5岁以后的增长速度一直很缓慢。但进入青春期后，生长发育的速度又大大加快，出现了个体的第二次生长发育高峰，这称为青春期的生长突增。青春期的生长突增大概与第二性征的发育同时出现，这时身体的增长十分惹人注目，几乎涉及全身的骨骼、肌肉和绝大多数内脏器官。青春期内分泌的变化对青少年身体的影响非常明显，激素水平的变化引起身高和体重的迅速增长。在青春早期的短时间内，青少年的身体外表发生了巨大的变化，每年身高至少要长高6~8cm，甚至可达到10~11cm。一般来说，女孩生长突增比男孩早两年出现，女孩生长突增的平均开始年龄为9岁，而男孩为11岁。

青少年的生长突增实际上影响其全身包括骨骼和肌肉的构造，然而在这个时期，男孩女孩的发育不同。男孩的肩膀变宽，腿和前臂比女孩要长；而女孩的骨盆和臀部却发育变宽，这与生育能力有关，青春期女孩的腹部、臀部也会增加一层脂肪，最终年轻女子的身材变得匀称和丰满起来。然而，起初渐渐丰满的体态会令青少年感到相当大的心理压力，这个阶段里突然开始的节食则会给身体健康带来危害。

（二）主要性征的发育，包括性腺（男性的睾丸和女性的卵巢）的发育

男性与女性之间最大的和唯一的群体差异是他们的生殖作用不同。生长突增引起了青少年身高、体型和体力等方面的巨大变化，但与性别有关的最为显著的变化当属那些影响生殖能力的身体特征的变化，这些特征称为第一性征，即由遗传决定的生殖器官和性腺上的差异。

对于女性，第一性征的发展包括子宫、阴道和卵巢的发育。子宫是一个拳头大小的器官，形如一只倒置的梨，它提供胎儿发育的环境。阴道是性交时阴茎插入的管状器官，婴儿从此出生。卵巢是女性的主要性腺体，产生性激素和预备受精的卵细胞。

对于男性，第一性征的发展包括阴茎的生长和前列腺、睾丸的发育。阴茎作为男性性器官，是排尿和性交高潮时射精的渠道。前列腺位于膀胱下方，产生一次射出的大部分精液或构成精液并输送精子的白色碱性物质。睾丸是男性的性腺体，产生性激素和精子。

（三）第二性征的发育，包括生殖器和乳房的发育变化，阴毛、胡须和体毛的生长

第二性征是个体性成熟的更为明显的标志。第二性征，也称副性征，是指那些重要的、能够区分男女性别特征但对生殖能力无本质影响的身体外部形态特征。进入青春期后，睾丸、卵巢开始分泌性激素，促进了男女第二性征的发育，引起了男女外部形态上性别特征差异的出现以及性器官、性功能的成熟。第二性征的发育是青春期最重要的身体变化之一，它标志着个体的生殖能力开始成熟，表现为身体外表的明显变化。在男孩身上，第二性征主要表现为喉结突出，嗓音低沉，体格高大，肌肉发达，唇部出现胡须，周身出现多而密的汗毛，出现了腋毛、阴毛等；在女孩身上，第二性征则表现为嗓音细润，乳房隆起，骨盆宽大，皮下脂肪较多，臀部变大，体态丰满，出现腋毛、阴毛等。第二性征出现的年龄也存在显著的性别差异，女性一般要比男性早1～2年。我国女性初潮约在12～14岁，男性首次遗精年龄在13～15岁。由于种族、地区和所处社会环境等条件不同，第二性征开始出现的年龄存在很大的个体差异。尽管青春期生理变化的具体时间因人而异，但变化顺序对于每一个体都是相同的。

（四）身体成分的变化，主要表现在脂肪和肌肉的数量与分布上

青少年体重的增加与肌肉、脂肪的增长以及内脏体积的增大有很大关系。肌肉组织的发育在青春期发育初期主要是指肌纤维随身高的急剧增高而增长。15～18岁期间，肌肉组织的快速增长则主要是肌纤维的增粗，这时肌肉组织变得比较坚实有力。青春期两性肌肉的增长都非常突出，与骨骼的生长保持平行。不仅肌肉重量在体重中的比例有所增加，重量几乎占体重的一半，达到44%左右，而且肌肉组织也变得更为紧密，肌肉的力量、收缩力、耐久力大大增强。青春期男孩肌肉组织的生长水平和肌肉力量的发展水平都高于女孩，且男性肌肉的增长一直持续到20多岁才达到高峰。

在肌肉生长发育的同时，青少年身体的脂肪也在增加。两性皮下脂肪的增加在1～6岁之间一直很缓慢，女孩从8岁，男孩从10岁起才开始加快增长。女性比男性拥有更多的皮下脂肪，并且女性以更快的速度在增长，这在青春期刚开始的几年中表现得尤为突出，但实际上男性在青春期开始前身体脂肪却略有下降。这些生长发育中的性别差异所导致的最终结果是，在青春期结束时，男孩的肌肉和脂肪的比率大约是3:1，而女孩的比率大约为5:4。因此，青春期时不同性别个体在力量和运动能力领域便出现了差异。据估计，青春期早期身体方面的性别差异大约有一半是由于皮下脂肪的差异造成的（Smoll & Schutz, 1990）。

青春期以前，在肌肉发育和皮下脂肪方面的性别差异相对较小。男孩在经历身高和体重的生长高峰之后，体内脂肪逐渐减少，但身体肌肉的发育要好于女孩，所以看起来更强健；青春期女孩体内脂肪的增长是持续的，有时甚至达到过胖的程度，脂肪的分布以乳房、臀部、髋部、背的上方和上臂内侧等处为多，变得日益丰满起来。

（五）循环系统和呼吸系统的发育，这使得青少年活动的力量和耐力增强

青春期身体外形变化的同时也伴随着身体能力的显著增加。除肌肉的发育外，心脏和肺的体积和容量的增加也是导致身体力量和耐力增强的主要原因。

心脏与肺的发育使青少年的体力和耐力增强，特别是在体力活动中，青少年的身体可以在缺氧情况下继续正常发挥功能。像其他身体能力的变化一样，男性在这些身体力量获得的速度和大小方面优于女性。研究发现，到青春期结束时，男孩更强壮，与女孩相比拥有更大的心脏和肺，更高的心脏收缩压，更低的静止心率，更高的血氧容量，更强的中和在锻炼中所产生的化学产物（如乳酸）的能力，更高的血色素和更多的红细胞（Petersen & Taylor, 1980）。到青春发育末期，男女在生理特征上的各种差异使男性具有从事紧张的身体运动并从中恢复过来的能力优势。男性一般在诸如举重、投掷、跑步和跳远等活动中优于女性，而这种优势往往被人们泛化为男性在所有方面都占身体优势，这其实是一种误解。原因是由于生存能力才是身体适应性的关键指标，所以发育中的性别差异并不意味着男性身体能力优于女性。

二、青少年生理发育的个体差异

青春期的开始时间和发育速度不仅存在性别差异，而且在同性个体之间也存在个体差异。青少年在身体发育和性成熟等各方面都存在"早熟"和"晚熟"现象。由于青春期的开始年龄和发育成熟的速度具有很大的个体差异，使用群体平均年龄来表示个体的发育年龄会产生误导。一般来说，青少年的发育受到遗传生物因素与环境因素交互作用的影响。例如，虽然对成熟时间影响最大的是遗传因素，但儿童期营养和健康状况良好的青少年进入青春期的时间要早于他们的同伴。随着生活水平的提高，青少年的身体发育呈现出一种"长期趋势"，即个体青春期的开始年龄和发育高峰的出现有提前现象，并且发育指标逐年增加，发育速度加快。"长期趋势"体现了环境因素对个体青春期发育的影响。

（一）青春期开始时间和发育速度的个体差异

据统计：女孩最早7岁，最晚13岁开始进入青春期；而男孩进入青春期的年龄最早是在9.5岁，最晚是在13.5岁。研究发现，对女孩来说，青春期首要特征的出现与身体完全成熟之间的时间间隔，短则1.5年，长则6年；对男孩来说，青春期从开始到结束的时间间隔的变化是2～5年。在正常青少年群体中，某些个体可能在其他个体的青春期开始之前就已完成了青春期生长发育的整个序列。

青少年身高和体重的生长突增、第二性征的出现以及性成熟等方面都存在早熟和晚熟现象。女孩月经初潮的年龄变化范围很大，初潮出现在9～15岁之间都是正常的。月经初潮过早的女孩身体其他方面发育还不太成熟，而初潮晚的女孩身体其他方面的发育则较为成熟，因此早熟者比晚熟者从月经初潮到排卵需要更长的时间。

（二）影响青少年生理发育个体差异的因素

研究者一般通过个体差异研究和群体差异研究两个途径来考察青少年青春期开始时间和发育速度上存在的个体差异问题。在这两种研究中，研究者均发现了遗传与环境因素对个体青春期开始时间和发育速度的影响。

1. 遗传因素

个体青春期发育的时间和速度在很大程度上是由遗传决定的。一般来说，个体的身高、体重等身体形态以及内脏机能的发育受遗传素质和各种生物因素的影响较大。处于相同环境下的个体，其青春期开始时间和发育速度的差异主要受遗传因素的影响，但遗传因素只是限定了身体发育的范围，而非个体发育的唯一影响因素。研究者马歇尔（Marshall）对同卵双生子和异卵双生子的青春期发育进行比较，发现他们之间存在相似的青春期成熟模式，这表明个体青春期成熟的时间和速度主要是由遗传决定的。另有研究者 Brooks-Gunn 和 Reiter 对姐妹之间的月经初潮时间进行研究发现：具有完全相同的遗传基因的同卵双生姐妹，她们初潮的时差一般不超过2.8个月；只具有50%共同基因的异卵双生姐妹，初潮的时间一般相差10个月左右；而那些非双生姐妹，初潮的时间则相差13个月左右。由于相似的基因可通过相似的体型影响个体的青春期发育，同一家庭中的子女其体型往往较为相似，因此姐妹或兄弟之间的青春期发育一般具有相似的模式。

除遗传因素的巨大影响之外，环境也对个体的发育成熟具有重要作用。在大多数情况下，个体从遗传中获得的特定的先天素质会以一定的速度发展，使个体在特定时间达到青春期成熟。但这种先天素质只是界定了青春期发育时间的上限和下限，而非一个固定的绝对值。换言之，遗传素质决定了个体成熟的年龄范围，而在预定范围内个体何时经历青春期还要受到环境的影响。从这个意义上说，青春期成熟的时间和速度是遗传与环境交互作用的产物，受到个体的遗传天性和其发展的环境条件的综合影响。

2. 环境因素

营养和健康是影响个体青春期成熟的两个最重要的环境因素。当代社会中，大多数人已认识到营养对个体青春期发育的重要影响。研究发现，那些在出生前、婴儿期和儿童期都有较好营养的个体，青春期出现得较早。与其他时期相比，青少年个体对蛋白质和热量需求较大，因此青少年对他们的饮食变化特别敏感。如果营养不良，青春期的发育和成熟将减缓或延迟。那些因饥荒或严重贫困而营养不良的儿童常会表现出一定的发育障碍。但一般来讲，营养不良常常只是减缓了个体的发育速度。即使在营养不良的情况下，处于青春发育期的个体仍在不断地发育成熟，只不过速度较慢而已。因此，即使个体原本具有达到一定身高和体力的遗传潜力，营养状况也会影响其青春期的开始时间和发育程度。

研究发现，影响青春期开始时间的另一个重要因素是青春期前个体的身体健康状况。严重的创伤或慢性疾病也会影响到个体青春期的发育，延迟青春期的开始时间。此外，研究还发现，过度锻炼也会影响个体的青春期发育。

除身体因素外，社会环境因素也会影响青少年（尤其是女孩）青春期的开始时间。研究发现，那些生长在凝聚力较少或冲突较多的家庭中的青少年会较早地进入青春期。另有研究发现，家庭中缺少父亲（因为离婚或去世）的女孩比那些有父亲的女孩的成熟年龄要早。总体来说，人类和其他哺乳动物若生活在与其生物亲属亲近的环境中，将会减慢其青春期成熟的进程。研究已发现，家庭内部关系的疏远会使个体感觉到少量的压力，并影响青少年的激素分泌，因此冷漠的家庭关系加速了个体青春期的成熟。

三、青春期生理变化对青少年产生的影响

青少年的生理变化对其心理发展有着重要影响，这些影响是通过直接和间接两种方式来实现的。一般来说，青少年的心理变化大多都不是由青春期的生理变化单独引起的，而是受生理变化与社会文化环境相互作用的影响。

（一）青春期生理变化对青少年心理与行为的直接影响

青春期的生理变化以直接和间接两种方式影响青少年的心理与行为表现（见图3-1）。所谓直接影响，是指身体的生理变化直接导致了青少年心理的某些变化。研究发现，体内激素水平变化会影响青少年的心理机能与行为表现。对男性来说，青春期睾丸激素的增加直接导致了男性青少年性驱力和性活动的增强。对女性的研究也发现，月经周期的第22天，随着雌性激素和黄体酮的含量大大增加，大约有40%的女性体验到更为强烈的抑郁、焦虑、烦躁、自尊心下降、疲倦和头痛等感受。虽然个体在平时也能体会到这些情绪体验和自我感觉，但其强度要弱一些。还有研究者对体内激素水平的变化进行了研究，发现那些与同龄人相比体内激素水平较高的青少年表现出了较多的消极情感和过剩的精力。激素具有激活效应，对青少年更具唤起和兴奋作用，从而影响青少年的情绪与行为。但青少年生活于一定的社会文化环境中，其心理与行为表现是多种因素综合作用的产物。因此，青少年的心理与行为表现较少是由青春期生理变化直接引发的，而大多是生理变化与其他因素综合作用的结果。

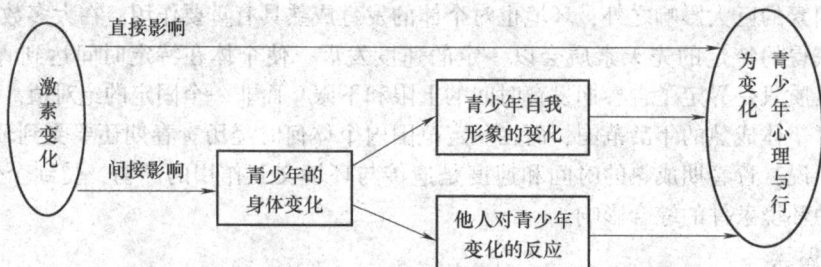

图3-1 青春期生理变化影响青少年心理与行为表现

（二）青春期生理变化对青少年心理与行为的间接影响

生物因素与心理反应之间的联系通常要受到环境因素的影响。例如，青少年的情绪反应更多地受具体环境的影响，消极情感在一种情境中发生的可能性会高于另一情境。青少年生理变化对其心理所产生的影响是通过其他中介因素（如个人因素和社会文化因素）传递的，存在于社会与文化中的标准、模式、期望和他人的态度都会影响到个体对其生理发育的心理反应。因此，青春期的生理变化对青少年心理发展的影响，主要是通过个人和社会对这种身体变化的评价和态度而间接发生作用的。例如，青少年关于身体外表的自我期望及他人的期望会影响到他们的自我形象等（见图3-1）。青春期身体变化对青少年的影响并不在于变化本身，而在于青少年对这些变化的意义和重要性的解释，在于青少年对他人反应的理解，以及对这些变化是否符合社会文化模式的认识。而这些认识或解释依赖于个体对自身变化快慢的认知、他人对此所持的态度和看法以及社会对青少年进入发育期时间的看法。具体来说，在青春发育期，青少年的发育是早熟、晚熟还是正常发育本身并不会产生多大影响，真正起作用的是本人或他人对此所持的态度和看法。因为任何一种社会文化对个体的成熟时间已经形成了一种传统、习惯的看法，人们正是以此为标准来确定个体发育的早晚差异，并对青少年的生理发育作出反应，从而影响到青少年对其自身发育早晚的认识。

青少年对自己与他人青春期变化的反应还受到更广阔社会环境的影响。当代社会关于青春期和身体成熟的观点可通过电视、报纸和杂志广告以及电影和其他媒介对青少年的描述中表现出来，人们不可避免地受到这些媒体的影响，而社会期望会影响个体如何对青春期的生理变化进行注意和认知，进而决定着他们对青春期变化的反应。在那些对个体青春期的生理变化表现出较多关注和焦虑的文化中，青少年对他们自身的变化也可能表现出焦虑不安。大多数西方工业社会都重视个体的生理发育，这些社会中的社会文化模式以及父母和同伴对生理变化的期望都是影响青春期的重要中介因素，研究发现，这些因素会影响青少年对自身身体变化的反应，并进而影响青少年的自我形象、自尊和性别认同感等。

青春期对青少年的直接影响模式无法解释青少年反应的个体差异问题，因为同样的生理变化对每一个体的影响是不同的。而间接影响模式却对此作出了很好解释：生活在不同文化背景中的青少年，对同样的身体变化会作出不同的反应；生活在同样社会文化环境中的青少年，由于他们的成长经历不同，对身体变化和对他人行为反应的解释与认知不同，因而他们对同样生理变化的反应也不同。

四、青少年对身体变化的心理反应

青少年时期的标志之一是自我批评。他们开始挑剔、注意身体上不完美的地方，还会去琢磨它，他们期望与同龄人保持一致，任何不完美或太引人注目的地方都会成为批评的对象。青少年之所以竭力使自己与同伴保持一致，可能与这个充满变化而又不得不应对变化、进行调整的年龄段有关，或许个体需要某种可预见性和安全感，其人格才能获得发展。关于青少年的自我认识有过大量的研究，研究者的兴趣主要集中在一些专门领域，包括青少年的自我形象、情绪和家庭关系等方面作具体阐述。

（一）自我形象

伴随青春期的身体发育，青少年的心理也在不断发展变化。自我既是心理的主体，又是心理的客体。作为主体的自我，能够反映客观现实，认识、体验和影响自然与社会；作为客体的自我，是被自己不断认识、体验和调节的对象。这种不断被自己认识、体验和调节的产物，就是自我形象。自我形象是一个相对稳定的心理体验，它在个体的一生中虽不断变化，但在不同年龄阶段内却是稳定的，呈现出静态的形式。自我形象涉及自己的语言和行为、周围环境对自己的评价以及身体形象等多个方面。自我形象是青少年关注的焦点之一。

对自身的身体形象和吸引力的认识与青少年的自尊程度相关，对于女孩尤其如此。他们认为自身有吸引力的人往往更加自信，自我满意度也更高。身体形象是影响青少年自我形象的重要方面之一。青春期身体各方面发生了显著变化，这迫使青少年十分注重自己的身体形象。赖特（Wright）研究发现，青少年在整个青春期都非常关注自己的身体形象，在青春发育期的青少年表现得尤为强烈，因为此时的青少年比在青春期晚期时对自己的身体更不满意。新的知觉、面貌和身体比例的出现使得他们对以前熟悉的身体重新进行审视。容貌、身高、体重、体型以及第二性征等是影响个体自我形象的主要因素。青少年对自身形象的感知存在性别差异。与男孩相比，女孩在整个青春期对自己的身体更不满意，其对身体形象的认识更加消极。而且，随着青春期身体的不断变化，特别是身体脂肪的增加，女孩对身体的不满意度增加。但男孩在经历青春期时却对自己的身体状况变得更为满意，这可能与他们的肌肉与体力增加有关。无论哪个社会都或多或少地将身体特征和个性特征看做是个体有无吸引力的评价标准，一种文化或社会中关于个体形象美的判断标准对青少年的自我形象有重要影响。这些判断标准通常以各种微妙的方式由家庭、同伴、社会传递给个体。因此，个体对青春期身体变化的反应在很大程度上是对父母、大众媒介和其他文化传播途径传递给青少年的社会标准和期望的折射。当青少年的身体日益趋于成人模样时，成人就会认为他们已经能够表现出更成熟的社会行为了。人们一般认为，那些生理发育较为成熟的青少年比那些发育较不成熟的青少年更有魅力。因此，成人的感知和期望在青少年的身体特征与其心理反应之间起着重要的中介作用（见图3-2）。

青少年对自己体重的感知和满意度对其在发育期对身体变化的心理反应有重要影响。一般来说，女孩比男孩更关心自己的体重。当前，在大多数社会中，人们都认为女性应该拥有苗条的身材。例如，当被问及感觉身体有什么异样时，女孩也许会说："我的大腿太粗了，我的臀部太突出了，我很想穿7号的牛仔裤，可连9号的都穿不了。"而男孩在问到这样的问题时，可能答道："哦，我不知道。"或者"我想我应该更强壮些。"由此可见，感觉自己体重过重的女孩可能较其他女孩具有更消极的自我形象，而早熟女孩对其体重尤为不满。体型是与体重有直接关系的一个指标，它受身体骨骼结构和胖瘦的影响。由于体型直接影响到个体的容貌、气质和个性等方面，因此男女青少年非常关注自己的体型。第二性征也是青少年非常关心的一个方面。第二性征的发育情况在很大程度上影响着青少年的自我形象，同样，社会文化和他人对第二性征的看法与态度对青少年的心理反应也有着重要影响。

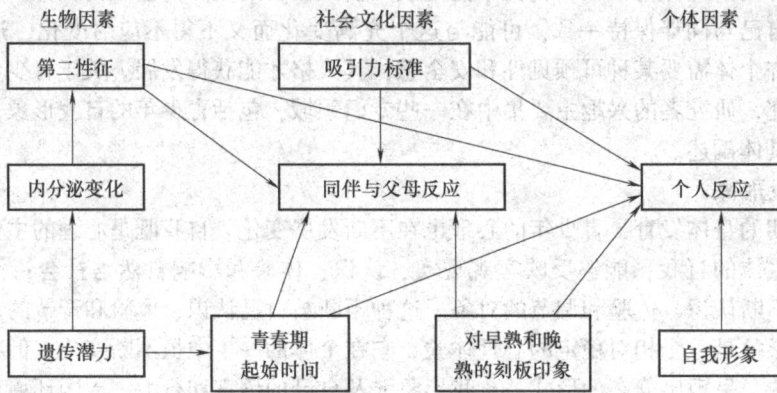

图 3-2　青少年生理变化与心理反应之间的联系
(资料来源：Sprinthall & Collins，1995.)

青少年的自我形象受到知觉范围内自我形象标准的影响，即同伴群体内身体形象的标准会严重影响青少年的自我形象。青少年需在发型、穿着打扮、身体特征等多方面迎合同样的标准和模式，因此，早熟者和晚熟者由于身体发育不符合同伴群体的一般标准，从而易产生消极的自我形象。

（二）情绪

由于自我形象是一个比较稳定的个性特征，因此许多研究者更多地关注青春期生理变化对一些更短暂的心理状态的影响，情绪即为其中之一。一般来说，青少年比年幼儿童和成人更情绪化、更喜怒无常。

青少年的情绪变化与青春期激素水平的变化有直接联系，这种联系在青春早期最为明显，因为此时内分泌的反馈系统刚开始启动并且体内的激素水平波动较大。例如，研究发现，青春早期许多激素（如睾丸激素、雌性激素和肾上腺激素）水平的迅速提高，会增强青少年情绪的敏感性、冲动性、攻击（男孩）和压抑（女孩）。但影响个体情绪变化的是青春早期这些激素水平的快速波动而非激素水平的绝对增加量。到青春后期一旦激素水平达到较高水平稳定后，激素的消极影响也就变小了。

大多数研究者认为，环境因素在青春期激素变化对青少年情绪的影响中发挥着重要作用。Brooks-Gunn 及其同事研究了青春期激素和环境的交互作用对青少年的影响。她们关于青春期女孩的压抑和攻击的研究发现，尽管青春早期激素的快速增加与女孩的压抑情绪相联系，但与激素水平的变化相比，生活压力事件（例如家庭、学校或与朋友中出现的问题）在青少年压抑情绪的发展中起更重要的作用。研究者 Larson 和 Lampman-Petraitis 通过分析青少年在不同活动或环境中情绪的变化，来考察青少年情绪的影响因素。结果表明，青少年情绪的上下波动与他们所从事的活动密切相关。并且，他们对 9 ~ 15 岁青少年的比较研究发现，在向青春期转变的过程中，青少年的情绪波动没有增加。因此，青少年比成人的情绪更易变化可能是因为他们比成人更经常地变换活动的内容与背景。也有研究者认为，青少年的情绪变化具有不同的模式。其中，有的模式情绪波动比较大，变化速度也很快；而有的模式情绪变化很小，变化速度也慢。因此，当青少年处于前一种模式时，其情绪波动就比较大；而当青少年处于后一种模式时，其情绪变化与成人和儿童就没有很大差别了。

（三）早熟和晚熟

青少年在青春期的开始时间和发育速度上存在个体差异，通过对早熟和晚熟青少年的研究，可获得有关青少年生理变化对心理影响的重要信息。同时，社会文化、他人评价和自我感知也强烈地影响着早熟和晚熟青少年的心理与行为。成熟时间的早晚对男性和女性的不同影响是心理学研究和社会关注的重点内容。

1. 男性中的早熟与晚熟

早熟男孩是指较早进入青春发育期的男孩，这类男孩在同龄人中约占20%。一般来说，早熟男孩比同龄的晚熟男孩处于更有利的地位。在成人和同伴看来，早熟男孩更具吸引力、更有能力；而晚熟男孩与早熟者相比，不但缺乏身体魅力，而且表现出更强烈的不满足感、更消极的自我概念和更少的自信。

他人对早熟者和晚熟者的社会性和个性的评价，会影响到青少年的自我评价和自我概念。研究发现，在人格测量中，早熟男孩比身体发育成熟慢的同伴在自我形象和声望方面有更明显的优势。并且，对于青少年日常情绪的研究也表明，早熟男孩在情感、注意、力量和恋爱方面拥有更多的积极感受。

为什么早熟比晚熟对男性青少年的影响更有利呢？由于女孩的发育一般比男孩早1~2年，而早熟男孩也比一般男孩早1~2年开始发育，这样他们与正常成熟的同龄女生在心理体验上就更为相似，因而，他们能在心理平等的基础上与这些女生交往。此外，早熟男生在体育活动中表现更出色，对权力和领导活动更感兴趣，因而受到同伴或老师的青睐和尊重，成为受欢迎的人物或领导者。与此相反，晚熟男生由于进入青春发育期的时间更晚，所以被作为"孩子"的时间更长。人们普遍认为晚熟男孩不具有领导才能，教师和同伴对他们的期望也较低，因而较少让他们承担社会责任和任务，这就使其具有较低的自我形象和自我评价。晚熟男孩的身体显得弱小，肌肉发育不够成熟，因而力量较小，这样在体育运动中便很难获胜，由此妨碍其与同伴的正常交往。

早熟对男性青少年的心理发展不仅具有积极影响，而且也会产生消极影响。研究发现，虽然早熟男孩比晚熟男孩更受欢迎、更易成功，但他们也更经常地经历强烈的愤怒情绪，更僵化、顺从和缺乏幽默感。与此相反，晚熟者在智力、好奇心、探险行为和社会主动性等方面得分较高，同时在解决新问题时更灵活、更具洞察力。因此，晚熟者也具有早熟者所不具备的一些优势。晚熟者拥有更长的青春期前的准备时间，这使其在心理上对青春期的到来作了充分的准备。早熟者通常很早就被成人社会所接受，因此他们或许没有尝试过应对环境和解决问题的不同技能与策略就已经适应了社会。并且，早熟者身体能力的普遍优势促使他们向如体育运动之类的方面发展，从而影响了他们学业兴趣和成就活动的发展。研究发现，早熟者更可能卷入反社会或不正常的活动中，如逃学、轻微的行为不良和学校问题，并且更早地卷入饮酒、吸烟和性活动等成人行为，甚至从事吸毒、犯罪等其他危险活动。已有研究证实，一旦加入了较大的同伴群体，早熟者行为不良和药物滥用的比率就更高。早熟男孩与年龄较大同伴之间的友谊关系增加了他们从事这些危险活动的概率。

总之，早熟男孩的成功和社会地位来得太容易、太早，使其很少需要对生活问题提出创造性或灵活性的解决方式，也很少有时间实践新的角色和身份。相反，由于不成熟的身体外表，晚熟男孩获得同样的社会身份和赞誉需要克服更大的困难，从而被迫发展起更多的创造性问题解决方式和更强的认知与社会适应能力。

2. 女性中的早熟与晚熟

早熟女孩与早熟男孩的处境完全不同，她们遇到了最困难的适应问题，处于最不利的地位。

早熟女孩比其同龄同伴更沉闷、无主见、不自信、不善于表达、更顺从、不受欢迎和孤僻；而晚熟女孩则被认为更有吸引力、好交际和富于表现力，并且具有更高的活动性、社会性、领导能力，更加受同伴喜爱。

像晚熟男孩一样，早熟女孩也与她们的同伴发展不同步。并且，因为女孩成熟的时间比男孩早两年，早熟女孩不仅比其女性同伴，而且几乎比所有男性同伴的发育都更加超前。许多研究发现，早熟女孩比正常成熟或晚熟女孩有更多的情绪障碍，例如，更低的自我形象和更高的压抑、焦虑、饮食失调和无谓攻击。早熟女孩的这些情绪障碍与其对自身体重的感知有很大关系。一般来说，早熟女孩的身体更重，而大多数社会都将苗条的身材作为女性有吸引力的重要标准，相比之下，晚熟女孩可能更符合这一形象，由此早熟女孩便会产生更多的情绪障碍。

像早熟的男性同伴一样，早熟的女孩也更可能卷入不正常的活动中，如行为不良以及吸毒和酗酒等，她们更可能出现学校问题，以及较早地进行性活动。研究发现，因为早熟女孩更可能与年长的青少年尤其是年长的男性青少年在一起，因而其进行不良活动的概率便会增加。青春期对早熟女孩构成一种很大的压力，她们更易发生各种行为问题、不自信以及拥有较差的自我形象。

一系列研究表明，女性对她们成熟时间的知觉而非她们实际的成熟时间，对其行为与情感有更大的影响。那些感觉自己是早熟者的青少年认为自己应为成人活动作准备，如抽烟、喝酒等。过早介入不良行为对早熟女孩具有长期的消极影响。早熟女孩卷入问题行为的时间越早，越可能对她们长期的学业成绩产生不良影响。例如，对瑞典女孩的研究发现，早熟女孩的学校问题会一直持续存在，从而导致她们对学校产生消极态度，并具有更低的教育期望。到成年期，早熟女孩与晚熟女孩的教育水平表现出显著差异。例如，在最低教育年限以上继续受教育的女孩中，晚熟女孩可能是早熟女孩的2倍。但从另一方面来讲，像晚熟男孩一样，早熟女孩在青春期被迫发展起应对技能，而这些技能有长期的积极效应。

总之，早熟或晚熟的青少年与正常发育的青少年相比，会面临青春期发育所带来的更大的心理与社会压力。并且，早熟或晚熟对青少年的影响存在性别差异，一般来说，早熟男孩比晚熟男孩、晚熟女孩比早熟女孩处于更有利的地位，表现出更少的心理和社会问题。实际上，青少年早熟或晚熟的生理现象本身并不会产生多大影响，关键是其所在的社会文化对青少年早熟或晚熟的看法或态度所起的重要作用。

身体美：我国青少年理想身体自我特点

理想身体自我（Ideal Physical Self）是个体对自己最想拥有的身体状态（即身体美）的认知和评价。总体来说，我国青少年理想身体自我是多维度的，理想男性身体最重要的是运动健康特征，其次是相貌（浓眉大眼）特征、性特征和力量特征。理想女性身体最重要的是匀称健康特征，其次是苗条飘逸特征、性感魅力特征和洋气骨感特征。男性和女性共同看重健康、性感和相貌，但对男性身体更强调力量、强壮和高大，对女性身体则更强调苗条和匀称。

我国青少年对理想的男性身体的描述排序为：健康、黑发、匀称、运动、有魅力、高大、双眼皮、短发、强壮。男性和女性喜欢的男性理想身体是不同的，女性更看重性感和浓眉大眼，男性更看重力量。另外，随着年龄增长，青少年对男性理想身体的看法也有变化，越来越看重性感、力量和一般魅力等因素。

我国青少年对理想的女性身体的描述排序为：健康、皮肤细腻、匀称、苗条、黑发、双眼皮、线条明显、长发、皮肤白、有魅力。男性和女性喜欢的女性理想身体的不同之处在于，男性更重视性感因素，女性更重视洋气骨感因素，而性感因素随年龄增加越来越重要。

此外，值得注意的是，"瘦"几乎成了女性青少年漂亮的代名词，成为现有文化中评价女孩身体的主要标准。20 世纪末 21 世纪初的青少年完全被这样一种主流文化所淹没，即瘦的女性身体才是最理想、最健康的。无论是男性还是女性，他们都更强调女性理想的身材是"苗条"。

（资料来源：陈红，冯文锋，黄希庭. 身体美：我国青少年理想身体自我特点 [J]. 西南师范大学学报（人文社会科学版），2006（5）.）

第二节　青少年的心理发展与心理问题

处于青春期的青少年经常会有莫名波动的情绪，由此"情"不自禁地做出一些让人难以想象的事情，尤其是在社会转型、家庭不和以及学习压力下，青少年情绪困扰的现象日益凸显。如何帮助青少年排除情绪困扰，使他们从事正常的学习和生活，获得身心的健康发展，是青少年社会工作的重要问题。

一、青少年情绪情感的发展特点

人类的情绪情感是一种非常复杂的心理现象，具有多成分、多维度、多种类、多水平等特点。青少年期是一个较婴儿期、幼儿期、儿童期更为长久的发展阶段。较长的时间跨度和丰富多彩的社会交往决定了青少年期具有比任何人生阶段都复杂的情绪表现。随着自我意识的发展和社会经验的丰富，青少年的情绪由强烈的外部表现逐步转变为较稳定的内心体验。同时，情绪体验的时间不断延长，出现了心境化趋势；体验的内容更加深刻、丰富，自我认识和社会性因素引起的情绪反应逐渐占据主导地位。

（一）情绪的表现方式由外在冲动性向内在文饰性转变

1. 青少年情绪的外在冲动性特征

在青少年初期，情绪的特征之一就是情绪容易冲动，爆发快，强度大，而且不稳定。同样一个刺激，青少年对其产生的情绪反应强度要大得多，甚至达到震撼人心的程度。但这种表面情绪表现的强度并不与体验的深度成正比，一种情绪容易被另一种情绪所取代，具有不稳定的特点。

2. 导致冲动性特征的原因

（1）个体的生理成熟程度。现代生理学研究发现，青少年期个体的神经活动兴奋过程往往比抑制过程占优势，刺激在神经传导过程中易造成泛化和扩散现象。个体的肾上腺发育在 11～20 岁之间会加速，而肾上腺激素的分泌增加与情绪的高兴奋性、冲动性有直接的关系。

（2）个体在青少年期社会需要增多、自我意识增强。青少年有各式各样的需要，从基本的生存需要到求知需要、亲密情感需要，乃至创造、贡献的需要等。上述这些需要的满足程度会引起他们强烈的情绪表现。然而，由于知识经验不足、认知结构不完善，青少年的预期和评价往往与客观事物不一致，从而导致其产生强烈的情绪反应。

（3）进入青少年期之后，随着社会活动范围的不断扩大，自我意识的不断发展，个体的内心世界日益丰富，对外界事物的感受也日益增强，对许多事物都充满了新奇，觉得不可思议。这就使得青少年在儿童期形成的认知结构往往不能同化外来的各种新刺激，从而导致原来认知结构中产生的预期不能与现实相吻合，客观事物大大地超出预期，由此产生强烈的情绪反应。

因此，在日常生活中，青少年常常遇事易冲动，大惊小怪。但是随着阅历的增长和经验的丰富，青少年开始逐渐认识到，情绪的任意发泄和冲动对达到自己的要求不但没有帮助，反而会影响同他人的关系，对自己不利。同时，由于自我意识的逐渐完善，自我控制和自我调节能力的增强，青少年期情绪的发展也开始逐步走向成熟。其主要表现为：处于青少年中后期的个体开始对冲动的情绪进行克制和忍耐，情绪反应的强烈程度逐渐降低，情绪的波动性逐渐减少。与此同时，由于内心体验的增加，情绪的稳定性也增强，这就引发了青少年期情绪表现的另一个特点——"文饰性"。

3. 青少年情绪的内在文饰性特征

青少年情绪的内在文饰性特征主要表现为情绪的表里不一致，就像戴着一幅假面具一样，让人捉摸不透其内心真实的情感。譬如：受了委屈，明明心里很难过，却在公众场合装得若无其事；在受到表扬后，明明心里很高兴、得意，却故意显得满不在乎。在青少年男女交往中更是常常会看到这样一种微妙的现象：明明对某异性充满爱慕，非常渴望去接近，但由于自尊或客观情境的限制，总是有意无意地表现出无动于衷，或者做出庄重的、回避的姿态。这种表现形式即为情绪的内在文饰性。

4. 造成文饰性特征的原因

青少年期出现情绪文饰性的主要原因在于青少年自我意识的发展和意志力的增强，他们已经意识到自己在特定的社会情境中适当表达情绪的重要性。而他们衡量这种适当性的重要标准就是看他们的行为是否符合社会期望，是否能够在他人的心目中留下好印象，等等。也就是说，青少年开始关注情绪的社会适应性问题。譬如：在严肃的场合，他们不会因为一点小事捧腹大笑，也不会因事与愿违而大发雷霆；相反，他们更善于用意志力控制自己的情绪，使其在更符合社会期望的前提下满足自己的需要。这种善于支配自己情绪和情感的表现，是青少年自我意识发展和意志力增强的结果。

（二）情绪持续时间逐渐增长，出现心境化趋势

1. 与儿童期相比的变化

无论是外显的情绪反应，还是内心的情绪体验，青少年与儿童持续的时间都有很大的不同。总的来说，随着年龄的增长，持续时间会逐渐延长。在儿童期，儿童的情绪表现强烈、持续时间短，是爆发性的。无论刺激强弱，儿童都能立刻达到完全的兴奋状态，但消失得也快，情绪反应的频率往往也比较高。进入青春期后，情绪的爆发次数减少了，但作为一种心境，持续的时间会延长。

2. 心境和心境化

心境是指比较平静而持久的情绪状态，具有弥漫性特点。而心境化就是情绪反应相对持久稳定，情绪反应的时间明显延长。一方面，表现为延长反应过程，如有的青少年在受到批评之后，事后会为此而闷闷不乐好几天；另一方面，表现为延迟作出反应。例如有一位大学生，在和室友玩扑克牌时与人发生争执并被嘲笑，当时闷声没有发作，晚上睡在床上，他却越想越气，最后半夜里翻身起床与那位同学理论，并在情急之下持刀刺人。

青少年的情绪既具有易激动、易兴奋等特点，同时又具有心境化的特征。这似乎是矛盾的，但这正是其情绪由不成熟向成熟发展的表现。心境是与意识相联系而体验到的情感状态，不像

情绪那样激烈，也不易在短时间内消失。儿童几乎没有连续的心境体验，情绪随情境的变化而变化。而青少年则能够体验到某种心境，并沉浸于其中。但是，青少年的心境体验还不是很稳定持久的。一般来说，女性的心境体验比男性多，男性较多地体验到振奋的心境，而女性则较多地体验到伤感的心境。在青少年前期，这种心境的迅速交替现象是很常见的，而到了青少年后期，心境体验则逐渐趋于稳定和持久。

（三）情绪体验的内容更加深刻丰富，社会情绪占主导地位

1. 青少年的社会性情绪情感上升到主导地位

随着知识结构的完善，社会经验的丰富以及想象能力的发展，青少年的情绪体验日益深刻，体验的内容日益广泛，道德感、理智感、美感等社会性情绪情感逐渐上升到主导地位，社会性情绪的水平也不断提高。譬如，青少年在观赏自然景色和欣赏艺术作品时，会伴有各种情绪体验。但这类情绪表现与基本的生物性情绪是不同的，而是更多的与社会性需求相联系。我国的调查研究发现，小学生的物质需要比较突出，随着年龄的增长，到中学时精神需要则表现得更为重要。这就表明，社会性情绪在个体发展到青少年期时才逐渐上升为主导地位。在日常生活中常看到这种现象：儿童的喜怒哀乐大多与吃、喝、玩、乐等基本需要有关；而青少年的悲欢忧喜则多与学习、工作、人际交往等相联系。

2. 与儿童相比，青少年具有更深刻的情绪体验

以亲密的友谊关系为例，儿童期也有友谊，但这种友谊似乎更多的是以相互间的直接接触为基础，一旦两人分开，这种友谊就显得并不十分必要，而且很快会被忘掉。这种童年期的友谊往往不能超越空间，缺乏稳定性。而青少年之间的友谊却更多的是以相互了解为基础，以共同的兴趣和爱好为条件，甚至还考虑到共同的品质、志向、信仰、价值观等抽象性、社会化的特点。此外，随着抽象逻辑思维能力的提高，青少年的智力品质，特别是思维的深刻性得到发展，他们的情绪体验则表现得更具有深刻性。正是这种深刻性，才使得青少年的友谊得以超越时空，变得更加牢固。

3. 青少年的情绪体验内容越来越丰富

随着认知能力的发展，青少年对具有社会性、抽象性的内容更加关注，从而极大地丰富了情绪体验的内容。不仅如此，青少年的情感也变得更加细腻、敏感和微妙。比如，同样是美感，对儿童而言，仅仅是一个笼统的情绪体验；但对青少年来说，美感则显得更加丰富。他们不仅能被自然、社会、艺术等方面的内容广泛地唤起美感，而且能区分出不同的境界。

4. 由于知识经验的增多，青少年的想象力更加丰富

青少年经常对未来事件充满憧憬。其实，憧憬是对未来的人或事的一种朦胧的向往，而没有具体向往的对象。譬如，青少年随着性的成熟，会产生一种特殊的兴奋，开始注意自己的打扮，本能地希望展示自己，以引起他人特别是异性的注意。当一个人独处时，心中会不时浮现出一丝惆怅的感觉，好像现实中缺少了什么，似乎有一种期盼，可是却又说不清楚，并由此引出一种莫名其妙的空虚感和孤独感，处于一种忧郁的心境之中。忧郁的心境和憧憬，既有一丝快乐，又有一点难受，既有幸福，又有感伤。忧郁和憧憬相互伴随，成为青少年特有的一种新情感。正是这种新情感，使青少年的精神生活变得丰富多彩，现实生活显得绚丽灿烂。所以，人们常说，青少年期是一个多"梦"的时期。

（四）情绪的结构更加复杂，表情认知能力得到很大发展

研究者一般认为，人有几种最基本的情绪，如愉快、愤怒、悲伤、厌恶等。之所以称其为基本情绪，是因为它们都是先天性的，随着个体的成熟而自然获得的。无论是正常的婴儿还是先天

失明的婴儿，无论是处于现代文明还是原始文明中的婴儿，都具有这几种共同的基本情绪和情绪表现。然而，随着婴儿在社会文化环境中的成长，情绪不仅日益分化，而且也相互结合构成特定的组合模式。比如：爱不是一种单一的情绪，它含有不同程度的兴趣、愉快；同样，敌意含有愤怒、厌恶、轻蔑等成分。进入青少年期后，人们能够更多地接触到抽象的社会性材料，并能进行抽象思维，从而在深刻认识的基础上把不同的情绪成分联结在一起，形成稳定的情绪结构。

情绪与其他心理过程的一个显著区别在于其独特的表现形式——表情。随着青少年情绪结构的复杂化，其表情认知能力也得到了很大的发展。表情是指各种情绪体验在身体姿势、语言表达及面部上的外在表露，主要包括面部表情、姿态表情和声调表情。在社会生活中，表情是情绪反应最敏感的指标，具有独特而重要的社会交往功能。

(1) 面部表情。人在进入青少年期后，一些基本表情认知初步成熟，如快乐、厌恶、愤怒、痛苦等。但是某些复杂的表情，如苦笑、谄媚等，因缺少此类情绪体验而发展很晚，因此，青少年对谄媚等表情的认知最为困难。伴随着表情认知的发展，青少年期个体表情的自觉运用和控制得到进一步完善，为青少年使用非语言手段提高社会交往能力创造了条件，也为情绪文饰性现象在青少年期的出现提供了可能性。

(2) 姿态表情。姿态表情不像面部表情那样能准确细致地区分特定的情绪，但同样可以传递大量的情绪信息。同时，由于姿态表情比面部表情更具有随意性，因而个体更难以控制自己的姿态表情。

(3) 声调表情。语言本身可以直接表达人的复杂情感，如果再配合以恰当的声调（如声音的强度、速度、声调、旋律等），就可以更加丰富、生动、完整、准确地表达人的情感状态，展现人的文化水平、价值取向和性格特征。判断人的说话情绪和意图时，不仅要听他说些什么，还要听他怎样说，即从他说话声音的高低、强弱、起伏、节奏、音域、转折、速度、腔调中领会其"言外之意"。

总之，在整个青少年期，青少年的情绪一直向稳定化、丰富化和深刻化发展，也就是说，青少年并不是一开始就具有情绪的这些特点，而是逐步实现的。同时，我们也应看到，尽管青少年在这些方面相对优于年幼儿童，但其自身的情绪发展也不够成熟。一直到成年期，情绪发展的使命才基本完成。

二、青少年常见的情绪困扰

情绪是人类重要的心理活动形式，它不仅对个体其他的心理和行为活动起着重要的调节作用，对社会交往和适应具有交流和协调功能，而且对个体的身心健康具有重要的意义。青少年期作为向成年期过渡的阶段，既是一个可塑性很强的时期，同时又是一个充满情绪情感冲突的时期。一方面，青少年情绪情感具有温和、细腻、固执等特点；另一方面，却又具有强烈、狂暴、可变性等特点。可以说，在青少年的情绪表现中，充分体现出半成熟、半幼稚的矛盾性特点。因此，这一时期往往被认为是情绪情感的"多事之秋"。在这一阶段，青少年很容易出现情绪情感困扰问题，如焦虑、抑郁、愤怒、自卑、嫉妒、孤独等。

（一）焦虑

焦虑是一种害怕、担忧、恐惧混合交织的复杂消极情绪，是人们在社会生活中对可能造成心理冲突或挫折的某种事物或情景进行反应时的一种不愉快的情绪体验。它大多是因为遭遇到威胁或内心的冲突而引起的，是一种紧张、惊恐和焦躁不安的心理状态。不过，这些威胁的想象成分一般多于真实的成分。焦虑是青少年最常见的情绪问题，引起青少年焦虑的原因主要表现为以下几个方面：

（1）因适应困难而产生焦虑。这是在青少年中比较常见的情况。由于生活和学习环境的转变，造成青少年对新环境难以很快适应，因而引起各种焦虑反应。

（2）考试焦虑。这是青少年中比较常见的一种消极情绪体验，是他们过分担心考试失败并渴望获得更好的分数而产生的一种紧张的心理状态。考试焦虑一般在考试前数天就表现出来，随着考试日期的临近而日益严重。研究表明，一些能力不如他人或对自己能力的主观评价不如别人的学生，以及那些对获得好成绩有强烈愿望的学生容易产生较高的考试焦虑。通过提高自己专业学习的能力，提高对自己能力的评价，或者把对好成绩的期望降低到适当的水平，都可以减轻考试焦虑。

（3）另一常见的焦虑类型是对身体健康状况过分关注而产生的焦虑。许多中学生因学习紧张，脑力劳动强度太高，会出现健康水平下降的现象，如失眠、疲倦等。当那些过分关注自己身体健康状况的青少年出现了这些症状时，便容易产生焦虑感。要克服焦虑，首先要对人的脑力活动有正确的认识，合理安排时间，注意劳逸结合，增强体育锻炼，而不应该沉湎于对自身身体状况的过分关注中。过分的关注会通过暗示作用加重身体的不适感，加重焦虑情绪。

在很多情况下，焦虑不是单一的情绪问题，青少年的大多数家庭和学校生活事件，如亲子关系冲突、考试不理想、同伴关系不好等，都可能造成情绪的焦虑。焦虑情绪的产生除了环境中的压力以外，也与个体的内部心理状况有关，如人格、气质以及对生活事件的认识和评价等。某些不良的人格特点，如敏感、自卑、自我效能低等，容易导致焦虑的产生。外部生活事件和内部人格这两者之间是相互作用的，不良人格为焦虑的产生提供了潜在的可能性，即某种性格更容易产生焦虑反应，而外部环境中更多的压力或不良生活事件使焦虑反应变成事实。

（二）抑郁

抑郁是一种感到无力应付外界压力而产生的消极情绪，常伴有厌恶、痛苦、羞愧、自卑、过度忧愁、心情低落等情绪体验。抑郁一般在认知上表现为自我评价比较低、自责愧疚、无望和无力感、对未来悲观等；在情绪上表现为沮丧、悲伤、闷闷不乐，甚至绝望；在行为上表现为萎靡不振、寡言少语、兴趣减少、行动迟缓等。

抑郁也是比较常见的情绪问题，像其他情绪反应一样，人人都曾体验过。对大多数人来说，抑郁只是偶尔出现，为时短暂，很快就会消失；但也有少数人长期处于抑郁状态，最终导致抑郁症。性格内向孤僻、多疑、不爱交际、生活中遭遇意外挫折的人容易陷入抑郁状态。情绪抑郁的青少年的主要表现是：情绪低落、思维迟缓、郁郁寡欢、闷闷不乐、丧失兴趣、缺乏活力，干什么都打不起精神；不愿参加社交，故意回避熟人，对生活缺乏信心，体验不到生活的快乐；并伴有食欲减退、失眠等现象。长期处于抑郁状态会使青少年的身心受到严重损害，无法进行有效的学习和生活。

自我差异理论系统地论述了抑郁情绪与自我概念及自我导向的差异之间的关系。该理论认为，现实自我与理想自我的差异将导致抑郁情绪的产生，个体对有关客体的知识相对丰富，便会产生能够解决相对较多问题的期待，这种期待与个体的理想自我相关联。然而，个体实际的社会判断能力以及个体认知结构并不能满足这种期待，而这种情形和个体的实际生活体验与个体的现实自我是相关联的。现实自我与理想自我之间的认知不协调在引导动机解决问题失败后，个体将有可能产生消极的适应，并且它往往与失败、悲观、情绪低落以及进一步产生负性认知相联系，从而产生抑郁情绪。

许多研究证实，青少年抑郁发生的相关因素有：家庭环境不和睦；自感学习、升学、选择职业压力大；性格中某些弱点，如易烦躁、情绪波动大、自卑感强、易空想、多疑、敏感、孤僻等；人际关系矛盾，如同学矛盾、异性交往矛盾、师生矛盾等。青少年的情绪和行为大多数是由个体如何去建构其世界而决定的，有抑郁情绪倾向的青少年对现实世界的认识和评价往往是偏离和歪曲的，对事件和人物的归因经常是负面的，消极的自我评价也会使得其行为模式僵化、思维狭隘。

（三）愤怒

愤怒是一种个体受到威胁、外在攻击、限制、失望或挫折等任何一种刺激情境而激起的情绪。其特征是自主神经系统强烈反应，并且可能会引起语言上内隐或行为上外在的攻击行为。

愤怒有时会发挥积极的作用：可以激发动机和能量，作为自我防卫的资源，并提供持续的动力；可以提供机会帮助个体表达负向的感受；可以帮助个体创造一种主宰和控制情绪的感受，同时引起别人的注意和重新调整不平衡的关系。但是，愤怒容易影响身心健康，限制理性思考，阻碍有效的行为，引发过分的自我防卫，严重的甚至会造成攻击或暴力行为，对人际关系具有极大的破坏作用。

愤怒有时候表现得外在，如青少年会表现出动不动就爱发脾气，只要稍有不顺心的事，就很难控制自己的情绪，总要拿某个人或某件东西来出气，因而骂人、摔东西，把他们当成"出气筒"。

（四）自卑

自卑是自我评价偏低所带来的以惭愧、羞愧、内疚、灰心、失望等表现为主的情绪体验。有自卑感的人对自己的能力、性格或行为表现等感到不满意，对自我存在的价值明显低估，对自己想做的事情缺乏信心，对应对环境提出的要求比较悲观，容易否定自己，严重的甚至会脱离现实，造成适应困难，阻碍人格的健康发展。

青少年中自卑感也比较常见，表现为自信心低、缺乏安全感、社交畏缩、自我排斥、不能接受别人的称赞、过于敏感、爱抱怨、容易屈服、依赖，并且情感容易受到伤害，感到自己软弱、无法克服自己的缺陷，缺乏动力，无法超越自己等。自卑感形成的主要原因是个体的主客观因素交互作用的结果。其中个体的自我观念，特别是自我评价，对自卑感的形成起关键性的作用。如果个体对自己的主客观条件认识和评价不当，就会形成自卑感。另外，青少年自我意识的发展也是产生自卑感的一个重要原因。随着年龄的增长，青少年的自我概念出现了理想自我和现实自我。由于身心发展的不平衡性，青少年的理想自我与现实自我的差异较大，青少年对现实自我的评价往往不能达到所期望的理想自我的标准。因此，当两者发生矛盾时，就容易产生消极的自我评价，丧失达到理想自我的信心。

一个人步入青春期后，自我意识逐渐觉醒，开始重新认识和评价自己，心理上常处于一种动荡不安的状态。他们希望了解自己，更希望别人也能了解自己，时常处在不宁静和无依无靠的感觉中。自卑感是一个人自我封闭的根源，而自卑心理的产生与父母和周围人们对其评价有十分密切的关系。如果父母和老师对孩子经常挑剔、指责或作否定性评价，就会严重挫伤其自尊心和自信心，使其对自身的价值产生怀疑，形成强烈的自卑情绪。由于他们总觉得自己不如别人，害怕受到排斥，就会尽可能地避免与他人接触而退回到自己的小天地里。

（五）嫉妒

嫉妒是一种既羡慕又敌视的矛盾情绪，它混合了焦虑、惧怕、失望、愤怒、敌意等不愉快的情绪，是一种错综复杂的情绪体验，主要源于与他人的不当比较。嫉妒的情绪反应表现在当面或背后口头攻击、讥笑讽刺、贬抑挑刺等，也可能向同情自己的人诉说抱怨，避免和嫉妒对象见面或接触等。一般来说，年龄越小，嫉妒的表现越直接和外露，而青少年随着年龄的增加，嫉妒的表现越来越隐藏、含蓄、不易被发现。

引起嫉妒的外部刺激一般都是社会性的，涉及自己和他人的利益。当青少年在团体中的地位受到威胁，或者享有的权益要与他人分享或被侵占，或者本能得到的事物和名誉被他人赢得时，他们都可能产生嫉妒。青少年嫉妒的对象大多是与自己性别、年龄、身份、地位及能力等相似的人，嫉妒的内容比较多，可以是母爱父爱、服装、赞扬、荣誉、爱情和权利等。

嫉妒被称为"心灵的毒药"，对于正处于人格形成时期的青少年，危害极大。青少年在有嫉妒的情绪时，会以自我为中心，不能正确评价别人和自己，认为谁都不如自己，不能忍受别人比自己强。一旦出现别人超过自己的情形，则躁动不安，图谋打击报复，抗挫折能力较弱，不能接受失败等。嫉妒行为的表现多种多样，有些人表现出退缩、抱怨或幻想对方失败，更多的人采用伤害对方、嘲讽对方和指责对方的方式。

（六）孤独

有关对高中生和大学生的调查研究发现，青少年晚期是人生中最孤独的时期之一。虽然人们通常认为年龄越大，感觉越孤独，但大量研究表明，青少年和青年人达到了最高的孤独水平。研究者认为，青少年可能已经产生了对亲密感的需求，但能够满足这种需要的社会关系还没有建立起来，因此他们经常陷入孤独之中。

当青少年早期和中期的朋友开始疏远、分离时，潜在的孤独感就会增长。青少年阶段学校环境的改变，如进入新学校，将会使高中生难以维持小学或初中时建立起来的友谊关系。在有关友谊的调查中，被个体提名的好朋友的数量在青少年早期的 4~6 年级达到了最高峰，随后逐渐下降。而到成年期，人们一般认为只有一个最好的朋友，关系很亲密的朋友也很少，大部分都只是熟悉而已。

如果说从初中到高中的过渡降低了青少年社会网络的亲密性，那么，从高中到大学的转变造成的损失更大。根据对学生孤独感的大规模研究发现，几乎一半的大学生在入学的第一个月中都有过孤独感。许多青少年认为，到大学以后，他们对中学友谊的满意度急剧下降。更加不幸的是，很多青少年在刚入大学的第一年，并没有立即建立新的友谊。因此，对大学新生进行一定的心理健康指导是非常必要的。

孤独感的克服与青少年的态度密切相关。虽然孤独的青少年也与其他青少年一样参加了一些集体活动，但他们对待朋友关系的期望和态度与其他人不同。那些已建立亲密友谊关系的青少年对友好的社会生活一直有一种渴求；而那些孤独的青少年更可能告诫自己并不需要朋友，学业比社会交往更重要。经历了"理智"的思考后，他们可能更加为自己的独处提供借口和机会。孤独的青少年很少对人倾吐心声，不在乎自己的人际关系，并且经常想当然地认为他们已经获得了很多的亲密感。在帮这些青少年克服孤独感时，不仅要鼓励他们更多地参加一些社会交往活动，还要帮助他们改变原来的观念和态度。

三、青少年常见的心理问题

青少年期是一个从幼稚走向成熟的过渡期，是一个朝气蓬勃、充满活力的时期，是一个开始由家庭更多地迈进社会的时期，同时也是一个变化巨大、面临多种危机的时期。据专家估计，我国目前初中生心理不健康的约为15%，高中生约为19%。在心理咨询中，青少年常见的心理问题大致表现在如下几个方面：

（一）心理障碍

青少年心理问题中最常见也最严重的要数青少年抑郁症，因为由其导致的自杀将给家庭带来不可估量的伤害和损失。如果学生在一段时间内体验到心情不愉快、高兴不起来、烦闷，对平时感兴趣的事情变得乏味，思考能力下降、脑子变迟钝、注意力难以集中、记忆减退，学习失去了动力、人变"懒"了甚至厌学，对成绩下降变得无所谓或对什么都无所谓，以及失眠、全身乏力、食欲缺乏等，甚至感到活着没意义、产生轻生的念头，应及早求助于专科医生，以防不良后果的发生和疾病的进一步发展。

对人恐惧症也是青春期常见的心理疾病。其具体表现为见到异性表情不自然、感到脸红、怕跟别人目光对视或被别人目光注视，控制不住用"余光"看人或用目光看对方的敏感部位，觉得别人能看出自己的表情变化和窘态，能洞察到自己内心的想法，等等，于是避开他人。这一情况将影响青少年和别人的交往，也会导致其非常焦急痛苦，但往往因症状难以启齿而不敢就医，通常要到进入社会开始工作之后，感到实在无法忍受才寻求治疗，从发病到治疗已煎熬了多年甚至十余年。

（二）产生性烦恼和性困惑

性烦恼的产生是由于性意识觉醒之后青少年的生理需求与社会行为规范的矛盾所致。性困惑的由来是青少年对自身性发育、性成熟的生理变化产生好奇感及探索心理。由于社会伦理道德的约束和对性教育的神秘化，常会导致青少年的心理冲突。他们常认为"性是不好的""出现性幻想是可耻的""手淫对身体是有害的"等，出现对性的消极评价和过度的性压抑。通过对各种神经质症状的深入研究，我们有理由相信，由错误的性观念而引起的对手淫、性幻想等的严厉的自我惩罚（心理的或生理的）是导致产生神经质症状心理上的重要原因之一，尤其是严重的自卑感、对人恐惧症等症状。男孩对手淫、遗精、性梦的错误认识，女孩对月经、性幻想、自己体型的消极认知和评价，偷看色情影片，早恋及过早性行为等，是青少年较为突出的心理行为问题。改变对性的态度应是人生心理修养的一个重要内容。为净化社会风气，学校积极开展心理健康教育（包括性心理教育），组织各种有益于中学生心理健康的丰富多彩的活动，培养高尚情操，以及帮助家长改变传统观念，早期给孩子进行健康的性教育等，对中学生的性心理健康发展非常重要，必要时还应接受专业心理咨询。

（三）学习压力

对于不少青少年而言，唯一的任务就是读书。中学生学习负担过重，常给他们带来沉重的心理压力，因为学习压力而陷入痛苦的青少年屡见不鲜。这其中不乏重点学校成绩优秀的学生，他们的思想压力常来源于他们对学习现状的不满和不恰当的比较，不能接受自己的现状，过分注重结果，而体会不到学习的兴趣。整个社会、整个学校都在比较的氛围中，要学生真正做到放弃比较、接纳自己的确不易。考试焦虑、厌学及学习过程中的注意力、记忆力问题等，是青少年及家长遭遇的常见问题。这些情况在期末考试、期中考试、升学考试、高考以及周围环境发生重大变化（如父母关系发生突变等）时更为集中和突出。有些青少年承受不了这些心理压力，可能会表现出异乎寻常的反抗情绪，形成家庭暴力，有极个别甚至消极自杀。

（四）人际交往的压力

随着年龄的增长、独立意识的增强，青少年与社会的交往越来越广泛，他们渴望独立的愿望日益变得强烈，社会交往、发展亲密的伙伴关系是青少年一种精神需要。因人际关系压力而烦恼的年轻人通常表现为自卑、过分注意他人评价、容易受到伤害、虚荣心强、怕丢面子等。一方面，他们要求独立，希望能够摆脱依赖父母的生活，渴望走出家庭，建立伙伴关系；另一方面，他们又缺乏信心，害怕挫折。尤其是那些性格内向、心理承受能力较弱而自尊心又极强的青少年，很容易在集体中感到压抑感和孤独感，被这种心理阴影笼罩而不能自拔。家长、教师或心理工作者应帮助青少年改变一些不恰当的认知和态度，引导青少年客观分析自己的现状，学会接纳自己，允许自己有缺点、有失败、有可能丢面子，了解到完美的人并不存在，不要过分苛求自己，也不要对外界寄托过多过高的期望，而应在行动和实践中增强信心、培养技巧。

（五）沾染不良习惯和不良嗜好

青少年期虽然心身发展较快，但此时他们的思想尚未成熟，对社会的认识能力、辨别是非能力不强，自我控制能力差；同时，青少年好奇心及模仿性强，很容易受同伴或不良社会风气的影响，易养成不良习惯和沾染不良嗜好。现在有不少青少年沉迷于电子游戏、计算机游戏或上网而不能自拔，严重危害了青少年的身心健康，部分青少年因交损友甚至走向吸毒、偷窃等违法犯罪之路。另外，具有行为问题（如反社会行为、家庭暴力、出走、自杀等）的青少年，通常遭受过太多的批评、指责，他们对成年人几乎都充满敌意和不信任，往往较难纠正。

3000 万青少年受情绪等问题困扰

2010 年 12 月 13 日《中国妇女报》报道：教育部发布的 2010 年青少年健康人格调研数据显示，目前只有 3.5% 的大学生愿意帮助人，13% 的大学生经常感到孤单。我国 18 岁以下青少年儿童约有 3.67 亿，独生子女超过 1.26 亿，人格缺失的问题更为突出。中国人口宣传教育中心 2010 年对部分省市的大学和中、小学生人格状况的深度访谈和问卷调查显示，大学生中对未来没有规划的占到四成；在受访的初中学生中，有 84% 的人表示会有难过、压抑和焦虑；小学受访者中，有将近 50% 的学生近期都感受过愤怒、羞愧、委屈和丢脸等不良情绪。这些不良情绪主要来自父母、老师给予的负面评价。在亲子关系方面，深度访谈和问卷调查显示，初中生对跟父母吵架问题回答的高频词是"琐事""吵架"；高中生对与父母交流问题回答的高频词是"逃避""沉默"；大学生对是否被父母理解问题回答的高频词是"代沟""支持但不理解"。

（资料来源：中国青少年研究网）

第三节　青少年的行为特征

一、青少年前期的行为特征

（1）要求独立但本身的能力尚不能达到，导致心存矛盾。少年及少女们普遍要求独立，不愿受父母、教师及其他权威人物管制。所以，他们对与社会所赞许的行为及规范，往往持相反或否定的态度。

（2）个人达到性成熟阶段，生长异常快速，从而导致容易疲劳、不安及其他不良的症状。对于双亲及其他成人加重他们的一些责任，更感觉不能负担。生长过快所导致的不平衡，亦会使个人情绪高涨，反对权威人物，有些还会缺乏自信。

（3）对于社会道德标准的看法改变，比较容易接受同辈群体的行为标准。这种标准通常与社会道德标准不一致，甚至相抵触，因此增长其反抗心理。

（4）对自己的能力、性格取向、学习方向及职业选择迷惑不觉或时常转变。

（5）地位的含混，即现代社会对青少年的地位是不明晰或含混的。现代经济快速成长使家庭生活普遍改善，再加上我国九年义务教育实施后，少年们辍学就业、不依赖父母抚育的情况逐渐减少。处于这一时期的大多数青少年仍在求学阶段，十几岁的青少年面对成熟及独立或是受双亲保护及依赖，往往犹豫不决。多数青少年都想挣脱双亲的管束而求得独立，但是由于尚未成熟，能力亦不够，最后还是退回家庭。双亲们亦有矛盾的心理，有时候加重子女的责任将其视为成人，有时候又嘘寒问暖，关心其安全，把他们当成小孩子一般爱护。这些因素都导致青少年的地位出现不明晰或含混。

（6）情绪及行为非常不稳定。有时欢欣，有时不快乐或愤怒，从自信至自贬，从自私至利他，从热心至冷漠，从兴高采烈至失望，皆能在转瞬间有所改变。

（7）这是一个问题极多的时期。问题的种类包括：对健康及生理方面的接受、家庭内及家庭外的社会关系、与同性及异性朋友之间的关系、学业问题以及对未来的计划等。

国外有心理学家指出，学者对于青少年时期的特征，往往会渲染成为反社会的、敌对的、执拗的、不服从的，社会对于十几岁的少年是不欣赏的，甚至是敌对的。这种说法看起来好像有些偏激，但是在不少国家，一般大众传播媒介，如报纸、电视、电影、期刊等，也常常报道青少年犯罪、服食药物、盗窃、抢劫等现象，好像青少年经常容易出现问题，实质上这是一种以偏概全、言过其实的论点。有许多青少年学业良好，遵守社会行为规范。虽然在这一时期大多数的青少年曾有一段时间不服从或执拗的意识，但这种不平衡的时间有长有短，程度轻重不等。有些青少年仅在内心有反抗意识及态度，但是其行为并未显露出不服从及违抗。

青少年了解社会及大众传播对他们不利的批评后，会使他们在转变至成人阶段时形成一些困难，例如与双亲冲突，或对双亲疏离，不愿告知双亲关于其本身的问题及困难，亦不愿向双亲求助。青少年们得知社会对他们不公正的批评后，会影响其自我概念，并形成疏离及反抗的心态。实际上大众传播机构应多注意其传播所发生的后果，勿对犯罪、色情等个案进行过分夸张的报导，应多报道并鼓励青少年成功的事例，以便发挥鼓舞作用。

二、青少年后期的行为特征

18岁以后的青少年已学会了如何控制自己的情绪，其一般行为特征与青少年前期的行为特征有明显差异。这一时期的青少年是较稳定的，情绪也较为平和，无论在职业选择、情绪及行为、态度等方面均较稳定。由于其稳定性，所以社会调适良好，合理的稳定性也是一种心理及社会成熟的标志。一方面，青少年何时达到稳定以及如何由不稳定达到稳定，应视其所处的社会环境而定。这一时期多数青少年都会经历部分时间的离开父母而独立的生活，如参加活动、住校。经过这些锻炼，他们自己能作出一些决定，不再受到父母的压力，所以会很安定。另一方面，双亲及其他人对青少年也比较宽容、放松、使他们具有更加安定的动机。此时，双亲给予青少年子女较多的独立自主权利和较少的保护，使他们高涨的情绪逐渐减退，不再搅乱及公然地发泄情绪，他们的理想与现实也较为接近。与此相反，受双亲过分保护的青少年，通常会缺少稳定性及面对问题的自信心。

青少年解决问题的方法会随着年龄渐增而日益增进。青少年有能力解决问题是比较快乐的，并能与别人和谐相处，双亲对他们的顾虑也较少，因为他们不再与权威人物敌对，行为较成熟，并且会制订一些未来的计划。如此一来，成人对他们的限制减少，双亲给予青少年更多的自主权，亲子间的摩擦消减了。进入大学的青少年们，其衣着及行为都很相似，是成熟及地位的表示，同时他们也要求获得成人应有的权利。

青少年后期的问题包括个人外表、社会及家庭调适、职业、升学、经济、学业成绩、选择异性朋友等。男性青少年较注重的问题是经济及异性朋友；而女性青少年多数关心自己的容貌、社会及家庭关系等。有些18岁以后的青少年与他们之前一样，会觉得父母、老师、朋友或雇主对他们不了解。他们的问题会加重，导致心理方面的孤立。

三、青少年社会关系及行为的变化

（一）与父母的关系变化

青春期是人类成长的关键时期，是从童年状态变为成年状态的过程，亦是心理上处于动荡不安的转折时期。随着青少年身体的迅猛生长与性的发育成熟，以及社会上成人对待他们态度的改变，青少年的独立意识逐渐增强，自我意识进一步发展，易出现心理混乱、心理危机及各种否定和对抗行为，危机和冲突的解决伴随着心理的快速发展和质的飞跃。从青春期早期的疏远到中期的逆反心理，再到晚、后期的相对独立，在这些阶段，父母是他们最亲的人，也是与他们相处时间最长的人。这一时期的亲子关系，即父母和子女之间的关系也面临着一次重大考验。父母们有必要了解子女这一时期的心理变化特点，帮助他们度过人生路上的关键时刻。

对于青少年前期的儿童来讲，他们对家庭、父母有着很强的依赖性，一切都由父母主宰。父母是权力指导机关以及财富的管理人；父母是崇拜、模仿的榜样和范例，是聪明才智和优秀品质的化身；父母是年长的朋友和完全可以信赖的谋士，是温暖和关怀的源泉。没有父母，儿童就会感到束手无策、一筹莫展。因此一般儿童在小时候很听话，在心目中父母永远是正确的、神圣的。小学生对父母往往无话不谈、无事不说，心中的喜怒哀乐皆可在脸上显现。他们喜欢父母及家中的亲人，很听父母的话，认为父母所说、所做的事都是对的，没有自己的主见。他们在父母的疼爱下，快乐地成长，从父母那里获得了面对困难的勇气和信心。

与儿童期依赖父母相反，进入青少年中期以后，子女想摆脱过去的那种依存关系，从父母那里求得独立。他们有了自己独立的见解，希望获得独立、争取自由的愿望开始变得十分迫切、明显，希望独立思考，渴望摆脱成人的监护、控制、束缚，生活上不愿受父母过多的照顾或干预，渐渐地对父母的反复叮咛、包办代替产生厌烦的情绪。处于青春期的子女觉得自己已经是大人了，应该和成人一样，拥有独立自主的权利，讨厌父母过多地干涉自己的"隐私权"，希望自己决定穿衣戴帽的方式，自己决定与谁交朋友，自己决定如何利用课余时间，希望父母把自己当做大人看待，希望自己能够参加大人们的讨论。大多数青春期少男少女与父母的冲突，是由于他们的心理发生了很大的变化，在所有的人际关系中，出现冲突是非常自然的，因为每个人的需求和看法并不总是一致的。在他们与父母的关系中，重要的不是避免发生冲突，而是当冲突发生后，如何化解冲突。

随着年龄的增长、知识面的增宽、与社会接触增多，青少年进入了逆反期。他们无论从体力和智力上都表现出成人的力量，动不动就显示出"英雄"的反抗姿态。但他们毕竟在认识水平、社会经验上都不够，特别是在经济上不能独立。因此，这种反抗是一种与自卑感相结合的反抗。父母与子女的分歧主要表现在消费、休闲、艺术欣赏等方面。这一时期的青少年，渴望理解与尊重，他们不希望父母对他们一再干涉，即使有错误，也希望自己去改正，而很多父母似乎并没有意识到这一点。大量有关青春期对家庭关系影响的研究也发现，青春期使得父母与子女之间的距离增大，亲子冲突增多，这在青少年与其母亲之间表现得尤为明显。亲子关系的变化主要表现为消极事件（如冲突、抱怨、生气）的增加，另外，积极行为（如支持、微笑、笑声）在一定程度上也有所减少。对猴子和猿等物种的研究发现，人类青春期亲子距离的增大有其进化基础。

青春期发生的各种变化会导致先前建立起的家庭人际关系失调，暂时破坏已形成的家庭系统。由此，父母与子女便进入暂时的冲突和紧张时期。青春发育期过后，青少年与其父母的消极相互作用会减少，但不会立即恢复到青春期以前与父母的那种亲密关系，家庭内部关系要过一段时间后才能达到新的平衡。

（二）对待同伴的行为变化

青少年清醒时有一半以上的时间是和其他青少年共度的，而与父母相处的时间仅占5%。因此，同伴关系成为青少年成长过程中关键的环境因素，它可以帮助个体在社会中取得平等的地位。

许多研究表明，决定青少年是否卷入犯罪，同龄人是比父母更重要的一个因素。青少年选择一个特殊的同龄人群体取决于很多因素，如社会经济地位、父母的价值观、周围的邻居、学校的类型、特殊的才能、青少年的性格等。一旦青少年成为一个同龄人群体的一员，这个小群体中的成员会在行为上互相影响，如学习习惯、服饰、爱好、职业追求等。

与儿童期的友谊相比，青少年期的朋友圈子缩小，但是亲密性与相互支持加强。他们会选择与自己相像、有共同兴趣并且能够彼此分享内心世界的人交朋友，重视相互忠诚与沟通。青少年可以从同伴群体中得到情感交流需求的满足，促进感情发展的成熟，促进青少年学习和兴趣爱好的发展。此外，同伴群体也是他们获得生活经验和社会信息的主要来源，并会对其生活目标和价值观的形成产生重要影响。

作为父母，不应把自己与子女的同伴对立起来，而要多接纳、包容青少年子女的同伴，花时间和精力了解、认识他们，参与其活动，加强互动，促进沟通，积极寻找机会与他们分享自己人生的经验和价值观。事实上，青少年也大多同时维持两个参照团体——父母与同伴。同伴对日常话题较具影响力；而父母则左右着子女在严肃问题上的考虑与决定，如教育与职业选择、道德判断等。

（三）看待老师的态度及行为变化

小学是学生最听老师话的时期，对老师很敬佩，认为老师所说的事是正确的，习惯听从老师的指示，与老师的关系非常好。小学也是对老师最为畏惧的时期，小学生都有点惧怕老师，他们可能不听父母的话，但对老师的话几乎是言听计从。到了初中后，青少年希望得到老师的理解与支持。在学校中，学生的主要"逆反"对象是他们不认同的老师以及他们不理解的说教，不愿意老师过多地干涉他们的活动，对老师有意见。初中生具有叛逆思想，特别是男孩子，以与老师唱"对台戏"为骄傲。这时的学生最难管教，老师可能也伤透了脑筋，在气愤与无奈之间寻求解决的办法。上了高中以后，老师和学生的关系是一种互动的关系，关系好坏与师生间的社会心理距离差距大小有密切关系。如老师的特殊身份及社会地位，会给学生一种"居高临下"的感觉，学生见了老师，内心自然而然地产生一种敬畏的感觉。但是，这种师生关系并不符合当前科技高度发达、教育改革不断深入的时代要求。老师要真正赢得学生的真诚信任和尊敬，学生能获得老师发自内心的赞赏和器重，这种新兴的、平等的、密切的师生关系才是应该致力追求的。

第四章　青少年的成长环境

第一节　家　　庭

每个人都有家庭，而且一个人从出生到死亡，大部分时间都生活在家庭里，所以家庭是社会中最基本也是最普遍的一种组织，是社会的基本细胞，是个体成长和社会化的主要场所之一。青少年从一个基本依靠本能生活的婴儿发展成一个合乎社会角色要求的、被社会环境认可和接纳的人，家庭环境起了重要的塑造和影响作用。

一、家庭系统概述

（一）家庭系统理论

家庭系统理论认为，家庭是一个系统。作为一个系统，每个家庭都存在其特定的、相对稳定的交往与情感模式，具有相应的内在规则。这些内在规则规定了每个家庭成员的角色、地位、行为准则、与外界交往的基本原则等，各家庭成员的行为特点和交往方式都是对家庭的整体交往与情感模式的适应与保持，家庭系统按照其内在的规则不断运行。家庭成员自身的变化是影响家庭系统的最重要因素之一，因为这可能导致先前建立的系统平衡被完全打破。为达到新的平衡，家庭系统必定会发生剧烈变化，直到找到新的相互作用方式、建立新的运行规则，家庭系统才能重新和谐运转。青春期是人生中的一个充满发展与动荡的时期，这一时期的家庭系统通常经历着一系列重大复杂的变化，家庭内部各种要素和互动关系以及家庭的整体结构和功能呈现出独有的特征。

（二）家庭的结构功能及能力

家庭作为一个不断运行的动态系统，具有其相应的功能。家庭的功能（Family Function）是影响家庭成员心理发展的深层变量。

爱泼斯坦（Epstein）等人的 McMaster 家庭功能模式（McMaster Model of Family）对家庭的功能进行了详细阐述。这一模式认为，家庭的基本功能是为家庭成员生理、心理、社会等方面的健康发展提供一定的环境条件。为实现这一基本功能，家庭系统必须完成一系列的任务，如满足家庭成员衣食住行的需要，应付和处理各种家庭突发事件等。家庭为了实现其基本功能、完成其基本任务，需要具备六个主要能力，如表4-1所示。

表4-1　家庭的六个主要能力

主 要 能 力	内 容 描 述
解决问题	它是指家庭为有效维持其基本功能而顺利解决各种问题的能力
沟通	它主要是指家庭成员用言语进行的信息交流，内容清晰、切中中心
家庭角色分工	它是指家庭成员在家庭中的相对地位、所承担的责任和相应的行为模式
情感反应能力	它是指对特定刺激作出适宜而适度的情绪情感反应的能力
情感介入程度	它是指家庭成员之间的情感距离，家庭对各成员个性、兴趣、爱好的尊重和对个体需要的满足程度
行为控制	它是指家庭在对各种环境压力进行反应时，对其成员行为方式的限制和容许程度

不同的家庭完成各种任务的能力和方式不同，而且同一个家庭在每个阶段面临的任务也不同，家庭的基本功能经历着不断地变化。在我国文化背景下，家庭的很多变化都是因孩子而起，家庭功能所表现出来的变化更多的是孩子的成长需要和亲子之间的关系变化的结果。因此，孩子进入青春期这一重大事件对家庭功能有重要影响。同样，家庭功能状况也对其成员的心理和行为表现具有制约作用。家庭系统是否具有良好的功能，对青少年心理和行为的正常发展具有重要作用。

（三）家庭的结构类型

家庭系统功能的发挥需要相应结构的支持，不同的家庭类型对青少年的成长会有不同的影响。

对家庭结构类型的划分方法很多，通常人们都是按照家庭成员结构，将家庭分为单亲家庭（由父亲或母亲一方和孩子组成的家庭）、核心家庭（由父母和孩子两代人组成的家庭）以及杂居家庭（由孩子、父母、祖父母或外祖父母及其他亲属等组成的家庭）。

还有人按照家庭的权力结构，将家庭划分为家长型家庭（父亲被认为是一家之长，并对孩子采取专制独裁的态度）、女家长型家庭（母亲被认为是一家之长，并对孩子采取专制独裁的态度）以及平等型家庭（家庭成员相对平等地分享权力）。

二、青少年期的家庭系统变化

家庭是一个动态的系统。孩子进入青少年期对于家庭来讲是一个重大事件，这给家庭系统带来了巨大变化，先前建立起来的平衡状态会被打破。随着青少年的成长，他们用于家庭活动的时间越来越少，而同龄人群体的重要性日益上升。父母和孩子可能因为孩子不愿意为了和家人一起外出而放弃和朋友们在一起的机会而发生争执。青少年的家庭所产生的问题，不仅仅是由于青少年自身的成长和变化，也是因为青少年父母及家庭系统的功能的转变。

（一）家庭系统功能的变化

在青少年期，家庭中发生的变化不仅仅是由家庭成员的个体变化带来的，家庭的功能在此期间也发生了重要变化。对处于幼儿期和儿童期的孩子来讲，家庭的主要功能是教养、保护和社会化。但当孩子进入青少年期后，家庭教养功能的地位很大程度上被支持功能所代替；而相对于保护功能，家庭的引导功能显得更为重要；此外，家庭对青少年的指导功能更强了，社会化功能相应地退居其次。

此外，青少年期时家庭财务方面也出现了巨大变化。一方面，家庭为孩子们的衣食、娱乐活动等需要支付越来越多的费用；另一方面，也要开始为将来的大额开支存钱，如孩子上大学的费用等。而且在有些家庭，父母除了要供养青少年期子女外，还需要赡养自己上一代的老人。

（二）青少年父母的变化

当孩子进入青少年期的时候，一般父母的年龄也都在 40 岁左右，这可能是一个多事之秋，有的理论甚至将这一时期命名为"中年危机"（Midlife Crisis）。处于中年危机时期的父母与处于青少年期的子女在很多方面的变化都是相对立的。

首先，在生理方面，青少年与父母在这一时期都对自己的身体表现出极大的关注。作为子女的青少年正在经历着一个身体飞速成长与性成熟的时期，处于或将要达到健康、力量和性吸引力的高峰。而这时他们的父母对自己的身体健康和吸引力正逐渐不再自信，尽管也许他们的健康和魅力根本没有什么明显的衰退迹象。

其次，青少年和父母这时都开始对未来重新进行思考。青少年开始有能力系统地思考他们的未来，他们对未来充满了憧憬，怀有远大的理想抱负。这时候青少年的父母也在重估人生目标，但他们大多数人对未来的希望开始降低，认为自己的生活不会再出现奇迹。

再次，青少年与父母的社会地位和身份这时都发生了微妙的变化。青少年期是个体获得某些身份的开端。青少年开始考虑如何选择自己的职业和婚姻，他们的生活充满了机遇和挑战。而对于青少年的父母来说，他们如今需要面对的是当年自己的选择所带来的结果。他们中的一些人已经实现了自己的理想，登上了事业的高峰；但是对于大多数人来说，现实中有太多的无奈与遗憾，与自己年少时的理想相距甚远。

父母的中年危机对家庭关系会产生很大的影响。例如，进入中年期的父亲往往对自己的健康过度关注，以前他也许会和孩子进行运动量较大的活动，但现在这种活动会减少。这样，他与孩子共同娱乐交流的时间就会减少，这必然会使家庭关系产生变化。再比如事业型的父母，工作耗费了他们较多的时间和精力，这使得他们对青少年子女的管教就显得更为困难。

（三）亲子关系的变化

"亲子关系"原是遗传学用语，是指亲代和子代之间的生物血缘关系，这里指父母与子女间的相互关系。对于大多数家庭而言，在青少年期会经历一种从非对称和不平等的亲子关系互动模式，向更加平等的亲子交流模式转变的过程。但是在这个过程的早期阶段，会发生暂时的家庭系统扰动，伴随着亲子冲突。

亲子冲突是指青少年与父母之间公开的行为对抗或对立，表现为争吵、分歧、争论甚至身体冲突等。青少年期是亲子冲突的高发期，个体进入青少年期给家庭系统带来了诸多变化，对亲子关系产生了分裂性影响。亲子冲突的内容大多涉及日常事务，如日常生活安排、学业和家务琐事等，而且往往是一种典型的更有权势的父母想要让子女做某些事情时发生的争执。青少年同父母的冲突一般不是通过协商解决的，而是通过放弃、服从或者不理睬才得以解决，这无助于改善亲子关系。

而青少年期亲子冲突的原因，可以部分地解释为青少年生理和认知上的变化。当个体进入青少年阶段后，身体变得更强壮，这使得父母仅靠身体上的优势来实施权威变得困难。此外，青少年在认知方面也发生了明显变化，与以前相比更善于思考和争辩。从另一个角度看，冲突也反映了青少年在看待家庭规则和规范的方式上的转变，这也可能是导致亲子冲突增加的原因之一。例如，当孩子进入青少年期时会预期这是一个有大量自由的时期，但父母却可能把这个阶段看成是需要更加严厉管束的时期。

总之，在青少年早期，个体开始试图在家中扮演更为强势的角色，但父母还不能接受青少年的这种"进犯"；但到了青少年中期，家庭更多地将青少年看成是一个成人，而且他们表现得也更像一个成人了，他们对家庭决策的影响力变得更大，这与他们的需要和能力的变化同步。大量研究表明，亲子冲突的大量增加正是出现在青少年早期，而在向青少年晚期的过渡中，亲子冲突逐渐减少。

青少年期的亲子亲合

亲子亲合与亲子冲突一起构成了衡量亲子关系的两个重要维度。亲子亲和主要是指父母与子女之间亲密的情感联结，既可以表现于积极的互动行为中，又可以表现在父母与子女心理方面的亲密感受上。青少年期的亲子关系除了表现为亲子冲突的增加，还表现为亲子亲合程度的降低。青少年与邻居、老师、同学的关系不是以亲密为特征的，因此他们之间的冲突也相对较少。在亲密的同伴关系中，青少年会尽可能避免分歧的产生，如果分歧在所难免，他们就会寻求妥协以防止关系的破裂。但对与自己有稳定的、不可抹去的联系的家人，就不需要如此小心。这样，他们与亲人之间反而会有更多的冲突发生。因而，青少年与父母之间的亲合和冲突是相辅相成的。

三、家庭系统的内部关系和青少年发展

(一) 亲子冲突对青少年的影响

亲子冲突对青少年心理发展的影响既有消极的一面，也有积极的一面。有研究显示，亲子冲突是构成青少年心理压力的重要来源，与青少年心理健康的各个层面（包括一般心理适应、生活满意度、生活目标、无助感、自尊）都显著相关。亲子冲突还会导致青少年的各种行为问题，如离家出走、犯罪、辍学、早孕早婚、药物滥用等。

也有部分心理学家认为，青少年早期的亲子冲突的增长是他们获得更平等交往地位的一种手段。冲突对青少年和父母之间关系的协调、双方各自特征和需要的改变起到很大的作用。他们认为，冲突能刺激父母和青少年去重新构想或更改他们对彼此行为的期望，合理处理这些冲突可能是青少年逐渐获得他们成人关系中需要的社会和认知技能的一种有效途径。同时，父母在这一过程中会逐渐给予青少年更大的自主权和尊重。

(二) 不同的父母教养方式

有些父母比别的父母更加严格；有些青少年得到了大量关爱，而有些青少年则受到了冷淡对待；在有些家庭中，可以通过公开交流与讨论方式作出决定，而有些家庭则是父母制定规则，孩子只需遵守。不同的家庭教养模式与不同的青少年成长经历之间有多大程度的联系呢？

心理学家戴安娜·鲍姆林德（Diana Baumrind）和其他研究人员提出了划分不同父母教养方式类型的方法，他们根据父母对子女的要求性和反应性水平将父母教养方式划分为四种类型。父母的要求性是指父母期望并且要求孩子表现出成熟和负责任的行为的程度；反应性是指父母以一种表示接纳并且给予支持的方式对孩子的需求作出反应的程度。在这两个方面，不同的父母们会有所不同。学者们根据这两个方面的不同组合，划分了四种父母教养方式类型，如图4-1所示。

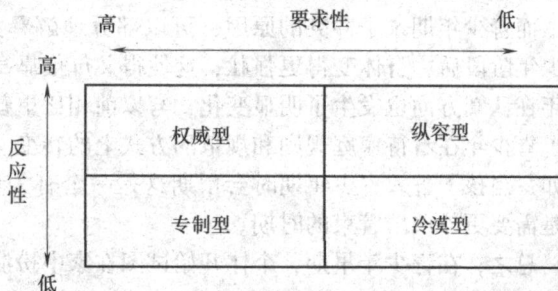

图4-1　四种教养方式类型

（1）权威型：具有高要求性和高反应性。他们给孩子制定明确的规则和期望，并告诉他们不遵守的后果是什么。但权威型父母不是简单地制定并严格执行这些规则，他们的期望是与孩子发展中的需求和能力相适应的，并且会对孩子解释定这些规则和期望的原因，也乐意跟孩子就有争议的惩罚展开讨论，这时需要协商和妥协。权威型父母也很疼爱孩子，给他们温暖，并对孩子的需要和请求作出回应。

（2）专制型：具有高要求性和低反应性。专制型父母看重的是听话和服从，一般会偏好更具惩戒性的、专制的、粗鲁的管教方式。在专制型家庭中，言语交流并不多见，专制型父母坚信孩子应无条件地接受由父母所指定的规则和标准。他们一般不鼓励孩子独立自主的行为，相反，把限制孩子的自主性看得非常重要。同时，他们吝惜于对孩子表示温暖和爱。他们只要求，不回应，与孩子之间缺少情感上的亲密，甚至还会出现敌意。

（3）纵容型：具有低要求性和高反应性。纵容型父母以一种接纳性的、宽容的并有些被动的方式来对待和管教孩子。他们对孩子的表现基本上没有明确的期望，给予孩子高度的自由，让他们去做想做的事情，也极少惩罚他们。但他们十分关注回应，并给予孩子无条件的爱、自由和

温暖。纵容型的父母认为控制孩子会影响到他们的健康成长，同时也并不积极地塑造孩子的行为。

（4）冷漠型：具有低要求性和低反应性。冷漠型父母的目标是尽量减少花在教养孩子上的时间和情感。他们对孩子没有什么要求，也极少去管教他们，更不会对孩子作出任何限制性规定。同样，他们也不会关心孩子，不会对孩子表示爱和温暖，与孩子之间的关系也很冷漠。他们很少和孩子交谈，在作决定的时候也很少考虑孩子的意见。冷漠型父母是"以父母为中心"的，他们主要是根据自己的需求和兴趣来构建家庭生活，而不是依据有利于孩子成长的规则来养育孩子。

大量的研究表明，父母不同类型的教养方式会影响青少年的发展，培养出不同的青少年，如表4-2所示。

表4-2　不同类型的教养方式培养出不同的青少年

教养方式的类型	青少年的特质
权威型	独立，有创造力，有自信，乐观，自律，善于社会交往
专制型	不独立，循规蹈矩，消极，顺从，缺乏自信心、创造力和社会适应性
纵容型	缺乏责任感，不成熟，顺从
冷漠型	任性，容易产生不良行为，如有早期性行为、酗酒和吸毒等

大体而言，权威型父母的教养方式最令人满意，而且许多研究也证实，权威型父母更适合青少年发展。青少年期是人一生中的关键时期，青少年比小时候变得更加自主和自律，他们需要获得更多的自主权并学习承担更多的责任。同时，他们也缺少社会经历和社会技能，因此过度的自主反而会使他们可能犯错。权威型父母能够很好地平衡这两方面的关系，不但能给予青少年足够的自主权来发展能力，同时也要求青少年合理地运用所增加的自主权。而另外三种教养方式不是放权不够，就是缺乏监督，没有尽到促进青少年健康发展的责任。此外，权威型父母还能很好地整合要求性和反应性，给予青少年慈爱、亲密感和关心。父母对青少年需求的回应能帮助他们学会独立，培养自己的价值观和信仰，同时也使他们能够认同父母。其他类型的教养方式要么缺乏回馈、反应，要么没有很好地平衡要求性和反应性二者的关系。

> 🔓 **讨论一下：**
> 在你的家庭中，父母的教养方式属于哪一种类型？他们的教养方式在多大程度上影响了你的成长？

（三）青少年与兄弟姐妹的关系

青少年与兄弟姐妹的关系是家庭系统内部的主要关系之一，这种关系的特征既区别于青少年同其父母的关系特征，也区别于和其他同龄人的关系特征。一般而言，在整个青少年期，青少年同兄弟姐妹的关系变得越来越平等，但也更加疏远，情感强度也不如从前。同时，兄弟姐妹间的关系既有抚养和社会支持，也有冲突和竞争。学者们将青少年和兄弟姐妹的关系分成五大类，如表4-3所示。

表 4-3　青少年和兄弟姐妹的关系类型

关 系 类 型	内 容 描 述
抚养关系	长兄或长姐扮演父亲或母亲角色，他们会照顾年幼的弟弟妹妹
好友关系	兄弟姐妹间像对待朋友一样，彼此鼓励并快乐相处
冲突关系	兄弟姐妹经常处于冲突中，互相批评，冲突多于和谐
竞争关系	兄弟姐妹彼此竞争，看谁更成功
忽视关系	兄弟姐妹间不会出现感情紧张，而是彼此视而不见

青少年和兄弟姐妹的关系可以是其中的任意一种，也可能是任意两种的组合形式。很显然，冲突关系是最常见的。比较研究结果发现，青少年与兄弟姐妹间的冲突比与其他任何人的冲突都要多，要比与父母、祖父母、老师、朋友的关系具有更多的冲突性。在青少年早期，兄弟姐妹间的冲突会增多，而到了青少年中期和晚期逐渐减弱。随着兄弟姐妹的成长，他们之间的关系变得更加平等、更加相互支持。而且和父母对青少年的影响一样，兄弟姐妹的影响力随着他们在家庭以外关系的扩展而有所削弱。青少年和朋友们在一起的时间更多，使他们和兄弟姐妹在一起的时间减少，冲突自然也就减少了。

有研究证实，亲子关系、兄弟姐妹关系和同伴关系之间有着重要联系。亲子关系会影响到兄弟姐妹的关系，又继而影响到青少年与同伴的关系。和谐的亲子关系会促进兄弟姐妹间更加积极的关系，相反，遭受消极经历的青少年更可能表现出对兄弟姐妹的攻击性。同样，青少年从与兄弟姐妹的交往中学会有关社会交往的经验，他们会将这些经验带到家庭以外的朋友关系中。如果在家庭功能发挥欠佳的家庭中，兄弟姐妹间的相互争斗不受管束，则会进一步导致青少年的攻击性增加，从而影响青少年同社会的交往。

兄弟姐妹间的关系除了会影响到青少年的同伴交往以外，还会影响他们的总体适应状况。积极的兄弟姐妹关系对青少年的学习能力、社交能力、自主性和自尊心的培养都有好处。例如，与兄弟姐妹间的密切联系可以部分缓解青少年在学校里缺少朋友所造成的消极影响。兄弟姐妹还可以提供建议和指导，也会影响问题行为的发展。

四、家庭变故和青少年发展

在青少年的成长过程中，家庭系统可能会经历某些重大变故，对本身正经历复杂变化的青少年产生重大影响。青少年家庭变故的事件复杂多样，包括：父母调动工作、父母事业上陷入困境、父母间或父母与亲戚间的矛盾、亲人去世、父母失业或遇到经济困难、父母离婚或分居、母亲遭父亲殴打、父母患重病或重伤等。在众多的家庭变故事件中，父母婚姻变故和家庭经济压力一直是研究的热点问题。

（一）婚姻变故与青少年发展

在现代社会中，离婚率逐渐升高，离婚已经成为一个不可忽视的社会问题。父母离婚作为一个重要的家庭变故事件，无疑会对青少年的发展产生重大的影响。

1. 父母离婚

（1）父母离婚对青少年的影响。有研究发现，父母离婚的青少年比父母没有离婚的青少年在陷入各种消极后果方面面临更高的风险，这些消极后果包括行为问题、心理不适和学习成绩差。在行为问题方面，父母离婚的青少年在吸毒、酗酒和过早发生性行为上有更高的比例；在心理不适方面，父母离婚的青少年更容易表现出抑郁和孤僻，也更容易出现心理问题；在学习成绩方面，父母离婚的青少年的学习更易受到影响，和父母没有离婚的青少年相比，考取大学的也相对较少。

离婚还常常伴随着经济、住所、学校等的改变，以及家庭成员和家庭关系的重新组合等，这对正疲于应对自身各种转折与发展的青少年来说无疑是雪上加霜。开始向青少年期迈进的子女对父母离婚表现出悲伤、羞耻、窘迫，并对未来和婚姻感到焦虑、烦恼、退缩。

并且，即使父母离婚多年以后，那些痛苦的回忆和感受还是会伴随着青少年和成人。父母离婚对青少年和成人个体与恋人形成亲密关系方面有很大的负面影响，父母的离婚以及之前不和睦的家庭气氛会影响到青少年和成人对两性关系和责任的看法。当青少年和成人个体开始正式与异性进行交往约会时，这种建立亲密两性关系的努力会唤醒他们潜伏多年的心理创伤。他们有时候对于是否进入婚姻犹豫不决，但是他们会下决心避免自己离婚，然而事实却是，父母离婚的年轻人也更容易离婚。

（2）父母离婚影响青少年发展的机制。近些年来，学者们开始更多地思考比"父母离婚会对青少年产生哪些消极影响"这样简单的问题更复杂、更具建设性的问题，即父母离婚是通过一种什么样的方式来影响家庭进程、从而影响青少年发展的。

父母离婚在家庭进程中对青少年最大的影响是使他们处于父母的冲突之中。很多纵向研究显示，是离婚过程本身而非离婚后家庭结构的改变对青少年的心理健康产生了不良影响。其实对于青少年来说，最困难的时期是离婚这一家庭分裂过程。生活在闹离婚的家庭中的青少年很容易被暴露在父母的敌意和指责中，这种体验对他们来说是痛苦的、有压力的并且具有破坏性的。

2. 父母离婚后的单亲家庭

大部分经历离婚的成人都十分压抑和痛苦，他们离婚后首先要面临的就是学会如何扮演父母角色。在单亲家庭中，单亲母亲常常接管了以前由父母共同承担的所有养育责任。一般地除了抚养费外，父亲不再直接向家里提供经济支持，并且诸如房屋漏水、管道破裂、家电维修等生活事务的压力也都集中到了母亲身上，母亲可能还要增加工作量以维持生计。因此，离婚后的单亲母亲对子女的教养方式会发生变化，通常会变得更糟。尤其在刚刚离婚后的岁月里，单亲母亲往往缺少爱意，而是悲观、消沉的。单亲母亲要成为权威型父母会比较困难，因为所有的压力会迎面而来，以致她们只能变得放任或者疲于应付。单亲家庭中的青少年会拥有更多的自由，如在支配零钱与晚归的时间方面会有更多自主权。

单亲家庭中的青少年与父亲的联系可能会逐渐减少，父亲通常会成为孩子们谴责的目标和憎恨的对象。因为一般父母离婚前，母亲通常会与孩子更亲近，所以孩子往往把更多的同情和忠诚给了母亲。这样，单亲家庭中的青少年对父亲往往抱有更多的消极情感。此外，由于父亲的收入不再直接提供给家庭，单亲家庭的收入比之前要减少很多，家庭经济状况会变得紧张，这对青少年的成长也产生了影响。有些研究指出，父母离婚后的青少年所表现出的问题，很大程度上要归因于经济问题。

3. 父母再婚

与同龄人相比，在继父母家庭中成长的青少年往往会有更多的问题，如更容易参与到青少年犯罪活动中。在再婚家庭中，青少年既要面对"双份"的婚姻矛盾，即日常生活中父母一方与继父母一方的冲突，以及与原配偶之间的矛盾；还要面对由于两段婚姻所生的孩子住在一起所引发的新问题。如果再婚家庭不能处理好再婚造成的继父母与孩子间的关系，则在孩子青少年期中的再婚可能会导致巨大的压力。对某些家庭而言，把一种新的关系整合到已经经历了巨大变化的家庭系统中去非常困难；对许多青少年而言，要适应一个进入家庭系统的新的权威人物也有困难，特别是当那个人对规则和教养方式有不同的看法时。对于那些身处父母婚姻变故中的比较脆弱的青少年来说，困难就显得更大。同样，对于许多继父母来说，融入一个家庭中也并不容易，他们也可能会搞不清楚为什么无法得到继子女的爱，相反孩子们往往表现出苛求、抗拒和冷漠的态度。有研究发现，当青少年需要应对家庭系统变化的时候，他们的适应性就会变差，而在这一过程中，父母对他们的教养的有效性也会减弱。

（二）家庭经济压力对青少年发展的影响

1. 家庭经济压力对青少年的消极影响

和离婚一样，丧失经济来源、遭遇家庭经济压力一般也会与父母混乱的教养方式联系在一起，继而给青少年带来消极影响。和普通家庭中的青少年相比，那些家庭遭受严重经济损失或者长期生活在贫困中的青少年出现心理障碍和问题行为的危险要更大。这些家庭中的青少年常常表现出更高水平的压抑、孤独或者更易怒，出现更多的学习障碍，并且更可能使用毒品甚至卷入犯罪活动。

有研究认为，家庭经济压力对青少年的影响存在性别差异。对于女孩来说，经济困难可能会使她们更成熟，对家庭有更高的责任感。比如说当母亲工作或找工作时，她们会更多的分担母亲的家务。但是她们也更容易对自己将来的职业形成悲观的预期，认为走出家门找一份理想的工作是很困难的。男孩对于家庭经济压力的反应与女孩截然相反，糟糕的家庭经济状况会导致更多的家庭冲突，尤其是父子冲突。父亲如果失业，就很可能失去儿子的尊重，儿子还会更多地对父亲的权威进行挑战。这种混乱会导致男孩的无责任心以及更多的问题行为。

2. 经济压力对青少年影响的机制

经济压力主要是以什么样的方式影响青少年的呢？社会学家兰德·考纳和格兰·艾尔德所做的关于20世纪80年代美国农场危机时期的乡村家庭的系列研究，指出了家庭经济压力对青少年产生负面影响的过程机制，如图4-2所示。

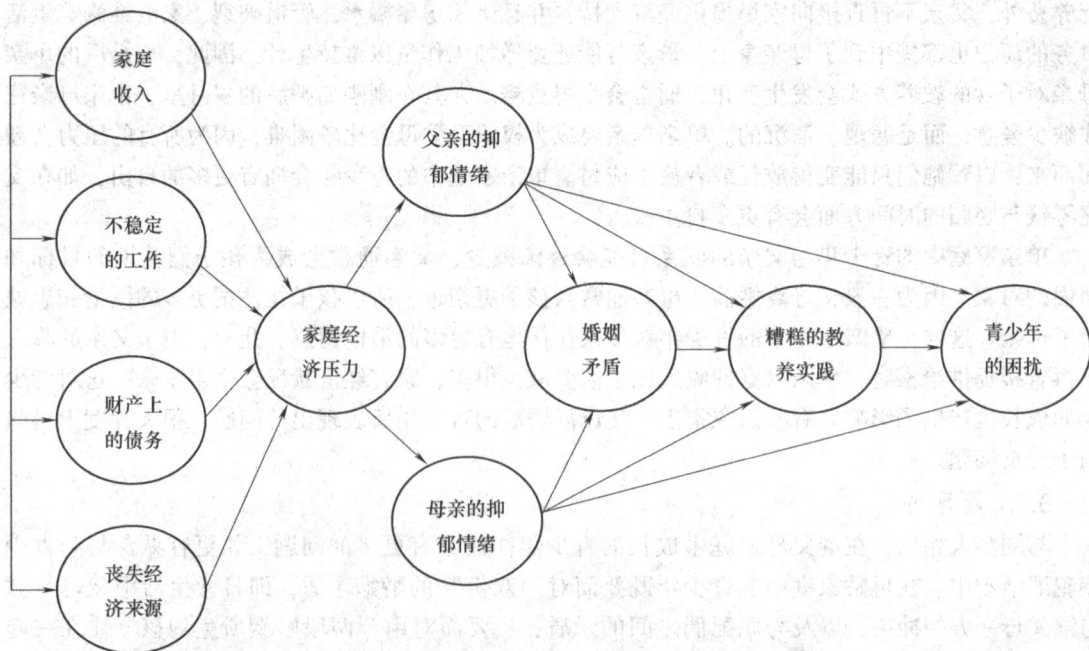

图4-2 家庭经济压力影响青少年的机制

（资料来源：（美）斯滕伯格. 青春期：青少年的心理发展和健康成长［M］.7版. 戴俊毅，译. 上海：上海社会科学院出版社，2007：192.）

总体而言，经济压力对家长的精神健康和婚姻关系产生了消极作用，这使得父母容易对子女采取不恰当的教养方式，继而导致子女出现发展问题。家庭经济压力不仅会减少家庭可利用的经济资源，而且会造成家庭成员间更多的冲突和不良的家庭气氛。具体来说，经济压力引发了父母的挫折感，恶化了父母的婚姻生活，而且父母和青少年发生在经济方面的争执也必然会增多。如果父母需要经常为他们的工作和家庭收入担心，那么这势必会分散他们投入在孩子身上的精力，使得他们花费更少的时间和精力关心照料孩子，或者说他们更容易使用不恰当的、拒绝的惩罚方式来管教孩子。那么，当青少年生活在这种家庭环境中，特别是当他们处于矛盾冲突中而又得不到解决的时候，他们就会变得更富有攻击性，或者更容易感到压抑和沮丧。而且，简单粗暴的教养方式使得青少年很容易仿效父母的行为，以攻击性的方式对待他人。当这些孩子长大成人以后，他们自己可能会变得脾气糟糕，而这种特点又反过来影响他们的婚姻关系和行为，形成一种恶性循环。

第二节 同 伴

青少年正处于儿童向成人的过渡时期，他们不仅有生理、心理、智力等方面的重要发展，在社会关系上也表现为社会交往范围宽泛化，呈现出全新的人际交往模式。青少年发展最迅猛的社会性需要是受人尊重的需要、友谊的需要和交往的需要，他们疏远成人却热衷于同伴交往，对同伴倾注越来越多的感情，同时萌生了与异性交往的强烈愿望，两性之间的接触明显增加。在青少年期阶段，同伴的影响作用显著增强，同伴关系对青少年的发展具有无可取代的重要作用。

一、青少年的同伴关系

（一）青少年期的同伴关系特点

同伴关系是指同龄人间或心理发展水平相当的个体间在交往过程中建立和发展起来的一种人际关系。随着青少年生理发育的成熟、认知能力的提高、情感的细腻多元化，他们会重新建构自己的同伴关系，从而使青少年期的同伴关系发展呈现出自身特点。

（1）在青少年期中，青少年与同伴共度的时间显著增加，彼此的互动更为频繁、复杂、持久。我国有关小学、中学和大学学生人际交往的研究表明，在总体上，学生的课余时间、玩乐、倾诉和分享乐趣的对象，均将同伴放在首要位置。从年龄特点来看，个体在生活的各个领域选择同伴作为交往对象的比例都随年龄增大而呈递增趋势，而对父母、老师的选择则呈递减趋势。

（2）个体在青少年期的交友范围日益扩大，同伴群体的规模也逐渐扩大，如从范围较小、关系紧密的三五好友发展成更大规模的群体，从单一性别的群体发展成两性合一的群体。这一时期的群体同伴经历是个体一生中最为丰富的。

（3）青少年期的友谊显得尤为重要，这一时期的友谊关系双方注重亲密的情感联系。青少年普遍认为朋友之间需要相互的理解和支持，对朋友的要求已经涉及彼此在深层次个性心理特征上的一致性，由此产生了真正的"互惠"意识——思想、情感甚至是人格上的共享。另外，青少年的友谊关系不再局限于同性之间，异性之间建立了新型的友好亲密互动关系。同时，还有少数个体的亲密的异性互动发展成了男女之间的爱慕。

数据说话：

重庆市有关青少年的调查数据显示（见图4-3）：被调查者中没有经常联系的朋友的只占2.7%，只有一个经常联系的朋友的占9.9%，而两个及以上的比例占到近九成；被调查者每天与朋友在一起的平均时间在2h以上的占到六成多，而在2h以下的比例则不到四成。喜欢交友，喜欢与同辈群体在一起活动，是青少年成长过程当中的一个明显特征。

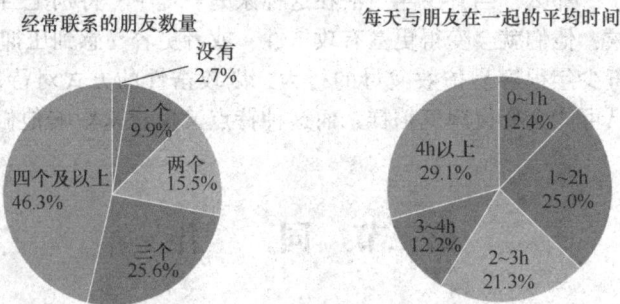

经常联系的朋友数量　　　　　　每天与朋友在一起的平均时间

没有 2.7%
一个 9.9%
四个及以上 46.3%
两个 15.5%
三个 25.6%

0~1h 12.4%
4h以上 29.1%
1~2h 25.0%
3~4h 12.2%
2~3h 21.3%

图4-3　重庆市有关青少年的调查结果

（二）青少年的友谊

同伴关系是一个多层面、多水平、多角度的网络结构，友谊是其中的一个重要层面。友谊在青春期有着特殊的价值和重要性。在这一阶段，青少年的情感中心由父母和家人转移到家庭以外的人身上，但这并不是说父母不再重要了，事实上，父母的影响仍然以各种方式发挥着重要作用。然而，青少年与同伴的接触越来越多，情感也越来越亲密，特别是对于那些亲子关系存在问题的青少年而言，朋友是他们情感的避难所。

1. 友谊的亲密感

亲密感是两个人分享个人的知识、想法、感受的程度。与儿童期相比，青少年期友谊的一个最重要区别就是亲密感更强，此时个体友谊交往的程度更深。青少年与同伴朋友之间会探讨他们的想法和感受，表露内心的希望和担忧，并且互相能够理解他们的父母、老师和朋友的情况。沙利文（Sullivan）第一个发展了关于青少年友谊的亲密感的观点。他指出，在10岁左右时，大部分儿童会与一位特别的同性发展一种特别的友谊，后来（她）他会变为一个好友或密友。在向青少年期过渡时，与好友的关系在许多方面加深并发展。自从沙利文提出这一观点后，许多学者也进行了相关研究，得出了一些共识：青少年时期朋友间的亲密感增强了。青少年更愿意向朋友表露重要的私人信息，特别是有关恋爱和性方面的事。与儿童期朋友间更多的是分享一些活动相比，青少年期朋友间则更多的是通过提供情感上的支持与建议。

青少年期朋友间亲密感增强的原因主要是青少年认知的发展和身体上的成熟。个体在青少年期时，思维越来越抽象和复杂，他们能够思考和探讨比较抽象的事务，如情感、忠诚、信任，以及社会关系中的同盟与竞争，于是朋友就成为可以讨论这些问题的人。身体的发育成熟也会影响青少年亲密感的发展变化。对于有关性的话题，青少年对父母往往难以启齿，所以更愿意向朋友倾诉，如身体上的变化、初吻等。与朋友分享对这些事情的想法和感受，增进了朋友间的亲密感。

在青少年朋友间的亲密感上还存在性别差异。与男孩相比，女孩间的友谊关系更亲密。女孩与朋友的交谈时间比男孩长，她们把与朋友聊天当成友谊的一个很重要的部分。相比之下，男孩更强调与朋友分享活动是友谊的基础，他们往往有共同的运动或爱好。

2. 朋友的相似性

"为什么他们会成为朋友"是很多人心中都在想的一个问题。青少年与成人一样，相似性是成为朋友的核心原因。很多研究都证实，个体愿意与自己在年龄、性别和其他方面有相似性的人成为朋友，换句话说，青少年在有意识地挑选那些与自己相似的人做朋友。而这样做的原因是：一方面，那些与自己相似的人会赞同和支持自己的想法和行为，有利于维护个体的自尊；另一方面，一旦相似的人成为朋友，则会影响和促进双方参与同样喜欢的活动，使彼此能在一起。朋友之间会随着相处时间的增加变得越来越像。

对于青春期的友谊而言，相似性也非常重要，它表现在学业、兴趣爱好、危险行为等方面。青少年期所交的朋友在学业方面的相似性包括对学业的态度、学习成绩、学业规划等。特别是在大学中，人们会发现有一群朋友经常一起学习，努力争取获得好的成绩；而另一群朋友则是整天在一起玩。每一个青少年都会选择和自己喜欢做同一类事情的人做朋友，正所谓"物以类聚，人以群分"。青少年期朋友间的相似性还表现在兴趣爱好方面，比如喜欢相同的体育运动，喜欢听同类型的音乐，业余时间喜欢做相同的事情。这些相似性容易使朋友间的关系融洽。此外，在一些危险行为上，有相似性的人也会成为朋友，人们一般用贬义性的词汇形容他们为"狐朋狗友"。这些青少年在抽烟、喝酒、打架甚至偷盗抢劫等方面存在相似性，经常从事这些危险行为的青少年会选择与他们有较高相似程度的人做朋友。

3. 友谊的发展过程

处于青少年早期的青少年会有一两个最好的朋友，他们通常是同性。早期的青少年友谊情绪化明显，往往不稳定，有时甚至像暴风骤雨般猛烈。青少年期望他们的亲密朋友会在自己身边支持自己，一旦没能如愿，他们就会沮丧并且愤怒。此时的青少年由于年龄较小，通常有点以自我为中心，对于朋友应该给予的支持水平有着不切实际的期望。如果他们对朋友为他们做的事情不满意，他们会和朋友争执，严重的甚至会断绝关系。因此，早期的青少年友谊一般是剧烈而不稳定的。

随着青少年的成长，友谊逐渐变得稳定。稳定性的增加是由于青少年社会认知的发展、自我中心意识的下降以及人际关系管理技能的进步。当青少年离开原先的社区或学校，进入更高一级的学校学习时，他们立即就要面对更宽广的同伴关系。他们有机会接触来自不同社区、学校、社会阶层，甚至不同民族和国家及地区的青少年。此时的一项发展任务就是扩大社交圈，扩展早期的友谊。他们要学习如何与不同类型的人相识和来往，希望拥有许多朋友。因此在朋友数量上，这个阶段会先有一个增长，之后，青少年会变得更有辨别力，他们所认可的朋友数量也会减少。

在青少年后期，一般过了 18 岁以后，青少年的友谊又会遭遇一次改变。此时，不同的青少年会有不同的人生体验，他们会离开家庭，有的上大学，有的工作或参军，有的甚至结婚。

讨论一下：
你在青少年早期交往的朋友，后来与你的关系是否发生改变？都有哪些改变？

（三）青少年的异性交往

沙利文认为，青少年中后期一项重要的发展任务就是与异性同伴建立亲密的关系。在整个青少年期，青少年异性之间的接触显著增多，不仅异性朋友的数量显著增加，而且部分青少年还

青少年社会工作

与异性发展了恋爱关系。虽然同性别的同伴关系在青少年的社会交往中仍然占据重要的地位，但随着年龄增长，异性关系的重要性将日益增加。

青少年最初的异性交往发生在大范围的群体背景下，群体范围内的两性互动促进了异性关系的发展，使异性关系逐渐发展到范围更小的朋友圈的内部。青少年中期，两性混合的朋友圈形成，异性关系逐渐密切，并发展到一对一的朋友，最终出现异性之间的恋爱。一般来说，在两性恋爱关系发生前，青少年就已经获得与异性相处的经历，但这些大多是通过在群体活动和异性友谊交往过程中获得的。

正常的青少年异性交往对个体的心理健康发展有着积极的影响。一方面，正常的异性关系具有友谊关系的发展功能；另一方面，有助于青少年对异性的深入了解，为成人期的异性交往提供一个基础。也有学者指出，不适当的异性爱恋关系会阻碍青少年的心理发展，因为青少年期的恋爱关系往往比较稚嫩，青少年更多的是寻求乐趣，在同伴中获得特定的地位，而并未意识到这种情感的真谛。另外，青少年的能力水平还不足以适应这一新的社会角色，过早地涉入恋情会导致诸多不良行为和适应困难。

（四）青少年的同伴团体

同伴团体是指在社会化过程中尚未成熟的个体联合而成的团体。同伴团体是一个特定的社会—心理团体，在年龄上没有绝对的严格限制。同伴团体是青少年重要的生活背景，归属于特定的同伴团体是这一时期最重要的同伴关系机制。青少年的同伴关系是一个多层次、多侧面、多水平的网络结构，他们有很多同伴，但并非来自同一团体。青少年可能以极其复杂的形式同时参与到一系列相互交叉或重叠的同伴团体中，这一系列团体大小各不相同，其内部成员之间的亲密程度也不尽相同。从同伴团体的一般结构来看，可以分为友伴群和群体两种类型。

1. 友伴群

友伴群是指人数较少，通常三五一伙、七八一群的朋友圈。也有研究将友伴群的人数规定在 2~12 人之间。友伴群是在青少年交往中自发形成的，它建立在共同的活动或亲密的友谊关系的基础上。由于青少年具有合群性，强烈渴望归属特定群体；他们情感丰富，容易与有共同心理感受和倾向的同龄人产生共鸣，彼此理解；同时，面对成长中的矛盾、困惑和压力，他们需要寻找同伴彼此交流，对情感支持有强烈需求。因此，友伴群成为青少年中广泛存在的一种同伴团体。友伴群的成员彼此信念一致、观点相近、情趣相投，在情感上能够相互支持，从而产生依恋。

青少年友伴群具有以下一些特征：①属于非正式团体，没有明确的规章制度约束其成员；②其成员具有相近的心理结构，包括相似的个性特征等；③友伴群的成员随时有加入或退出的可能，但其主要的功能特征和亲密的友谊关系没有大变化；④成员一般具有较强的群体意识，也受到群体规范的约束，因此成员的从众行为比较明显；⑤友伴群有一定的组织层次，有自然形成的"领袖"人物；⑥友伴群成员的年龄比较接近，同龄现象比较明显，这部分地由于学校制度中年级、班级的划分将青少年交往范围局限在同龄人之中；⑦在青少年初期和中期，友伴群多是单一性别的；⑧在部分社会中，随着个体年龄的增长，青少年对同伴的社会经济地位日益关注，友伴群根据社会地位有所分化。

友伴群作为青少年的生活背景，发挥着独特的功能。首先，通过小范围内的个体亲密互动，青少年可以积累丰富的人际交往经验，学习社会交往技能，为成人期的人际发展奠定基础；其次，友伴群内的亲密的情感体验为青少年的异性友谊交往和男女爱恋关系的发展提供了一个基础模式；再次，它可以满足青少年的心理需要，如归属感、安全感、自尊等；最后，成员间日常的相互支持也有助于青少年形成开朗的性格和乐观的态度。

在整个青少年期，友伴群的内部结构也在发生着变化。从最初的单一性别的友伴群，到后来

78

异性关系逐渐发展到友伴群内部，开始出现了性别混合；而到了青少年后期，异性关系发展到一对一的朋友，最终出现两性之间的恋爱。此时，友伴群的团体结构开始松散，出现瓦解，内部成员相互间的密切联系逐渐减少，取而代之的是一对一的两性关系。不过，友伴群内部的联系仍然可以维持在一定的水平，并会一直延续到成人生活中。

2. 群体

群体是一个总括的结构，是互动着的、彼此有着某种程度交互影响的个体的集合。它比非正式的友伴群要大得多，但具体人数不等，通常是出于共同的兴趣或环境而自发形成的，但有些群体，如学校中的班级等则是典型的正式建立的群体形式。同伴群体内的成员间并非都有亲密的情感关系，但会有某些外在的相似性。同伴群体不是基于友谊关系建立的，但往往有较大的社会性活动，有更广阔的社会化人际交往。青少年的亲密朋友大都来自同一友伴群，但可能隶属于不同的群体。因此，群体绝非友伴群的简单集合。

群体与友伴群相比，有着截然不同的发展功能。首先，群体的更广泛的社会交往使青少年得以获得新的巨大的信息来源，还可以方便地获取支持；其次，群体还是青少年自我同一性发展的重要源泉，是其认识自己的重要背景。他们通过发现自己所属群体的共同规范、标准、特征，使这些内容内化为自我概念的一部分。青少年将群体视为一个参照系，积极主动地建构自我。

网络同伴群体

网络同伴群体是指在网络中通过各种方式认识，并与之进行交往的年龄相近、互动频繁、态度与价值观相似、在情感上相互支持、进行各种信息和经验交流的人们所组成的一种非正式群体。

与传统社会化模式下的同伴群体相比，网络同伴群体具有以下几个特征：①形成方式和途径特殊。网络社交是一种虚拟化社交，在这种虚拟社会化模式下，青少年主要通过网络游戏、聊天室或聊天工具、BBS、电子邮件等网络社会交往的新工具和新环境结交朋友，形成网络同伴群体。②构成更加丰富和广泛。网络最大的特征在于它的无地域性，这使得青少年能够克服地域空间的限制，在网络上无限地扩大自己的交际圈，可以认识来自不同国家、地区、社会阶层、文化背景和生活经历的朋友。③符合青少年的自主要求。由于网络同伴群体的形成过程更具自主性和选择性，因此也更加符合青少年这一群体强烈的独立愿望与自主要求。④共同的兴趣和价值观成为唯一标准。由于网络交往更具自主性，人们可以更加自由地进行选择，一旦意见不同可随时关闭窗口、切断联系，这就使得共同的兴趣、爱好、话题等成为网络同伴之间进行交往的唯一标准，也是其形成的唯一标准。

网络同伴群体对青少年的社会化既有着重要的积极影响，也有着巨大的消极影响。网络同伴群体的积极影响在于：拓宽了青少年的信息沟通渠道，使青少年能更多地交流同龄人的生活知识和经验，丰富了青少年的人生阅历；扩大了青少年的交往对象，更能满足青少年自由交往的需要；能够使青少年得到心理交流与慰藉，成为"情感港湾"和心理依托；有助于青少年实现不同的自我认同。而其消极影响则表现为：使青少年更容易接触到各种"垃圾信息"，危害青少年的成长和社会化过程；可能导致青少年人际交往异化，并造成人格缺陷；可能导致内在的疏离感与孤独感；可能导致青少年人格自我分裂和认同危机。

（资料来源：汪新建主编. 人类行为与社会环境. 天津：天津人民出版社，2008：304～305.）

二、同伴关系的功能

同伴关系在青少年的行为、认知、情感以及人格的健康发展和社会适应中起着重要作用。良好的同伴关系有利于青少年社会价值的获得、社会能力的发展、学业的顺利完成以及认知、情感、个性的健康发展；而同伴关系不良则可能导致青少年的学校适应困难，甚至会对成人以后的社会适应造成消极影响。

（一）同伴关系的文化传递、行为发展功能

儿童期和青少年期的同伴经历是对青少年个性发展产生影响的环境因素，是关键的社会化影响源。个体通过观察他人习得新的社会行为，同伴是其中重要的榜样源，习得行为会因不同的强化而得以表现或受到抑制。学习中的自我强化发生在个体认为自己超过同伴参照群体时；而自我惩罚则是因为没有满足同伴的群体标准。同伴经历是行为习得和表现的重要背景。

（二）同伴关系的认知发展功能

皮亚杰认为，只有在平等互惠的同伴关系中，个体才得以检验自己的思想、体验冲突、协商不同社会观点，同伴间的讨论和争论是道德判断能力发展所必需的。正是产生于同伴关系中的合作和感情共鸣，使个体获得了关于社会的更广阔的认知视野。认知发展在很大程度上是人际间交流的结果，同伴是个体认知最为重要的共同建构者。

（三）同伴关系的情绪性功能

同伴关系对青少年情绪情感的健康发展尤为重要，是满足社交需要、获得社会支持、安全感、亲密感的重要源泉。青少年期最重要的任务是"个体化"（Individualization），在这一过程中，个体会重新建构与父母的关系，走向自主，而由此必然产生焦虑、恐惧、自卑等消极情感体验。青少年就是依赖支持性的同伴关系来寻求慰藉的。在与同伴的交往过程中，个体获得了互相证实、共享兴趣和希望、分担恐惧、肯定自我价值、提供爱和亲密祖露的机会。在情绪不稳定的"暴风骤雨"期，友谊是社会支持的重要源泉，它能减轻青少年对这一时期出现的急剧变化的焦虑和恐惧，促进安全感的发展。

（四）同伴关系的促进个性发展功能

青少年在同伴交往中能够获得更完善的个性发展。沙利文认为，个性是由个体的社会关系塑造的，同伴关系在青少年期起到塑造个性的重要作用。同伴能为个体逐渐理解合作与竞争的社会规则和服从与支配的社会角色构建基本框架。这一时期充分良好的同伴关系是青少年个性形成过程中必不可少的一部分，同时，群体中的友好行为、群体外的对立等同伴群体过程也是青少年个性发展的基础机制。

（五）同伴关系的促进心理发展功能

同伴关系在青少年心理发展方面意义重大，其主要作用体现在以下四个方面：

（1）置身同伴团体，青少年有着不同的角色经历，同伴能够为其提供各种类型的榜样模式和丰富的信息反馈，这极大地促进了青少年自我同一性的建构。

（2）同伴经历对青少年自主性的发展有着重要影响。同伴给予青少年越来越多地从同伴处获得社会支持的机会，使得他们有更多的机会自主作出决定。此外，同伴团体为青少年提供了一个没有成人监控的环境，使他们可以自由地实践所习得的社会能力，加以强化。

（3）青少年期个体指向同伴的亲密情感显著增多，因此同伴团体在青少年性别行为社会化、亲密男女关系的建立中发挥着重要作用。同时，这一时期的同伴关系模式为成人期的社会关系提供了一个基础框架。

（4）同伴还是青少年未来成就发展的影响源。尽管同伴在青少年的长期教育、职业规划中

的作用不及父母和老师，但他们是个体日常学校行为和情感的重要影响因素，这些影响涉及个体的学习态度、努力程度以及日常表现等多方面的情况。

三、青少年的同伴影响

同伴关系对青少年的重要作用主要在于青少年特别愿意接受来自同伴的影响。同伴影响既表现出积极的方面，也存在消极的影响。而无论是哪个方面影响，都存在一个相似的发展规律：在青少年早期开始变强，在中期达到顶峰，而到了晚期则逐渐减弱。

（一）积极影响

良好的同伴对青少年的积极影响主要体现在：阻止个体参与危险活动和行为，为个体提供情感支持，帮助个体应对生活中的压力事件等。这些积极影响源于同伴提供的支持，托马斯·伯尔迪特（Thomas Berndt）将其分为以下四种支持：

（1）信息支持。它是指在解决个人问题上给予建议和指导，包括朋友、恋人、父母、学校方面的问题。青少年可以向他们信任和理解自己的朋友说出内心的想法。

（2）工具性支持。青少年同伴间可以相互帮忙完成作业、协作处理家务、相互借钱等，他们以这些形式相互提供支持。

（3）同伴支持。它是指在参与活动中获得同伴的信任和支持。青少年期的同伴可以在一些社会活动中作为可靠的同伴来相互支持，比如一起参加篮球赛、学校联欢会、学术讨论会等。这种支持还会存在于日常生活中更为平常的琐事中，如一起吃午饭或坐公车等。

（4）尊严支持。青少年期的同伴可以在提升个体的自尊上给予支持。成功时得到朋友的祝贺，失败时朋友会鼓励和安慰，不管遇到什么事情，都有朋友陪在身边，成为青少年强大的支持源。

（二）消极影响

同伴的消极影响主要是指不良同伴会鼓励青少年参与危险活动和行为，如饮酒、抽烟、药物滥用和违法行为等。有不少研究都指出，青少年参与与危险活动与同伴参与危险活动的程度之间存在一种相关关系。但是从最简单的统计学原则来看，相关关系并不等于因果关系，两件事同时发生不意味着是一件事引起了另外一件事。消极的同伴影响需要一些前提才能更有效地表现出来。首先，青少年本身对危险行为抱有宽容态度的，则更可能选择与自己持相同观点的人做朋友，因此青少年与朋友的危险行为之间存在了相关的关系。其次，这些与自己相似的同伴在某种情况下可能会鼓励青少年参与危险活动，因为他们在这些方面持有相同的态度，更容易彼此理解和支持，而且共同参与危险行为也使他们之间更合拍、更融洽。所以，是选择和影响共同促成了青少年与朋友危险行为的相关性。同样，如果青少年身边的朋友坚决反对危险行为，则同伴的影响则表现为抵制危险行为。因此可以说，同伴的影响究竟是鼓励还是抵制危险行为，取决于青少年身边的同伴是谁。

（三）青少年文化与同伴导向

青少年独特的同伴文化影响着个体的价值观、态度、行为习惯等的形成和发展，起到"同伴导向"的作用。

1. 青少年文化

青少年文化是青少年心理和社会意识、社会行为或表现的总概括，它反映着青少年这一特定发展群体总的心理特征、价值观念、态度、行为习惯以及兴趣和追求等。对于青少年文化，有两种截然不同的认识。一种观点认为，青少年文化的核心在于对同伴的遵从和对父母价值观念、准则要求的反抗。这一现象在中学阶段尤为显著，青少年在学校中远离成人的监控，同时有更多的时间参加同伴之间平等互惠的课外活动，他们逐渐构建了专属的团体并置身其中，彼此相互影响，却很少发生与成人世界的交流互动。加之这一时期的反叛心理，青少年逐渐有了特定的行为模式、言语风格，最为重要的是形成了迥异于成人的价值观念。由此，青少年隶属于特定的同伴团体，形成了独特的"同伴文化"，他们只是片面关注同伴的要求和认可，却并不为成人所赞同。另一相对的观点则将青少年文化视为成人文化的缩影，认为青少年沿袭着成人的行为模式、价值观念，代际间的冲突只限于日常生活中一些浅显的问题，而深层的价值观念并不存在矛盾。

2. 青少年的同伴导向

青少年文化一经形成，便具有排他性，它拒绝与自身共性不相容的特性，以维护自身的独特性和统一性。而且，任何团体都具有群体一致性要求，同伴团体要求青少年对其文化达成认同。另外，团体成员自身也有追求一致性的期望。同伴团体的存在使青少年获得归属感，他以同伴文化作为自己个人特性的象征。因此，青少年时期存在显著的"同伴导向"，即个体对同伴影响有着很强的感受性，同时更多地向同伴寻求支持、指导，同伴间的一致性水平很高。

从众行为是青少年同伴导向的突出表现。从众行为是指在社会团体的压力下，个人放弃自己的意见或行为而与大多数人保持一致的现象，俗称"随大流"。处于青少年早期的个体通过遵从特定团体的规范，被同伴接纳，可以满足归属感等社会情感需要，积极有效地建构自我。而随着年龄增长，青少年有了强烈的自主意识，对同伴、父母的依赖就不再那么强烈。

安德鲁（Andrew）将不同程度的同伴导向作了区分，分为意见征询式和极端式。刚刚步入青少年期的个体往往会相对地疏离父母，更多地向同伴征询意见、寻求支持。这种意见征询式的同伴导向，并不涉及对父母权威的否定，这有助于青少年获得多源支持和帮助，因此这种同伴导向是健康的，不会对青少年的社会适应产生消极影响。极端的同伴导向则是过分关注同伴关系，这些青少年向朋友征询所有的意见建议，极易受同伴的影响；为了维系友谊关系、维持在同伴团体中的地位、取悦同伴，他们甚至反叛父母，无视学业，遵从违规行为，改变一些积极的个性品质。对他们而言，同伴关系的维系是以牺牲诸多有意义的事情为代价的，显然这对青少年的发展是极其有害的。

青少年早期过度地依赖同伴，否定父母权威，会使亲子关系破裂，青少年由此失去了重要的支持源和指导，可能导致不良的自我价值体验和其他适应困难。极端的同伴导向导致青少年缺失了一些重要的保护机制，而这些机制是有效防止个体不良行为所必需的。他们甚至存在错误的认知，认为特定的行为问题、课业成绩落后等表现能够获得朋友的认同。此类态度和行为倾向继而又导致这些青少年与有更多问题行为、不重视学业的同伴建立了联系，这就是所谓的"同伴选择"过程。尽管亲密、支持性的友谊关系是青少年健康发展的关键动因，在很大程度上能够弥补不良团体关系、亲子关系的消极影响，但却不能有效缓解极端同伴导向的危害。

（四）父母影响与同伴影响

个体从儿童期到青少年期，一方面与父母相处的时间逐渐变少，更多的时间与同伴相处，而另一方面与父母的冲突却在增加。虽然父母在青少年的生活中仍然保持着重要地位，但亲子之间的热情程度和亲近程度却有明显下降。与此同时，青少年和同伴朋友之间的距离越来越近，亲密感显著提升，同朋友们相处的时间越来越多。虽然在整个青春期，父母的直接影响减弱了，但是父母仍通过各种间接的途径影响青少年的同伴关系；反过来，同伴影响又与父母影响共同作用于青少年心理的发展，这就是所谓的"父母—同伴互动影响模式"。

首先，父母选择居住环境，发展自己的交际网络，为孩子选择学校等，这些方面在很大程度上决定了青少年同伴交往的范围。其次，青少年的同伴交往策略相当一部分是源自父母的指导。父母可能会和子女讨论如何协调与同伴之间的矛盾，如何克服羞怯等问题。有研究发现：积极的亲子关系会使个体感受到爱与被尊重，对自己、他人和周围环境有积极乐观的认识和期望，乐于与父母以外的人交往，形成较积极的同伴关系；而亲子关系不良的个体，则容易对自己、他人和周围环境产生不良认识和消极体验，从而影响到青少年期的同伴交往。再次，有关青少年同伴文化的研究表明，青少年在相当大的程度上承继着成人的价值观念和日常准则，因此，父母与同伴的影响在一些方面是极为相似的，很多时候，同伴影响是强化而非背离父母的期望。最后，父母与同伴分别在不同的活动领域给予青少年重要的影响。在休闲、娱乐、自由交往、消费方面，可以看到青少年极力摆脱父母而自主或采纳同伴意见的现象；但在遇到复杂的生活情景和进行未来重大事件的计划、决策时，父母的意见就要重要得多。

第三节 学 校

学校是青少年生活的又一个重要场所。在青少年时期，个体的大部分时间都是在学校中度过的。学校不仅是向青少年传授文化知识的地方，同时也为青少年提供了良好的社会交往条件。通过学校接受的正规教育是一个重要而长期的过程，有的情况下要延续 20 年左右的时间。

一、学校与青少年的社会化

家庭以外的最主要的社会化环境就是学校，学校是现代社会中个人通往社会的必由之路。随着家庭功能的减弱，学校越来越成为对儿童、青少年乃至成年人进行有组织、有系统、有影响的社会化教育的主要途径。

（1）学校通过引导学生服从教育制度的安排，传播正确的文化目标、价值标准和人类知识遗产，培养学生思考、分析和解决问题的能力等，来推动学生逐渐成为一个合格的社会成员。

（2）儿童及青少年在学校中学习的社会角色比在家庭中所学的要更多地面向社会。老师告诉他们，作为学生，人们对他们有什么期望，作为社会成员、作为国家公民，人们对他们又有什么期望。如果说家庭里的社会化是以一种耳濡目染、潜移默化的形式，在日常生活中自然而然实现的，那么学校中的社会化则强调专门的学习，带有半强制性。

（3）学校教育对个体的社会化具有更强的指导作用。儿童及青少年在学校里不仅要接受与他人相比较的系统评价，努力培养自己与他人交往的合作性和独立性；而且要学会服从非个人的规则和权威，按照规范的要求去扮演自己的社会角色，并理解和把握这种有组织群体中的人际关系。很多学者认为，儿童的早期社会化受学校的影响比家庭更多。学校是儿童们的社会，学校的环境、学校的规范以及学校的考核奖惩措施等，还有老师、同学等的一言一行，都会进一步影响儿童的人格及行为发展。学生们在学校里首次处在教师的直接监督之下，从而使他们知道了服从别人并不仅仅是由于这些人给予他们关心和保护，而是由于社会制度要求大家共同遵守规定。在这个过程中，学生们逐渐认识到自己不仅是某个特殊的人，也是一群学生中的一个，对其他学生的规定和期待同样也适用于自己。此外，学生们还学会了用别人评价他们的标准来评价自己，从而逐渐认识自我。因此，参与学校生活使儿童逐渐减少了对家庭的依赖，推进了他们与更广阔的社会之间的互动和联系。

打工子弟学校问题凸显

2005 年 6 月 24 日《现代教育报》报道，打工子弟学校绝大多数均未经教育行政部门审核批准办学，属非法办学。很多办学者看中的是打工人员子女就学这个大市场，大部分管理者都缺少专业训练和必要的办学经验。虽然大部分打工子弟学校的办学者曾经从事过教育，但是只有 1/3 的人担任过校长职务，其余根本没有管理学校的经验，这就造成了学校管理的相对混乱。大多数学校没有基本的管理制度，课程往往只开语文、数学等主课，而课程计划、规定的其他副科则根本不开或形同虚设，而且都无专任教师。学生的全面发展和素质的提高受到了很大影响，国家的教育方针也难以得到全面贯彻。据一项调查结果显示，打工子弟学校老师近一半没有教师资格证，学历普遍偏低，主要是中专和高中毕业，大学专科毕业生很少，拥有本科学历的更是凤毛麟角。这些造成打工子弟学校的教育质量很难达到规定的要求。而且，这些学校的老师很少有在教育方面交流的机会，也不太了解当前教育科研的发展情况。

（资料来源：中国青少年研究网）

二、影响青少年成长的中学学校的特征因素

（一）学校和班级规模

很多研究人员在"什么样的学校规模对学生最有利"方面进行了研究，发现增加学校规模有正负两方面影响。正向方面，学校规模大可以提供丰富多样的课程，校园文化和课外活动也更加多元化，每个学生更有可能在其中找到自己的位置。负向方面，学校规模大会导致学生之间关系的疏远。学校规模越大，学生越感觉不到和老师、学校是一个整体。另外，规模小的学校虽然提供的课程和课外活动少，但学生更容易参与其中，也更有可能处于领导和承担责任的地位，如成为社团的社长。

但就目前的研究来看，学校规模与学习成绩没有必然的关系。综合考虑各种情况，学者们达成共识：最适宜的学校规模是学生人数介于 500~1000 之间[注]。

关于班级学生人数方面，也存在争议。有的学者认为班级规模和学习成绩之间呈反比关系；但也有学者指出，缩小班级规模对学生学习成绩的提高效果不明显。他们的实验发现，当班级人数从 40 人减少到 20 人时，对学习成绩的提高并没有帮助。至于有些人认为小班教学有益，是因为对于学习有困难的学生，需要更多的单独关注，因此小班看上去可取。

（二）教育阶段的划分

在西方，关于青少年教育阶段的划分存在几种观点：第一种为 6-3-3 制，即小学 6 年，初中 3 年，高中 3 年；第二种为 5-3-4 制，即小学 5 年，初中 3 年，高中 4 年；第三种是避开初中阶段，直接从小学进入高中阶段，即 8-4 制，小学 8 年，高中 4 年。

关于学制划分的讨论，主要是因为对于很多青少年来说，初中的开始都是一个困难阶段。学生的学校过渡发生在青春期早期阶段，这会带来与学校相关的压力。首先，青春期的身体变化与学校的过渡重叠。青少年，特别是女孩子，此时身体发育、体型改变，同伴关系也在变化，这些都与小学到初中的过渡重叠起来。其次，学校的过渡还涉及学校经历的改变。从小课堂变成大课堂，学生不再只有一个或几个重要的老师，而是会有更多接触的老师。同样对学业也有更高的要

（美）阿内特. 阿内特青少年心理学 [M]. 3 版. 段鑫星，等译. 北京：中国人民大学出版社，2009.

求，课程范围和难度迅速加大，成绩被看做测量学业水平的尺度。这些变化都增加了学生青少年早期的焦虑，产生与学校相关的压力。

社会学家罗伯塔·西蒙斯（Roberta Simmons）和戴尔·布莱斯（Dale Blyth）提出，青少年早期的学生适应学校变化会有困难，则不如避开初中阶段，实行 8-4 制。他们对美国威斯康星州 6～10 年级的青少年进行了研究，其中大约一半的学生进入 8-4 制学校。他们重点研究了不同学制学校的青少年在自尊、平均成绩、课外活动和不被重视的感觉四个方面的差异。研究发现，除了平均成绩基本相同外，在其余方面，进入 8-4 制学校的学生表现得明显更好。

（三）分班

在同一所学校中，将学生按学习能力或兴趣分配到不同水平的班级中去的做法就是分班。有些班级的课程难度更大，是专为能力极强的学生准备的；有些班级是为了中等水平的学生准备的，大多数学生在这样的班级里上课；还有些作为补习班的班级，是为了学习困难的学生预留的。教育学者一直在讨论分班的利弊得失。支持者认为，按能力分班使得教师能够安排更加适合于学生能力的课堂教学；反对者认为，和更好的班级里的教育相比，被安排在补习班里的学生接受的是质量较差的教育，而且分班的影响不局限于学业方面。由于学校在影响青少年的同伴关系方面起到了非常重要的作用，当学生被分配到不同班级里去的时候，他们往往只会和相同的学业成就水平的同龄人打交道，所以分班会导致学生群体两极分化，有时甚至会成为彼此敌对的不同亚文化。

（四）教师行为

教师行为包括教师与学生的交流方式、对学生的期望和标准、课堂上使用的教学方法等。教师行为对青少年的发展具有重要影响。有研究表明，如果教师乐于帮助学生，和学生打成一片，必要时也能执行严格的纪律，对学生的行为和学业成就有很高的期望，那么学生的表现就会更好。与教师行为不佳的学生相比，他们出勤率更高，学习成绩更好，不良行为出现的概率更低。此外，在课堂上，新颖的教学手段会鼓励学生们学习，学生们也乐于参与讨论，这也会刺激他们的批判性思维能力发展。

（五）学习风气

许多研究指出，对于青少年来说，直接影响其成就和心理发展的因素是学校文化和学习风气。学校文化和学习风气与学生的行为和成就有着紧密的联系，良好的学风有利于增强学生的学习动机，并有助于避免学生意志消沉和出现行为问题。此外，良好的学校和班级氛围可以增加对学生的吸引力，帮助他们取得好成绩。在良好的学风影响下，学生会成为教学过程的积极参与者，而不是被动接受。课堂气氛也将是积极和有序的，并不是压迫性的。

> **讨论一下：**
> （1）你认为中学阶段是否一定要去重点学校？即使高价择校也是值得的？
> （2）你认为上大学是否一定要去名牌大学？好专业和好学校哪个更重要？

三、青少年的大学经历

从 1999 年起，我国开始在高等学校实行扩招，我国的高等教育规模迅速扩大。经过三年扩招，高等教育规模快速增长，早在 2001 年，我国各类高校在校生规模就已经达到 1300 万人，仅次于美国跃居世界第二位。可以说，我国从 2002 年起进入高等教育大众化阶段。截至 2009 年年底，全国各类高等教育总规模达到 2979 万人，高等教育毛入学率达到 24.2%，越来越多的青少年进入大学中学习。本科生的年龄阶段一般都在 18~22 岁之间，但对于不同的青少年而言，大学经历也是不同的。

20 世纪 60 年代，美国社会学家伯顿·克拉克（Burton Clark）和马丁·特洛（Martin Trow）提出一种能有效描述青少年的大学经历的方法，即将大学生群体分为四种亚文化群：大学派、职业派、学术派和叛逆派。

1. 大学派

"大学派"热衷于学校联谊会、约会、喝酒、体育比赛以及各种校园娱乐活动。对他们而言，教授、课程和分数都是次要的。他们会按时完成课业，勉强通过考试，但不会有严肃的学术思想，也不会对学术有更高的追求。他们在大学里的主要目标是社交和聚会，他们在大学里是一群非常活跃的人。

2. 职业派

"职业派"对大学教育有更为实际的看法。对他们来说，上大学的目的就是掌握技能、拿到学位，将来找到更好的工作。和"大学派"的学生一样，他们也拒绝接受教授所要求的更高的学术思想，以及超出课程范围的要求。他们既没有时间，也不像"大学派"的学生有足够的金钱去追求娱乐。他们要么希望通过社会实践活动来提高自己的社会技能，要么希望借此来赚取学费及生活费，可能大部分的人是兼而有之。

3. 学术派

"学术派"是与大学教育目标最吻合的一类。他们乐于驰骋在思想与知识的世界中，追求学术目标，学习刻苦，认真完成作业，与教授的关系也更为密切。在课堂上，他们全神贯注地听讲，愿意与教师讨论问题；课下，他们对教师提供的材料热心钻研，甚至会超额完成作业。他们是最有可能成为受教师青睐的一部分学生。

4. 叛逆派

"叛逆派"的学生对课程持偏激的态度。和"学术派"的学生不同，他们不墨守成规，不喜欢甚至不尊敬老师，怀疑权威，并用批判的眼光和他们保持距离。只有当感觉上课内容有意思或与生活有关时，他们才努力学习，或者当他们喜欢某门课程、尊敬上课的教师时，他们才会完成规定的作业，并且成绩还不错；反之，他们就会偷懒，成绩也很差。

虽然这四类大学生亚文化群是 20 世纪 60 年代提出来的，但是 40 多年过去，到今天依然适用。对于大学老师来说，这四类亚文化群也并不陌生，几乎每一个教师都接触过这四类学生。还有一点需要注意的是，大多数学生不是只属于某一类亚文化群，而是这四种亚文化群的混合体，只不过相对其他三种更倾向于某一种。从另外一个角度看，这四种亚文化群代表青少年在大学时的不同目标："大学派"追求乐趣，"职业派"追求实际，"学术派"追求知识，"叛逆派"追求个性。大多数青少年可能希望追求多重目标，并在大学生涯中体验各种不同的文化群。

> **讨论一下：**
> 你认为这四种大学生亚文化群存在于你所在的大学或学院中吗？你认为自己与哪种亚文化群最契合？

教育部，《2009 年全国教育事业发展统计公报》

（美）阿内特. 阿内特青少年心理学 [M]. 3 版. 段鑫星，等译. 北京：中国人民大学出版社，2009.

第四节 职业和工作组织

工作组织是青少年社会化的又一个社会环境因素。一般来说，年轻人离开学校后就要寻找工作，开始自己的职业生涯，并可能会相对长时间地在某一组织工作。人们在这里接受职业技能和专业知识的学习和培训，工作组织由此成了人们确定基本的社会身份和职业道德的地方。除此之外，还有一些青少年甚至还在学校读书期间就受雇于某些工作组织，从事兼职工作。这些都会对青少年的成长产生影响。

一、青少年的就业和兼职

（一）青少年的就业

青少年就业是指青少年离开学校（不再在学校学习），进入工作组织，从事某种职业。大部分青少年在完成中学或大学学习后，直接进入工作组织，从事某种职业。在我国，2010年青少年就业占所有就业人员的比重为14.3%，其中16～19岁的就业青少年为3.2%，20～24岁为11.1%。[一]在全国就业的青少年中，具有初中学历的比例最高，还有不少为小学学历，甚至未上过学的，如表4-4所示。

表4-4 全国就业青少年受教育程度构成（2010年） （%）

年 龄	合 计	未上过学	小学	初 中	高 中	大学专科	大学本科	研究生
16～19	100.0	0.5	9.7	71.9	16.6	1.2	0.1	0.0
20～24	100.0	0.4	7.4	59.0	20.7	8.8	3.6	0.1

（资料来源：《中国劳动统计年鉴2011》）

在城镇就业青少年中，成为雇员的青少年比例最高，其次还有相当一部分自我创业，成为自营劳动者，如表4-5所示。在青少年所从事的职业方面，生产运输设备操作人员及有关人员、商业服务业人员、农林牧渔水利业生产人员等都是比例较高的职业，如表4-6所示。

表4-5 城镇就业青少年就业身份构成（2009年） （%）

年 龄	合 计	雇 员	雇 主	自营劳动者	家庭帮工
16～19岁	100.0	67.1	0.7	28.0	4.1
20～24岁	100.0	68.2	1.8	26.3	3.7

（资料来源：《中国劳动统计年鉴2010》）

表4-6 城镇就业青少年职业构成（2010年） （%）

年 龄	合 计	单位负责人	专业技术人员	办事人员和有关人员	商业、服务业人员	农林牧渔水利业生产人员	生产运输设备操作人员及有关人员	其 他
16～19岁	100.0	0.3	3.8	3.2	30.3	13.2	48.9	0.1
20～24岁	100.0	1.2	11.0	7.1	31.7	11.0	38.0	0.1

（资料来源：《中国劳动统计年鉴2011》）

[一] 数据来源：《中国劳动统计年鉴2011》

(二) 青少年的兼职

青少年兼职是指某些青少年还在学校读书期间，就受雇于某些工作组织，从事兼职工作的情况。

在美国，高中生从事兼职工作的比率一直在稳定上升。一般说来，工作的学生会得到父母、老师和社会学者的支持，他们的看法是工作是有益于青少年的。在美国，1987 年时，1/3 的高一学生和 2/3 的高三学生拥有一份职业；从 20 世纪 90 年代中期到后期，超过 3/4 的学生在 16 岁前就拥有一份职业。如果再加上诸如照看小孩和整理草坪等这些零工，这个数字将会超过 90%。到 2000 年，将近 300 万在校的 15～17 岁的青少年边读书边工作，400 万人在暑期打工。这些青少年中，平日边读书边打工的平均每周工作 17h，利用暑假时间打工的每周工作 23h。[⊖]当然，在另外一些人看来，青少年在兼职工作上花费了太多时间，而用在学习上的时间显然不足。

与美国相比，其他工业化国家的情况有所不同，总的说来，在其他国家或地区，青少年从事兼职工作的情况要少很多，高中生兼职的情况更为罕见。2008 年，中国青少年研究中心《中日韩美高中生消费意识与行为的比较研究报告》显示，49.2% 的日本高中生和 44.9% 的韩国高中生从事过兼职，而美国这一比例是 74.4%，在四国高中生中比例最高。在中国，该研究发现有 39.6% 的高中生有过打工的经历。而在定期兼职方面，28.2% 的美国高中生定期打工，在日本也有 16.7% 的高中生定期打工，而在中国和韩国这一比例仍然很低，分别仅为 4.8% 和 4.3%。在各国打过工的高中生中，打工的原因各有不同。对于中国高中生来说，增加人生经验是打工的首要原因。而对于日本、韩国和美国的高中生来说，打工的原因则更多是为赚钱。也有 44.3% 的美国高中生为增加人生经验而打工，列在他们打工原因的第二位；在日本和韩国高中生中，为增加人生经验而打工的分别仅有 28.4% 和 22.3%（见表 4-7）。

表 4-7　中日韩美四国高中生打工的主要原因 （%）

中　国	日　本	韩　国	美　国
增加人生经验 (71.1)	自己存一些钱 (66.5)	钱不够用 (60.8)	自己存一些钱 (73.3)
自己存一些钱 (50.0)	钱不够用 (54.5)	减轻家人负担 (29.2)	增加人生经验 (44.3)
减轻家人负担 (32.2)	减轻家人负担 (45.2)	增加人生经验 (22.3)	减轻家人负担 (31.9)
钱不够用 (29.2)	增加人生经验 (28.4)	对工作感兴趣 (8.6)	钱不够用 (24.1)
对工作感兴趣 (24.3)	对工作感兴趣 (15.6)	自己存一些钱 (8.3)	对工作感兴趣 (19.0)
与朋友有共同经历 (22.1)	与朋友有共同经历 (2.0)	与朋友有共同经历 (3.3)	与朋友有共同经历 (2.8)

（资料来源：中国青少年研究中心，《中日韩美高中生消费意识与行为的比较研究报告》）

由此可见，美国高中生打工赚钱、存钱非常普遍，对他们来说，这是零花钱的一个主要来源。但对于中国高中生来说，虽然也有一些人有过打工的经历，但他们的主要目的首先是为了增加人生经验、丰富人生阅历，更多地了解社会，增强适应社会的能力，其次才是为自己存一些钱，满足消费需要。这可能是因为中国高中生在经济上更加依赖于父母，金钱方面的需求大多可以从父母那里得到满足，从而较少考虑自己打工挣钱的问题。该研究还认为，虽然中国的父母大多担忧孩子会因为打工而影响学业，但对于非常缺少打工锻炼的中国孩子来说，父母多给孩子一些鼓励和机会，将有助于培养孩子的理财、工作乃至创业能力。

⊖ （美）赖斯，（美）多金著. 陆洋，林磊，陈菲译. 青春期：发展，关系和文化（第 11 版）. 上海：上海人民出版社，2009.

在我国，大学生兼职的情况更加普遍。你知道我国大学生兼职的具体情况如何吗？有多少大学生从事过或正在从事兼职？你及你身边的同学朋友是否从事过兼职，你们从事兼职打工活动的目的是什么，兼职打工对你们产生了什么影响呢？

二、职业和工作组织对青少年的影响

（一）社会化

工作组织是青少年继续社会化和职业社会化的主要场所。个人不仅要在工作组织的职业活动中学习职业技能，遵守职业规范，学会扮演职业角色等，还要在工作组织中通过自己的职业活动和职业成就来确立自己的社会地位，实现人生理想和价值，并在这一过程中进一步确立个人的能力、品格、气质、性格等。除此以外，工作组织还给人们提供了检验和发展家庭及学校社会化成果的场所。一个人只有进入工作组织，才意味着他开始真正地走入社会。他在家庭和学校中所经历的社会化过程能否使他适应这个社会，是否需要根据工作组织的实际情况不断调整和发展自己的价值标准和行为方式等，都必须在工作组织中进行，这也是个人继续社会化的过程之一。

（二）有利影响

从事职业能够使青少年面对现实的工作环境，帮助年轻人更好地认识工作的本质，有利于他们提高责任感，并增强他们的独立性。借助工作，青少年可以提升自己的阅历、学习新的技能，这些都对他们在未来获得一份职业有利。此外，显而易见的是，工作给年轻人带来了收入，使他们有能力购买自己需要和想要的物品，并让他们有机会管理自己的财产。

而对于一些贫困的学生，寻求兼职、边读书边打工也并不是一个坏的选择。一方面，这使他们更有可能支付学费和生活费，完成学业；另一方面，这大大提高了他们在毕业后就业的能力，有助于他们毕业后能顺利找到工作。

（三）不利影响

如果青少年把过多的时间用在兼职工作上，则可能导致他们上课出勤率的下降，以及做作业和参与学校活动的时间减少，最终还可能使学习成绩下降。此外，还可能导致他们与家人相处的时间缩短，从而使得父母的控制减弱。甚至由于进入了工作组织，青少年会过早或过多地吸烟和饮酒。西方的学者曾指出，工作使年轻人有钱购买酒精和药品，使他们有时间参与一些不良的活动而不待在家里，也使他们有机会结交那些不愿意读书和有不良习性的同龄人，这些都直接导致了他们的问题行为。

莫迪默（Jeylan Mortimer）及她的同事对美国明尼苏达州圣保罗地区的1000名青少年进行了调查，研究了他们从兼职工作中的收获与问题，如表4-8所示。

表4-8 青少年在兼职工作中的收获与问题

益 处	女孩（%）	男孩（%）	问 题	女孩（%）	男孩（%）
责任感	90	80	更少的空闲时间	49	49
管理金钱	66	57	成绩下滑	28	25
学习社会技能	88	78	更少的作业时间	48	49
工作经验/技能拓展	43	42	上课分心考虑工作	78	11

（续）

益　　处	女孩（%）	男孩（%）	问　　题	女孩（%）	男孩（%）
职业道德	73	68	疲劳	51	45
独立性	75	78			
时间管理	79	75			
学习生活/规划未来	26	29			

（资料来源：（美）阿内特著，段鑫星，等译. 阿内特青少年心理学（第三版）. 北京：中国人民大学出版社，2009：252. ）

从莫迪默的研究来看，总体情况是青少年兼职工作的益处大于坏处。他们从工作中获得了责任感，增进了管理金钱的能力，发展了社会交际能力和职业技能，并能更好地安排时间。莫迪默也指出，几乎一半的青少年认为工作占用了他们做家庭作业的时间，超过 1/4 的青少年认为工作对他们的学业有负面影响。但莫迪默认为，青少年在做兼职工作之前的业余时间也只是被他们用来看电视了，因此青少年兼职工作和学业并没有如此大的冲突。

第五节　社　区

社区是青少年除家庭、学校、工作组织以外的又一个社会化场所。在社区中，青少年的成长受到同辈朋友、邻里关系、街道事务、社区组织、文体娱乐活动以及社会政策的影响和制约。从人的行为的角度而言，社区实质上是一种影响人行为的重要社会结构，具有控制社区成员的行为价值观和规范的功能。因此，社区不仅是青少年成长的环境和场所之一，而且对青少年成长本身具有重要影响。如今，社区青少年工作是青少年社会工作的重要领域。对青少年而言，社区是除了家庭、学校之外的主要活动场所。不断探索在社区中影响教育青少年的方法途径，以及背后的理论原理，已成为当代青少年社会工作发展的重要趋势。

一、社区与青少年社会群体

（一）社区的概念

"社区"一词不是源自汉语词汇，而是从英文单词"community"翻译过来的。一般认为，是德国社会学家滕尼斯（Ferdinand Tonnies）最早提出了"社区"概念，他在 1887 年出版了著作《社区与社会》（Community and Society）。中文"社区"一词是 20 世纪 30 年代初以费孝通为首的一些燕京大学社会学系学生根据滕尼斯的原意首创的。

美国芝加哥大学的帕克（Rorber E. Park）是最早对社区下定义的社会学家之一。他认为社区应包括以下三点：①有一群按地域组织起来的人群；②这些人程度不同地扎根在他们生息的那块土地上；③社区中的每一个人都生活在一种相互依赖的关系之中。美国国家调查委员会（National Research Council）1975 年给社区下的定义是：社区是一群居住相近，具有共同利益并能够相互帮助的人。在这个概念中，居民特征十分明显，社区也就界定为居民区。

在本章中，我们认为：社区是指有地理界线的社会团体，即人们在一特定地区内共同生活的组织体系，或称为地域团体。这种团体至少有三个特点：①它是有境界的一个人口集团；②有一个或多个共同活动或服务中心；③居民具有地缘的感觉或某些集体的意识和行为。

（二）青少年社会群体

青少年社会群体被划分为正式社群和非正式社群。

1. 正式社群

正式的青少年社群主要是指校内的青少年群体。青少年和同伴的联系取决于他是否在读、在哪所学校就读以及所参与的学生组织。这一部分的正式社群的活动场所主要是学校。除此之外，还有一些校外的业余兴趣群体（如美术班、音乐班、体育俱乐部等），但在绝大多数情况下，只有在校的青少年会参与这些活动。而这一部分的青少年正式社群的主要活动场所就是社区。

2. 非正式社群

非正式的青少年社群通常是指那些松散结构的校外青少年群体。在这个群体中青少年会在一起，但平时这些青少年过于分散，又几乎没有机会参与一个结构正式的社会关系网络，因此经常被认为是一个特殊的青少年社群。例如，那些处于失学、失业和失教状态的"三失青少年"，或者被社会称为"边缘青少年""街角青少年"的青少年非正式社群。他们往往三五一伙，活动的场所几乎只有社区。

二、社区对青少年发展的影响

由于青少年活动的范围和区域相对有限，因此，其主要的生活空间除了家庭和学校以外，就是所居住的社区了。社区内的各种娱乐场所、其他一些成人活动场所以及社区的亚文化等对青少年行为具有相当的影响。例如，一些青少年出现不良行为，部分原因就是受到社区内不正当娱乐场所和亚文化的影响。

（一）社区亚文化对青少年发展的影响

不论是地理社区还是功能性社区，都会有自己独有的习俗、文化、价值观等区别于其他社区的亚文化，这对于正处于发展中的青少年而言，影响功能是十分突出的。青少年学生每年有160多个节假日生活、学习在社区，其家庭、邻里、同龄群体及社区环境，无一不对他们的社会化过程产生重要的作用。居住区群体的道德标准、价值观念和行为模式均会对他们的成长带来潜在的影响，而居住区的文化氛围和社会习俗也会给他们的人格打上深深的烙印。

首先，青少年对社区亚文化会存在模仿行为。法国社会学家塔尔特很早就说过："社会就是模仿。"他还特别指出，人们的内部的意识或精神都是先于文化的外形的，人们的智慧元素先于物质的元素。美国心理学家巴尔文更是把模仿作为青少年心理发展的中心概念。所以，社区对青少年的社会影响功能要大于对的成年人影响。

其次，在人的社会化进程中，影响个体的所有社会环境因素，如家庭、社会地位、社会文化、学校等都有很大一部分存在于社区中。不同社区环境中长大的青少年，在社会认知、社会态度、个人行为、自我意识、人际关系模式等方面具有显著的差别。

虽然我国尚未像一些西方国家那样，形成泾渭分明的所谓富人区、中产区、贫民窟等亚文化突出的社区，但是随着大量房地产项目的自我定位和有意引导，一些具有一定亚文化特征的社区也开始在许多大中城市里初具雏形。无疑，它将对社区内的居民，特别是心智尚未成熟的青少年产生相当大的影响力。

（二）社区资源对青少年发展的影响

社区对青少年发展的影响另一个重要表现是在社区资源的分配上。有意识地运用社区资源为青少年成长服务，是实现青少年在社区里健康成长的关键之一。对于青少年来说，这些社区资源主要包括服务机构、集团、会社、公园、学校等，它们是对青少年施加影响、推动青少年健康成长的有效载体。对于一些问题青少年来说，单纯地由政府提供的法定服务是不能满足其发展需求的，对一些因心理障碍而产生的问题，需要提供一种由家庭、朋友、邻里、志愿与法定自愿结合而成的服务模式。

目前在我国，直接服务于青少年日常活动的社区资源有所不足。"社区青少年日常活动场所发展之路探究"课题组 2008 年在浙江省的调查显示，青少年享受到的有针对性的社区设施很少，而且活动场所由于后续资金缺乏设施陈旧落后，丧失了原有的教育活动功能。例如，一些社区虽开辟了电子阅览室，但由于缺少维护资金，许多计算机都处于瘫痪状态。本来社区设置电子阅览室的初衷是为了青少年，但与新时代科技化、信息化的发展趋势相比较，四五年前的配置早已落伍，其对青少年的吸引力几乎为零。⊖该调查也给出了部分原因，包括：对社区青少年日常活动场所的重要性认识不足，缺乏政策支持；社区资源未能综合利用，也缺少协调运作机制；建设与发展资金短缺，也缺少社会参与，等等。

(三) 参与社区服务对青少年发展的影响

社区服务 (Community Service) 一般是指人们为自己居住的社区进行无偿的志愿劳动的行为。社区服务能为青少年的发展提供诸多益处。西方的实证研究也表明，参加社区活动可以对青少年产生良好的影响。①虽然社区服务没有报酬或者只有很少的报酬，但由于这些服务往往具有公益性，因此是培养青少年爱心和品格的一种良好方式；②参与社区服务就如同工作一样，可以使青少年志愿者从中获得技能和知识；③社区服务促使青少年思考自己在社会地位、道德价值观以及社会角色方面的转变，此时他们的同一性也得到了发展；④通过参加社区服务，青少年变得更加关注社会事务，并发展了对自己作为社会一员的独立见解；⑤参加志愿劳动的青少年对政治活动表现得更加积极，他们会像成年人一样愿意积极参加社会组织。西方的一项调查发现，90% 的被调查青少年表示自己从社区服务中获得了收益，并愿意继续从事此类工作。

在美国，联邦政府和地方政府通过各种努力，推进青少年参加社区服务。大约 30% 的美国高中要求学生在毕业前参加某种社区服务。这些服务包括各种各样的活动，如给流浪者提供食物，清洁公园、运动场，募集善款、食物和衣服捐给穷人等。通常这些活动是在一些社区组织的指导下进行的。

在我国，教育部颁布的《普通高中课程方案 (实验)》即"新教改"中也明确规定，高中生在三年中必须参加不少于 10 个工作日的社区服务，获得 2 学分，方可毕业。在地方，各级政府相关部门往往也会出台相应的举措，鼓励青少年参与社区服务。2010 年 1 月 12 日的《深圳特区报》报道称：在即将到来的寒假，福田区教育局将开展关爱社区送服务活动，要求每个中学生参加社区服务不少于 10h，包括打扫卫生、修剪草坪、清理乱张贴、文艺演出、社区调查等。

三、我国的社区发展与当代社区青少年问题

(一) 我国当代社区的发展背景

改革开放以来，随着市场经济体制的逐步确立和政府职能的转变，尤其是国有企业和社会保障体制改革的不断深入，在我国实行了 30 多年的"单位体制"开始衰落，原本由党政机关和企事业单位承包的诸如劳动就业、住房分配、子女入托上学、婚丧嫁娶、生老病死等社会事务，被逐步地分离出来而转向社会。如今，越来越多的单位开始改变"单位办社会""企业办社会"的状况，开始弱化职工对单位的过分依赖。越来越多的单位开始对所属部门和职工"断奶"，原本由企事业单位管的社会事务，有些不管了，有些管不了了。社会转型过程中的婚姻家庭、劳动

⊖ "社区青少年日常活动场所发展之路探究"课题组. 社区青少年日常活动场所发展之路探究——对浙江省社区青少年日常活动场所的调查研究. 浙江青年专修学院学报, 2008 (4)：3-4.

就业、社会救助、老人服务、社会治安、外来人口管理和计划生育等问题，开始大量转向社会。在这种情况下，社会事务中的相当一部分已经"溢出"了原有城市管理和服务的基本框架，形成"单位体制"外的"真空地带"和"灰色地带"，许多社会矛盾已难以在"单位体制"内得到有效化解，市场机制下的社会群体缺乏必要的交流和整合。面对这些变革，就要求社区承担起原本由单位负责的服务功能，填补"单位体制"衰落后的"真空地带"。

（二）当代社区青少年工作的变化

我国社区化的发展，给青少年工作带来了新的挑战和机遇。①工作对象发生了转移，青少年群体的流动率和分化率明显增多，社区成了他们新的聚集地。下岗失业的青年职工、历年的新增劳动力和外来务工青年不断涌入社区，带来了许多前所未有的新情况和新问题。随着学校"减负"和素质教育的深入实施，中小学生每年有160多天的节假日要在社区中度过。青少年群体的重心和青少年工作的基础都呈现在社区的"终端显示器"上。②青少年工作体系的结构发生了变化，受体制改革和机制转型的影响，队伍机构已严重萎缩，"金字塔"形管理模式的统辖力大打折扣。青年人对单位和行业依附越来越小，而与社区的联系日益紧密，各种非正式组织对他们各具特色的吸引力正在加大。③青少年工作的方式受到挑战，传统的独家经营和系统内循环的旧有模式已经难以继续。社区是一个复杂多向的综合系统，青少年工作只是其中的一个分支，只有从总体的发展目标出发，运用社会化的工作方式，整合和共享系统内的资源，才能推动自身的发展。④青少年工作的内容要突破和更新，以政治思想教育为主旋律的各项活动正在受到社区内多元文化的冲击和渗透，公平竞争的规则使更具个性化的服务占有市场份额。青少年工作内容也只有以青少年成长的需求为本，融入多种服务手段，才能赢得应有的社区地位。⑤青少年工作者的整体素质亟待提高。社区化建设的新情况和新问题及社区青少年群体多样化的要求，客观上要求有一支全新的专业队伍去适应，每个青少年工作者都必须用新知识重新武装自己。

> **数据说话：**
>
> 共青团重庆市委权益部曾在2005年对重庆市社区青少年进行了调查，其中问到"你需要社区青少年社会工作者的帮助吗"，回答"需要"的占55.5%，"有点需要"的占20.5%，"不知道"的占18.5%，"不需要"的占5.5%。

（三）当代社区青少年问题

社区青少年的问题主要是指那些处于失学、失业和失教状态的"三失青少年"或"边缘青少年""街角青少年"所带来的社会问题。随着社会的快速变革，这部分"街角青少年"越来越多，并且学历往往比较低，应该引起社会各方的重视。例如，2005年上海市约有社区闲散青少年（"三失青少年"）6.3万人，其中大部分是职校、中专学历⊖。

青少年的社区问题产生的原因主要是缺乏继续教育机会、缺乏适当就业岗位以及缺乏良好成长环境等。这些青少年由于各种原因，很早就辍学，而离开学校后又被排斥在就业机构之外，从而丧失生活目标，对社会产生恐惧或对抗情绪。一些人蜷缩在家，白天睡觉，夜里通宵上网，与现实社会隔离，患上人格障碍或成为隐蔽青年；一些人或因家庭经济贫困，或因家庭结构不全，或因家庭教养方式不良而丧失良好的成长环境；一些人离家出走，以网吧、酒吧、游戏机房

⊖　共青团上海市委，零点公司. 上海社区青少年状况调查报告. 共青团上海市委普查内部资料. 2005.

和各种声色场所为家，沉溺于物质和感官享乐，结交不良朋友，夜不归宿；一些人三五成群，白天黑夜流连于街头巷尾，以某一区域为据点，结合成小团体或帮派，从中寻求社会归属感。为了生存，各小团体帮派之间或违法乱纪，或相互倾轧，常常造成社会治安混乱。

"街角青少年"——一个边缘青少年群落

黄海于 2003 年深入湖南长沙市某区的 L 和 D 两个社区（由 L 社区和 D 社区共同组成 DY 地区），对"街角青少年"与社区青少年工作进行了深入研究。

这些"街角青少年"具备以下基本要素：①15～20 岁左右，长时间待在街头；②游戏人生，游逛街头，经常有些违法小举动但不犯罪（少部分发展成为青少年犯罪）是他们主要的生活方式；③没有从照管他们的成年人那里得到足够的保护、监督，但保持一定的联系；④没有固定的职业和生活来源，数人或数十人聚集在一起，以社区地域关系为凝结点，结合成小团体和小帮派，在帮派中寻求归属感。"街角青少年"远离社区建设，脱离主流社会，实际上属于社区青少年群体中的边缘人群。在被调查的 D 社区，具有明显"街角青少年"特征的有 60 余人，文化程度普遍较低，绝大部分在初中左右，有超过一半的人来自单亲家庭和问题家庭。他们大多拥有"一技之长"，如某"街角青少年"群体（出于研究规范，称之为"DY 帮"，所有人物皆为化名）的老大"天哥"（已经于 2003 年 7 月因抢劫进了少管所被管教 1 年）据说曾拜一老扒手为师，其他成员或者是台球高手，或者是网上游戏"大虾"，或者拳脚功夫了得。"武状元""豆芽杆"和"耗子"是经常和老大"天哥"混在一起的群体成员，可算是 DY 帮的核心层人员，或者说二、三把手。DY 帮在 DY 地区名声狼藉，整天无所事事，混迹于街头巷尾，经常恶作剧地戏弄社会，被社区建设视为"小痞子"。而他们也自得其乐，对社区和他人极端冷漠和敌视，自觉组成游离于主流社会之外的"灰色社会"。

DY 帮生活的主要据点集中在 D 社区。对于"DY 帮街角青少年"而言，早晨是从中午开始的，晚上的夜生活往往使得他们在每天上午补眠。一觉醒来，各自在家里吃过中饭，不用人召集，中午 12 点左右就自觉来到 D 社区的某个街角，懒懒地在阳光下抽烟、闲聊，偶尔爆发出一阵粗鲁的骂声和笑声，当人数聚集到 10 余人时，便开始讨论这一天如何打发时间的问题，然后开始他们新的一天"街角生活"。他们大部分时间都在网吧、录像厅、桌球室和卡拉 OK 厅里度过。他们不论那天晚上干什么，都会在一起聚到凌晨 2～3 点，然后带着一身疲惫和"潇洒"后的兴奋回家睡觉。第二天对一般人来说是新的开始，对他们而言则是同一生活方式的延续周期进行。

在"街角青少年"这个群体中，成员们除了因为共同的价值观念而聚集在一起，共同享有一种亚文化群的社会心理以外，还形成一个独特的拥有其社会结构、帮派权威、身份忠诚和成员基础的隐性社会。正是这个社会的外凝固性和内吸引力限制了"街角青少年"的社会流动模式。对于主流社会来说，"街角青少年"群体形成的是一种社会畸形态；但对于 DY 地区众多的"街角青少年"来说，他们所拥有的其实是一种完整的亚文化社会形态。在这个亚文化社会形态中，"街角青少年"拥有跟主流社会形态相似的心理依赖和行为认同，甚至还有向上流动的"社会"欲求满足。因此，与越轨社会学前期理论认为的"问题地

○ 章友德. 青少年社会工作 [M]. 天津：天津大学出版社，2010.

区的症结在于该地区没有社会形态和组织结构"的结论相反，DY地区的最大症结不在于它没有社会形态和组织结构，而在于它本身的社会组织未能与它周围的主流社会结构融为一体，甚至与周围的主流社会结构格格不入，屡屡发生价值理念冲突。可以说，DY地区的"街角青少年"现象，不是因为它是一个无组织的社会，而是因为"街角青少年"通过"DY帮"这种组织结构，形成了一个相对主流文化社会而言的亚文化社会，即不容易为外人所察觉的"街角社会"。这是一个隐性的"灰色社会"，并且通过对社区问题学生和辍学学生的强大吸引力，而具有了其隐性的社会基础。

"街角青少年"该向何处去？他们的未来该由谁来负责？主流社会该如何呼唤他们回归？

（资料来源：黄海."街角青年"与社区青年工作研究. 中国青少年研究网，http：//www. cycs. org/）

第六节 媒 体

在现代社会中，媒体日益发达，在人们的社会化中起到了极其重要的影响作用。媒体也称大众传媒，是指包括广播、电视、报纸、书籍、杂志、互联网等在内的，对广大人群产生重要影响的传播方式和媒介手段。在媒体出现之前，信息传递的速度非常缓慢，主要是靠口头传播。而现在，信息借助于广播、电视、互联网等现代通信手段，能够在几秒钟内传遍全世界。例如，通过电视直播，人们几乎可以身临其境地感受到地球每一个角落的生活。再如，通过互联网，远隔重洋的人们可以在同一时间内进行无障碍地交流。媒体通过其本身形式的多样性和内容的丰富性，对广大受众的价值观念产生一定程度的导向作用，并对人们的行为活动具有相当的暗示作用。成长中的青少年会自觉或不自觉地受到媒体潜移默化的影响，同时媒体的影响效应又具有复杂性。关于媒体对青少年成长的影响存在两个极端：有一部分人认为所有的青少年问题都是由媒体引起的；另一部分人则坚持认为一切负面效应均与媒体无关。本节将从更加多元、更贴近生活的视角，对媒体对青少年成长的影响进行分析。

一、青少年使用媒体的特点

当今社会，电视、电影、音乐、杂志和网络已日益成为工业化国家伴随青少年成长不可或缺的一部分。对于青少年使用媒体的情况，不同国家和社会有所区别，但主要特点基本一致。

（一）青少年接触各种媒体的容易程度比较高

随着社会发展，几乎每个家庭都有一台电视机已经不足以使人惊奇，而广播、音乐、电影和杂志等也同样是青少年日常生活的一部分。近年随着互联网的快速发展，计算机和网络的普及程度和速度也大大超乎人们的预料。可供青少年选择的媒体变得越来越多样化，媒体产品也更加多元化，媒体供应商恨不得让媒体产品覆盖整个市场。来自不同社会阶层的青少年，在能接触到的媒体及接触的程度方面差距很小。大多数青少年在他们自己的卧室里就能够独立享用多种不同的媒体，因此，许多青少年在听音乐、玩电子游戏或上网时所处的环境，父母的监督已经鞭长莫及。

在美国，有调查显示，99%的美国青少年家庭拥有一台电视机，拥有录像机和CD播放器的比例为98%和94%，82%的青少年家中有电子游戏机，74%拥有卫星电视或有线电视，73%拥有计算机。美国 12 ~ 17 岁的青少年中，超过 50% 的人每月至少看一场电影，70% 的女孩子定期阅读杂志。大约 90% 的美国青少年都有条件在家或在学校使用计算机，他们通常使用计算机做作业、上网和发邮件。

国内学者檀传宝等（2005）的调研数据指出，电视是中国青少年学习和生活中占据主要位置的媒体，是青少年平时接触最多的媒体。网络作为一种新兴的媒体已经很快地为青少年所接受，接触的频率仅次于电视。青少年使用媒体受地区差异影响比较明显，经济发达地区的学生使用网络的比例比较高，不发达地区使用报纸杂志的比例比较高。

（二）青少年接触各种媒体的时间相当长

当青少年面对纷繁复杂、眼花缭乱的媒体产品时，他们可以根据自己的个性和喜好，选择最适合自己的媒体产品。但总体而论，青少年在接触各种媒体方面的时间都非常长。

有研究显示，一个美国青少年每天花费在媒体上的时间不低于 7h，其中大约 1/4 的时间投入在多媒体的使用上，如边听音乐边上网。美国青少年每天大约要听 2h 音乐，看 2h 电视。同样，欧洲和日本的青少年也大约平均每天看 2h 电视。此外，还普遍存在一种现象：青少年家中的电视常常是一直开着。因此有学者直接指出，不少青少年所生活的环境可以称为"电视持续存在的环境"。相比较而言，美国青少年用于阅读的时间要少得多，平均每天仅有 0.5h。另外，尽管人们非常关注青少年使用网络的情况，但事实是他们用在计算机上的时间远不及用在电视上的。不同年龄段的青少年每天使用各种媒体的时间如表 4-9 所示。

表 4-9 不同年龄段的青少年每天使用媒体情况 （时间）

	11 ~ 14 岁	15 ~ 18 岁
电视	3：30	2：23
录像（租的和自己刻录的）	0：43	0：37
在电影院看电影	0：19	0：09
听觉媒体（广播、CD、磁带）	1：43	2：38
印刷媒体	0：42	0：37
电子游戏机	0：26	0：21
计算机	0：31	0：26
所有媒体	7：55	7：11

（资料来源：（美）斯滕伯格. 青春期：青少年的心理发展和健康成长 ［M］. 7 版. 戴俊毅，译. 上海：上海社会科学院出版社，2007：311.）

（三）全世界各地青少年能够使用相同的媒体

今天，媒体的发展呈现出一种全球化的特点，使得世界各地的青少年能够使用相同的媒体。媒体在全球化进程中迅猛发展，并被广泛普及到全世界的各个角落，从而成为一支强大的全球化推动力量。全世界越来越多的青少年都熟悉相同的电视节目、相同的电影大片、相同的音乐以及相同的偶像明星，媒体的发展呈现全球化的特点，能够影响各个国家的青少年发展。媒体出现全球化的特点，并且使得全世界各地青少年能够使用相同的媒体，其原因包括以下几点：首先，发展中国家的社会经济飞速发展，并融入全球化的浪潮中。近几十年，一方面，发展中国家的经济获得快速发展，社会文化出现深刻变化；另一方面，随着经济全球化，各地区之间的经济往来和社会交往越来越密切。今天，这些发展中国家的青少年与其父辈们的成长环境迥然不同，他们不再生活在一个经济技术欠发达、与其他国家联系较少的时代，他们与西方社会中的青少年有着越来越相似的成长环境，特别是在媒体产品方面。其次，青春期正是建立自我同一性的关键期，青少年开始认识自我，寻找自己在世界中的定位。社会经济的飞速发展让他们感到自己所面临的世界与父辈有所不同，他们希望从更高的高度眺望整个世界，从世界发展趋势中寻求信息和指导。

二、关于媒体影响的理论

（一）涵化理论

涵化理论（Cultivation Theory）认为长期持续地看电视会逐步"培养"一个人的世界观，久而久之他对世界的认知会与电视所描绘的情形接近。例如，长时间观看暴力电视节目的人会觉得这个世界没有安全感，结果导致这些人走上犯罪道路，最终导致国家的犯罪率上升。根据涵化理论，如果电视剧经常描写犯罪和暴力，观众看多了就会受其影响产生"共鸣"，从而相信整个世界是自私的、充满暴力和危险的，于是会形成消极的世界观。

（二）社会学习理论

本书在第三章中已就班杜拉的社会学习理论（Social Learning Theory）作了详细介绍。根据这一理论，人们会更愿意模仿那些频繁受到表扬或者说至少不受惩罚的行为。社会学习理论强调榜样的作用，在过去的几十年里，很多的媒体研究都以社会学习理论作为基本依据。例如，近些年来，未成年人犯罪已成为一个十分突出的社会问题，社会学习理论认为犯罪行为是通过观察学习、聆听周围社会环境中人们的言行或直接体验犯罪活动获得的。青少年具有很强的好奇心和求知欲，具有很强的学习能力、模仿能力和可塑性。由于他们受到社会上的暴力、色情等不健康影视书刊的影响，模仿一些感到新奇和带有刺激性、暴虐性的行为，甚至直接模仿犯罪，从而导致犯罪常常具有很强的疯狂性，重刑犯明显偏多。

（三）使用与满足理论

涵化理论和社会学习理论都认为媒体消费者是被动和易操纵的，他们仅仅是媒体效应的被动接受者，媒体的使用与行为是一种因果关系。然而随着大众传媒的发展，人们逐渐认识到媒体与青少年之间不是一种简单的因果关系，于是有关媒体效应的理论从"传播者中心"发展到"受众中心"，使用与满足理论（Uses and Gratifications Approach）出现。该理论是站在受众的立场上，把媒体消费者视为积极的接受者。使用与满足理论认为不同的人在媒体消费方面需求不同，同时，不同的人消费相同的媒体产品时，会根据自身需要和个人喜好作出不同的反应。例如，同样看含有暴力情节的电影，有些男孩子会有模仿电影情节的冲动，而有些男孩子则不会受到影响。使用与满足理论者会将喜欢暴力电影的人与不喜欢暴力电影的人视为两类媒体公众，并将二者区别对待。使用与满足理论没有把青少年视为被动、易控的媒体目标，相反，该理论关心的是青少年使用媒体的目的以及媒体带给他们的功能。

（四）媒体实践模型

珍·布朗（Jane Brown）和其他研究者一起在使用与满足理论的基础上，建立了媒体实践模型（Media Practice Model），来展示该理论如何在青少年生活中发挥作用（见图4-4）。

媒体实践模型假设青少年是媒体的积极消费者，不同青少年对媒体有着不同需求。青少年使用媒体的动机不同，因而会作出不同选择，且受媒体影响的表现也不相同。当青少年注意某个特定的媒体产品时，该媒体产品会与之产生相互作用，于是这些媒体产品就会被评估和解释。之后，青少年会将经过评估和解释的媒体产品应用到现实生活中，此时可能出现两种不同的结果：要么联合，要么抵制。联合是指青少年将媒体中的内容纳入自我同一性中，如有的男孩看到杂志中身材健美的模特，羡慕不已，就想让自己也变成那样；而抵制则相反，有的男孩看到身材健美的模特无动于衷，他们没有将这些媒体内容纳入自我同一性中。当青少年发展了同一性之后，又会产生新的媒体选择的动机，如此往复循环，这就是媒体实践模型。

与使用与满足理论相似，媒体实践模型也没有把青少年看做是媒体被动的接受者，而是关心青少年在发展自我同一性的过程中是如何选择、解释和应用媒体产品的。

三、媒体对青少年具有的主要功能

（一）自我同一性的建立

正如第三章中所提到的，青少年发展的重大任务之一就是建立自我同一性，即形成区别于他人的个人价值观、能力、信念等的自我概念，并成为自我发展的动力。在今天，媒体已经成为一种文化，并能够为青少年建立自我同一性提供条件。

1. 媒体使青少年看到"理想的自我"和"不想成为的自我"

青少年建立自我同一性，首先需要思考"我想成为什么样的人"。媒体可以让他们看到"理想的自我"和"不想成为的自我"，青少年会通过模仿媒体产品中塑造的人物以求达到"理想的自我"，或修正"不理想的自我"。例如，青少年会在卧室的墙上张贴各种画报，这些画报中的人物多是那些媒体上经常报道的娱乐明星或体育明星，他们都是青少年的偶像。

2. 媒体能为青少年提供建立自我同一性的信息

举例来说，青少年可以通过看电视或杂志了解各种职业，从而寻找适合自己的职业。美国学者阿内特（Arnett）的一项研究显示，在热爱重金属摇滚音乐的青少年中，超过 1/3 的人因崇拜他们的重金属摇滚乐英雄，表示愿意投身音乐事业，自己也成为重金属摇滚乐英雄。

3. 媒体在性别角色认同方面起着重要作用

性别角色认同是建立自我同一性的重要方面。媒体可以告诉青少年理想中的男性和女性是什么样的，以及他们各自应该承担什么样的社会角色。青少年还可以利用媒体来了解爱情和性。在今天，青少年在探索有关性方面的问题时，更倾向于使用媒体，如互联网以及两性话题的书和杂志。不论是男孩还是女孩，性别和两性关系都是青少年使用媒体探索和建立自我同一性的重要一环。在这方面，媒体的作用与同伴群体最相近。有媒体学者认为，媒体的功能对于青少年就像"超级伙伴"，青少年能够经常求助媒体来获得他们想知道而父母不愿意提供的信息（特别是性方面），同样他们也会求助朋友。

（二）青少年的社会化

1. 媒体与青少年社会化

如果把媒体放到历史长河中去看，可以发现在不到 100 年的时间里，所有的媒体都已经成为工业化社会人文环境的核心部分，并作为青少年日常生活的重要组成部分。实际上，这就相当于创造了一个新的社会化来源，并且媒体已经成为现代社会一个不容忽视的主要社会化力量。媒体对处于社会化过程中的青少年的影响更加深远，因为他们正处在自我同一性建立的关键时期，他们开始树

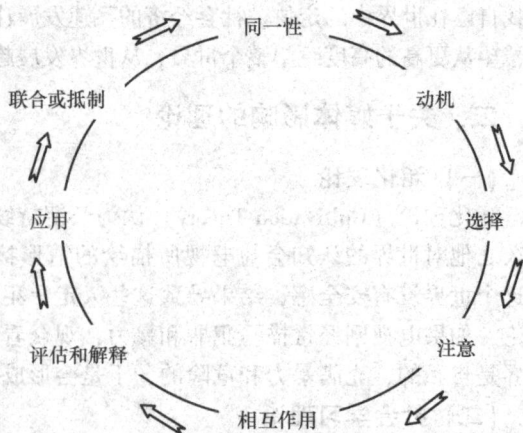

图 4-4　媒体实践模型
（资料来源：（美）阿内特著．段鑫星等译．阿内特青少年心理学 3 版．北京：中国人民大学出版社，2009：269．）

⊖　（美）阿内特．阿内特青少年心理学 [M]．3 版．段鑫星，等译．北京：中国人民大学出版社，2009．

立信仰和价值观、学习性别角色、并为未来的职业作准备。在这一时期，各种重要的社会化途径在同时发挥作用。但是相对于儿童期，这一阶段家庭的影响在逐渐减少，直至消失。因此在青少年社会化的过程中，父母的影响力在逐渐减弱，而媒体的作用却在日益突出，其影响力不断增强。美国的研究人员曾经对 10~15 岁的青少年做过一项调查，结果发现青少年认为从父亲那里学到很多东西的比例占 31%，从母亲那里学到东西的占 38%，而称从电视和电影中学到东西的高达 49%。

青少年能够从媒体中寻找到"材料"来促进自己的社会化，他们通过媒体的宣传接受或抵制这个社会的某些信仰、文化和行为。在当代社会，媒体形式日趋多元化，使得青少年选择的范围也日益广阔，他们的信仰、价值观、兴趣爱好和个性特征也变得更加多元化。正如外国学者所言，就像先前的几百年里，青少年应该在教堂和家庭中完成的社会化过程由学校完成一样，在21 世纪，青少年应该在家庭和学校完成的社会化过程则由媒体完成了。

2. 媒体与其他社会化来源

除了媒体，社会化来源还包括家庭成员、教师、同伴、社会组织和宗教团体等，它们为青少年提供了成长的环境。媒体与其他社会化来源相比存在着较大差别：其他社会化来源鼓励青少年接受成人的态度、信仰和价值观，从而延续固有的社会形态和秩序，并使文化能够代代相传；与此相反，媒体供应商以市场为导向，更愿意提供青少年喜欢的媒体内容。特别是在西方工业化国家，政府对媒体所提供内容的限制比较少，推崇并恪守言论自由原则，因此大多数西方青少年很容易获得他们喜欢的媒体内容，即使这些内容可能是不适宜的。因此，在西方社会中，媒体供应商作为企业主要关注自身经济利益的最大化，它们提供给青少年喜欢的媒体产品，而不会考虑其他社会化来源（如家长、教师）对媒体产品的限制，并且这些媒体产品也并非是为了让青少年接受成功的社会化。

而媒体社会化的情况在传统文化国家会有不同。比如在一些传统、保守的伊斯兰国家中，社会化来源比较狭窄，法律和家长对青少年使用媒体依然有严格的管制，青少年不可能绝对自由地使用媒体。当然，随着全球化步伐的加快，很多伊斯兰国家向其他国家的媒体（特别是西方媒体）敞开了大门，青少年开始接触西方的媒体产品，而社会和家长的管制也在一定程度上放松，可供青少年选择的社会化来源也逐渐增多。

（三）感觉寻求

感觉寻求（Sensation Seeking）是指追求新奇与强烈感觉或体验的人格特质。与成人相比，青少年有着更高的感觉寻求，而媒体能够给青少年提供强烈、新奇的感觉，从而吸引着他们。有些青少年在电视、音乐和计算机游戏上过高的媒体消费正与这种高感觉寻求密切相关。例如，处于青春期的男孩子们往往非常喜欢重金属摇滚乐、说唱音乐等形式的音乐，因为这些音乐能够带来更高的刺激和激情，从而满足他们的高感觉需求。再如，动作电影的影迷多是处于青少年期和成人初显期的男性，正是由于这一年龄段的人有更高的感觉寻求，他们会被动作电影中的枪战、爆炸、飙车等场面所吸引。

（四）缓解情绪

使用媒体可以使青少年放松心情，愉悦身心，消除消极情绪。当青少年焦虑、抑郁或生气时，往往会选择通过听音乐或看电视的方式来缓解情绪。有研究显示，当青少年与家庭、学校、朋友之间的问题增多时，他们花在听音乐上的时间也会随之增加。当青少年独自在卧室听歌时，他们会沉浸在歌中的世界，整个人也随之放松下来。听音乐的过程也就是青少年自我情绪调节的过程。除了听音乐，看电视也具有同样的效果。当青少年情绪低落时，他们会通过看电视来应对消极情绪。

> **了解一下：**
>
> 众所周知，1991 年的海湾战争给当地的人民带来了深重的灾难，而一项针对以色列青少年所作的调查显示了媒体的巨大力量：青少年通过使用媒体，能够帮助他们自己应对战争的压力，缓解情绪。

（五）文化认同

媒体消费能够使青少年感到自己这一年龄阶段群体特有的价值观、兴趣，以及他们独特的青少年文化和亚文化。媒体能够遍布全国的每个地方，遍布青少年生活的周围环境，因此，媒体能为所有青少年提供共同的背景。无论他们是上学、工作或迁居到哪个地方，都能够很快在他们新的生活中找到同伴：他们喜欢看相同的电视节目，喜欢听相同的音乐，熟悉相同的偶像和广告标语。媒体变成青少年表达相同价值观的一种最好方式。

（六）娱乐

上述媒体的五项功能都是针对青少年时期的，而不能适用于儿童期和成人期。除了上述五项功能外，媒体还有很明显的一项功能就是娱乐。但与上述五项功能不同，娱乐功能是适用于各个年龄段的，与儿童和成人相似，很多时候青少年使用媒体仅仅是为了娱乐。例如，音乐能够让青少年放松心情、愉悦身心。无论是与伙伴们一起出游，或是独自在卧室沉思，音乐常常陪伴着他们。而电视和电影也是青少年不可或缺的一种休闲方式，它们能够分散青少年的注意力，使他们从烦恼或琐碎的事务中解脱出来。此外，在阅读书籍和杂志时，青少年也可以找到娱乐的感觉，放飞思绪。从这一角度看，青少年使用媒体是为了寻求消遣，使生活更开心，满足自己的娱乐需求。

四、不同媒体对青少年发展的影响

（一）电视与电影

1. 电视与电影的发展

今天，越来越多的人开始关注电视对青少年的影响。在我国，改革开放以后，电视在家庭中的普及率不断上升，即使是在非常偏僻、遥远的乡村，伴随着"村村通"工程的实施，村民也能收听和收看到电台和电视台的节目。因此，电视对人们的影响可以说是无时无处不在的。当代青少年被认为是"电视的一代"，他们大部分都是在电视文化的浸润中成长起来的。从 20 世纪 80 年代的武侠剧、动画片，到 21 世纪以来大红大紫的偶像剧、言情剧，创造了属于各个时代青少年心目中的经典剧目和形象。在电影方面，全国的电影院线不断增加，青少年在电影院中能够看到全世界各地的影片。

截至 2010 年年底，全国共有广播电台 227 个，电视台 247 个，广播电视台 2120 个，教育电视台 44 个；全国有线电视用户 18730 万户，有线数字电视用户 8798 万户；2010 年年底广播综合人口覆盖率为 96.78%，电视综合人口覆盖率为 97.62%；2010 年全年生产电视剧 436 部 14685 集，动画电视 221456 分钟，故事影片 526 部，科教、纪录、动画和特种影片 95 部。⊖

2. 电视与电影的影响

⊖ 资料来源：原国家广播电影电视总局统计信息

　　国内学者林楣在其所著的《透析青少年的电视接触》中指出，在中国，当今最具影响力的媒体是电视，80.9%的中学生表示电视是他们所接触的主要媒体形式之一，青少年主要通过电视获取信息。

　　电视与电影为人们既提供了现实的世界与行为的信息，又提供了想象的世界和行为的信息。相当一部分影视内容具有正面的、积极的意义。一方面，传递了大量有用的知识与信息；另一方面，对激发兴趣、学习社会角色、遵守社会规范等起到了传统教育方式无法比拟的作用。但同时，它也带来了许多消极的甚至是有害的影响，因为即便是成年人，也很容易误解他们所看到的和所听到的东西，就更不用说身心尚未成熟的儿童和青少年了。青少年具有很强的好奇心和求知欲，以及很强的学习能力、模仿能力和可塑性。看电视或电影时，青少年的认知活动非常活跃，能够主动地利用电视和电影进行学习和娱乐，孜孜不倦地吸收着影视产品所提供的信息，有时甚至是盲目的，并以他们所看的节目内容来理解日常生活。但是由于青少年自身的发育并不成熟，认知能力及思维能力仍未发育完善，分辨能力、控制能力、理解能力都很差，缺乏生活经验、社会阅历和常识性知识，认识、分辨和处理媒介信息的能力较弱，分不清自我与环境以及事物的真伪。他们富于幻想，经常把幻想、欲望与现实掺杂在一起，往往把虚幻的角色当成偶像。他们的理解往往非此即彼，甚至是片面的、歪曲的。

　　有许多长期的追踪研究显示，青少年的性行为、攻击行为与反社会行为的增加与电视和电影中的性裸露、性行为和暴力镜头存在显著的相关关系。在美国，1996年排在前15位的最受青少年喜爱的电视节目中，有82%都含有性方面的内容，包括性的对话和性行为。电影同样是青少年了解性行为的一种媒介。格林伯格的研究指出，美国的电影出现与性有关内容的频率是电视的7倍，而且电影中出现未婚性行为的镜头次数是已婚的32倍。大多数青少年已经在电影院或家里观看了一些这样的"少儿不宜"影片。青少年在电视和电影中也会接触到大量的暴力镜头。在美国，超过60%的电视节目包括暴力内容，而且在所有暴力场景中，超过1/4都与枪支有关。社会学习理论家班杜拉认为，影视作品中的暴力镜头具有示范作用，对青少年的影响是一个长期的过程。长时间、高频次地接触这种信息，可能会造成青少年的一种麻木的生命价值观，若经常观看，在现实生活中极易去模仿其中的情节。另外，那些带有挑逗性的信息对身心还没发育成熟的青少年会产生强烈的刺激，容易引起他们的过激行为，对他们的健康成长也是极为不利的。

（二）互联网

1. 互联网的发展和作用

　　人们今天生活的时代，无疑是一个"互联网时代"。互联网是全天24h、全年365天时刻开放的媒体。通过互联网，人们可以获取想要的信息，掌握最新的信息，时刻保持与全球同步；可以认识新朋友，求职或者约会，与他人分享观点和经历；可以咨询或提供建议，因为数以万计的政府机构、大学、科研院所和企事业单位的信息都包括在其中；互联网还像一个超级购物中心，人们可以在网上购买价廉而丰富的商品，大到家用电器、小到演出门票，而且这是一个"永远不打烊"的购物中心。

　　对于青少年而言，网络最重要的作用包括提供了新的社会化渠道，轻松获取大量信息和知识，拓宽与他人的社会交往。首先，互联网为青少年提供了探索同一性的机会，使他们形成多样化的"虚拟自我"，从而使社会化过程在传统意义的"与真实世界的互动"的基础上增加了"与虚拟社会的交往"。不可否认，互联网的出现极大地促进了青少年的社会化，有助于培养他们的现代观念。其次，青少年从未像现在这样不出家门就可以轻松获取如此多的信息和知识，这使得他们比前辈看起来知识面更广。最后，青少年可以形成多样化的互联网共同体。由于青少年渴望与同伴的交往，通过互联网他们可以结识更多的朋友，并保持密切联系，甚至讨论共同面对的问题，这对于那些身体有缺陷或是周围同龄人不多的青少年尤其重要。

> **了解一下：**
>
> 计算机和互联网的发展带来了一个有意思的结果，即造成父母与子女之间的技术上的代沟。由于计算机和互联网的发展历史非常短，很多父母不懂得如何使用计算机，也抗拒使用计算机。结果随着父母的计算机知识越发匮乏，他们与孩子之间的技术代沟也越来越大。父母在遇到有关计算机和网络的问题时，往往需要向孩子求助。这同时也带来了不利影响，即父母不具备足够的计算机知识和技能，无法监控子女的上网行为。

2. 我国互联网的发展及青少年网民特征

我国互联网的发展基本上与世界同步，至今已取得了瞩目的成就——我国已成为世界上互联网使用人口最多的国家[一]。如图 4-5 所示，2010 年全国网民数累计达到 4.57 亿人。其中宽带网民数 4.5 亿人，占网民总数的 98.3%；手机网民数 3.03 亿人，占网民总数的 66.2%；农村网民数达到 1.25 亿人，占网民总数的 27.3%。互联网普及率达到 34.3%。[二]

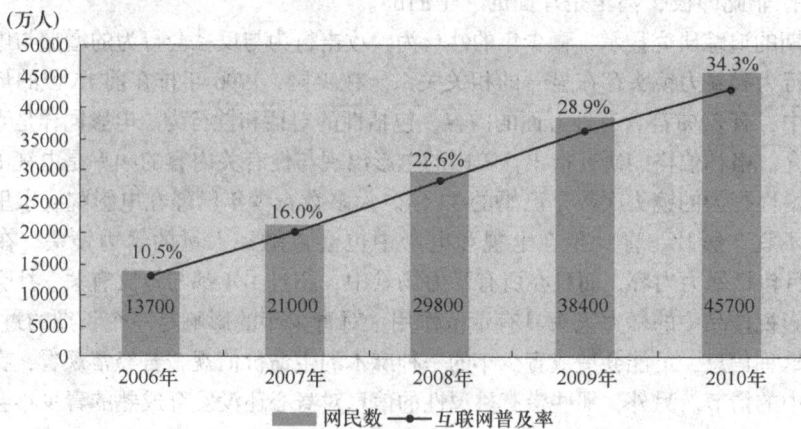

图 4-5　2006—2010 年我国网民数和互联网普及率
（资料来源：2010 年全国电信业统计公报）

具体到青少年网民，根据中国互联网络信息中心 2010 年 4 月公布的《2009 年中国青少年上网行为调查报告》[三]统计，截至 2009 年年底，在我国的 3.84 亿网民中，有 1.95 亿 25 周岁以下的青少年网民，占网民总体的 50.7%，中国青少年互联网使用普及率达到 54.5%。青少年网民这个群体已经接近 2 亿，既是中国网民中最大的群体，也是使用网络应用较为活跃的群体。在青少

[一] 《中国互联网状况》白皮书。

[二] 2010 年全国电信业统计公报。

[三] 在《2009 年中国青少年上网行为调查报告》中，网民被定义为半年内使用过互联网的 6 周岁及以上中国公民。青少年网民是指年龄在 25 周岁以下的网民。手机网民是指半年内曾经通过手机接入互联网的网民，但不限于仅通过手机接入互联网的网民。

年上网行为特征方面，随着家庭网络接入环境的逐步优化，越来越多的中国青少年能够在家上网。2009 年，在家上网的青少年网民比例增加至 77.2%，而网吧作为青少年上网场所的重要性在弱化，如图4-6 所示。

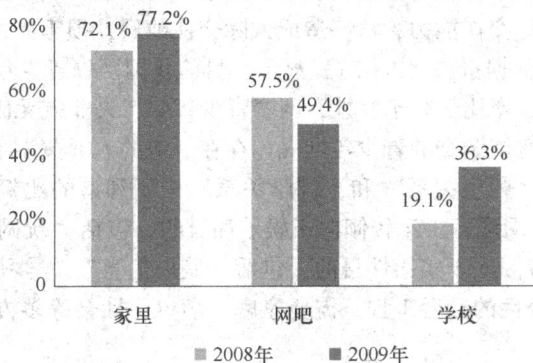

图 4-6　2008—2009 年我国青少年网民的上网地点
（资料来源：中国互联网络信息中心，《2009 年中国青少年上网行为调查报告》）

此外，青少年网络使用时长也在逐渐增加，平均每周上网时间达到了 16.5h。目前，手机已经成为中国青少年第一位的上网工具，2009 年，有 74% 的青少年网民使用手机上网；使用台式机上网的青少年网民比例降至 69.7%。

3. 互联网带给青少年的问题

（1）不适宜的信息。由于青少年网民具有较高的网络使用普及率和活跃的网络娱乐应用水平，他们同样也是最可能受到互联网不良信息影响的群体。《2009 年中国青少年上网行为调查报告》显示，青少年使用网络最常做的事情包括网络音乐（88.1%）、网络游戏（77.2%）、即时通信（77%）、搜索引擎（73.9%）、网络新闻（72%）等。在青少年使用网络的过程中，越来越多地接触到一些不适宜他们阅读的信息。有资料显示，2007 年互联网上的色情网站数量已超过 3.7 亿个，黄色计算机软件约 100 万个，每天约有 2 万张色情照片进入互联网，青少年网民正在遭受网络色情的侵蚀。[○]

接触不良信息的一个危害是可能导致青少年犯罪行为的发生。据中国青少年犯罪研究会的统计资料显示，青少年犯罪中，有 70% 以上都是 14～18 岁的未成年人犯罪，其中有 80% 的未成年人犯罪是因为受互联网色情、暴力等内容影响而诱发强奸、盗窃、抢劫等严重犯罪。[◎]青少年犯罪不仅严重危害社会治安和社会秩序，也给青少年自身和家庭带来灾难和不幸，这已成为一个迫切需要解决的重大问题。

（2）网络成瘾。网络给青少年带来的另一严重问题就是网络成瘾，网瘾问题已引起社会各界的高度关注。青少年由于身体、心智尚不完全成熟，面对网络世界的新事物、新景象，很容易分辨不清，把持不住对新鲜事物的好奇，以致容易沉迷其中。"网瘾"的概念，最初由美国心理学家格登博格（Goldberg）提出，随后，匹兹堡大学的金伯利·扬博士（Dr. Kimberly Young）发展完善了这一概念。"网络成瘾"（Internet Addiction，IA）、"网络成瘾症"（Internet Addiction Disorder，IAD）或"病态网络使用"（Pathological Internet Use，PIU），是指在无成瘾物质作用下的上网行为冲动失控，表现为由于过度使用互联网而导致个体明显的社会、心理功能损害。[◎]上

○　杨正杰. 青少年犯罪的网络诱因与防治对策. 中国青少年研究网，http：//www.cycs.org/
◎　杨正杰. 青少年犯罪的网络诱因与防治对策. 中国青少年研究网，http：//www.cycs.org/
◎　中国青少年网瘾数据报告（2007）. 中国青少年网络协会，http：//www.zqwx.youth.cn/web/index.jsp

网者会花相当多的时间使用网络，且无法离线也不想离线，进而开始忽略了真实生活中的活动与社交。过度的虚拟世界的交往很容易导致现实生活中人际交往的障碍。青少年时期是人际交往能力形成的重要时期，如果青少年长时间沉迷于网络，则必然会减少正常的人际交往，这将严重影响他们形成良好的人际交往能力，最终造成人际交往障碍，损害人格完善和心理健康。

据《中国青少年网瘾数据报告（2007）》显示，目前我国网瘾青少年约占青少年网民总数的9.72%，男性青少年上网成瘾比例高于女性，网瘾青少年中，失业或无固定职业者的网瘾比例最高。调查结果还显示，所有被调查的青少年网民均存在一定的人际关系不和谐的情况，但是，网瘾青少年在"家庭关系""师生关系"和"同学关系"中不和谐的比例均超过20%，比非网瘾青少年高近10个百分点。网瘾青少年较倾向于娱乐性目的，包括"玩网络游戏"和"聊天或交友"；而非网瘾青少年则较倾向于实用性目的，包括"获取信息""学习或工作"和"通信或联络"。防范网瘾是一项综合性的社会工程，需要家庭、学校、社会等多方形成合力，共同治理青少年网瘾问题。

（三）音乐

在国外，电视曾因不利于青少年的健康成长而受到批评，同样，有些音乐形式也饱受争议。20世纪20年代，美国爵士乐被指责激发了人们滥用酒精和乱性行为；20世纪50—60年代的摇滚音乐被指责引发了人们叛逆的心理和性行为；近十多年里，说唱音乐和重金属摇滚乐则成为众矢之的。

今天，说唱音乐和重金属摇滚乐已经成为深受世界各地青少年喜爱的音乐形式之一。在美国，有2/3的12~18岁青少年每天都会听说唱音乐，而这个比例是听其他音乐人数的两倍。对性的向往和暴力等主题是说唱音乐和重金属摇滚乐备受争议的问题所在。有研究指出，此类音乐是激发青少年犯罪的典型音乐类型。但也有调查声称，只有4%的人相信音乐可以导致他们的异常行为。甚至有人从"使用与满足理论"的视角出发，认为说唱音乐和重金属摇滚乐是青少年宣泄内心不满和愤怒情绪的一种方式，他们能够从音乐中获得积极信息，乃至起到治疗作用。由于音乐具有宣泄效应，因此可以减少听众的自杀和暴力行为。对于绝大多数青少年来说，音乐可能是他们排解负面情绪的一个有效出口。

（四）电子游戏

电子游戏是一种广受青少年喜爱的娱乐项目。过去人们只能到游戏厅打游戏，但现在在家通过计算机和网络就可以打游戏。网络游戏在青少年中很流行，特别是受到男孩子们的欢迎。有些电子游戏是纯粹娱乐性的，几乎对青少年没有伤害，然而仍有很多深受青少年喜爱的游戏含有暴力内容。在美国，一项针对近400个最受欢迎的计算机游戏的调查显示，94%的游戏都含有暴力内容。很多人都呼吁，这样的游戏非常不利于儿童和青少年的健康成长。大量的研究已经证实了暴力电子游戏与攻击性行为之间存在相关性，人们在打完暴力游戏后，攻击性会大大增强。

了解一下：

1999年，发生在美国科伦拜恩中学的枪杀案就是游戏引发暴力的典型案例。该校的2名男孩持枪杀死了12名学生和1名老师。而在案发前，他们在玩一个叫"毁灭"的游戏，"我们也能制造同样的血案"，两人说道。

（五）手机和短信

跟互联网一样，手机是近一二十年掀起的另一股流行风潮，深受青少年喜爱。在美国，大约一半处于青少年期和成人初显期的年轻人都拥有自己的手机；在挪威，80%的13～20岁的青少年使用手机；在芬兰，15～19岁的青少年中有77%的人拥有手机。在中国，截至2010年年底，全国移动电话用户为85900万户，在电话用户总数中所占的比重达到74.5%，是固定电话用户的3倍左右，移动电话普及率达到64.4部/百人。[⊖]我国青少年拥有手机的比例较国外发达国家可能低些，但人数在快速增长。青少年使用手机除了打电话，还可以收发短信、彩信，特别是随着近年来3G网络的推广，手机上网也越来越普遍。在日本，青少年用手机发短信的次数远高于打电话；超过一半的手机用户每天至少要给朋友发10条消息。

手机的快速普及只是近些年的事情，因此无论是国外还是国内，有关青少年如何利用手机的研究还很少，关于手机对青少年影响的研究基本上处于空白。在大多数人看来，手机的功能可能和邮件或即时通信类工具相似，是青少年与异地人们保持联系和沟通的一种方式，他们不必担心因地域相隔而与家人、朋友分开。人们，特别是年轻人，喜欢这种与朋友保持联系和沟通的方式。

（六）广告

广告作为一种大众传媒的形式，会出现在电视节目、报纸杂志以及电影中，特别是近些年出现的隐蔽性强的"植入式广告"。而在广告中，最受争议的就是面向青少年做的烟草和酒精广告。

了解一下：

在美国，万宝路既是广告做得最多的烟草品牌，也是迄今为止最受青少年欢迎的品牌。万宝路通过塑造西部牛仔的形象来强化自身品牌的男性化和"酷"的形象，从而吸引青少年。

烟草和酒精广告对青少年的危害是巨大的。在青少年能够接触到的大众传媒中，到处都会出现使用烟草或酒精制品的场景。在美国，烟民中90%的人是从18岁开始抽烟的，因此青少年群体是烟草公司扩大市场份额的最大目标。烟草公司通过广告让青少年在还没有足够成熟到认识吸烟的潜在危害时就染上烟瘾。除了烟草广告，美国青少年在电视上看到的商业广告中有近10%是酒精广告——介绍啤酒或者葡萄酒。美国的造酒工业每年在广告上的花费大约是10亿美元，而烟草工业也要花费100万美元。

⊖　资料来源：2010年全国电信业统计公报

第三篇　方法篇

第五章　青少年社会工作的方法

青少年社会工作以青少年为对象，需要采取各种各样为青少年喜闻乐见的方法。社会工作的一般方法——个案、小组、社区在青少年社会工作中都得到普遍应用，并具备相应的特点。个案社会工作（以下简称"个案工作"）常用来服务于成长发展中遇到困难的青少年个体，协助其处理目前困扰其的各种问题。小组社会工作（以下简称"小组工作"）在青少年中更是获得欢迎，既有补救性质的治疗小组，也有以预防和发展为主的各类成长小组。社区社会工作（以下简称"社区工作"）主要是运用社区资源，促进青少年成长。

第一节　青少年个案工作

一、个案工作概述

（一）个案工作的概念

个案工作是一种最早形成并直到今天仍然极为重要的专业工作方法。它采用直接的、面对面的沟通与交流，运用有关人际关系与个人发展的各种科学知识与专业技术，对案主（个人或家庭）进行工作；它通过提供物质帮助、精神支持等方面的服务，协助案主解决困扰他或他们的问题，并改善其人际协调能力，完善其人格与自我，增强其适应社会生活的能力，以维护和发展个人或家庭的健全功能，增进其福利。

个案工作不是直接替代案主解决问题，因为案主的问题虽然是个别的、特殊的，但其产生的原因往往是错综复杂的，受到生理、心理、自然和社会多方面因素的影响。直接替代案主解决问题往往只能达到一时的舒解，而不能从根本上消除问题产生的根源。而且，这种解决问题的方式可能会使案主产生依赖心理，并损害其自助的能力。所以，个案工作要深入探讨案主问题的深层原因，立足于发挥案主的潜能，鼓励案主自己去解决问题。

为了充分理解个案工作的含义，可以从以下几方面理解这个概念：①个案工作实施的主体是具有专业知识、方法和技巧的社会工作者。他们受过专业训练，能够运用社会学、人际关系学、心理学等社会科学常识，按照科学合理的步骤为案主提供服务，因此，他们的工作区别于一般志愿者的公益活动，具有很强的专业性。②个案工作的服务对象是面临各种社会适应问题的个人或家庭。当服务对象能力不足，难以应对环境对服务对象的压力和挑战时，就产生了社会适应问题。个案工作的目标是努力恢复和增强服务对象的社会功能，使服务对象有能力应对环境的压力和挑战，增进其与环境的相互适应。③个案工作十分重视运用案主自身的潜能和社会资源。社会工作的基本价值认为，每个人都有其独特的价值，有权利获得必要的资源以解决问题并发展潜能。因此，个案工作者在与案主交流时，要善于帮助案主认识、发掘其自身的各种潜能，包括智力、体力和心理能力。④个案工作采用一对一的专业服务方式。在助人过程中，重视一对一专业关系的建立和运用，工作者用充分的了解、温暖和接纳、真挚和诚实以及专业能力获得案主的信任和合作，因此能够深入探索案主的问题，理解其独特的处境，并有针对性地帮助案主解决遇到的问题。

(二) 个案工作的本质特征

个案工作的本质特征主要包括以下三个方面：

（1）个案工作是一种特殊的社会关系。其特殊性主要表现在：在个案工作关系中鼓励案主坚持自己的个性；个案工作关系是一种利他关系；个案工作关系是一个专业性的动态过程。

（2）个案工作是一种信息沟通过程。个案工作的信息沟通活动可以划分为两种情形：首先是社会工作者与案主的沟通。从社会工作者开始接案、与案主会谈、收集资料、判断评估、实际介入到结案，都离不开与案主的沟通。其次是与其他人员的沟通。为协助案主解决问题，社会工作者需要和社会其他部门、机构的成员沟通，为案主提供社会资源。

（3）个案工作是一项助人自助的专业方法。个案工作不是替案主解决问题，而是协助案主，与案主一起解决问题，在解决问题的同时帮助案主恢复自助能力。个案工作的内容首先是助人，即帮助案主解决面对的具体问题；其次是帮助案主自助，即个案社会工作者要帮助案主，挖掘案主的个人潜能，改善其社会环境，培养案主的自助能力，而不是包办代替。

二、青少年个案工作的概念、特点和原则

(一) 青少年个案工作的概念

青少年期是一个问题多发的年龄阶段，复杂多样的生理、心理以及社会适应问题困扰着青少年群体，所以青少年群体无疑是社会工作所关注的重要领域。而针对青少年个人或者家庭，青少年社会工作者以一对一的服务形式开展各种专业助人活动，即被认为是青少年个案工作的服务方法。其目标在于帮助青少年个人或其家庭走出困境，恢复功能，促进成长。青少年个案工作是青少年服务最常用的工作手法，首先对青少年所面临的问题作出预估，再为之制订符合其自身实际的服务计划。比如针对失业青少年的个案工作，可以为他们提供就业信息和面试机会；对有些缺乏一技之长的青少年，可以寻找其比较感兴趣的政府培训课程，让他们获得必要的生活技能，走上适合自己的工作岗位，摆脱失业状态，同时也能够舒缓和改善社区与社会的问题。

(二) 青少年个案工作的特点

1. 服务对象的特定化

青少年个案工作与其他个案工作的方法不同，它有明确的服务对象——是专门为处在困境中的青少年个人和家庭提供专业服务的。特别是对于那些社会功能不能正常发挥、无法正常融入社会的青少年个人或其家庭而言，个案工作方法是最为合适和有效的。

2. 服务方式的个别化

青少年群体处在一个特殊的成长阶段，遇到的问题复杂多样，在面对这些问题时，如果只采用一般的方法来对待和解决，往往会忽视一些特殊环境中遇到特殊问题的青少年的服务需求。因此，在日常的青少年工作中，应筛选出那些有特殊情况的个体，给予一对一的、有针对性的、个别化的专业服务，有的放矢地具体解决问题。

3. 服务内容的多样化

青少年群体是一个活泼好动的群体，他们对新事物充满好奇，讨厌一成不变的教育方式。针对这一特点，青少年个案工作所采用的具体服务计划和方法，也要精心设计、吸引眼球。开展青少年社会工作需要由接受过专业训练的专业人员采用专业的方法和技巧，通过精心设计和安排，采用融社会工作价值理念于其中的个别辅导、角色扮演、小组游戏、技巧训练、集体活动等措施

进行社工服务，才可以得到良好的效果。

4. 服务策略的综合化

青少年成长过程往往受到自身状况和外部环境的双重影响。在针对青少年开展个案工作时，不仅要从问题青少年身上找原因，还要充分考虑其成长的外部环境。因为青少年仍处在社会化的关键时期，在自我意识还未完全成熟的时候，外部因素成为至关重要的影响因素。青少年在成长过程中会遭遇许多困难或障碍，因此迫切需要各种社会力量（包括青少年自身、家长、老师、青少年社会工作者、心理学家乃至司法部门和宣传部门的有关人员等）充分利用各种资源来推动青少年顺利地成长。所以从服务策略来说，对青少年的个案工作应该运用"人在情境中"理论，综合分析案主的问题，为案主的改变提供有利的外在环境。

5. 服务角色的主导化

在针对青少年的个案工作中，工作人员往往要扮演比较有力、充满能量的主导角色。青少年毕竟处在尚未完全成熟的阶段，在和工作人员建立信任关系后，他们会希望从工作人员那里得到真实有效的帮助。而事实上有些问题也不是单靠青少年个人的改变就能处理的，所以青少年社会工作者应该在整个服务过程中发挥积极的引导者作用。

6. 服务理念的人性化

开展青少年社会工作需要坚持社会工作的价值观。青少年期是人生的"多事之秋"，"反叛"、要求独立以及不断面临着"心理断乳"而带来的震荡，是这一时期青少年身心发展和社会成长的主要状态。爱出风头、标新立异、唯我独尊等，也是许多问题青少年的主要行为特征。因此，要做好青少年的社会工作，青少年社会工作者就更加需要运用和秉持接纳、不批判、尊重、保密、个别化和当事人自决等社会工作原则。

（三）青少年个案工作的原则

青少年个案工作除了要遵守社会工作的一般专业原则外，还有自己的一些需要特别注意的原则。掌握并在实践中遵守这些原则，是青少年社会工作者的必备素质。

1. 保密原则

保密原则是指社会工作者在青少年个案工作中应遵守职业道德，必须对青少年的一切资料予以保密。青少年本身就是受保护的对象，对青少年资料的保密是对他们最基本的尊重和保护。当然保密原则不是无条件的，在保护当事人的前提下，有时候也可以灵活掌握。

2. 沟通原则

沟通是指青少年社会工作者与青少年案主双方交换意见。这种意见可以是一致的，也可以是不一致的，但一定要做到工作人员对青少年的了解，以促成问题的快速、高效解决。沟通不良是青少年发展中的一个普遍性问题，在个案工作中表现得尤为突出。

3. 个别化原则

个别化原则也可称为具体情况具体分析原则，即青少年社会工作者要重视青少年个案问题的特殊性，强调青少年的个别差异。传统的青少年工作往往强调青少年发展的共性，而时代的变迁使得青少年的个性更为突出，个性化发展的需求比其他群体也更加强烈，因此个别化原则在青少年个案工作中就显得格外重要。

4. 环境分析原则

青少年是受环境影响最大的群体，环境分析原则实际上强调的是一种综合分析，即不局限于青少年自身，而着眼于更大的系统，着眼于家庭、学校、社区乃至整体社会的影响。

5. 承认与接纳原则

承认与接纳原则是指青少年社会工作者要把青少年作为一个有独立意志和权利、受到尊重的服务对象来接受，承认其独特的个性、气质、观念、态度及行为等。青少年正处在被社会接纳的过程中，接纳对青少年本身就意味着成长、发展和成熟。

三、青少年个案工作的过程

(一) 个案工作的步骤

个案工作通常分为申请与接案、研究与资料收集、评估与服务计划、服务与干预及结案与追踪五个步骤。

1. 申请与接案

当受助者前来求助时，工作者与案主就开始建立专业关系，并进行接案会谈（Intake Interview），了解其求助内容并加以筛选，确认其是否符合机构服务领域及提供服务时须考虑的事项等。对个案工作者而言，接案是与案主建立信任和合作关系的重要阶段，也是成功收集资料和进行预估的必要前提。若求助问题不符合机构的宗旨或规定，或工作者无法提供服务，工作者要充分运用社会资源，做好转介工作。转介工作是指针对非本机构或者个人所能提供服务的个案，经过必要的程序而转送到其他机构和个人，使其能够得到更适当的服务。

若受助者的问题符合机构服务宗旨及功能时，工作者要进一步获取受助者的个人史、家庭背景、问题史及其对问题的看法等资料。无论是前来求助的受助者主动申请，还是其他机构转介，抑或工作者主动发现该受助者是被强迫的，工作者都应真诚同理及了解受助者的心态。受助者的心态包括：要主动求助不太容易；承认自己需要改变是困难的；求助他人对自尊、自我形象及独立人格都有影响；对陌生人坦诚且加以信任不太容易；一开始就清楚自己的问题不是一件容易的事，有时候问题似乎太大而无法克服或太特殊而不易处理。

工作者要能够了解受助者这些心态，积极倾听、真诚沟通，并以同理心的会谈技巧，与受助者建立关系并订立初步的工作契约。在接案工作结束前能注意而且做到：充分确认受助者的问题，确实了解适合受助者服务的目标与内容；受助者了解其问题的意义与性质，并明确允诺参与及表达积极处理的意愿；受助者的问题适合机构的方案、资源和宗旨；受助者的问题为工作者能力和技巧所胜任（黄维宪、曾华源、王慧君，1985）。

2. 研究与资料收集

工作者针对受助者的境遇，通过会谈、观察、调查问卷、文献、咨询与家访等方法，深入了解其经济状况、家庭结构及其互动关系、社会适应力和可用资源，以及当前面临问题的实况等。除了与受助者会谈以了解其主观感受外，还可与受助者的重要他人会谈，由家庭探访直接观察问题情境，向相关的他人或机构收集资料，以利于更客观地获取信息。

3. 评估与服务计划

资料收集到某种程度时，须对案主存在的问题、案主系统功能、案主和环境的互动等方面的情况形成综合分析判断，然后对个案作诊断，制订计划服务策略。初步诊断不可视为定论，双方的多次接触与会谈能更深入地了解受助者，并发现原来诊断有待修正。不断地假设及修正服务计划是工作者进行诊断时应有的态度。

进行评估时，主要采用家庭结构图、社会生态系统图、社会网络表等方法进行。家庭结构图也称家庭树或家庭图谱，是以图形来表示家庭中三代人之间关系的方法。家庭结构图可以直观地提供有关家庭历史、婚姻、伤病等重要家庭事件、家庭成员间的沟通和互动状况等信息，帮助社会工作者了解案主家庭模式、案主在家庭中所处的位置以及家庭对案主的影响等。社会生态系统图简称生态系统图，是以图形来呈现个人、家庭及社会系统之间的相互作用和影响的方法。生态系统图可以清晰地展示案主与外在环境系统的关系，说明系统之间能量的流动和各系统之间的关系本质，及其与案主需要和满足需要的资源系统、案主问题之间的关系。社会网络分析是用来评估和测量案主社会支持网络的种类和规模，并从案主主观经验的角度将其支持的性质和数量呈现出来的方法。

在制订服务计划时，要注意以下五大原则：①制定介入策略时要注意以案主为中心，让案主参与介入策略的制定；②制定目的和目标时，社会工作者要考虑案主系统的愿望，要与案主系统分享对目的和目标的期望；③制订计划要尽可能具体和详细；④服务计划要与工作的总目的、宗旨相符合；⑤一项计划不但要能够满足案主的需要，解决他们的问题，还要能够进行量化评估，以便清晰地呈现改变的成果。

4. 服务与干预

工作者根据评估、诊断与初步规划的介入目标，为受助者提供服务，这是社会工作助人过程中的关键阶段。社会工作者运用专业知识、方法和技巧，和案主一起采取行动，按照服务协议落实社会计划，帮助服务对象改变，解决预估中确认的问题，最终实现助人目标。

5. 结案与追踪

服务介入进行到某个程度或阶段后，工作者和受助者共同检讨过去的服务成效。若受助者的问题已获解决或受助者已具有应付和解决问题的能力，应考虑结案。结案时，工作者可以与受助者回顾协助过程与评估协助成效，帮助其看到其努力成果，支持并鼓励其建立自信心，帮助其将干预过程中所学到的解决问题的经验和方法应用于未来生活，以增强其日后解决问题的能力，并助其规划及迈向未来。

在协助过程中，当限于机构的功能和政策、工作者能力或受助者需求等而无法继续提供协助时，就必须结案。工作者为了让受助者能获得最佳的服务和协助，要衡量社区中可用资源，然后征得受助者的同意，协助其作好心理准备，并做好转介工作。

结案后，工作者应评估受助者的情况，必要时应能主动、适时地与受助者联系，表示对其的关怀，并了解受助者的社会适应状况。

（二）个案工作的记录

个案工作的整个过程必须进行记录。个案记录被视为是助人专业的重要技巧，在助人过程中具有重要作用。个案记录是指个案工作者对日常服务的个案的会谈及有关联络事项，以文字方式记录并将其保存于特定资料夹中。完整的个案资料应包括个案申请表、接案表、服务记录表、个案服务记录、转介记录，及结案记录等。

个案工作记录可根据目的分为三种：①过程记录或逐字记录。这是针对从个案接触到结束的整个过程中发生的任何事件，以及内在感受和外在口语或非口语的信息，所进行的翔实记录。其内容可随实际需要采用逐字、逐句的叙述记录，也可用简单叙述方式描述整个会谈过程。这种记录经常被用于教育训练、实习或对新工作者的督导与训练。②摘要记录。记录形式视机构服务的目标与政策而定，至少应包括基本资料、个人发展史、干预行动计划、定期性评估记录与行动相关的信息，以及结案描述记录。摘要记录以简短重点描述为原则，内容以受助者的重要事件为主。它适用于长期持续服务的个案。③问题取向记录。记录内容以特定焦点或个案问题为主，其中包括基本资料、主诉与问题描述、工作目标与计划，以及追踪情形等。它适用于专业整合机构，旨在使不同专业的工作人员能有效沟通，增进彼此了解，以利于团队服务，避免因不同专业的观点而引起不必要的误会或争执。

四、青少年个案工作的实务案例分析："彩虹家园"穿针引线化解母女心中积怨

（一）基本资料

小茹，女，1986 年 7 月出生，职校毕业。案主幼年时因为生病动手术在面部留下疤痕，性格孤僻且固执。

家庭背景：经济条件较好，案主的父亲在一家企业任职，对女儿的管教非常严格。母亲曾做过销售工作，性格较开朗，但是比较啰唆，对女儿的日常生活、交友等方面干涉过多。父亲是一家之主，在教育子女方面，通常由父亲做主。

个人经历：小时候因为面部生血管瘤，手术后眼睛旁边留有一块疤痕，案主由此产生自卑感，总觉得长相上存在缺陷，所以一直没有自己的朋友圈子。案主在职校时就读于餐饮管理专业，实习分配在某酒吧从事收银工作，后结识了一位比他大的异性朋友。因为案主一直没别的谈得来的男性朋友，所以经常与此人一起聊天、出去玩。父母极力反对女儿与其来往，父亲为此曾大发雷霆，最终，案主因无法与父母沟通而搬出家一个人租房住，父亲也不再提供生活费。同时，由于用工单位人员调动频繁及迟迟不肯签订劳动合同，案主现已失业在家。

（二）主要问题

家庭问题：案主的父亲在家中比较独断，在教育沟通方面不太注意方式方法，也没有考虑到案主的心理感受和实际情况；母亲因为非常疼爱案主，害怕她被人骗、走弯路，一直都在为她设置"防护栏"，一旦案主走出了预定的范围，母亲便会紧张、恐慌，使得案主没有决定权、选择权。

学习问题：案主自小就觉得自己长相存在缺陷，不喜欢在学校面对他人，所以对学习没有兴趣。其职校毕业后便不愿意继续深造，希望能够找到稳定的工作独立生活。

心理问题：因为脸上的疤痕，案主一直都很自卑，没有什么朋友，在工作中遇到了一位能够交流、谈心的异性朋友，却遭到了父母的强烈反对。由于长期在父母的安排下成长，她内心非常叛逆，所以不肯向父母低头，父母越是反对她越要去做。

社会交往：案主从小几乎没有什么朋友，与外界沟通很少，自卑加上固执，不懂得为人处世，使她在工作后也无法与人接触交往。

（三）问题分析

案主因长期处在一种自卑的状态，没有自己的朋友圈，走上社会后使问题更加明显化。而父母想保护女儿，却又采用了错误的教育方法和沟通方式，使得在女儿交友问题上发生家庭内部矛盾，产生争执，继而引发了一系列的问题。而这些问题的症结在于案主的自卑感，她需要别人的肯定和家人的鼓励，需要扩大自己的交友圈，以适应外界的生活。

（四）服务目标

总目标：树立案主的自信心，帮助其尽快适应社会，学会与人相处和正确处理问题的方法。

分目标：①澄清案主与父母之间的矛盾并改善亲子关系；②引导案主正确处理人际关系；③改善案主的生活状态，协助其找到工作；④澄清案主的问题及需求，并予以解决。

（五）服务计划

①和案主进行一次面谈，了解其想法和感受；②与案主的父母进行沟通，从另一个角度了解案主的情况及父母的感受；③与案主一起澄清自身的问题和需求；④鼓励其参与社区活动，树立自信心；⑤与家长沟通，协助其改善教育方式及沟通方式；⑥跟进服务。

(六) 服务过程

前期准备：由于本案是案主母亲来电求助的，在与案主见面之前，社工先与其母亲进行了一次面谈，因为母亲在这次家庭矛盾中态度较积极，希望能够尽快缓和家庭矛盾，故先从母亲处了解到案主的基本情况及兴趣爱好，以便与案主建立良好的专业关系。

第一次：案主由母亲带到社工点，为了能够让案主敞开心扉，社工让母亲在外面等候。案主因为脸上的疤痕一直用手遮住，社工为了不让她有自卑感，赞美其五官其实很漂亮，不需要为这个疤痕担心，然后就目前状况作了一番了解（但未触及家庭问题）。聊了一段时间后，案主完全放松了心情并能够主动交谈了。社工倾听其介绍家庭背景、学习背景并给予适当的回应和肯定，经过分析后，帮助案主了解到目前的问题及需求。案主希望现在能够尽快找到工作，经济上能够独立。临走时，与其预约好下次面谈的时间。

第二次：在上一次的面谈中了解到案主的兴趣爱好是唱歌、写字和画画。社工通过街道团工委得到歌唱比赛的名额，邀请其参加社区活动，填妥报名表后，社工与其作进一步的面谈。案主告诉社工，自己朋友不太多，在工作中认识一个比她大15岁的异性朋友，他非常照顾她，两人也很谈得来，案主与这位异性朋友并不打算长期交往，只是想在单位里有个照应。但父母却嫌他年龄太大、身体又不好，将来无法照顾自己，所以反对两人继续来往。案主坦诚地表示，这次为了一个异性朋友与家人闹翻，其实也只是想争一口气，不想再随着他们的意愿做事，认为交朋友是自己的事，其他人不应干涉，更不应该阻止。了解实情后，案主在社工的引导下，回忆小时候和父母一起的点点滴滴，想起父亲曾为她输血救自己一命，案主不禁潸然泪下，其实对父亲她还是非常感激的。社工对案主希望交友自由和想独立的想法给予肯定，但是告诉她处理事情的方式是可以变通的，不应对家人抱敌对的态度。最后，案主改变了对问题的认识，表示找到工作后会学会与人交往，扩大交友圈，让父母能够放心。

第三次：社工与其父母进行沟通，把案主希望独立的想法告诉他们，并且分析案主在外租房住的利与弊。由于案主租的房子离家很近，父母可以时常去看她、照顾她，不用太担心。关于教育方式及沟通方法，社工把"彩虹家园"家长学校推荐给他们，希望他们能来参加并接受心理专家的辅导，以便提高与子女的沟通能力，改善亲子关系，母亲欣然答应并报名参加。

第四次：由于考虑到为案主保密的原则，社工并没有告诉其父母她与异性朋友的关系和近况。本次谈话，社工鼓励案主能够与父母进行沟通，把心里的想法告诉他们，因为他们也希望与案主沟通交流。案主听完社工的分析后，答应打破家庭的沉默，与母亲先进行交流。社工表扬案主所取得的进步，案主开心地予以微笑回应。

第五次：在电话联系中，社工得知案主自己找到了一份工作，是在化妆品柜台做销售，做一天休一天。社工非常替她高兴，与她预约见面，引导案主正确处理人际关系，控制自己的情绪，并与案主分享自己的经验。案主在临走时邀请社工去她的住处玩，并告诉社工自己养了一只小猫，至此案主已开朗了许多。

第六次：在每周五的家长学校课后，社工从案主母亲那里了解案主近况。母亲说现在她能够把工作中遇到的困难告诉家人，还告诉母亲现在在新的单位里认识了很多新朋友，时常会相约出去逛街、打牌。母亲也发现她与原来认识的那位异性朋友接触减少了，感到非常高兴，对心理咨询师教授的沟通技巧也觉得很有体会，现在能够了解孩子的行为目的以及想法了。

第七次：社工想办法从团工委处拿到了三张动漫展的入场券送给案主母亲，时间正好是周末。一家人能够一起去看轻松活泼的动漫展示，同时也能让父母多了解年轻人的爱好，更多地接触案主，使家庭关系更加和谐。

第八次：案主母亲在周五课后找到社工，说已去看过动漫展，全家人都非常高兴，案主与父亲也能够进行交流了。自己在课上学到的沟通技巧回去会与父亲探讨，以便使父女能更好地进行交流。

（七）服务评估

个案达到预期目标，社工运用鼓励、倾听、适时回应等专业的工作方法，借鉴家庭治疗模式，通过父母的改变来刺激案主也作出相应的改变。在工作中，社工从增强案主的自信心入手，解决案主的实际需求，从而使案主融入社会；再通过家长学校对家长教育方式的改善，使双方都提高了解决问题的能力。

（八）个案反思

这个个案案主的问题是因为内心的压抑，而即使案主的自卑心理得以改善，仍无法做到真正意义上的改变，因为许多问题的产生也是由周围环境因素所造成的，只有环境的改变才能使案主真正作出相应的改变。本案的家庭矛盾就属于这种情况，如若忽视了家庭因素，案主就不会改变，问题也不能完全解决。

第二节　青少年小组工作

一、小组工作概述

（一）小组工作的概念

> **讨论一下：**
> 例一：一群人同坐一个航班，从北京到昆明，空中经历了3h飞行。他们可以算一个小组吗？
> 例二：一群人在一个电影院看一场电影，共同经历了2h。他们可以算一个小组吗？
> 例三：一群陌生人同在一节卧铺车厢，途中遭遇列车出轨事故，大家在一起有72h的抢险经历，彼此互助、合作，共同应对突发性灾难，终于渡过难关。他们可以算一个小组吗？

例一和例二不能算一个小组，而只能算人的聚合，即虽然一群人在一起，但他们彼此之间没有发生任何关系。而例三就是一个小组，因为一个突发事件使人群之间发生了互动关系，他们为一个共同的目标（度过难关）而彼此合作、互相影响，在抢险过程中小组成员有内部分工（角色），有团队的认同感。

小组工作是社会工作的基本方法之一。它是把有相似需求的案主组成两个人以上的小组群体，在社会工作者的专业训练和辅导下，通过有目的地利用团体经验，协助个人增进其社会功能，解决其困境，获得发展的工作方式。

《国际社会科学百科全书》对"小组"有如下定义：

（1）有两个或两个以上的人。

（2）感到有整体意识，而这个整体将会维持一段时间。

（3）互相影响。

（4）有控制其成员相互影响的明确规范或规则。

（5）有一套角色。

（二）小组工作的本质特征

当我们将"小组"放置在社会工作的脉络中，就有了对小组工作的不同理解：

（1）小组工作是一种群体活动或经验。

（2）小组工作是一个群体工作的过程。

（3）小组工作是社会工作的专业方法之一。

（4）小组工作是一种治疗或援助。

（5）小组工作的工作对象不是单个人或单个家庭，而是一个群体及所有成员。

（6）小组工作的工作者往往不是一名，而是数名或整个社区工作机构。

（7）小组工作更强调群体成员间的互动和整个群体的力量，并把这种互动和群体力量看做是解决成员问题的途径。

根据上述内容，我们将小组工作的特征总结如下：

第一，小组是由组员和工作者组成的关系体系。在这个复杂的关系体系中，有工作者和组员的互动，更多的是组员彼此之间的互动。

第二，小组工作是在互动过程中，通过彼此分享、分担、支持、教育、治疗等小组动力，带来组员态度和行为的改变。所以，小组是在互动过程中产生动力、带来改变的。

第三，小组工作既是过程，也是使组员改变的方法和手段。与社会工作中的个案、社区工作方法不同，小组工作是通过有目的的小组经验，改善组员的态度、行为和应对社会环境的能力。

第四，小组工作都有明确的目标。不同模式下的小组工作，目标是很不相同的。社会目标模式下的小组是培养组员的社会意识、社会责任和社会良知，提升组员的社会功能；互惠模式下的小组强调改善组员与社会的关系；治疗模式下的小组协助适应不良的个人达到和恢复预期的社会功能。所以，小组工作的一个重要特征就是寻找组员的真实需求，界定问题，拟定小组的目标。

（三）小组工作的功能

美国社会小组工作人员协会在1949年有关小组工作的定义，就是从小组工作的功能或目的来界定的。小组工作的功能有以下几个方面：

1. 影响个人转变

人是以群体经验成长和发展的，当人出现生存能力方面的各种问题或心理行为有偏差时，可以通过建立与解决问题目标相适应的小组，引导和协助有需要的人参加小组过程，促使小组中组员之间进行经验的分享、情感的支持、解决问题能力的学习、发展个人潜能等，以恢复人的原有能力，达到社会化。小组过程可以影响个人的价值观念、态度及行为发生转变，使其成为家庭和社会中负责任的积极角色。在小组中通过不同经验的分享，可以丰富和增加成员的经验和见识，改善人际关系。小组工作可以使其成员发展面对问题与解决问题的能力，学习适应危机情景，促进个人成长。

2. 社会控制

矫治性、教育性、治疗性的小组工作，通过小组过程可以使小组成员学习遵从适应社会所需要的行为规范，培养其社会责任心，学习在社会生活中承担具有一定积极意义社会角色，成长为一个与环境适应良好的人。

3. 用集体的力量解决问题

在小组中，小组成员必须学习共同思考，团结协作，共同面对环境和问题。这时，不再是使个人单独面对问题，而是依靠组员间形成的群体力量共同解决问题。这个过程既会增进小组成员与他人配合解决问题的能力，也可以用团队的力量来共同解决问题。

4. 再社会化

小组工作通过帮助其成员建立学习适应社会所需要的新的价值观、新的知识、新的技巧，来改变小组成员的以往那些不适应社会生活的观念和行为，使他们成为更适应社会生活的积极角色。

5. 预防

小组成员之间的积极互动，能使他们学习解决困难的方法，在小组成员之间建立相互信任和相互支持的关系，为他们提供支持和帮助，以解决问题和预防问题的发生。

二、青少年小组工作的概念与原则

（一）青少年小组工作的概念

青少年群体是处于儿童和成人群体之间的过渡阶段，由于快速成长和社会化过程引发了这一群体较多的功能失调和社会问题，也成为社会工作极其重要的一个领域。青少年小组工作是指社会工作者通过组织青少年参加小组活动，通过小组方案设计及资源的运用，引导青少年在小组中互动，促使成员彼此之间建立关系，并以个人能力与需要为基础，获得成长的经验。开展适合青少年发展需要的小组工作，可以为青少年提供同辈交往的机会，有助于青少年自我同一性的确立，有助于健康人格的塑造及青少年社会功能的良好发展。

（二）青少年小组工作的实践原则

在进行小组工作的过程中，可以依据小组成员的不同需要，选取不同的工作模式和方法推进工作的展开。但是作为专业性的服务，也必有其需要遵循的原则，对于青少年小组工作也同样适用。香港理工大学何洁云的《小组工作》归纳了科诺卡（Konopka，1972）建议的用于指导社会小组工作的实践的原则：

（1）认可每个人的独特个性及相伴而来的行为的多样性。这是小组成员的个别化原则。社会工作者必须清楚认识每个成员的独特差异，以及他们的不同需要和不同问题，对每个成员的不同需要采用适合的介入方法，并制定有针对性的治疗计划和目标。

（2）认可小组的多样性以及有关行动的多样化。这是小组的个别化原则。每个人的差异使得由人组成的小组也有差异，有不同的需要和不同的互动模式。社会工作者对不同的小组同样要采用不同的治疗目标和计划。

（3）真诚地接纳每一个人。社会工作者可以有自己看待他人的价值观念，但不需要对他们的行为和品行表示赞同与否，而应该完整地接纳每一个人，包括他的长处与不足。

（4）建立有目的的助人关系。在社会工作者和小组成员之间应该有目地去建立专业关系，这样有利于促进小组成员发生转变。

（5）鼓励及促使小组成员之间实现有益的合作关系。社会工作者应鼓励和促进小组成员之间发展其有积极意义的关系，以促进小组成员发生转变。

（6）适当地修正小组过程。社会工作者必须对小组过程了如指掌，为实现小组目标适当、及时地予以修正，创建具有促进转变的支持性环境。

（7）鼓励成员根据自身能力参与小组活动。社会工作者必须认可并接受每个小组成员的能力差异，帮助和鼓励每个小组成员按照自己的能力去参与小组活动，不应该使他们感到力所不及。

（8）促使小组成员投入参与解决问题的过程中。社会工作者不是高高在上的，而要把自己摆放在增强成员解决问题的能力及过程的位置上。

（9）鼓励小组成员通过冲突去体验不同的解决问题的方式。社会工作者应该帮助小组成员以积极的态度去面对他们遭遇的冲突，使他们能够学习用不同的技巧或策略去解决冲突。

（10）为小组成员提供各种新机会。社会工作者为小组成员提供各种新机会，使他们通过新的和不同的机会来考察自己的潜能、发展自己解决问题的能力、培养人际关系技巧和体验在小组中的收获，以满足社会需要，并从中获取成就，维持良好的自信心。

（11）明智的运用制约。社会工作者应帮助小组成员认识他们的问题，识别制约因素和检验受制约的程度，并利用机构受到的各种制约来帮助小组成员学习如何面对社会上的制约因素。

（12）有区别地运作工作方案。社会工作者应根据小组成员的不同需要运作不同的方案。

（13）对个人和小组的进步不断进行评估。社会工作者应该在小组成员的参与下定期地对小组的进步进行评价，以保持小组的目的和有效性。

（14）热诚、人道和严于律己。社会工作者要做一个真诚、热情和人道的人，而不是一个冷酷、不人道的人；要严于律己，不能利用小组来满足私欲。

三、青少年小组工作的过程

小组工作的理论研究者提出，小组是一个有生命的发展周期，有着自身的发展规律和过程，主要包括小组准备期、小组初期、小组中期和小组后期。青少年小组工作同样遵循这样一个过程。

（一）阶段 I——小组准备期

在小组准备阶段，社会工作者一般面对的主要挑战是小组成员的招募。由于青少年对社会工作的认知较少，因此不愿意参与其中，但是一旦他们参与小组活动，一般都会对小组产生较强的归属感。在此期间工作的主要内容有以下几个方面：①需求评估。实践中，用小组方法帮助青少年，是基于对问题需求的评估而决定的。就是以青少年的需求为本，通过与青少年"同行"，建立信任关系，评估他们的真实需要，在此基础上制订介入计划。特别注意一定是青少年的真实需要，而不是社会工作者自己的需要。②目标确定。社会工作者找到案主的真实需要，确定目标就是水到渠成的过程了。小组的目标具体包括：社会工作者的目标是什么？组员的目标是什么？机构的目标是什么？小组的长期目标、中期目标和短期目标是什么？社会工作者需要思考的问题是：由谁决定小组工作是否要实施？自己是否有足够的时间、精力和技术来承担小组工作？机构和社区的资源如何？如何招募和领导组员？等等，从而为制订计划打下基础。确定目标是小组筹备中重要的一环，只有清楚目标，工作才能有的放矢。但是，目标的确定是一个动态的过程，在小组过程中需要不断地修订。③小组组员的选择。小组组员需要类似的个人目标和某些个人特征。一般小组组员的组合最好是问题具有同质性，需求层次相当，避免异质性太大，这样有利于组员的分享和互动。如果问题和需求差距太大，相互沟通就会有困难，社会工作者也难以提供有效的帮助。当然，小组组员应该有不同的专长、技能和经验，组员的能力和小组经验会影响小组过程。社会工作者还要考虑组员的年龄、性别、居住地等因素。

（二）阶段Ⅱ——小组初期

小组初期组员开始聚集，相互熟悉和探索了解小组功能、共同兴趣及目标，彼此吸引或逃避。一般这个阶段通过几次活动会形成组员彼此认同的小组目标和规范，小组动力开始形成。所以，小组初期也被认为是第一次聚会和小组规范形成的过程。

小组初期组员彼此间尚不熟悉，情绪起伏较大，经常呈现出焦虑、恐惧、封闭、伪装甚至很不友好的态度。由于组员对小组缺乏信任，所以要协助组员澄清期待和理想，认识个人需要。同时，也须面对组员的抗拒和过度依赖，尽快打开局面，促成小组组员之间的沟通，发现和培养小组领袖，使小组顺利过渡到成熟期。

小组初期也是小组规范形成期。小组规范是指小组组员之间语言和非语言的沟通规则与影响他人行为的方式。具体包括：保守秘密、彼此负责、参与原则、开放和诚恳、批评与自我批评等内容。规范是小组组员之间的相互认同和默契，它是在组员内部自发形成的，而不是社会工作者附加的。规范有利于小组凝聚力的形成，同时也具有治疗的功能，使小组保持一种动态平衡和活力。规范引导小组的行为，安排小组的经验，制约小组的互动。当小组出现规范时，组员已经能彼此分享，彼此之间已经可以通过语言与非语言规范进行接触。

（三）阶段Ⅲ——小组中期

小组中期组员开始关注自己在小组中的权利与地位，关心自己被小组和他人接纳的状况，组员个人"本我"暴露有所增加，组员之间会在价值观、权利位置等方面产生冲突与矛盾，如果小组能顺利地解决这些冲突与矛盾，小组就会进入凝聚与和谐阶段。这个时期对小组的一些特殊组员要予以关注，比如有攻击性的组员、沉默的组员、口出狂言的组员、替罪羔羊的组员等。可见，小组中期首先表现为冲突期，社会工作者必须积极努力，促进小组的健康发展。这个时候如果处理得好，小组就会走向成熟，不断发展；不过处理不当，小组有可能提前结束。

大部分小组都会产生次小组，这是小组过程中的自然现象。次小组一般由两三个人组成，它可以诊断小组的状况，也可以使一个人在次小组中获得情感的归属。当次小组意识到自己是小组中的一员时，小组的凝聚力就增强了；当次小组遭到反对时，可能会导致小组的解散。所以，社会工作者应该正确对待次小组，正确的引导将成为小组的重要发展动力。

小组中期的冲突阶段，社会工作者应该特别包容、冷静、理性、淡定。冲突是很正常的事情，是小组自然整合的过程，不一定是坏事。如果处理得好，即使是坏事也可以变成好事。切记没有冲突的小组是不存在的，许多矛盾都是可以自生自灭的。

小组顺利度过冲突期后，就进入大家期待的成熟过程，这是每一个组员的理想，也是大家共同努力的结果。小组中期的后半段又称为小组成熟期。这一阶段，小组的规范已经制度化，组员之间有了充分的默契，几乎所有的一切都有了一个固定的模式，比如座次的安排、说话的方式、出席缺席的处理、分享的层次、表达的态度等。组员之间彼此有了充分的理解和尊重，组员会摘下面具，小组的自我表露达到高峰，更迫切希望小组有更好的发展。

小组中期的成熟阶段，社会工作者处于催化促进的角色和边缘位置，就像一个协调师。整个小组也不再围绕社会工作者开展工作，小组此时完全被组员认同，成为他们自己的小组。

（四）阶段Ⅳ——小组后期

一般而言，小组后期不单是指小组的最后一次聚会，它包括小组和小组组员达到预期的目标，准备结束小组的一个动态的过程，同时还包括小组结束后一些相关的跟进安排。总体而言，小组后期的目标和任务就是巩固组员正面的、积极的情绪体验，尽力消除负面的、消极的情绪体验，巩固小组工作的成果。具体任务是：评估小组目标的实现情况；了解和处理组员有关小组结束的情绪和感受；保持组员的变化，巩固组员已经习得的技巧；协助组员制订将来的计划，适应外部情境；处理未完成的工作。

跟进服务是帮助小组组员对其技能和行为进一步巩固和持久化的必要方法，包括转介、建立自助网络、安排探访等。跟进服务也是小组后期不可或缺的内容。

四、小组社会工作的实务案例分析

案例一：如何应对退组的组员

案例：在某中学开办的一个中学生自我认知和自我成长小组中，组员都是本校的高中部学生。当小组进行到第三次活动时，王蕾提出要退出小组，任凭社工和其他组员如何劝说，王蕾还是坚持要退组，理由就是她认为这个小组不适合自己，对自己没有什么帮助。王蕾退出小组后，其他组员也出现了情绪波动，接下来的一次活动也就无法按照计划开展了。

分析：组员中途退组，对小组的正常发展会产生一定的影响，因此在处理这种案例时，需要把握几个原则：①按照当事人自决的原则，组员是有权决定中途退组的。因此，一旦组员决定要退组时，社工要尊重组员的权利，任何强求性措施都会给该组员带来压力和负担。但是，社工有责任与该组员一起分析退组可能会给他/她带来的负面影响，以及可能要承担的责任。②组员在退出小组后，要给其他组员留出时间来处理离组给自己带来的负面影响，讨论导致该组员离组的原因，同时也要处理退组组员的一些情绪问题。③为了避免退组给其他组员带来的压力，在组前筛选和访谈时，就必须与组员讲清楚，组员在决定退组时，有必要先通知社工和其他组员。组员可以就退组问题进行公开讨论，因为小组是否适合每个组员，可能需要社工和组员达成共识。

案例二：技术的运用和滥用

案例：在一个大学辅导中心举办的新生大学生活适应小组中，社工采用了从书本上学习到的玫瑰幻想的联系，引导组员回顾、整理自己过去的生活，由于小组气氛非常安全，具有支持性，组员小雪说出了自己在童年时的不幸遭遇，引起了组员强烈的情绪反应，整个小组沉浸在一片哭声中。由于社工根本没有充分的思想准备，无法处理组员当时的情绪反应，小组活动只能在眼泪中草草收场了。

分析：社工在选择和运用各种技术来帮助组员发泄压抑的情绪时，一定要记住以下两个原则：

（1）社工要对所运用的技术非常熟悉，一定要有过个人体验或在导师的督导下使用过，知道如何处理由此而产生的情绪反应。

（2）所用的技术主要是帮助组员发泄其内在的负面情绪，进一步深入自我探索，不能引起组员的不舒服，使他们感到无能。

在这个案例中，社工的问题在于自己没有亲身体验过该技术所产生的效应，以及对当事人所产生的影响，因此，没有能力处理当事人激烈的情绪反应，其后果的负面影响非常大，这就像一个外科大夫，将病人已经结痂的伤口重新揭开后，未能处理又走开了。因此，每位社工在设计自己的小组活动及采用某一种技术时，一定要确保该活动和技术是安全的，自己有能力处理该活动和技术所产生的后果。

案例三：情绪直通车

一、需求分析

在青少年的成长阶段，经常会或多或少地受情绪困扰，如当得知朋辈的突出成就而自觉惭愧、考试压力带来的焦虑不安、面对物质和异性的诱惑时出现的矛盾挣扎等。而情绪问题的不稳定势必会造成一些行为偏差，这些行为偏差如果不能得到及时辅导与矫正，就会带来许多抗逆行为和人际关系问题，从而使青少年出现逃学、逃夜、迷恋网吧、结交不良群体的问题及孤僻、内向、忧郁等心理问题。因此，可以通过情绪支援小组的方式，以尊敬、鼓励、支持的方式来与青少年一起面对其困境，使其在情绪支援中提升自信、活力、自尊并能够自立，从而形成成长服务计划。

二、工作计划

（一）总目标

通过引导组员互相交流处理情绪问题的方法和经验的过程，让组员明确情绪的正确表达方式以及积极处理情绪的方法。

（二）分目标

（1）帮助组员认识丰富的情绪词语，以辨别和表达自己不同的情绪。

（2）帮助组员说出准确的情绪词语，并增加对自己和他人情绪的敏锐感。

（3）帮助组员细想和解释日常遭遇与情绪之间的关系。

（4）在互动中，让组员一方面体验表白情绪和获得支持的心情，另一方面尝试给予鼓励和认同，使其学会简单处理情绪的方法。

三、单元主题、目标和过程

对单元主题、目标和过程制订大纲计划，如表 5-1 所示。

表 5-1 大纲计划

大 纲 计 划		
单元主题	活 动 目 标	活 动 过 程
一、情绪一线牵	通过"破冰游戏"使组员增进彼此的了解，建立关系	1. 小组介绍 2. 契约树 3. 招牌动作 4. 大风吹
二、情绪风暴	帮助组员认识丰富的情绪词语，以辨别和表达自己不同的情绪	1. 回顾上节内容 2. 情绪捉捉虫 3. 情绪百宝袋 4. 情绪急救箱 5. 我猜我猜我猜猜猜
三、情绪你我他	帮助组员说出准确的情绪词语，并增加对自己和他人的情绪容貌的敏锐感	1. 回顾上节内容 2. 心脏病的介绍 3. 五种处理负面情绪的方法

（续）

大 纲 计 划

单元主题	活 动 目 标	活 动 过 程
四、情绪加油站	细想和解释日常遭遇与情绪之间的关系，让组员一方面体验表白情绪和获得支持的心情，另一方面尝试给予鼓励和认同	1. 回顾上节内容 2. 坐地起身 3. 我的一天 4. 优点轰炸
五、情绪火箭筒	教会组员避免使用那些隐藏有负面意思甚至含有敌意的词语，学会及时处理负面情绪的方法，避免做出过激或消极的行为	1. 回顾上节内容 2. 不要激怒我 3. 情绪日记 4. 精简地介绍情绪智能（EQ） 5. 一起哼唱《一起走到》《朋友》等歌曲 6. 合影留念 7. 颁发全勤奖 8. 填写评估问卷
六、情绪直通车	通过户外活动，让组员把之前所学到的情绪管理方法运用到现实生活中	1. 回顾和重温 2. 进行及分享

第三节　青少年社区工作

一、社区工作概述

（一）社区工作的概念

英国学者鲍多克（P. Baldock）在《社区工作与社会工作》一书中指出，社区工作是："一项由受薪工作人员所进行的工作，借以协助人们识别所面对的问题和机会，并由他们自己作出实际决定，及采取集体行动解决所面对的问题。社区居民在将决定付诸行动时，社区工作者会给予支持，以培养他们的能力及自我独立。"[一]显然，按照鲍多克的观点，社区社会工作是一项专业工作，通过社区组织和社区发展的技巧与方法去帮助和支持社区中的团体和居民，通过介入社区的过程以支持参与者的集体行动，以此来达到他们为自己选择的目标。这在理论和实践上显然都不同于个案社会工作和小组社会工作。

我国台湾学者白秀雄认为，社区社会工作是："从社区入手，了解社区的问题或需要，动员社区内的一切资源，配合外界的协助，来解决社区的问题或满足社区的需要，以促进社区的福利。"[二]这个定义强调了以社区为本的价值取向，指明了社区工作的目标。

从中外学者对社区社会工作给出的定义来看，其共同部分大致有：社区工作是一种介入手法，是一项有计划的行动，是一个工作过程；社区工作是运用集体行动的方法；社区工作具有社区服务、社区发展、社区组织等形式；社区工作提倡与培养居民自助、互助及自决的精神；社区工作能解决社区问题，满足社区需要，培养社区归属感和认同感，减少社区冲突，促成社区整

○ Baldock P. Community Work and Social Work [M]. London：Routledge and Kegan Paul Ltd. 1980：3-23.
○ 白秀雄. 社会工作 [M]. 台北：三民书局, 1986.

合；社区工作能增进社区福利，改善社区生活素质；社区工作能促进社会转变。

我们认为，所谓社区社会工作，是运用专业性的理论知识和技术，以社区和社区居民为案主对象，以预防和解决社区问题为目标，以社区发展和社会进步为宗旨，以培养和发扬社区居民互助精神为追求，调动和利用社区资源，积极参与社区建设和社区管理，提高社区福利水平，促进社区发展的专业方法。

从上述定义中，我们可以发现，专业的社区工作包含以下几个方面：

（1）社区工作是一项专业性的工作，要求工作人员具有一定的专业理论知识和特定技术，而并不是只是一项单纯的慈善工作。

（2）社区工作的直接内容是预防和解决社区内的各种社区问题，如贫困、失业、老年人照顾、残疾人服务、社区成员教育、有关社区成员的物质和精神生活的服务等。

（3）社区工作可以培养和发扬社区居民自力更生、奋发向上的精神，增强社区凝聚力和社区意识，减少社会不适，减缓社会冲突。

（4）社区工作的最终目标和功能是促进社区乃至社会的发展。

（5）从客观效果上看，社区工作具有社会管理的功能。

（二）社区工作的功能

社区工作是为适应社会发展和人们的需要而产生的，在此意义上，社区工作在基层社会——社区层面发挥着特殊的功能。

1. 社会福利功能

社区工作的社会福利功能，是指立足社区居民的福利需求，开发和利用社区的社会福利资源，寻求居民福利与福利资源的有效配合，以解决社区的问题，改善社区的生活，促进社区的进步。

2. 社会服务功能

满足社区居民的服务需要，为社区居民提供各类公益性的社会服务，如志愿者服务、基本医疗服务、卫生服务、治安服务，以及老年、青少年、妇女等群体服务和弱势人群服务等。服务功能是社区工作的最基本的社会功能。

3. 合理分配和利用社区资源，以促进人的发展功能

社区中存在着广泛的资源，社区工作者通过专业性的工作，可以在整体上对社区的资源加以分配和利用，实现资源的最大经济效用和社会效益。同时，对于一些潜在资源的挖掘，可发现和动员各种社会力量和条件，去援助那些有需要的社区成员，从而实现人的发展。

二、青少年社区工作的概念与特点

（一）青少年社区工作的概念

随着经济体制改革的不断深化和市场经济体制的逐步建立，越来越多的人由"单位人"变为"社区人"。特别是青少年学生，一年中大约有160多个假日、休息日是生活在社区中的，也就是说一年的1/3还多的时间都是在社区中度过的。加之现在的青少年基本上都是独生子女，父母大多工作较忙，因此，教育他们合理安排好在学校以外的时间，引导他们开展各种健康有益的校外活动，提高他们的思想道德素质，就成为社区教育工作的一个重要组成部分。可见，社区已成为青少年成长的重要平台。与个案、小组工作不同，社区工作不直接解决个人与家庭的问题，而是以整个社区为工作对象，通过社区组织与社区发展来解决社会问题。社区工作更宏观，涉及面更广，更侧重社会环境与制度的变迁。

所谓青少年社区工作，是指在专业的价值观指导下，根据青少年的身心特点、动机需求、兴趣爱好，社会工作者充分运用社区的理论、方法和技巧，帮助青少年解决问题、克服困难、恢复功能和获得全面发展的一种服务活动和服务过程。针对青少年的社区工作是以调动包括青少年在内的社区居民共同参与为重点，以营造社区内青少年健康成长的发展环境和引导青少年在力所能及的范围内与社会形成互动为工作目标，动员一切社会资源服务于青少年，从而促进社区的健康发展。

（二）青少年社区工作的特点

1. 影响的广泛性

社区是青少年社会化的一个重要领域，对青少年成长起着至关重要的作用。同样，青少年是社区中最富活力的群体，也往往是最容易被调动的群体。他们的好奇心和热情使得他们更容易被社区活动所吸引，参与欲望较高，社区环境的不断改善会使他们得到正面的感受，从而为青少年问题的解决和健康成长提供持续的环境动力。

2. 形式的多样性

丰富多彩的社区活动和社区服务有助于问题青少年转移注意力，改变偏差行为，树立正确观念，从而恢复社会功能，走出人生困境。反过来，在社工的引导下，社区青少年中会有一部分成为社区志愿者，有的还承担起社区领袖的角色。在这些社区服务与社区活动中，青少年获得了服务社会的能力，提高了服务社会的意识，并找到了他们对社会的归属感。实践证明，大部分从社区工作中受益的青少年群体都会反哺社区，为社区发展提供志愿性服务。

3. 工作的日常性

社区工作不同于个案、小组工作，它更具有常规性。社区无时无刻不在为社区内的青少年提供着资源和服务。社区工作着眼于整个社区，从宏观层面入手，了解和关注社区青少年的现状及问题，日常工作中要处理大量的与青少年有关的事务。因此，青少年社区工作是社区工作中常抓不懈的一项工作。

4. 资源的充分性

社区是青少年成长的重要外部环境，社区内部蕴藏着各种支持青少年成长的资源，包括文化娱乐设施、活动空间和场地、非正式支持网络、志愿服务人员等。例如，可以利用社区学校为青少年提供场地和技能培训；可以利用社区企业为青少年提供实习就业机会；可以利用社区志愿服务为青少年提供教育和帮助。总之，可以充分运用社区内部的物质和文化资源为青少年成长提供一个多层次的支持网络。在小区资源的运用方面，必须考虑到与家庭和学校的配合，通过支持这两个系统，更有效地帮助青少年健康成长。

三、青少年社区工作的过程模式和技巧

（一）青少年社区工作的介入过程模式

介入过程模式是指社区工作在不同阶段所采用的工作技术，以有利于专业工作者更好地理解和处理社区社会工作介入的整个过程同每个不同阶段之间的关系。

1. 建立初步的专业关系

社区社会工作者建立专业关系就是"进入社区"，即认识社区及社区成员并让社区成员认同社区社会工作者的角色。这是社区工作区别于个案工作和小组工作的特征之一。在个案工作和小组工作中，一般由受助者先提出申请，所以社会工作者的角色和责任是明确的；而社区工作的对象是整个社区，一般不存在预先申请。因此，社区社会工作者就有必要做到"让社区成员知

道我是谁"并"寻找未来工作的支持者"。

建立初步的专业关系是社区工作的第一步。这种专业关系的建立，就是在社区社会工作者与服务对象之间建立一个共同的目标，在特定的时间和空间里，社区工作者运用专门的知识和技巧，和案主进行态度、情感上的互动，为物质上的援助和心理上的疏导作准备。建立专业关系有两个目的：一是社区工作者对社区以及社区居民、社区问题有全面性了解；二是让社区居民了解社区工作者，接纳和支持社区工作者，共同开展"助人自助"的社区社会工作。社区社会工作者建立初步的专业关系的对象主要包括社区成员、社区机构与组织、各组织的领导人物，以及各界的代表性人物。社区社会工作者一般从拜访社区中的重要人士和社区发展机构入手，有时也通过开展一些有利于社区成员的活动来促使他们认同和接纳社区社会工作者。根据我国台湾学者徐震、林万亿的观点，初步的专业关系的内容有：①提供配合案主需要的服务信息；②了解与评估社区成员所遭遇的问题及其自助意愿；③决定如何提供进一步的服务计划；④让社区成员了解社区工作机构和社区工作者的能力与职责；⑤明确服务范围，认定案主资格；⑥建立和谐、合作的关系；⑦协商服务契约的订立；⑧确定社区成员、社区组织和社区领导者的角色；⑨在初期就向案主提供适当的帮助，以获得信任。[一]

2. 收集社区资料

这项工作泛指对社区事件的发现、社区资料的收集、社区档案的调研、社区需要和资源的评估等，主要涉及三个方面的内容：社区生活、社区需要和社区资源。资料收集有四种基本活动，即观察、问卷调查、访谈和研究文献资料。

（1）社区生活资料收集。这主要是指对社区的自然、人文、经济、社会等概况的资料收集。社区社会工作者可以通过查阅档案资料和地方志等了解社区的变迁历史，进而去发现社区发展的特征；还可以通过访谈或调查来了解社区成员的生活水平、生活方式和人际关系等。

（2）社区需要资料收集。社区需要包括长期性、中期性和短期性的不同需要，社区社会工作者对需要的评估直接关系到介入计划的制订。社区调查是了解社区需要的最常用方法，涉及问卷调查和访谈法。问卷调查主要是实证的量化调研，深度访谈则可以弥补问卷法的不足，对事件的来龙去脉有更加深入了解。

（3）社区资源资料收集。社区资源的范围十分广泛，既涉及物质性资源，也涉及非物质性资源诸如社区志愿者等。对社区资源资料的收集涉及三个层次：首先是社区的基本资料，如社区名称、位置、人口质量、地理特征、经济情况、行政区域、地方政府、非政府组织等；其次是社区内部各种硬件及其使用率的问题等，其中包括教育、医疗卫生、娱乐休闲、社会福利、宗教和体育等设施，这些是可以通过社会统计等手段获得的资料；最后是社区文化和社区成员的价值观，其中包括社区内主流的社会价值特征，这涉及对客观事物的主观评价、社区认同感与凝聚力、社区民主自治的程度等。

3. 制订社区发展计划

收集资料之后，社区社会功能工作者就会发现众多的社区问题。如何来解决这些问题，制订社区发展计划是最重要的环节。

（1）对这些社区问题进行评估。检视其严重性程度和社区成员采取改变行动的愿望的强烈程度，界定社区问题的关键所在，明确社区问题的规模和范围，汇集有助于解决这些问题的因素和持续的证据。

○ 徐震，林万亿. 当代社会工作 [M]. 台北：五南图书出版公司，1982.

（2）社区社会工作者要根据可用的资源和社区问题的紧迫性程度来确定介入的目标和工作展开的优先顺序。

（3）社区社会工作者要根据经验和理性的判断，来确立自己的角色和职责。

（4）要根据现有的社区资源来制订具体的行动计划，预测未来可能遇到的困境以及应该如何克服这些困难。具体的行动计划的制订要广泛地征求社区居民的意见，要详尽、尽可能细化，这是未来的社区行动的依据。如果说目标是"干什么"，实施计划就是"怎么干"；如果说目标是"过河"，实施计划就是设计"桥梁"。⊖

4. 采取社区行动

社区行动就是社区社会工作者激发社区居民的参与积极性，以社区居民为基本力量，动员组织社区资源，利用有效资源将已经制订的计划付诸实施的过程。社区行动是工作的核心部分，再好的计划如果无法得到有效的实施，也不会对问题的解决起效用。采取社区行动是为了解决社区问题，并进一步促进社区发展的目标。

根据不同社区的特点，社区行动的具体方法是不同的，一般可以归纳为会议、协调、财政、宣传等。

（1）会议。社区行动的关键就是要联系群众和发动群众，使得社区成员明确自身的共同利益、期望的行动和准备作出的贡献。社区会议就是社区各个方面的代表们畅所欲言，分享经验，达成共识的过程，它兼有教育和组织的双重功能。如果社区成员缺少相互联系的"平台"，组织社区成员的过程就不可能开始，也就无法探索集体行动的目标和可能性。

（2）协调。这是要求社区内人与人之间、机构和社团之间甚至方案和方案之间要注重协同合作，以避免不必要的重复和冲突，争取以最佳的资源投入来最大限度地完成任务。在这个阶段，社区社会工作者的重要任务是促成社区组织的发育和社区领袖的产生。

（3）财政。这包括募集资金、编列财务预算与资金的使用等。募集资金是社区行动得以推进并获得持续性发展的前提条件，编列财务预算和资金使用是对经费进行合理的分配，以免出现因经费不当使用或不足而影响社区行动的情况。财务预算要有权威性和科学性，预算一旦完成，资金的使用就要"照章办事"，不得随意改变预算。社区社会工作者要帮助社区组织确定工作的优先顺序和选择方向，发挥有限资金的最大效能。

（4）宣传。社区行动并不都是一帆风顺的，当社区成员的兴趣减退或士气低落时，社区组织和社区行动就会面临危机。通过宣传，可以强化社区组织的根本任务，激发社区成员的积极性和重建自信；通过宣传，可以把社区的"声音"传播到外界，这是与外界社区进行有效沟通的良好方式，一旦得到更广泛的社区层面的支持，社区行动就获得了一种重要的社会力量。

（5）撤离和工作成效评估。撤离和工作成效评估是一个周期性社区社会工作的最后一个环节。

1）撤离。撤离可以是因社区社会工作任务完成而主动撤离，也可能是因工作失败而被动撤离。社会工作者在撤离时，有两项工作是关键性的：①帮助社区成员接受社区社会工作者即将离开的事实，强化他们的良性观念和行为，鼓励他们表达自己的情绪和态度；②与社区成员积极总结一起工作时的经验，并鼓励他们要有信心面对未来的挑战。

2）工作成效评估。社区工作的评估贯穿于社区社会工作的整个过程。计划开始前的评估是为了检查社区需要和行动方案的可行性；执行过程中的评估是为了解决具体实施过程中所遭遇

⊖ 周沛. 社区社会工作 [M]. 北京：社会科学文献出版社，2002.

到的困难和问题；完成任务后的评估是为了检查工作成效并向自助者和社会公众有个"交代"。所以，进行工作成效评估，既可以获得社区成员的信任和支持，也可使社区社会工作者获得成就感。

（二）青少年社区工作的技巧

1. 调查分析的技巧

青少年社区工作的技巧有很多方面，最主要的是调查分析的技巧。首先明确要调查和分析的具体内容是什么，包括：了解社区类型、历史和结构；了解社区问题，主要是青少年问题及与青少年有关的问题；了解社区资源，特别是能够服务于青少年的社区资源。青少年社区工作的调查方式与一般社会调查有相似之处，调查方式有社区观察法、社区调查法、访谈法、家庭访问法、随机访问法、文献分析法等。

社区观察是通过对社区里各种资源、问题、结构的观察，了解社区情况；社区调查主要是通过问卷及访谈社区家长、青少年等形式，就某个方面的问题细致了解情况。

访谈法是直接与青少年谈话，了解青少年在社区里的真实感受，获得第一手资料。

家庭访问是通过观察、访谈，了解青少年的生活状况和所发生的问题，获得青少年家人及相关人员的具体材料。

随机访问是在社区工作中进行的对青少年的随机街头访问。当从社区工作的角度去关注一个青少年发展问题时，特别需要通过这种街头访问，真实地了解青少年所处的环境和面临的问题，找出问题的症结所在。

文献分析主要是对青少年政策、法规的掌握，收集并了解与青少年有关的社会政策，包括总的社会政策、地区性法规政策、本社区的特殊规定等，然后对青少年问题的研究成果进行分析。

2. 建立关系的技巧

建立关系也是青少年社区工作重要的一部分，主要包括以下三个方面：

（1）接触社区居民的技巧，特别是接触社区里问题青少年的技巧。

（2）家访谈话的技巧。社会工作者进入家庭了解情况，往往会遇到抵触，这就需要有诚恳的态度，并运用成熟的工作技巧。

（3）与政府部门、社会团体建立联系的技巧。借助社会团体力量是解决青少年问题的重要手段，青少年社区工作离不开与政府部门和社会团体的接触，如何促使政府部门和社会团体能以更多的力量去考虑青少年工作，是青少年社区工作必须认真对待的问题。

3. 青少年社区工作的介入技巧

青少年社区工作的介入技巧非常重要，介入的好坏将直接影响到社区工作的成败。介入的手段主要有以下几种：

（1）从直接的物质性建设目标入手介入社区。这种介入手法主要针对服务青少年的直接物化目标的建设，如在社区里新建和扩建公共图书馆、博物馆、青少年宫、教育中心、视听中心、体育与运动设施等。

（2）从非物质的、教育性服务入手介入社区。从这种服务型的目的介入主要是围绕社区里青少年发展的需求，为青少年提供综合的、全面的服务。服务不仅仅要解决物质问题，更重要的是以教育、引导、服务青少年为目标。

（3）从以青少年为中心的突发事件入手介入社区。这种介入手法在实际的社区工作中常常遇到。社区中偶然出现的突发事件正好是社会工作者可以介入的好时机。这样的介入自然而且更易于被接受，同时也可以更好地调动相关部门与机构，很快进入工作状态。

（4）从建设社区相关社会舆论入手介入社区。这个介入手法常常与突发事件相关联，一般是由于突发事件而引入新闻媒体，可以通过大众传媒等手段，通过宣传相关社会理念，影响社区舆论，介入青少年社区工作。

（5）从发动社会资源、争取社会力量入手介入社区。这种介入一方面要从社会整体发展的角度，发展青少年事业，推动社会性青少年事务的发展；另一方面要联系有关政府职能部门、相关社会组织和机构，争取社会资源，如资金、物质、人力等，为本社区的青少年服务。

4. 动员、组织和活动的技巧

动员、组织和活动的技巧在青少年社区工作中非常重要。要动员包括青少年在内的社区居民、制定目标、策划活动、调动及争取资源、挖掘和培养包括青少年在内的社区领袖任务等。

（1）要动员包括青少年在内的社区居民。社区活动发动青少年参与，需要调动青少年的积极性。青少年兴趣多样，对社会文化需求多样，要让他们积极参与社区活动，就要融教育于趣味性的活动中，从而满足青少年身心发展的要求。

（2）策划活动是青少年社区工作的重要内容。如一个主题性活动的策划，首先要在活动前先选好一个题目，主题是活动的灵魂，它需要具有针对性，符合和适应社区状况，适应社区里青少年学习、生活和思想状况等；其次，要围绕主题选择相关内容；最后，要采用多种形式调动青少年参与的积极性。

（3）要调动、争取资源。社区活动离不开争取资源的过程，青少年活动更是特别需要社会资源及社区内资源的争取调动。这种资源是多方面的，如：政策资源，即通过争取政策支持服务青少年；人力资源，即调动社会各界力量参与服务青少年；物质资源，即发动各方面的社会力量，对青少年社区工作给予物质支援；信息资源，即为青少年成长提供尽可能多的有益信息，促进青少年健康成长，等等。

（4）要挖掘、培养社区青少年领袖。一般来说，培养社区青少年领袖对社区青少年工作的开展意义深远。这一方面可以参照"服务学习"理念，培养青少年在服务中学习、在服务中成长、在服务中奉献社会的精神。

四、青少年社区工作的实务案例分析

案例：博爱友伴，与你同行

一、工作背景

在某区的每个街镇都有一个青年中心，城市青年中心是以街道团组织为核心，团结青少年社团组织，依托有形阵地，以项目化运作为主要方式，以服务青少年成长发展为主要目标，直接联系青年、服务青年、服务社区的城市社区青年组织，是城市共青团工作和青年工作的平台。在某街道就有一个青年中心，经过观察，发现青年中心长期被街道的一些老年协会所占用。在社工走访的163名社区青少年中，只有23人知道青年中心，而在里面参与过活动的人数几乎为零。大部分社区青少年表示没有人向他们介绍过青年中心，而知道青年中心的23人中，21人表示青年中心没有好的活动让他们参加。

综合上述调查，社工发现社区青少年没有进入青年中心参与活动的原因有两方面：

1. 青少年本身

社工服务的社区青少年是16～25岁的"三失"（失学、失业、失管）青少年，他们中的绝大部分人长期闲散在家，睡觉和上网是他们每天的生活内容。

2. 青年中心

青年中心内部没有一个专职的管理团队，往往是一些青少年保护老师、团干部在兼职。他们对社区青少年的需求不太了解，因此无法开展一些社区工作来吸引社区青少年。

因此，作为一名青少年事务社工，必须成为青年中心和社区青少年的桥梁，充分利用社区青年中心的资源来为社区青少年提供有效的服务。

二、工作目标

（一）总目标

充分利用青年中心的资源，了解社区青少年的需求，开展社区工作，更好地凝聚、服务社区青少年。

（二）分目标

（1）运用青年中心的资源，建设品牌项目，形成同网多元的合力来帮助社区青少年。

（2）通过品牌项目获得街镇认可，以便加大经费保证。

（3）建立一支专业的志愿者队伍，使志愿者工作长效有序。

（4）满足社区青少年的需求，使他们走出家门，走进社区，通过一些社区活动来增强他们的社区归属感并培养自我发展意识，提高他们就业、就学的动机。

三、工作阶段

（一）前期准备阶段（2004年11月—2005年2月）

1. 排摸资源状况，整合资源共享

首先对青年中心的内部设施和可利用的资源状况进行排摸，结合青年中心的使用一览表梳理青年中心场地使用的空余时间表。

2. 了解社区青少年的需求

设计一张关于社区青少年的需求问卷，针对他们的需求开展相应的社区活动。

3. 形成书面计划，争取街镇支持

（二）中期实施阶段（2005年3月—2006年12月）

结合社区青少年的需求和爱好，开展社区活动。

（三）后期评估阶段

通过对每次活动的评估表进行总结，以期围绕社区青少年的实际需求改进工作形式。

四、服务过程及效果

经过两年的工作，依托社区青年中心的资源，以社团的形式加大了青少年社区工作的覆盖面，扩充了社区工作的形式。

（一）社团名称

"博爱友伴"社团属于社团中级阶段的培训类社团。取名"博爱友伴"，寓意着社工用博爱的胸怀陪伴着社区青少年走完一段崎岖的道路。

（二）工作背景

社团成立初期主要是源于青少年事务社工在日常的走访过程中，发现很多社区青少年有计算机培训的需求，但未达到初级水平，因此无法参加政府提供的中级免费补贴培训。在作了进一步的需求调研后，他们了解到这部分社区青少年往往因为计算机水平不高而与工作失之交臂。

（三）目标人群

经济状况为低保或低收入家庭的，有学习计算机知识需求的社区青少年（含残疾青少年）。

（四）课程设计

每年将开设四期培训班，为社区青少年提供服务。第一期培训班在 4～6 月，培训信息技术应用基础；第二期在 7～8 月，培训 Dreamwaver 网页设计；第三期在 9～11 月，培训 Photoshop 图像制作；第四期在每年 12 月～次年 2 月，培训 Flash 制作。计划书以信息技术应用基础为例：

1. 活动课程内容

Word 中文文字处理、Excel 电子表格处理、Internet 漫游及收发邮件等信息技术应用基础知识。

2. 活动地点

华阳社区青年中心二楼网络教室。

3. 活动师资

某大学教育信息技术系的 4 名大学生分成 4 个小组，形成 1 对 3 的辅导。

4. 活动周期

4 月 10 日、24 日，5 月 14 日、15 日、22 日、29 日，6 月 5 日、12 日、19 日。

7 月上旬统一报名考试（考务费每人 65 元）。

5. 会员待遇

（1）享受第一次的免费学习（考务费自付）；如果第一次考试不合格想继续再读的，学费照常免除，但不享受奖励补贴；两次以上（含两次）考试不合格的，如想重读，则要交一定的学费且不享受奖励补贴。

（2）可享受奖励补贴，但要与考勤挂钩（在会员一次性考试通过的前提下，做到全勤的补贴考务费 40 元，出勤 8 次的补贴考务费 30 元，出勤 7 次的补贴考务费 20 元）。

6. 注意事项

（1）有事不来上课请提前向大学生或社工请假。

（2）保证上课的环境，不要大声喧哗和吵闹。

（3）保证计算机房内的环境整洁。

（4）不要破坏计算机房内的公共财物以及将外来的软盘带入课堂。

（五）以社团开展社区工作的特色

（1）依托社区青年中心的建设，挖掘青年中心的资源，以会员制的方式吸引社区青少年，从他们的实际需求出发，提供适合他们的活动和课程，建立长效有序的品牌项目，实现青年中心、社工资源整合双赢的目标，最终做到关心青少年、服务青少年、凝聚青少年。

（2）实行会员制与公益服务相结合。参加计算机班的学员享受青年中心的会员待遇，以发展会员的方式来吸收青少年到中心来。在会员享受免费服务的同时，适时地让他们参加一些公益活动，形成一个良好的回报社会机制。

（3）技能培训与实习就业相结合。社工力求在学员学成之后能够得到进一步的发展，因此联系了两家计算机中级培训学校。学员在青年中心结束学习后，不仅可以进一步参加计算机中级培训，而且还能在培训学校得到职前辅导、岗位实习的机会，并根据自身的努力上岗就业。

（4）通过活动，以社团化管理的方式来为社区青少年服务。通过社团化的管理，社区青少年在活动中相互交流，不仅学习了技能，而且能够扩展人际交往的空间。

点评：

本案例具有三个亮点：①在模式上，能够调查和分析青少年需求，并根据需求策划相关项目加以回应，比较成功地运用了社区工作中的社会策划模式；②在手法上，能够调查和整合社区资源（社区青少年活动中心和志愿者），产生了良好效果，尤其是在争取街道认可和团工委支持方面，有不少可以为其他机构社会工作者借鉴的经验；③尤为可贵的是，在理念及具体工作中体现了案主自主参与、合作互助，比如，青少年社团逐步自主发挥作用，社区领袖逐步形成，部分青少年从之前的受助者转变为社工的助手。这正是目前许多社区工作所缺乏的。

第四篇 实务篇

第六章 药物滥用青少年群体

药物滥用最先在国外流行，由我国香港传到沿海地区，继而进入内地。药物滥用像瘟疫一样传播，而青少年恰恰处于抵抗药物滥用的脆弱期，是最易受其诱惑和影响的一个群体。2012 年 8 月 1 日，我国国家食品药品监督管理局发布《国家药物滥用监测年度报告》（2011 年），数据显示，中国青少年滥服药物现象严重。其中，四成受监测人群为新发生、新发现的药物滥用者。依照此份报告，正有越来越多的青少年滑向药物成瘾的泥潭，药物滥用对微观的个体乃至整整一代人的危害，都是极其严重的。本章将介绍关于药物滥用的概念、内涵，分析青少年药物滥用的原因，并对青少年药物滥用的社会工作介入和干预提出防治对策。

第一节 药物滥用的概念及分类

"物质滥用"是一个全球范围内的重大公共卫生问题。物质即指麻醉药品、精神活性物质，其主要是作用于中枢神经系统，从而影响认知、情绪、意识等心理过程的化学物质。因为麻醉药和部分精神活性物质在一定条件下可以用于临床，所以也称为"药物"（drug）；又因绝大多数精神活性物质具有不同程度的成瘾性，所以有时也称为"成瘾物质"或"依赖性物质"。药物滥用在全世界非常普遍，青少年滥用药物问题亦相当严重。

一、药物滥用的定义

有关药物滥用最简单的定义就是"药物不正确的使用，不论其动机"。近二三十年来，学界对"药物滥用"一词颇有争议，许多学者认为药物一词之范围太窄，应以"物质"代之。以美国为例，其法令称为《管制物质管理法》（Controlled Substance Act.）。美国精神医学学会 1994 年第四版的《精神疾病诊断与统计手册》（DSM-IV）也不再使用"成瘾"（Addiction）一词，而改用"物质依赖"（Substance Dependence），将其统称为"物质相关障碍"（Substance-related Disorders）。其包括两大类：①物质使用障碍（Substance Use Disorders），包括物质依赖（Dependence）及滥用（Abuse）；②物质引起障碍（Substance-induced Disorders），包括物质引起的中毒、戒断、谵妄、持续失智及失忆、精神病、情绪、焦虑、性功能及睡眠等状态。本节使用以"药物滥用"一词为主，并可以视为与物质滥用相通。

在我国，药物滥用定义为："非以医疗为目的，在不经医师处方或指示的情况下，过量或经常使用某种药物，以致伤害个人健康或社会安宁秩序。"

二、药物滥用的种类

一般而言，常被人类滥用的药物依物理特性可分为中枢神经抑制剂、鸦片类、兴奋剂、大麻、迷幻剂与吸入剂等。美国学者 Thornyon 和 Voigt 依据毒品对人体生理作用的不同，区分为"抑制剂"类和"兴奋剂"类。其中，抑制剂又细分为"中枢神经麻醉剂"和"中枢神经镇静剂"，而兴奋剂又分为"中枢神经兴奋剂"和"中枢神经迷幻剂"。蔡德辉博士在《青少年药物滥用与防治对策》一文中列出药物滥用的种类，如表 6-1 所示。

表 6-1 药物滥用的种类

抑制剂	中枢神经麻醉剂	罂粟类	鸦片（Opium） 吗啡（Morphine） 可待因（Codeine） 海洛因（Heroin）
		合成类	潘他唆新（速赐康） 美沙酮
	中枢神经镇静剂	巴比妥酸（Babiturated）	
		精神安定剂（Benzodiazepine）	
兴奋剂	中枢神经兴奋剂	可卡因（Cocaine）	
		苯丙胺（Amphetamine）类	苯丙胺 甲基苯丙胺
	中枢神经迷幻剂	大麻（Cannabis）	
		麦角酸二乙酰胺（LSD）	

三、非法药物举例及其滥用后果

作用于精神的药物是人们用于改变感觉方式、思维方式或行为方式的药物，其涵盖了酒精和烟草以及其他天然的和人造的麻醉品。过去所使用的大多数麻醉来自于植物，人们可以种植，随后转变成麻醉品，这些麻醉品有可卡因、海洛因和大麻等。20 世纪，人们发现了用化学品制造麻醉品的方法。这些麻醉品被称为人造麻醉品或合成麻醉品，包括兴奋剂、"狂喜"（摇头丸）、麦角酸二乙酰胺、甲基苯丙胺等。

（一）大麻

大麻会对人的身体带来严重影响。首先，经常吸食大麻会造成身体机能衰竭。大麻烟雾中的焦油含量要比高焦油香烟烟雾中的焦油含量高出 50%，因此如果经常吸食，得肺癌和慢性支气管炎的可能性就会增加。其次，滥用大麻还会对"精神性运动"功能方面，即协调自身行动的能力方面带来某些问题，这在从事驾驶汽车、操作机器等工作时特别明显。最后，经常吸食大麻还会使人们在心理上对它产生依赖，无法自拔。

（二）可卡因

过度吸食可卡因可能导致惊厥、突然发病、中风、脑出血或心力衰竭。长期使用可卡因会引起鼻部组织遭到破坏、呼吸困难和体重减轻等健康问题，同时导致心理上强烈的依赖性。

（三）海洛因

注射海洛因一段时间后会使人出现恶心、呕吐、嗜睡、失去平衡、注意力不集中、没有食欲等现象，如注射过量，则会导致死亡。注射海洛因最危险的后果之一是增加了感染艾滋病的可能性。因为许多时候，海洛因注射者都互相使用同一针头，这成为传染艾滋病的主要来源。

（四）苯丙胺

苯丙胺会引起心跳加剧、呼吸加快、血压升高、体温升高、出汗等身体反应，还可能导致人们焦虑、烦躁，惊恐不安。经常使用苯丙胺会产生强烈的心理依赖，并且大量使用可致人死亡。

（五）摇头丸

服用这类迷幻药会引起某些情绪上的反应，但停止用药后会感到抑郁和疲倦，还会出现恶心、呕吐、血压升高、心跳加剧等现象，甚至还会因身体过热和脱水导致死亡，长期服用可能会使大脑和肝脏受损。越来越多的证据表明，服用此类麻醉品可能会导致脑损伤。

（六）吸入剂和溶剂

吸入剂和溶剂是可以吸入的化学品，如胶水、汽油、喷雾剂、打火机用液等，种类繁多，外表形形色色，通常为管装或瓶装。这些东西虽然不是麻醉品，也可以从很多商店合法得到，但是，它们在贫困阶层中，特别是流落街头的青少年中被广泛滥用，给青少年的身心健康带来损害。吸入剂可能会使人感到短时间的麻木和头晕，长期吸用还可能引起头痛、恶心、昏厥、心跳加剧，会损害肺、肾和肝脏。此外，它们还可能引起窒息、惊厥和昏迷。

第二节　青少年药物滥用的原因

导致药物滥用的原因十分复杂，没有单一模式可以解释所有形态的药物滥用。青少年滥用药物与其他偏差或犯罪行为雷同，其成因复杂，各项因素皆有可能。根据国内外相关研究文献分析，其缘由可从心理、家庭、青少年同伴及次级文化、社会环境等层面一窥端倪。

一、心理层面因素

许多青少年或为好奇心所驱使，或为满足个人欲望、幻想，或为逃避现实压力与焦虑，寻求药物之寄托，成为"嗑药族"。学者特夫（Teff）即认为滥用药物是个人在心理极度沮丧之情况下所表现出的一种求助行为。葛兰德（Grinder）也指出青少年滥用药物之心理层面因素包括：①为了改变其知觉中的现实世界；②为了获取情绪上的幸福、安乐感；③逃避烦恼，避免面对心理产生的无力感；④对父母的反抗；⑤寻求自我探索；⑥寻求幻觉与审美经验等。国内学者的研究也指出，心理层面因素为青少年滥用药物的主因。例如，苏东平的研究指出，青少年滥用药物的原因为：①好奇；②解决个人问题和不适当的感受；③寻求刺激；④反抗权威律令；⑤被忽视或失落之感觉；⑥尝试个人挑战；⑦与他人接近并被团体接纳；⑧学业或职业成绩差，借药物逃避现实；⑨追寻人生意义，证明自己情绪成熟及深度之潜能。高金桂的研究也指出，青少年初次用药以好奇心为主，占3/4，其次是想摆脱心理上之烦恼，约占17%。

另有许多从心理学角度出发的研究，发现药物滥用者有某些人格特质，包括抑郁和受虐待的倾向，他们想借着药物的作用，使得情绪愉快，因而产生了药物滥用。有些人则是过度退缩、极端自卑，希望借此来克服自卑感与性格的缺陷。

二、家庭层面因素

探讨青少年滥用药物的行为原因，家庭层面的因素不容忽视。首先，青少年滥用药物与其父母、兄弟姐妹的滥用药物经验成正比，即当父母、兄弟姐妹有滥用药物行为或沉溺于药物时，青少年滥用药物的行为动机也明显增加。其次，来自贫穷、破碎家庭的青少年由于缺乏父母关爱或受到更多的轻视，其滥用药物的动机与机会因而比正常家庭的青少年大大增加。另外，亲子关系不良与父母管教态度不当也是青少年滥用药物的重要原因。学者辛恰等（Simcha Fagan et al.）指出，倘若家庭具备良好气氛及实行适当的管教，则可减少青少年的药物滥用行为；倘若父母管教态度不一致，则将助长青少年滥用药物行为。

三、青少年同伴与次级文化因素

导致青少年滥用药物的另一重要原因为青少年同伴与次级文化因素。许多研究指出，与行为不良青少年（包括触犯刑事法律或者有触犯刑事法律可能的行为的青少年）或滥用药物同伴团体的接触为青少年滥用药物的重要指标。温伯格（Weinberg）指出，朋友在协助吸毒者获取毒品上扮演着极为重要之角色，吸毒者也是从其友伴中获知使用毒品的方法。为获取毒品，青少年不得不与药物次级文化团体接触，而经常接触的结果是，吸毒者将逐渐为该用药次级文化团体所同化，并认同该组织，进而划分吸毒者与非吸毒者，排斥其他非吸毒者，最终进入"嗑药族"的世界。高金桂的研究也再度指出，药物同伴团体在青少年滥用药物行为中扮演着重要的角色。例如：①提供初次使用的药物；②提供药物来源给新的用药者；③提供使用药物的方法；④使初次使用药物者对药物产生心理上的期待，提高药物效果。因此，青少年同伴与次级文化的影响力着实不容忽视。

四、社会环境层面因素

首先，青少年所属社会的价值观对其行为具有指示作用。例如：其所属社会一方面存在着鼓励滥用药物的文化价值观或宗教价值观，社会媒体、广告对滥用药物持容忍态度；另一方面，合法的或不合法的药物都较易获得，阻止和预防滥用药物的法律和法规本身不严格、执行不力，则生活其中的青少年更易滥用药物。其次，如果青少年不能获得他们本应得到的接受教育的机会、工作机会，拥有过多的空闲时间同时又没有相关活动可以参加，也会增加青少年药物滥用的几率。最后，青少年滥用药物的行为也受社区邻里环境的影响。尤其是在人口密度、人口迁移比率及人际隐匿性较高的颓废、贫穷区域，由于社会控制力的减弱，人与人之间产生疏离、非人性化及冷漠等，造成社区邻里秩序之紊乱与脱序，导致青少年嬉闹与从事偏差行为，如吸毒与贩毒的滋生。学者斯塔克（Stark）曾指出犯罪地域的重要性，恶劣的社会环境，不仅将吸引街头乞丐、娼妓、无赖汉、问题青少年的聚集，同时将成为各类犯罪（包括吸毒、贩毒）的滋生地。

综上所述，青少年滥用药物的行为可分别从心理层面、家庭层面、同伴与次级文化层面及社会环境层面加以解释，其滥用药物行为可能是各层面因素交互影响的结果。除这些因素外，青少年药物滥用行为也可能与整体社会的流行趋势、广告渲染有关，例如演员、运动员等涉嫌吸毒的案件经媒体争相报导，无形中也会增加毒品对青少年的吸引力及注意力。所以，青少年滥用药物的原因可谓复杂。

第三节　药物滥用青少年群体的社会工作干预和介入

青少年滥用药物的行为不仅损害个人身心健康，同时可能因此衍生出攻击性行为，对社区的安宁与民众的福祉产生巨大威胁。此外，青少年为维系毒品来源，与黑社会组织打交道，直接影响到未来的犯罪生涯。虽然青少年滥用药物的成因十分复杂，但仍可从预防、管制与惩罚、治疗及追踪辅导四方面进行青少年药物滥用的防治工作。

一、预防

"预防胜于治疗"，为避免潜在的药物使用者成为"嗑药族"，实行必要的预防措施是阻绝青少年滥用药物的首要工作。在实务上，预防策略可从下列三个层面着手：

1. 健全家庭组织功能，强化亲子关系

家庭在滥用药物的防治上扮演着重要角色。倘若家庭趋于解体、破碎，父母缺乏和谐，亲子关系不良，无法有效沟通，父母未能实行适当的管教，都易使青少年濒于偏差行为（如吸毒）的危险。因此对解组家庭的干预、辅助、规划、施行亲子教育，甚至进行家族治疗，是预防青少年滥用药物的重要工作。

2. 加强学校教育与倡导

学校应扮演比以往更积极的角色，以教育、辅导青少年抗拒、摒除毒品的入侵。一般而言，学校的防治滥用毒品方案包括：认识毒品教育、抗拒毒品的技巧、社交与人际处理的生活技巧、学生康乐休闲活动的规划等。此外，对于高危险的行为不良青少年群体，更宜进行专业的心理咨询与辅导，避免滥用药物行为恶化。

此外，国家禁毒委员会应组织从事毒品防治工作的专家，以及精神病、心理和社会学专家编写适合我国国情的针对大学生、中学生、待业青年、外地民工、个体商贩的多媒体教材，并支持其出版发行。禁毒委员会与教育部应协商将预防药物滥用教育纳入大、中学学生素质教育课程中，以便正规、全面地实施预防教育⊖。

3. 社区资源的运用及支持

良好的青少年滥用药物预防方案有赖于社区邻里居民的支持与合作。倘若社区民众能共同合作，致力于扫除毒品，将使青少年滥用药物行为无所遁形。因此，加强社区居民志愿参与滥用药物防治工作应作为社区方案的重点工作。此外，鉴于贫穷、脏乱、颓废的社区环境是滥用药物行为的滋生地，应运用政府以及民众力量致力于改善恶劣的生活环境，防止青少年滥用药物行为的滋生与扩散。最后，还可在社区加强大众传播媒体的倡导，使家长、青少年认识毒品危害，激发忧患意识，致力于反毒、拒绝毒品的工作。

二、管制与惩罚

管制药品的进口与流动并加强对非法制造及贩卖毒品的追诉、惩罚，也是防治青少年滥用药物的重点工作之一。①应加强国际合作，以断绝毒品走私来源并管制非法药物的流通；②应致力于加强机场、港口的检查工作，尤其应利用先进侦缉毒品技术、手段，如精密鉴定仪器等；③对管制贩卖及使用在医疗上的药物，经进口或制造后，应建立一套完整的流动纪录制度，加强督导与查核，避免药物非法买卖及使用；④药物管制单位应与司法单位及执法部门合作，详细编制管制药物的图片及说明书，供查缉药物的有关人员参考，以提高执法效果；⑤应加强对非法制造及贩卖药物者（含不法医疗人员）的追诉惩罚，以期遏止非法药物的扩散与流通，减少其对青少年的身心损害。

三、治疗

药物滥用青少年患者因为复杂的心理社会环境因素影响，加上成瘾后的心理与生理依赖性，戒除并不容易。依据美国精神医学学会 DSM-IV 的分类方式，毒瘾患者由成瘾到完全戒断之前，可以分为几个不同阶段：①药物成瘾；②早期完全戒断；③早期部分戒断；④持续性戒断；⑤持续部分戒断。要真正达到戒除毒瘾的目标，需要很大的决心与毅力，周围的亲友应给予强烈的关怀与支持。根据学者与实务工作者的见解，下列治疗方法有助于减缓及治疗青少年滥用药物成瘾的问题：

1. 药物控制与治疗

最著名的是美沙酮维持疗法（Methadone Maintenance），此方法在 20 世纪 60 年代末期被用来

⊖ 朱逸宽，江娇英，楼洪刚，等. 青少年药物滥用和预防教育现状［J］. 中国药物滥用防治杂志，2007，13（6）：364－365.

代替吗啡及海洛因。美沙酮是一种化学合成的麻醉剂，本身也是一种成瘾药物，但吗啡与海洛因成瘾者在使用该药物之后，会逐渐脱离对原成瘾药物的依赖，且副作用较小。但使用此药物时应谨慎避免成瘾，并配合其他医疗服务，以达到较佳功效。此外，也可采用抗结剂（Antagonist Drug），以阻止吗啡系列毒品发挥效果，并避免安乐感及药物依赖的发生。

在戒除早期的急性戒毒期的治疗，依使用的药物种类特性，有不同的治疗模式。有些成瘾性药物会引发强烈的戒断症候群，甚至在未给予适当治疗的情况下可能危及生命安全。通常在急性生理戒断期，建议患者接受全日住院治疗，这样一方面可以隔绝毒品的来源，另一方面医生能密切观察患者的身心变化，给予最适当的治疗。多数药物的急性戒毒期约在 1~2 星期。

2. 心理辅导与行为疗法

药物控制方法可以对青少年药物滥用者的生理依赖加以阻断和治疗，但鉴于成瘾青少年常因意志力薄弱无法摒除诱惑而再犯，因此加强心理层面的建设与辅导则成为工作的重点。急性戒毒期结束后的心理复健期是戒除毒瘾的关键时期，良好的个人心理调适、学习新的压力处理方法、找到新的疏解压力渠道、重建社会人际关系等是成功戒除毒瘾的关键。其中，有关心理辅导部分可以采用个人心理疗法、团体疗法、现实疗法、内观法等方法加强其心理建设；有关行为疗法部分可以采用嫌恶治疗（Aversive Technique）、代币法（Token Economics）及行为契约法（Behavior Contracts）等。辅导、治疗应注意：①把握治疗的契机，越早越好；②提供长期、持续性的诊断治疗；③处理分阶段性，以磨炼青少年的心性并培养其责任感。

最有成效的方式之一是病友团体的支持，尤其是过去有类似经验而后戒毒成功的人所组成的团体，彼此互相支持鼓励，当可能复发的时候，利用团体的力量相互支持，避免再发。

3. 社区治疗法

社区治疗法又称治疗性居民社区（Therapeutic Residential），是指在社区运用社区资源以及居民的力量协助药物成瘾者顺利复归社会。其基于三个条件：①药物成瘾者是在其所居住的环境中成瘾；②他将经常停留或居住在该环境中；③治疗的方式并非改变该环境，而是加强案主面对环境压力的能力，案主须参加会心团体，而社区民众则应予以支持与协助。

四、追踪辅导

鉴于药物成瘾的再犯可能性较高，因此，青少年经过矫治后仍须予以追踪辅导，甚至进行密切观护监督，以确保这些青少年不致再度滥用药物。除专业辅导人员进行严密监督外，另应对青少年家长、亲戚及其重要关系人委托以更大的责任，并鼓励民众、大专学生等参与辅导滥用药物成瘾者的行列，致力于消除促成青少年滥用药物的不利因素，达成免除毒害的目标。

第七章　抑郁症青少年群体

　　抑郁是青少年较常见的心理卫生问题，且发病率近年来呈逐渐升高的趋势。美国的一项研究结果表明，青少年抑郁症发病率为 8.3%；[一]加拿大 2006 年的文献报道中显示，青少年抑郁的发病率为 8.2% ~ 10.4%。[二]国内关于青少年抑郁的流行病学资料中，由于研究工具的不同，结果也存在差异。据相关报道显示，约 10% ~ 20% 的青少年在 18 岁之前有过一次以上的抑郁发作。[三]而在 2006 年的一项流行病学调查中，青春发育初期少年的抑郁检出率达 25.4%。[四]

　　抑郁对青少年的影响颇重，作为一种负性情绪已成为 21 世纪危害青少年身心健康的主要因素，不仅影响学业的发展，更会造成社会功能的紊乱、人际关系紧张、物质滥用，如果不及时进行治疗，将会影响青少年的身心健康，严重者甚至会造成自杀。据报道，抑郁症引起的自杀是造成青少年死亡的第三大原因。且抑郁症的复发率较高，国外有报道显示，5 年以上的随访发现接近 70% 的青少年患者会复发，4 年内复发率为 33%，6 个月内复发率为 5%。因此，针对抑郁症的特点为青少年群体进行有效的预防和治疗显得尤为重要。本章会介绍抑郁症的概念及诊断标准，分析引发青少年抑郁的原因，总结青少年抑郁症群体的行为表现，最后提出预防和治疗青少年抑郁症的有效策略。

第一节　抑郁症的概念及诊断标准

一、抑郁及抑郁症的概念

　　抑郁（Depression）是一种低落的情绪状态。身处抑郁的人其心境悲观，愉悦丧失，自身感觉不佳，对日常生活的内容缺乏兴趣，常有自责倾向及自我评价低下，还会伴有失眠、乏力、疲劳、疼痛及食欲缺乏等躯体方面的不适。

　　抑郁症是一种心理障碍。2001 年《中国精神障碍分类与诊断标准》（第三版）（CCMD-3）将"抑郁"放在心理障碍的范围中加以描述，称之为"抑郁发作"。以下九大症状作为其诊断依据：①兴趣丧失、无愉快感；②精力减退或疲乏感；③精神运动性迟滞或激越；④自我评价过低，自责或有内疚感；⑤联想困难或自觉思考能力下降；⑥反复出现想死的念头或有自杀、自伤行为；⑦睡眠障碍，如失眠、早醒，或睡眠过多；⑧食欲下降或体重明显下降；⑨性欲减退。如果出现心境低落，又有以上九项症状中的至少四项，持续时间至少 2 周，同时伴有社会功能受损，这样就符合抑郁发作的诊断。

　　如病人的社会功能没有受到损害，或仅有轻度受损，这样的状态称为"轻性抑郁症"；如在抑郁发作的过程中没有幻觉、幻想等精神病性症状，这样的状态称为"无精神病性症状的抑郁症"；当抑郁病人出现幻觉、妄想等精神病性症状或紧张综合时，这就被称为"有精神病性症状

　　[一] 舒明跃. 儿童青少年抑郁症 [J]. 国外医学精神病学分册, 2004, 31 (3): 129-132.
　　[二] 刘贤臣. 青少年抑郁症状的年龄性别差异 [J]. 中国行为医学科学, 1997, 6 (1): 30-33.
　　[三] 沈渔邨, 崔玉华. 精神科特色治疗技术 [M]. 北京: 科学技术文献出版社, 2004.
　　[四] Vadher A, Ndetei DM. Life Events and Depression in a Kenyan Setting [J]. Brit J Psychiatry, 1981, 139: 134–137.

的抑郁症"⊖。

二、抑郁症的诊断标准

与很多内外科疾病不同的是，由于抑郁症目前病因未明，因此临床至今还没有一种或者一系列的检查或者化验可以进行诊断，一些症状评估的量表可有助于医生对抑郁症状严重程度有量化的参考，但并不能作为诊断的依据。

抑郁症目前的诊断还是以临床诊断为主，因此诊断需要到正规医院进行专业判断，确诊为抑郁症需要有2位精神科副主任医师以上职称者均一致诊断为抑郁症。诊断一般由医生遵照 ICD 标准（疾病和有关健康问题的国际统计分类）或 DSM-Ⅳ（美国《精神疾病诊断与统计手册》）（两者基本一致）进行，一般症状较重的患者考虑诊断为重性抑郁障碍，症状较轻但是病程较长的患者则有可能是心境恶劣障碍，有明显的季节性特征的患者可以诊断为季节性情绪失调。另外，在按此标准诊断前，一般还须排除其他有相似症状的生理疾病。

目前国内常用的重性抑郁发作诊断标准有两种：一种是上述 CCMD-3 标准；另一种是美国《精神疾病诊断与统计手册》（第四版）（DSM-Ⅳ）诊断标准。

DSM-Ⅳ对重性抑郁发作的描述如下：⊖

（1）在一个周期内（一般为两周），出现与以往功能不同的明显改变，表现为下列五项以上，其中至少一项是心情抑郁或者是丧失兴趣或乐趣。

注：不包括明显由于一般躯体情况，或者与心境协调的妄想幻觉所致的症状。

1）几乎每天大部分时间都心境抑郁，这或者是主观的体验（例如，感到悲伤或空虚），或者是他人的观察（例如，看来在流泪）。注：儿童或青少年可能是心境不稳定，易激惹。

2）几乎每天的大部分时间，对于所有（或几乎所有）活动的兴趣都显著降低。

3）显著的体重减轻（未节食）或体重增加（一个月内体重变化超过原体重的5%），或几乎每天食欲减退或增加。注：儿童则未达到应增体重。

4）几乎每天失眠或嗜睡。

5）几乎每天都精神运动性激越或迟缓（由他人观察到的情况，不仅是主观体验到坐立不安或行动缓慢下来）。

6）几乎每天疲倦乏力或缺乏精力。

7）几乎每天感到生活没有价值，或过分的、不合适的自责自罪（可以是妄想性的程度，不仅限于责备自己患了病）。

8）几乎天天感到思考或集中思想的能力减退，或者犹豫不决（或为自我体验，或为他人观察）。

9）反复想到死亡（不只是怕死），想到没有特殊计划的自杀意念，或者想到某种自杀企图或一种特殊自杀计划以期实行自杀。

（2）这些症状并不符合混合发作的标准。

（3）这些症状产生了临床上明显的痛苦烦恼，或在社交、职业或其他重要方面的功能缺损。

（4）这些症状并非由于某种物质（例如：某种滥用药物、某种治疗药品）或由于一般躯体性情况（如甲亢）所致的直接生理效应。

⊖ 陈福国. 专家解答：抑郁症［M］. 上海：上海科学技术文献出版社，2006.

⊖ 唐启盛. 抑郁症：中西医基础与临床［M］. 北京：中国中医药出版社，2006.

（5）这些症状不可能归于离丧。后者为在失去所爱者后出现这些症状并持续 2 月以上，其特点为显著的功能缺损，病态地沉湎于生活无价值，有自杀意念、精神病性症状或精神运动性迟缓。

第二节　青少年抑郁症产生的原因

关于青少年抑郁症的产生原因，国内外医学界、心理学界仍在探索之中。通常情况下，抑郁症的产生没有单一的原因，它是由多种原因共同引起的，概括地说，是生物、心理、社会（文化）因素相互作用的结果。青少年时期的个体因素、家庭因素、环境因素等都可能成为引发青少年抑郁症的原因。

一、个体因素

青少年时期是一个人的成长、成熟和个体社会化的关键时期，这一时期所经历的生理、心理变化也是人生中最复杂的一个阶段。在受到外界冲击的同时，心理状态及荷尔蒙分泌的变化、体质遗传因素的影响，都会引起青少年的情绪演变与行为趋向。

1. 生物因素

医学和生物学研究表明，抑郁的与非抑郁的青少年相比，前者的泌尿系统代谢物与肾上分泌物似乎有差别。关于青春期的相关身心特征知识的狭隘性和对其求知的急切性相脱节，可能会使得一些青少年产生多疑、无助感、冷漠等消极情绪。

2. 遗传因素

家族遗传性因素对青少年抑郁也有影响，是引发青少年抑郁症的重要原因。约 50% 抑郁青少年的父母中，至少有一人曾患抑郁症。对双生子的研究也发现，同卵双生子的同病率高达 70% 以上，而异卵双生子的同病率仅为 19%。

古希腊医生希波格拉底将人的气质按一般情况分为多血质、胆汁质、黏液质和抑郁质。多血质的人显得活泼开朗、机敏灵活，但往往不够踏实，心思多变；胆汁质的人倾向大胆、坦率、热情，但又易粗心、莽撞和刚愎自用；黏液质的人比较稳定、踏实，有耐心，但不够活泼，比较固执、迟缓；抑郁质的人细致、谨慎、多思多想，但怯懦、孤僻、易退缩。瑞士心理学家荣格将人的性格分为内倾和外倾两种类型。○性格外倾的人，心理活动倾向于外部，经常对外部事物表示关心和兴趣；性格内倾的人，很少向别人显露自己的喜怒哀乐，把情感深藏于内心，珍视自己内心的体验，往往沉默寡言，难以琢磨，做事深思熟虑，缺乏实际行动，常有困惑、忧虑、闷闷不乐之感。

人的气质和性格是在先天遗传和后天的双重影响下形成的。气质和性格在一定程度上也影响着一个人对现实的态度和行为方式。科学研究和临床经验表明，心理疾病的发生，往往与神经类型、气质类型及性格特征有关。例如，性格内向的青少年由于把注意和兴趣集中于内部世界，富于想象、孤僻、常常注意事物消极面或遭受意外挫折的人，因而容易产生严重的狭隘、抑郁、猜疑、对立等病态心理。另外，急性抑郁发作的青少年，病前个性多倔强、违拗，或有被动易攻击的特点；慢性抑郁的青少年，病前多表现出无能、被动、好纠缠、依赖和孤独的特点。

3. 心理因素

青少年时期身体迅速发育，心理随之产生急剧的变化。青少年心理的显著特点是自我意识

○　拓维文化. 大学生心理问题调查［M］. 北京：中国纺织出版社，2000.

的增强。随着年龄的增长、知识经验的丰富、阅历的加深，青少年更加注重对自我的认识。他们十分关注和评价自己的内心世界和个性品质，并凭借这些来支配调节自己的言行。由于青少年的自我意识水平还不够稳定，因而对事物的识别能力不高，常常会出现偏差。无论是自我评价还是对他人的评价均会出现片面性、情绪性或波动性，尤其是他人对自己的评价非常敏感或关注，哪怕一句随便的评价，都会引起其内心很大的情绪反应。

由于性机能的成熟，青少年对第二性征的显现有强烈的新奇感，渴望了解异性，渴望与异性交往。由于青少年的内心情感丰富、强烈、复杂、敏感、不稳定，情感体验深刻，情绪起伏波动大，容易兴奋、激动、冲动，易感情用事，对行为的后果考虑得不多，一旦遭受情感挫折，容易消沉悲观，甚至走上自杀的道路。

青少年时期的另一典型的心理特点是情感发展与现实之间的矛盾。例如，幼稚与成熟的矛盾，盲目性与自觉性的矛盾，闭锁性与交往需要的矛盾，独立性与依赖性的矛盾，求知欲与识别力低的矛盾，情感与理智的矛盾，理想与现实的矛盾，性意识的发展与道德规范的矛盾，等等。这些矛盾如果不加以解决，个体就会产生消极的适应，从而产生抑郁情绪。

二、家庭因素

家庭是影响青少年心理发展的重要因素。辛德纳等人通过对父母与青少年抑郁症之间的关系的研究，认为父母的人格结构，特别是其病态心理的严重程度、亲子关系、对社会的态度等，对青少年抑郁症具有一定的决定作用。[⊖]

现代家庭对青少年心理健康的影响包括：①观察学习他人，尤其是家庭成员的抑郁表现，是青少年患抑郁症的重要外部因素；②家庭代际间的思想和情感失调具有传递性，如果父母被诊断有精神疾病，其子女就会被认为是高危险群；③家庭面临越来越大的经济压力，社会上缺乏可靠稳定的教育设施，青少年被虐待和被疏忽，父母离婚或者任意一方的缺席和不投入，都会对青少年抑郁症产生影响；④青少年抑郁症与家庭环境中父母间的紧张关系或冲突有着密切联系。

容易导致抑郁情绪问题的家庭归纳起来有三类：第一类型为父母对孩子过度保护，这类家庭对孩子过度娇惯，处处为孩子着想，事事为孩子代办，使孩子失去个性化发展的机会，一旦脱离了父母便极易遭受挫折，个体自身却无承受挫折的能力；第二类型为父母对孩子漠不关心，这类家庭的孩子长期缺乏爱的体验，感受不到家庭的温暖，经常处于紧张忧虑之中。第三类型为父母对孩子要求过于严厉，孩子生活在一个霸权制家庭中，父母不给孩子自由思考、表达的机会，只是一味地"强迫和要求"，或是望子成龙，给孩子过多的压力。当压力超过孩子自身所能承受的阈限，个体即出现焦虑、抑郁等症状，随之而来的则是孩子对活动失去兴趣乃至完全丧失信心。

三、环境因素

由于青少年的生理、心理特点及其所处环境、社会地位与角色有其特殊性，也就决定了影响青少年身心健康的生活事件不同于成人。影响青少年的环境因素除了家庭环境因素以外，还包括学校中的学习压力、人际关系、师生关系等。其中，适应学习压力是最主要的方面。

1. 学习压力

对我国青少年来说，其成就主要表现在学业方面，不管是自身的需要，还是来自教师、父母

⊖　郑维廉. 青少年心理咨询手册［M］. 上海：上海人民出版社，1997.

等的外界压力。这使他们多表现出成就定向的特征，他们主要是通过学习成绩来评价自己能力的高低和体验成败。学习压力、长期的学习成绩差等，会给许多青少年带来心理上的压力，引发经常性的情绪低落，从而表现出抑郁。同时，在中学阶段，由于学习负担的不断加重，使得青少年的休息时间逐渐减少，尤其是处在升学阶段的青少年，他们面对升学的压力和老师、家长的高期望，必然会产生高强度的抑郁情绪。

2. 人际关系

"对青少年来说，不良的人际关系交往常常是由心理个体化与心理社会化两个方面的不平衡发展引起的，并造成青少年在人际关系中的种种心理障碍"。[一]青少年正处于个体从家庭步入社会的重要时期，自己更加独立，渴望得到他人的认同，渴望走出儿时的伙伴圈，建立新的伙伴圈。但其生理、心理上都处于发展期，对于许多事物的变化无法从多个角度去看待，对社会和家庭的依赖性依旧很强，这种矛盾状态会在无形中加大他们的身心压力。

另一方面，青少年期社交范围扩大，亲密朋友变少，性意识逐渐形成。如果这一时期青少年完全不同异性交往或者交往不正常，都有可能导致抑郁。早恋是目前中学校园中十分普遍的现象，也是导致青春期抑郁的主要"杀手"。近年来，在全球范围内因早恋而导致青少年自杀或故意伤害他人的报道屡见报端。同时，青少年也会因早恋而遭到家长和学校的责备，从而影响其情绪和交友观，导致抑郁。

3. 师生关系

有的教师在应试教育模式和高考指挥棒下"唯分数论"，少数教师在教育、教学过程中用警告、讽刺、挖苦、揭短、遗弃等手段代替思想教育，用简单粗暴的惩罚手段代替严格管理，用威胁的手段代替激励，给青少年的身心造成了巨大伤害。心理学家指出，精神上受虐待的孩子，在成长过程中所遭受的心理和思想伤害，可能比肉体受虐待的孩子更大。因为这是对孩子的自尊心和自信心的严重摧残，而自尊心受到挫折的人，又容易出现如抑郁症等多种心理障碍。

此外，青少年的父母去世或离异、早年的不幸经历、青春期的精神创伤、失恋、身患疾病或其他负面生活事件等，均易于诱发抑郁情绪。

第三节　抑郁症青少年群体存在的问题

国内外有关青少年抑郁症及其表现的研究仍在深入之中，尤其是青少年抑郁症与青少年其他问题的因果关系或相互联系，更是被探索的一项重要主题。一般地说，青少年抑郁症的表现是综合性的，涉及生理、心理和行为等多个方面。

一、生理层面

根据临床观察和相关资料表明，患有抑郁症的青少年常表现出饮食失调、失眠、多梦、疲倦、头晕、食欲缺乏、体重下降、心脏憋闷、头痛、下腹部疼痛和无以名状的哭泣等生理症状。这些症状对正处于发育中的青少年来说是极为不利的，而且若不正视这些表现的危害性并及时采取措施的话，那么这些影响对青少年成长的危害是不堪设想的。

㊀　王玲. 心理卫生［M］. 广州：暨南大学出版社，2004.

二、心理层面

心理上主要表现在意识层面：患抑郁症的青少年总喜欢往负面去想，郁郁寡欢、闷闷不乐；思维迟滞散漫，行动迟缓，言语减少；缺乏自信心，自我评价过低，产生内疚感，常陷于自责之中；易怒、焦虑、恐惧、坐立不安；敏感而多疑，总幻觉或妄想自己真的有"精神病"。

三、行为层面

行为表现上，青少年抑郁症常伴有许多异常的行为问题，如攻击性增强、多动，这可能是青少年尝试掩饰内心的抑郁及保护自己不陷入绝境的感受。例如，过去听话的孩子忽然变得好顶嘴、不听话、易激愤和冲动，对日常活动及周围的人和事物丧失兴趣，注意力难以集中，不能安心学习，记忆力衰退，不愿参加社交活动，故意回避他人，体验不到生活的快乐，等等。在极端情况下，甚至还会导致自伤及自杀行为的发生。

中学生抑郁症案例的心理透析

案例介绍：

杨某，女，18 岁，青岛市某高中学生，2003 年 6 月份在学校跳楼自杀身亡。

据杨某的母亲称，女儿在初中和高中一直是备受师生关注的优等生。高三前后，由于过分焦虑，她开始心情忧郁，头昏无力，入睡困难，身体状况不佳。经诊断，确定为抑郁症。之后，为了使杨某按时上学，母亲带她进行了心理及药物治疗，甚至到精神病医院诊治（因独立的心理诊所少），收到了一定的疗效。为保障持续治疗，在其入学后仍让其抽空偷偷独往治疗。一段时间后，杨某精神转好。

可就在其毕业前，杨某又向她母亲电话哭诉说不能集中精力，生活就像"炼狱"，表示"活不下去了，救救我吧"，并第一次提到了死。不久，她在学校跳楼自杀。死前，她写有遗书，叙述了自己生活的痛苦和寻求解脱的期盼。

案例分析：

（1）杨某性格内向，喜好妄想，而忧郁、焦虑是她抑郁症产生、发展、反复直至轻生毙命的根源。她的抑郁症产生的诱因是高考，担心考砸是她病症复发的又一"妄想"毒药。恰恰是"妄想"，在理想变成现实之前加重了她的抑郁症状。

（2）据她同宿舍的两名女同学反映，杨某从不参与众人的谈话，集体活动也很少参加。这就是第二个重要原因。考大学前得病，怕亲友熟人知道而偷偷治疗，之后，怕老师同学知晓，仍是独自偷偷治疗。她越是担心害怕，越难与同学们接触，甚至连看到别人谈论也认为是在议论自己，思想和行为上的自闭更加重了她的孤独和忧郁。

（3）每次的反复都将她推向抑郁症更恶化的一步。第一次的反复是精力不集中，全身乏力；第二次反复是感觉生活像"炼狱"，想到了死；第三次反复是丧失信心而自杀。这也是抑郁症患者治疗效果不佳，或坚持不够而表现出的显著特征。

（资料来源：乐梅. 中学生抑郁症案例的心理透析［J］. 青春期健康，2010（11）.）

第四节　抑郁症青少年群体的社会工作干预和介入

对于抑郁症的治疗，目前在临床上，有药物治疗、物理治疗、心理治疗和自愈性疗法。社会工作提倡助人自助，除了协助案主及时解决问题和帮助其发掘潜能之外，更多的是强调社会资源的整合。社会工作在青少年抑郁症治疗中主要包括认知介入、行为介入、情绪支持和家庭服务四种介入方法，其中前三种是直接介入，最后一种是间接介入。

一、认知介入

这种介入方法包括角色模仿、行为演练、认知重组和问题解决等。根据认知介入方法的基本假设，"抑郁"被认为是错误的想法和思考过程的结果，是思考的扭曲。例如：不能从经验中汲取教训，以不恰当的证据得出不恰当的结论，夸大单一事件的重要性，等等，都会增强青少年的忧郁。如果通过改变思考模式，练习新的思考方式，理解后果以及探索替代性的问题解决方法，那么，当事人的一些负面的自我观点就会消除。

所以，认知介入涉及对青少年思维模式的改变，最主要的方法是认知行为疗法。它的具体内容为：①任务分级法，即划分给定的任务。可根据案主的实际情况，将任务划分为更小或更容易的一个个小任务，以此来减轻案主的压力，目标是使其能轻松获得成功体验，随着治疗过程的推进，逐步加大合适的任务，使其能在挑战自我、战胜困难的时候正确地认识自我，特别是能正确地进行自我比较和社会比较，从而逐步增强自信心。②把不愉快的活动转向愉快的活动，即把不愉快的体验进行转移。为自己的不满情绪寻找发泄对象（如布娃娃），在这一过程中使得自己由被动承受者转变为主动执行者，并向自信和愉快的情感过渡。③改变消极观念。要努力澄清案主的感受，正确对待情绪的表达方式。社会工作者应该紧紧抓住事件本身，引述案主问题并进行摘要，澄清案主主观化的偏差，帮助案主建立准确的判断和积极的感受，重复进行这样的澄清，以此来引导案主正确表达自己的情绪，在下次遇到挫折时不会发生严重的判断偏离。

二、行为介入

行为介入是以具体的、可测量的抑郁青少年问题行为的改变作为介入的目标。比如：有外向行为（攻击或破坏）的抑郁青少年，如果能保持安静地坐着，就会获得奖赏；而对内向行为（退缩、安静）的抑郁青少年，则会因为与他人交谈或参与活动而获得奖赏，因拒绝与他人接触而受到惩罚。

作为外部力量的学校、家庭需要加强对青少年的心理健康教育，要对抑郁症的某一表现或某几个表现给予合适的评价，要给予充分的尊重、合适的赞扬与批评，强化他们正确的行为，弱化不良的行为，创立良好的积极乐观的精神氛围。举例来说，小强为某高校的大一新生，进校不久后就表现出明显的孤僻等抑郁症状。社会工作者在全面了解情况后，才知道他以前是一个充满自信和乐观向上的人，出现这种情况是由于生活方式的转变和进校后感觉到自己的成绩并不像高中时那样突出，由此而引发失落抑郁。社会工作者对他进行了合理的治疗安排：第一步，向小强说明他的这些外在迹象是刚进校时的正常反应，让他不要焦虑和慌张，并要求班级其他同学要尊重他，不得歧视；第二步，对小强说明大学生的成长专业成绩并不是最重要的，多方面综合发展等正确的生活学习态度才是值得鼓励的，同时在班会中对其善于下棋的特长予以表扬，

㊀　范明林. 社会工作方法与实践［M］. 上海：上海大学出版社，2006.

劝他参加比赛，后来还获了奖，使他体验到了其他方面的成功；第三步，让班里的同学多与小强进行沟通和交流，无论是学习上的还是生活中的，使得他真正能感受到自己并不孤单，而是这个大家庭中的一分子。这样，在经历半年的治疗生活后，小强又恢复了往日的自信和笑容。

三、情绪支持

情绪支持主要通过个案工作、小组工作等专业方法进行。具体方法为：①通过个案会谈，协助案主发泄情绪，抒发不满、沮丧和害怕等情绪，引导他们理性地面对问题，正确地审视自我，进而再对其行为进行纠偏；②采取上述任务取向的小组方案或参与治疗，以帮助其重新建立正确的人际关系，通过同辈群体的相互支持以正确地自我确立。

如何给予抑郁者科学的心理支持

心理学博士 Debroah Serani 有和抑郁症斗争的亲身经历，她和大家分享九条妙招：

（1）陪在身边。Serani 认为给予抑郁症患者帮助最好的方式莫过于有人陪在身边："当我自己感到非常抑郁时，哪怕只是有个我在乎的人坐在身旁陪我哭，无声地握住我的手，或是传递出'你对我很重要''如果我能帮助你，请告诉我''我们会想办法让你好起来的'此类信息，我的内心都会感到温暖，进而感觉这些方式对我有所作用。"

（2）小小的行动大大的爱。Serani 说，如果不习惯于情感上的表达，可以换种方式表示支持，比如发一条信息、做一桌可口的饭菜、留一条语音信息，都能让其感受到被爱。

（3）不要臆断或批评他们。Serani 建议尽量不要说这样的话："你应该看到好的一面，而不仅仅只是坏的一面"或"你想太多了，走出黑暗的圈子外面一片光明。"这些话的潜台词是："他们有选择情绪的余地，但他们却放任自己的情绪选择了绝望。"这些话不仅敏感，还很有可能将你关心的人进一步推向深渊。

（4）不要用激将法。有些人会故意对关心的人不耐烦，挑战他们的极限，使用冷暴力，更有甚者下最后通牒（如："不好起来我就离开你"）。但仔细想想，这招就如同把癌症患者晾一边不给予帮助一样，无用且伤人。

（5）不要小看他们的痛苦。"你太敏感了""为什么一点小事情都能扰乱你"这类言语会使抑郁症患者感到羞愧。他们会觉得被忽视了感受，或是被敷衍地对待。

（6）不要提意见。Serani 告诫说："尽管抑郁的人需要指导，但这些指导会让他们觉得被羞辱或者无所适从，导致越陷越深的后果。"真正有用的是问话是："我怎样做会让你感觉好点？"这样的问法让对方看到了向你寻求帮助的契机。她说："当一个人寻求他人帮助时，更希望被指引并且不受到冒犯。"

（7）不要比较。除非你有过抑郁的感受，不然千万别说你了解他们的感受，即使你是为了帮助他们，但这可能直接导致你们之间的谈话减少，或是忽略了他们的感受。

（8）尽可能地了解抑郁这种感觉。你可以自学一些关于绝望方面的知识来避免一些误区，一旦你了解了抑郁的症状，周期和结果，你就能更好的给予你关心的人以支持。Serani 说："抑郁症的症状就如同涨潮退潮一样不稳定，抑郁的成年人也许仍会开玩笑，有时候患有抑郁症的小孩子在课堂上还能取得好成绩，甚至看起来还比较快乐。"抑郁症的症状可能还在别处显现，而且一时不易看出来，所以认识到抑郁症症状的深远性和不可预测性是非常重要的。

(9) 耐心具有神奇的力量。耐心是对关心的人最有力的支持，Serani 说："当你耐心对待关心的人时，你在释放一种信号，告诉他们：不管多久，不管需要接受什么样的治疗，或从发作到恢复要经历何种困难都不重要，因为我在你身边。"这种耐心具有非常神奇的力量，希望会伴随着这种耐心而降临。而对于抑郁症患者来说，希望是最难得的。有时给予抑郁症病人支持无异于走钢丝，因为你得考虑该说的，不该说的，该做的，不该做的。但记住，只要你在身边，哪怕只问一句能帮上什么忙，都能为抑郁者带来无限力量。

（资料来源：如何给予抑郁者科学的心理支持．凤凰网）

四、家庭服务

在以上几种方法成功介入的同时，要达到有效的目标，不可或缺的是家庭服务。青少年在生理、心理上依赖的最终点是家庭，所以让其家庭成员，尤其是其父母参与治疗过程是十分必要的。早期家庭服务的过程中，社工要对抑郁症青少年的家庭作探访，收集丰富有效的资料，对家庭关系、家庭结构、教育方式等家庭信息要收集完整。然后根据收集的资料进行分析，了解案主的整个家庭因素（如父亲的教育方式等）对其抑郁症形成的影响，在此基础上，给予其家庭成员（如父亲）在治疗过程中一定的任务，或者对其家庭结构关系进行必要调整。必要时，社会工作者也要利用家庭以外的资源来促进案主及其家庭的改变。即使是采用具体的治疗技术，如行为治疗，也需要家庭的积极参入。混乱、纠缠冲突、无秩序的家庭，都会阻碍抑郁青少年的改变。所以，父母关系、父母及代际的互动方式、父母的认知与行为等，这些家庭环境因素的改善必须与抑郁青少年的治疗同时进行。在家庭成员的积极配合下，案主才有全面治愈的希望。

第八章　恋爱青少年群体

恋爱在青少年阶段越来越普遍，但在面对青少年恋爱的问题上，人们却有不同的态度。部分思想传统的人认为青少年恋爱会影响青少年的学业和正常的人际交往，并且青少年恋爱常常以失败告终，很少出现终身厮守的结局；另一部分人则认为青少年恋爱是其对男女关系的探索和学习，能为将来的婚姻作准备，因而认为不宜过分禁止或压抑这种现象。我国香港某机构对3207 名中学及大专生的调查发现，青少年恋爱的态度并不如外界想象般肤浅，五成受访者认为"信任"是恋爱中最重要的元素，其次是体贴、专一、良好沟通和坦白。而满足物质需要、随传随到、常有惊喜、满足性需要在青少年眼中则是最不重要和最难做到的四个恋爱元素。同时，"有耐心"在恋爱元素的重要程度排在第十位，难做到程度排在第五位，表明青少年难以做到稳定、有耐心。[一]因此，了解青少年恋爱的特征及原因就显得十分重要，掌握如何对青少年恋爱进行积极干预同样具有重要意义。本章就从青少年恋爱的概念及特征、类型及阶段、产生原因、社会工作干预和介入这四方面展开，最后探讨时下流行的同性恋问题。

第一节　青少年恋爱的概念及特征

青少年期是独立性与依赖性、自觉性与幼稚性并存的时期，青少年的心理处于不成熟、不定性的阶段。青少年的恋爱现象是青少年期性成熟的过程中，两性之间出现的一种过度亲密的互相接近的表现。青少年期这个特殊时期也决定了此阶段的恋爱呈现出朦胧性、矛盾性、变异性和差异性的特点。

一、青少年恋爱的含义

青少年恋爱是指处于青春期的男女建立恋爱关系或对异性感兴趣、痴情或暗恋，是青少年由于正常的生理和心理发展造成的对异性的爱慕。

进入青少年期后，出现异性爱慕倾向的青少年会主动接近自己喜欢的异性，双方交往频繁、相互倾心，就可能导致恋爱的发生。青少年的恋爱表现为：

（1）由性冲动和外在吸引而产生，缺乏思想情感方面的考虑。

（2）彼此往往是由双方身上的某一方面的优点产生倾慕之情，缺乏对对方的全面评价。

（3）缺乏责任感和伦理道德观念的约束，易发生性行为。

在我国，思想传统的长辈们与应试教育界一般认为早于大学时期（约 18 岁）的恋爱应算"早恋"，并极力反对这种恋爱行为。但一些新兴教育家、心理学家和学生认为"早恋"一词并不科学。因为青少年在青少年期加速发育，第二性征出现后，逐渐性成熟，生理和心理都有成人化趋势，所以对异性产生好感是青少年期的普遍情况，是生理与心理发育的必然，不应该用"早恋"这样带有感情色彩的词汇来描述。

㊀　人民网——港澳频道. 香港青年恋爱重信任沟通 物质及性需求退居其次. 2011-12-05.

二、青少年恋爱的一般特征

由青少年恋爱的各种情况综合起来看，通常有下列四种特点：

1. 朦胧性

青少年对于早恋发展的结局并不明确，仅仅是渴望与异性单独接触，而对未来家庭的组建、处理恋爱和学业之间关系、区别友谊和爱情等问题都缺乏明确的认识。

2. 矛盾性

早恋的青少年其内心充满了矛盾，既想和其喜欢的异性接触，又害怕被父母发现。可以说在早恋的过程中，愉快和痛苦的感觉是并存的。对于暗恋的早恋者而言，这种矛盾性还表现在是否向爱慕者宣示爱意（表白）的矛盾。

3. 变异性

友情是充满变化、极不稳定的，因为青少年往往欠缺处理人际关系的技巧及经历，导致双方缺乏互信，关系一般都难以持久。而这种不确定性会给恋爱青少年双方带来心理痛苦。

4. 差异性

青少年的早恋行为有明显的差异。在行为方式上，极其隐蔽，通过书信、电话或者网络等传递感情，进行秘密的私下沟通和感情交流，家长和老师难以发现。但有些青少年也会公开恋爱关系，在许多场合出双入对。

在程度上，大多数早恋者还主要是交流感情，或者一起玩耍；从人际关系上看，一般没有超出正常的朋友关系，但有的早恋者关系发展得很深，除了交流感情外，有时甚至发生性关系。

在年龄的喜好上，女孩通常喜欢比自己年龄大、比较成熟的男孩，而男孩则通常喜欢比自己年龄小的女孩，并在交往中体现自己的阳刚之气。一些心理学家认为年龄相当时，女孩会采取主动，但根据实际情况看，更多的是男孩采取主动，因此这种说法尚没有定论。

第二节　青少年恋爱的类型及阶段

青春期是青少年身体成长、学习新事物的黄金时期。此时期的青少年思想情绪不稳定，人生观尚未形成，且他们极容易受到社会文化宣传、朋辈压力的影响，所以，青少年时期的恋爱可以根据不同的心理特征、心理动机分为几种类型，随着年龄的增长，青少年的恋爱心理也呈现出逐渐变化的特点。

一、青少年恋爱的不同类型

青少年恋爱的类型主要可以归纳为下面八种：

1. 爱慕型

这类青少年是由于互相之间对对方的爱慕而产生的恋爱现象。这种恋爱类型十分常见，根据爱慕原因的不同，可分为仪表型、专长型和品性型爱慕恋爱，分别是因为爱慕对方外在的仪表、对方的某项自己崇尚的能力或专长、对方的某些自己崇尚的品性而产生的恋爱。其中，仪表型爱慕一般最难以持续和稳定，相比而言品性型爱慕会维持得比较久。

2. 好奇型

这是因为对异性留有的好奇心而产生的早恋现象。随着性意识的不断发展，青少年会产生对异性身体、生活、心理和对自己态度的好奇，这是青春期青少年的一种心理现象。青少年容易产生性冲动，从而对异性保持一种敏感的态度，并为了满足这种好奇心而结交异性朋友。

3. 模仿型

这是由于青少年模仿社会上、影视作品和报刊书籍中的行为而产生的早恋现象。青少年的价值观还处于非稳定的构建期，处于模仿性极强的年龄。然而在价值多元化的现代社会，享受恋爱的价值取向不仅在发达的媒体里表现得淋漓尽致，在现实社会里也无孔不入，这导致很多青少年的恋爱都开始于简单的模仿。

4. 从众型

这是青少年迫于周围同龄人的压力产生的早恋现象。例如，本来不存在的恋爱关系，可能被周围的人杜撰出来，即"谣言"或者"绯闻"。在这样的环境下，迫于舆论的压力，青少年很容易对另一方产生爱慕之心。

5. 愉悦型

青少年期男女之间作为同学甚至同桌，由于较多的交流和信息传递，会更加细致、透彻地理解对方，在这种状况下容易产生早恋。这也是"同班恋"甚至"同桌恋"的重要原因。

6. 补偿型

一些青少年由于在学习生活中遭受挫折，自尊遭到损害，为达到发泄目的，往往会找异性交往，在其中忘掉痛苦，以谋求补偿。这类早恋融入了真实的感情，容易发展深化。

7. 逆反型

由于社会意识和舆论的因素，青少年的两性交往常会受到家长、老师的不恰当干预，容易诱发其"你们不许我这样做，我偏要这样做"的心理。在这种逆反心理的作用下，本来正常恰当的异性交往可能迅速向早恋发展。

8. 病理型

在当代社会，营养条件优越，容易造成的营养过剩和食物中含有的性激素的作用或各种特殊生理疾病、家庭遗传等因素，可能导致青少年心理早熟，甚至是性变态心理。这是诱发青少年早恋的主要客观因素。

二、青少年恋爱心理的演变阶段

随着年龄的增长，人的脑垂体激素的分泌量增加。特别是进入青春期后，随第二性征的出现，性腺的逐渐发育成熟，性意识觉醒，青少年开始关注两性关系及对待异性的态度和行为规范。一般认为性意识的发展，大体经历了性疏远期、性亲近期和恋爱期三个阶段。

1. 性疏远期

处于青少年初期的学生（12~14岁）对性差别很敏感，性别角色越来越明显。孩提时代两小无猜的男女伙伴开始疏远了，在日常生活和学习中，男女学生很少说话，不理不睬，如同路人，各自的心里却产生不安和羞涩，对男女在一起其他人便起哄，同桌之间的"三八"线。这种男女界限的出现，标志着男女学生性意识的觉醒刺激他们产生对异性之间接触的好奇感，使他们渴望了解更多关于男女自身及其相互之间的秘密。

2. 性亲近期

处于青少年初期后半段的学生（大约15~16岁），随着性意识的发展，异性之间的疏远逐渐转变为彼此接近。他们开始注意异性对自己的态度，常以友好的态度对待异性，并在异性面前表现自己，以期望博得异性的好感。这一时期的特点是男女间的相互显示和吸引，表现在注意打扮自己，愿意同异性接触，对异性的关注特别敏感。有的男女学生在表现自己的同时，以含蓄的方式表达自己的心意和试探对方的意图，也有的干脆递纸条、写情书明确求爱。不过这一阶段性亲近的对象具有广泛性、不稳定性、幻想性，这是性意识发展的一个重要阶段。

3. 恋爱期

处于青少年中期的大学生，生理发育已基本完成，社会成熟和心理成熟达到较高水平，性心理的发展达到峰期，加之社会角色已获得认同，如大学生未来的职业已定，成才大有希望，"成家"问题也就提上了议程，考虑恋爱、婚姻等问题已成现实，于是开始进入恋爱期，包括初恋和热恋两个阶段。

第三节 青少年恋爱行为产生的原因

如今，有越来越多的青少年过早地进入恋爱，由于现象的普遍性，青少年恋爱已经成为社会关注的一个热点问题。每一种普遍行为的背后都会存在着某些共通的原因，青少年恋爱也只是一种表象，隐藏在其背后的是青少年的生理变化、心理需要、家庭和社会问题。

一、青少年的生理变化

生理成熟及性意识觉醒是青少年恋爱的基础原因。青少年从青春期开始，下丘脑垂体性腺系统分泌各种激素，性器官迅速发育成熟并开始出现第二性征，此时青少年在生理上会产生急剧变化 ○。而且，随着社会的发展、生活水平的提高，青少年的青春期也有提前的趋势。在性特征出现的作用下，青春期青少年的性意识渐渐觉醒，对异性的好奇心及神秘感不断加强，对异性会产生有别于同学间友谊的期望。处于这个时期的青少年能够明显地感觉到对异性的好感，愿意和异性相处。但是，处于青春期的青少年的心理发展水平距离达到生理成熟程度还相对滞后，思维较片面化和肤浅化，自我控制能力也较差，所以很容易因情感冲动而开始恋爱。

二、爱与归属感的心理需要

爱与归属感的心理需要是青少年恋爱产生的深层心理原因。马斯洛提出人类的五种需要：生理需要、安全需要、归属与爱的需要、尊重的需要及自我实现的需要。各种需要的发展是逐渐进行的。○青少年的情爱需要是个体发展的必经阶段，在个体的生理及安全需要满足的基础上就会出现。青少年归属与爱的需要表现为对友情和亲情的强烈渴望，希望与异性交往，同时渴望有团体归属感。

（1）"孤独"的生活环境。由于家庭中缺少与之年龄相仿的友伴，所以他们极渴望友情，渴望与同龄人有更多接触的机会，寻找更多的生活乐趣。"孤单"的生活环境使他们强烈需要友情，需要朋友的关心和帮助。

（2）对美好情感的渴望。爱情的崇高与美好给了情窦初开的一些中学生以启迪，于是他们有了与异性交往的渴望，有的模仿成人，有的受言情小说影响而寻求浪漫和"纯情"，还有的在长期的交往中从真挚的友情发展成为爱情。

（3）枯燥乏味的学习生活。在一切向"分数"看齐的强大压力下，学生的课余活动减少了，集体活动消失了，兴趣爱好都被学习所取代。在枯燥的生活中，紧张、困惑、压抑等不良情绪常常困扰着他们，学生的情感得不到释放，于是，同学之间的交往，尤其是与异性的交流让他们感

○ 林崇德. 发展心理学 [M]. 北京：北京师范大学出版社，1995.
○ 彭聃龄. 普通心理学 [M]. 北京：北京师范大学出版社，2003.

受到消除压力、缓解紧张情绪的乐趣，长此以往，恋情便产生了。

三、必要的性教育的缺乏及不良的社会传媒

必要的性教育的缺乏及不良的社会传媒是青少年恋爱产生的教育及社会原因。目前，对青少年进行性教育虽然已经引起学校的重视，但是仍有许多学校忽视对学生的性教育，而且多数家长也羞于与子女沟通关于性的话题，所以强化了青春期的青少年对性的神秘感以及对异性的好奇心，进而促使他们产生想恋爱的愿望。另外，充斥于书刊杂志、电影及网络等传媒的不健康的性信息对青少年的熏染，也会成为青少年过早产生恋爱行为的不良催化剂。

四、家庭关爱的缺失

缺少家庭关爱是导致青少年产生恋爱行为的家庭原因。研究表明，大多数早恋的发生都与家庭因素有关。首先，单亲家庭的孩子由于父爱或母爱的缺失，往往会通过与异性建立恋爱关系来得到情感的弥补和支持；其次，父母工作忙碌或家庭关系紧张，缺乏对子女的关爱，忽略他们的情感需要，也会促使孩子提前产生恋爱行为；再次，父母教育不当、管教方式粗暴简单，使得青少年与父母关系疏远，得不到家庭温暖的青少年渴望从异性那里寻获安慰，促使恋爱行为的发生。

从以上的分析可知，引起青少年恋爱的原因是多方面的，既有青少年自身的生理和心理内部原因，同时也有学校、家庭及社会原因。正确认识促使青少年恋爱行为产生的原因，从多方面入手，有策略地进行干预，才会有效地预防青少年恋爱悲剧的发生。

第四节　恋爱青少年群体的社会工作干预和介入

"早恋"并不可怕，重要的是孩子身边的人，特别是父母怎么对待和疏导。聪明的父母会在孩子建立恋爱关系时，适时引导和帮助孩子，让孩子懂得什么是爱，怎么去爱，什么是责任，并向孩子灌输爱一个人就要为了彼此的共同目标而奋斗的道理，而不是简单的、稀里糊涂的爱。面对恋爱问题，青少年自身也要树立正确的恋爱观，明白真正的爱情需要承担责任、奉献和付出，明确爱情和人生、学业的关系。老师则要尊重学生的情感和人格尊严，引导他们驾驭自己的情感，帮助他们思考生命、事业和爱情在人生中的位置。学校方面则应普及生理卫生知识，开展心理卫生辅导和个人辅导，积极组织丰富多彩的集体活动和课余活动，拓展学生的视野和社交范围。

一、提高学生自身对恋爱问题的认识

"爱"是一个美丽而神秘的字眼，也是一个古老而弥新的话题。爱情是人类独有的情感，象征着纯洁、忠贞、美好和神圣。青少年的性生理发育虽然基本成熟，但性心理不稳定，人生观不够明确，在迫切想得到爱情的同时，不能正确理解恋爱的含义。因此，树立正确的恋爱观对于青少年来说是十分必要的。

1. 爱情与人生的关系

爱情是人生的重要组成部分，但不是人生的全部内容。爱情是人生百花园中的一朵奇葩，尽管它鲜艳、光彩夺目，但是除了爱情以外，人生还有更丰富的意义。恋爱是一对男女之间基于一定的客观物质基础和共同生活理想，在各自内心形成的最真挚的仰慕，并渴望对方成为自己生活伴侣的情感。爱情的本质是承担责任、奉献和付出。青少年时期，在没有社会经验的积累，没有物质基础作保证，稳定成熟的人生观世界观尚未成型之前，爱情就像是建筑在沙丘上的空中楼阁，一阵"风"掠过就会轰然倒塌。青春充满无限可能，处在青少年时期，积极开拓眼界、

发掘自己的理想和抱负更值得期待，在探索过程中逐渐发现生命的价值，从而给自己的人生和爱情赋予崭新的意义。

2. 爱情与学业的关系

青少年时期是人生成长过程中的转折时期，在应试教育体制下，升学考试在一定程度上决定了一名学生今后的命运；青少年时期也是学习知识的黄金时期，应合理地规划时间安排，脚踏实地地为今后的研究储备丰厚的知识并打下扎实的学习基础。恋爱是一把双刃剑：处理得好，爱情与学业双丰收；处理得不好，满盘皆输，浪费了青春又荒废了学业，是一场付不起代价的博弈。所以，青少年在面对恋爱问题时，应当理智思考，权衡利弊，在家人、朋友、老师的帮助下，作出明智的选择。

3. 爱情与婚姻的关系

青少年对爱情认识懵懂，加上见识不深、社交不广，容易产生迷恋。父母长辈和朋友应当帮助青少年正视内心的情感，通过和异性建立健康积极的友谊来消除神秘感；也应当帮助他们认清楚，年轻时的感情在经历过世俗的锤炼后，眼光和思想会发生改变，所以不要冲动作决定。对爱情的耐心等待、悉心守候会使青少年对婚姻抱有积极乐观的憧憬；反之，错误的恋爱观、冲动不负责的婚前性行为会对青少年今后的婚姻带来一定程度的伤害。

二、老师和家长的观念培养

青春期的恋爱与其说是"早恋"，不如更准确地说是一种好奇、一种仰慕、一种自然亲近的接触。事实上，许多男女学生间的交往只是正常交往，并无恋爱动机。有些老师和家长不分青红皂白地胡乱猜疑，捕风捉影，横加指责，动不动就扣上"恋爱"的帽子，反而会使其弄假成真。青少年在遇到此类问题时，更多的是需要长辈们的陪伴，陪伴他们一步一步地从懵懂走向成熟。老师要学会尊重学生的情感，引导他们驾驭自己的情感；家长要注重对孩子心灵的陪护，创造和谐的家庭氛围，用正确的人生观价值观影响孩子，做孩子的榜样。

1. 老师要尊重学生的情感，引导学生驾驭自己的情感

老师要找准自己在爱情教育中的位置，循循善诱，做一位德高望重的长者，恰当地介入学生的情感生活，并获得学生的接纳和认同。在学生出现情感波动时，老师应及时加以引导，在适当的时机采取恰当的方法，明确"早恋"弊大于利，为青春"免疫"；当学生陷入恋情无法自拔时，老师要尊重学生的情感、人格尊严和隐私，了解学生的性格特点，理解和信任学生，尝试多种策略，整合多方资源，寻找适合学生个性特点的情感教育。切勿以过激的行为和言词来刺激学生，要关心和爱护学生，以情动之、以理导之，帮助学生度过情感难关。

加强对学生的目标教育和审美教育，让学生明白初恋的纯洁宝贵，珍惜自己的情感。让学生懂得真爱是要付出奉献，是两个人在一起为了共同目标而奋斗拼搏；懂得如果是真心爱对方就要使自己变得更出色，趁青春年华修建好自己的人生"码头"，从而引导学生约束自己的情感，做情感的主人。

2. 家长要创造和谐轻松的家庭氛围，与孩子充分交流沟通

和谐宽松的家庭关系、亲子关系能使青少年得到"爱"的满足，自然会减少"早恋"行为的发生。家长不恰当的管教方式会加剧孩子性格中反叛的倾向，使孩子走向极端。家长要了解孩子生理和心理的发育特点，掌握与孩子沟通的艺术，缩短与孩子的距离。在对待孩子交往的问题上，可以以聊天的形式与孩子进行平等沟通。例如：告诫孩子，由于其年龄尚小，如果在公共场合做一些异常举动，会被别人议论，对其影响不好；如果对方提出特殊的要求一定要告诉家长，家长可以帮助孩子一起讨论；鼓励孩子参加集体活动，多方面了解异性。最后，家长可以精心为孩子挑选一些关于如何和异性交往的书籍，也可以和孩子分享自己的择偶标准、恋爱过程，让孩子对真正的恋爱有所了解。

为适应社会发展的需要，家长必须培养孩子的独立意识和责任意识，给予孩子更多的活动空间及与他人交往的空间，由事事包办转为由孩子独立承担，锻炼孩子承受挫折、战胜困难的勇气和信心。家长要以正确的人生观、价值观影响孩子，注重点滴行为的影响和感染作用，做孩子的榜样，成为他们人生路上的导师、心灵的陪护者。

三、学校课程和活动的正确引导

学校应切实开好生理卫生课和心理健康教育课，普及生理卫生知识，做好心理卫生辅导和个人辅导，建立信息平台，及时快速地解决学生成长过程中的烦恼，让学生真正了解自己、认识自己、悦纳自己、理解他人、尊重他人。帮助学生掌握与年龄相适应的性生理、性心理、性道德、性法律和卫生保健等知识，消除对异性的神秘感；帮助学生掌握自我保健知识，增强性保护意识；同时，借鉴古今中外美好的爱情诗句及经典的文章来歌颂人类最美好的感情，使学生懂得什么是真正的爱情。

学校要积极组织开展丰富多彩的集体活动和课余活动，增进男女同学之间的了解，建立健康的友谊关系。在活动中，伴随着异性交往范围的扩大，男女学生之间学习彼此尊重、相互了解、平等相待，形成互相关心、共同协作的良好集体气氛，情感也会得到健康升华。

同时，要善于发现学生的闪光点，激发学生的潜能，给学生创造更多成功的机会，增强学生的自信心，适当减轻学生的压力，缓解情绪，提高学生的自我免疫力和承受挫折的能力，并及时抓住教育契机，通过丰富他们的精神世界，让他们的情感得到合理宣泄，进而塑造完美的人格。

第五节　同性恋青少年群体

在中国，过去同性恋问题一般多是被回避和隐藏的，但随着同性恋解放运动在世界各地的展开以及网络的发展，同性恋问题也渐渐成为社会讨论的焦点。2001年4月20日，中国精神病学会颁布《中国精神病分类与诊断标准》（第三版），不再把同性恋统划为病态，但社会对这一群体还是存在相当严重的偏见的。对于青少年同性恋者来讲，一方面，他们的认知能力还不成熟，有些青少年的同性恋倾向是"假性的"，可以通过疏导进行矫正；另一方面，由于青少年的抗压能力、承受能力都有待提高，部分同性恋青少年可能迫于外界压力和歧视而走上不归路。因此，了解同性恋青少年群体的特征以及对其进行干预和介入具有重要意义。

一、性倾向与同性恋

1. 性倾向

性倾向（Sexual Orientation）是指人在"性"和"爱"方面明显持续受某一性别或某一形式的吸引。如果某人长期受同性间吸引，就可以称为"同性恋倾向"（Homosexual Orientation）；如果某人长期受异性间吸引（Opposite-sex Attraction），就可以称为"异性恋倾向"（Heterosexual Orientation）；如果某人长期受同性和异性间吸引，就可以称为"双性恋倾向"（Bisexual Orientation）。

2. 同性恋

同性恋（Homosexual）是指一个人在性爱、心理、情感上兴趣的主要对象均为同性别的人，无论这样的兴趣是否从外显行为中表露出来，那些与同性产生爱情、性欲或恋慕的人被称为同性恋者，通常称他们为同性恋者（Homosexual People）、男同性恋者（Gay）、女同性恋者（Lesbian）。

根据最新的研究显示，同性恋人群在人口中的比例依据地域的不同大概在 1%～4% 不等。学者金赛（Alfred Kinsey）在 1940 年所作的研究中给出的比例是 10% [⊖]，但是他的研究方法漏洞较多，所以一般的观点认为 10% 是明显过高的。

3. 对同性恋的认知与态度

现代科学研究显示，同性恋者的各项指标完全正常，故同性恋不是一种疾病，只是一种不同于大多数人的一种性取向，并且有学者猜测这种性倾向可能是由于基因不同导致的，但是这种猜测还没有得到证实。

由于世界各国文化、宗教的差异，导致人们对同性恋人群还存有争议。在古代的欧洲，受宗教的影响，大部分国家认为同性恋是违反神灵的意志的，因此将同性恋认为是一种精神疾病。现代人（尤其是年轻人）一般认为，同性恋是一种正常的性取向，不应划入精神疾病的范畴。但在非洲和亚洲西部、南部的一些国家，同性恋仍被视为一种违法行为，有的国家甚至将同性恋者处以刑罚。目前，我国对同性恋人群的看法较为保守，将同性恋非刑事化、非病理化，但不承认同性伴侣任何关系；而在荷兰等国，法律已经开始逐渐承认同性伴侣的合法地位。

二、影响同性恋产生的因素

有关同性恋倾向的成因众说纷纭：许多同性恋者从小就觉得自己有别于人，更因此相信他们是天生同性恋者；也有人认为同性恋倾向是个人选择，但这种想法对很多同性恋者来说不一定正确，因为人的性倾向不是刹那间可以改变的。

遗传不是同性恋的决定因素

现代遗传学证实了两个重要的原则：

（1）人类的遗传基因可以影响人体的物质结构和疾病的遗传，例如高度、种族和某种疾病。但疾病之所以产生，并非有某种遗传性的病态，环境也可以引致病态出现。

（2）人的行为主要不是受遗传基因所控制的，而是受其背景、教育、自制力等所影响。数年前，科学家曾以酗酒、暴力和情绪低落（depression）等行为作研究，假定这些人的遗传基因与常人有异，以致产生这种行为。后来结果显示行为表现源于基因的可能性很低，环境因素才是主要的原因。

同性恋者也更多地受到环境影响而非其基因。首先，不少同性恋者已成功改变了同性恋的状况，他们看心理医生，加上自律，终于转变为异性恋。如果同性恋是由遗传基因控制的，他们又怎能靠行为上的努力而改变他们同性恋的行为呢？

其次，同性恋若属遗传，他们的父母其中一人必须是同性恋者，若然属实，这个同性恋者就根本不能存在。因为同性恋者若想要孩子，必须找异性才行，这样，生下来的孩子有一半的遗传因子便来自异性恋者，但同时也丧失了一半的同性恋遗传因子。按达尔文的淘汰理论来说，几代过后，同性恋遗传因子便被淘汰而绝迹，而同性恋者也就根本不可能存至今天了。

（资料来源：http://cclw.net/soul/jdtdtxldyyrs/htm/chapter 03.html）

⊖ 阿尔弗莱德·金赛. 金赛报告——人类男性性行为 [M]. 潘绥铭，译. 北京：光明日报出版社，1989.

虽然研究同性恋的产生原因是一个复杂的课题，但在一些帮助同性恋者改变性倾向的辅导者的总结中，都发现有两个非常显著的共同点在发挥作用，那就是与同性父母关系的疏离及幼时受到性侵犯。

1. 与同性父母的关系疏远

伊丽莎白·莫白莉博士（Dr. Elizabeth Moberly）认为同性恋的产生在于同性恋者与同性父母的关系破裂，而同性恋者则希望通过同性恋性关系或恋情来弥补这个缺憾。很多同性恋者因某种原因而无法与同性父母认同；反之，他们过分地与异性父母认同，有些甚至出现男性化或女性化的举止。在进入中学后，由于身体开始发育的缘故，也有了性的冲动，很多孩子会开始对异性产生兴趣。但同性恋者却因在小学时就与同性朋友的关系疏远，或是性格、举止女性化、男性化的关系等，而使他们继续停留在希望与同性相近的阶段。因此，他们对异性完全没有兴趣，反而对同性发生兴趣。也因身体开始发育的缘故，这种兴趣便可能被"性化"，使他们对同性产生性幻想。如果不制止的话，这种现象便会持续到青年、成年、中年甚至老年期。

同性恋者因某些原因而导致自己与同性父母的疏远，使他们无法获得同性父母的爱、鼓励、了解及认同，要弥补这一缺陷，他们除了要尽可能与同性父母重新建立关系外，还需与其他同性别的人建立健康且亲密的关系。他们要学习在同性关系中如何控制自己，避免把这种关系罗曼蒂克化或性化。

2. 性侵犯

对女性来说，如果她们受到亲人（如父亲、叔叔、哥哥）、邻居或家人的朋友等的性侵犯，可能会对这些人及所有男人失去信任。因为这些人本应是她们的保护者，却对她们实施暴行，很自然地，她们会憎恨及厌恶这些人。为了保护自己，她们便会把这些人完全拒于内心世界之外，不再对他们抱有信任。而没有了男性的保护，她们便可能会转向同性。如果她们所认识的同性之中也有人有同样的倾向，那么，两个人便会很容易地跌入同性恋的"圈套"。有些女性可能自己本身没有受到任何的性侵犯，但她们可能在生命中经历一些痛苦的事情，促使她们总结男人都是不可靠的东西。譬如在家里母亲常被酗酒的父亲毒打，或者她们本身一而再地被男人抛弃，这些因素都可能造成同性恋心理的产生。

对受到性侵犯的男性来说，一般侵犯他们的人也都是男性，这些人同样可能是他们的亲戚、邻居、父母的朋友甚至老师等。当他们受到性侵犯时，他们可能起初不了解那到底是怎么一回事，而他们受到的性侵犯可能是一次性的，也可能是连续性的。性侵犯的最大伤害在于它使一个人对自己的性别与身份认同感到混乱。一名曾受到性侵犯的男孩，长大后当他回想起这些事时，他可能会问自己："为什么我会受到另一个男人的性侵犯？是不是因为我本来就是天生的同性恋者？"另外，很多受到性侵犯的男同性恋者都来自破碎的家庭，与父亲的关系尤其疏远。如果有另一个男人对他们做出亲密的行为，虽然有时他们知道这些都是错的，但因这些人在一定程度上满足了他们的内心所渴慕的关怀及爱，就会导致他们得出一个错误的结论，那就是要得到爱，就要从性方面获得。于是，有些人纯粹是因为获得了性的满足及快感而沉溺于同性恋性行为，最后变得不能自拔。

三、性倾向的改变

性倾向的改变是指人在性行为、性吸引、性幻想、身份认同（Identity）等方面由倾向同性转变到倾向异性。这种改变并非像变魔术般突然改变，它需要很长时间，经过困难复杂的过程，才能成功。所谓改变性倾向，主要有以下几方面：

1. 性行为方面

对于开始决定改变的人，需要拒绝发生同性性行为。人的行为是可以控制的，例如拒绝购买色情刊物或者观看色情电影。虽然这只是第一步，但也是重要的一步。

2. 性吸引及心灵方面

心灵方面深层的改变是需要正面处理人们对情感、欲望、吸引、幻想等方面的感觉。很多人以为，只要压抑否定自己的感受就可以改变同性恋倾向。可这不是真正的改变。真正的改变是需要正视自己的感受，包括以往所受过的伤害。虽然这是艰苦的，但从长远来说，始终是有益的。同性恋者需要处理曾经受过的伤害，发掘认识导致同性恋倾向背后的情感需要，并且改用新的、健康的途径满足这些需要。

3. 身份认同方面

身份认同方面的改变是指改变的人不再觉得自己是同性恋者。一些曾接受过辅导而改变的人形容这种改变是：觉得即使自己知道谁是同性恋者，谁不是同性恋者，也与自己无关。选择改变性倾向是需要很大的耐心及勇气的，而且并不能保证每个人都可以有百分之百的改变。一个人独自去改变性倾向也是不足够的，还需要有这方面专业知识人士的帮助。

四、同性恋青少年群体的社会工作干预与介入

不论同性恋产生的原因是什么，同性恋群体的确造成了一些社会问题。由于同性恋群体感情不能合法化（在不承认同性婚姻的国家），故导致一部分同性恋群体私生活混乱，并由此引发艾滋病的传播。部分同性恋者选择与同为同性恋者的异性结婚，这被称为"形式婚姻"。但由于这种婚姻没有稳定的感情基础来维持，从而造成了各种婚姻问题。还有的同性恋者面对世俗的压力，选择欺骗异性恋的异性结婚，这种婚姻同样容易出现问题。

虽然同性恋不是疾病，也不是罪恶，但青少年的同性恋行为多是因为环境或本身性心理发育阻滞造成的，应及时纠正，引导其树立正确的恋爱观。对青少年同性恋问题的干预与介入可参考上一节中对恋爱青少年群体的干预和介入方法，但其又具有一定的特殊性。家长、老师或社会工作者在实践中应注意下面几点：

1. 客观、科学地认识和了解同性恋，减少歧视

实际上，不少青少年都存在"同性恋恐惧"，在青春期阶段，他们会作很多斗争，甚至对同性恋者表示出一种"憎恨"。因此，当父母发现青少年是同性恋时，最不应该做的就是把孩子视为病人。虽然知道自己的孩子是同性恋对于任何一个家庭来说都不是一个好消息，但要想真正帮助青少年远离抑郁、自杀，改变其性倾向，那么首先要做的就是客观的认识、科学地了解同性恋。因为同性恋青少年往往承受着双重压力，在外面要承受被人嘲笑的风险，在家里要承受父母的愤怒和不理解，这时的歧视对他们的成长发育状况来说是不能承受之重，不仅不能解决问题，反而会把他们推得更远。

2. 查清原因，积极寻求诊治对策

同性恋的形成可能有先天的因素，也可能是后天环境造成的，情况比较复杂。建议家长发现孩子的同性恋倾向时，及时寻求社会工作者或者心理医生等专业人士的帮助，弄清青少年产生同性恋倾向的原因，对症下药。同时，大多数同性恋的矫治都是长期的，有的甚至难以改变，这就要求家长在积极寻求诊治对策的时候做好充分的心理准备，并付出不断的努力。

> **讨论一下：**
> 试想如果在你亲近的家人或朋友中发现同性恋，你会有什么反应？你会为他做些什么？为什么？

第九章　受虐青少年群体

青少年人群是一个国家的未来和希望，青少年的健康成长不仅对青少年自身、家庭以及其社会关系群体产生直接影响，而且严重影响到整个社会的发展。在青少年应该受到更多关爱与保护时，社会上虐待青少年的事件却屡屡发生，而伤害这些青少年的人，很多就是他们身边的父母或其他有照护责任的成人。受虐青少年在成长中往往会表现出比较多的行为问题、情感问题和心理问题，被虐待的经历甚至会影响其日后的人格与个性塑造，使他们更容易成为偏差或犯罪青年。本章主要介绍青少年受虐的现状与含义，分析受虐的家庭特征和虐待对青少年受害者产生的行为、心理反应，同时探讨受虐青少年的社会工作介入的问题，最后将介绍性质严重、影响恶劣的青少年性骚扰与性侵犯问题。

第一节　受虐青少年群体的概念及现状

一、青少年受虐的现状

（一）国外青少年受虐的情况

2005年，根据美国政府责任署统计，在美国33个州，共有1619起青少年受虐事件。[一]2012年，据新华社报道，某研究机构在对瑞典、奥地利、德国、西班牙和法国5000个家庭父母进行的"曾否使用器物打孩子"的问卷调查中，结果显示：瑞典父母施暴最少，为1.8%；法国为4.5%；德国为5.6%；西班牙最高，达6.7%。[二]

（二）我国青少年受虐的情况

我国有关研究人员对某省农村地区的2363名1~14岁儿童和青少年受责打管教行为进行研究，研究结果显示最近1个月内有930名儿童和青少年受到责打。[三]

香港理工学院社会科学系陈沃聪博士在论文《儿童虐待在中国——一个在中国大陆仍然有待关注的社会问题》中提供了相对详细的数据：2001年，根据中国法学会的全国范围的调查，在3543个成人中，71.9%的人承认自己有被自己的父母打过的经历。

在我国，青少年虐待问题的突出特点是：性虐待相对比西方国家少，但"忽略""打骂孩子"以及"情感虐待"却普遍存在。

二、青少年受虐的含义及分类

目前，有关青少年受虐定义的标准化方面存在着不小的差距。这个问题在不同国家、文化和地域之间更是难以统一。在发达国家与发展中国家，许多事件的发生和种类多有不同，对某些定义的理解也不相同。在发达国家，许多事件多在家庭内发生；而在发展中国家，由于社会、经

[一] 新浪网国际在线. 美国少年训练营折磨青少年致死. 2007-10-12.
[二] 新华网新华国际. 德国频发受虐案. 2012-07-03.
[三] 易波，汤福球. 关于儿童受虐待现状与对策的研究［J］. 黄河之声：科教创新版，2007（7）：171-173.

济、文化背景等原因，同类事件发生在家庭外的居多。

一般来说，青少年受虐是指由于暴力、虐待或忽视而引起青少年身体或情绪上受到伤害。其主要包括以下四个方面：

（1）生理虐待（Physical Abuse）。它是指对青少年造成实际的或潜在的体格/生理损伤，或者不保护青少年免受体格/生理损伤，其中包括投毒、窒息等。

（2）性虐待（Sexual Abuse）。它是指成年人对青少年施以性刺激以满足自己性冲动的行为。其具体包括：带有刺激性目的的亲吻、拥抱、调戏儿童身体；玩弄青少年的性器官；更严重者强迫青少年进行性交、乱伦和逼迫青少年卖淫。

（3）心理虐待（Psychological Abuse）。它是指在青少年教育过程中有意或无意的、经常性或习性的发生的导致影响青少年心理健康并使其受到伤害的言行。例如，谩骂、嘲笑、羞辱、批评、恐吓威胁、损毁或丢弃物品等。

（4）忽视（Neglect）。它是指长期、持续或严重忽视青少年；或者不保护青少年使之免受任何一种危险的侵害，如寒冷、饥饿；或者不给予青少年重要的护理，从而造成青少年健康或发育的严重损伤，其中包括非器质性生长发育不良。

第二节　青少年受虐产生的原因

由于受我国传统文化、教育方式的影响，青少年受虐问题一直未得到足够的重视，并且对青少年施虐的往往是他们最亲近的人。研究发现，青少年受虐群体的家庭呈现某些共性，如单亲家庭、父母感情不和、负面生活事件以及父母社会经济地位低下等。下面将从五方面具体介绍青少年受虐的家庭特征：

一、父母型态

通常有两种父母型态：接纳—负责型（以青少年为中心）及拒绝—不负责型（以父母为中心）。其中，拒绝—不负责型的父母型态被认为与青少年虐待的发生有关。这种类型的父母对孩子的能力、情感需求、兴趣及自尊需求缺乏敏感度，他们依赖权力、威胁及处罚来控制孩子。这种父母对孩子的影响是：孩子容易产生社会退缩、缺乏主动和自发的行为，以及对同辈欠缺情感与好奇。

虐待家庭常有的特征是家庭成员间有暴力相向，包括代际间虐待的模式。因此，此种型态可视为父母受上一代影响，面对子女所产生的适应型挑战。

二、父母的人格特征

父母的童年经历缺乏情感和温暖，常受虐待，因而没有形成适当的自尊心或成熟的情感。由于缺乏早期的爱心环境，有虐待行为的父母可能希望从孩子身上获得他们从未得到过的情感和支持。结果是：他们对孩子能够向他们提供的安慰抱有不切实际的期待；他们容易受挫并失去控制，也不能给予孩子他们从未体验过的爱。父母滥用药物和酗酒会促发他们对孩子产生冲动和失控行为，甚至有少数父母可能是明显的精神病患者。

三、家庭压力

如果没有亲戚、朋友、邻居或同伴的物质和心理上的支持，父母可能感到孤立无助而变得脆弱易怒。假若家庭有足够的支持，虐待模式可能因此中止；但若又遭受到压力或重复危机时，虐待模式就可能会再次出现。

有些家庭生活在过度压力下，每种压力都会导致另一种压力的产生，例如，疾病会导致长期失业及贫穷。有些家庭应对压力的方法便是崩溃或向外攻击。此时，社会工作的主要目标就是去降低家庭的压力，以及增加资源以恢复平衡和茁壮家庭。基于这种理念，社会工作者必须随时准备好以供家庭使用的多样服务，才可提供有效的干预。这些服务包括：电话咨询、紧急日间照顾、紧急寄养和庇护照顾、24 小时青少年保护热线、长期心理健康服务，以及环境改造服务。

四、精神诊断

通常，与非施虐父母相比较而言，施虐父母有较多的情感性"违常"。例如，施虐父母普遍的有"双极症"（俗称躁郁症）、"重郁症"以及酒瘾。患有精神疾病的父母在抚养教育孩子时，常表现出极端、不当的教育方式。

五、环境变化

家庭收入不足及不良的居住环境与虐待之间高度相关，家庭暴力的比率与来自失业、半失业、经济窘迫等因素的社会压力成正比。收入不稳定引起父母感情不和、居无定所或居住面积过小、母亲终日在外工作、父母人际关系不良等，都会带来精神上的压力和情绪不稳定，最终引发虐待青少年现象，这是收入不稳定家庭虐待发生率很高的原因。

第三节　受虐青少年群体存在的问题

与未受虐待的儿童和青少年比较起来，受虐经验将会导致受虐儿童和青少年在心理、行为、认知，以及在学业能力上的伤害。

一、受虐青少年的行为反应

高攻击性是受虐青少年的最突出的行为问题之一。对此存在两种可能的解释：①高攻击性可能与这类青少年的情绪控制和表达技巧方面的缺陷有关。具体地说，躯体受虐经历可能损害儿童的情绪控制和表达技巧，使他们难以用言词表达情绪体验，因而常常借助直接的行动（攻击）来表达其愤怒或痛苦的内在感受。②高攻击倾向可能只是受虐青少年对所处的受虐性环境采取的一种防御策略。受虐青少年常常显得过分警觉，对环境中任何有关伤害性刺激的蛛丝马迹保持高度警惕，并作出迅速攻击。作为一种防御策略，高攻击性对处于受虐性环境中的青少年是具有适应和保护性意义的。

遭受躯体受虐或忽视的青少年还表现出较多的品行障碍问题、注意问题、多动、破坏行为、受虐行为等。其同伴关系也存在严重困难：首先，这类青少年与同伴交往时表现出较高的攻击倾向。他们往往对伙伴友善的接近报以愤怒和攻击，对同伴的痛苦常感到不快或愤怒而不是同情。其次，这些青少年表现出较多的社会退缩行为，特别是在陌生的同伴群体中显得社交技巧极端欠缺。高攻击性和高社会退缩，是受虐，特别是躯体受虐和忽视青少年在同伴关系中的两种典型表现，这类青少年也因此而遭到同伴的拒绝和遗弃，以致越来越深地陷入社会孤立的处境之中。随着青少年年龄的增长，这种同伴关系的困难和社会孤立状态可能持续存在，从而影响青少年的学校适应技能和学业成绩，并从多方面影响青少年的自我概念和自尊水平。受虐青少年在同伴关系中的这种严重困难可能与其童年期对母亲（照料者）的依恋过程受挫有关。根据依恋理论，早期依恋关系受挫所造成的不良人际关系模式可能持续一生，使其日后的婚姻关系或亲子关系发生困难。McCarthy 等研究发现，童年期遭受虐待的妇女，成年后其婚姻关系是否发生困难与其早年依恋模式有关，属于回避型或矛盾型等不安全依恋类型的妇女婚姻关系发生困难的比例 6 倍于对照组。○

性受虐经历所造成的行为后果近期多表现为社会退缩、成绩下降、离家出走、焦虑、抑郁、自杀等；远期多表现为性别角色冲突、异性化行为以及多种性行为问题。性早熟行为被认为是性受虐受害者最具特征性的行为表现。所谓性早熟行为，是指受虐青少年常表现出来的一些与其年龄和发展阶段不符的受虐化的性活动。与此相关的另一个行为后果是性杂乱或受虐。据 Silbert 等人的一项调查显示，在 200 名受虐女性中，60% 在 16 岁以前曾遭受性受虐。研究者认为，由于性受虐经历使受害者过早卷入性活动中，其既已建立起来的行为准则可能因此而瓦解或改变，也许这就是性受虐者常表现出性杂乱或性早熟行为的原因。

二、受虐青少年的心理反应

青少年期的各种受虐经历与多种精神障碍或症状如抑郁、焦虑、注意缺陷多动障碍（ADHD）、创伤后应激障碍（PTSD）、人格障碍、品行障碍、心境障碍、受虐型人格障碍、物质滥用、性功能障碍等有着密切联系。Kaplan 等人的研究指出，躯体受虐是青少年精神障碍的重要危险因素，躯体受虐的青少年精神障碍发生率明显升高，其重性抑郁、品行障碍和物质滥用的发生率分别是对照组的 7 倍、9 倍和 19 倍。○性受虐受害者的精神障碍发生率更高。Merry 等人的一项随访研究发现，事隔 12 个月之后，性受虐受害者符合至少一种以上精神障碍诊断标准者，男性达 81%，女性达 60%；同时符合两种以上诊断标准者占 36.4%。○性受虐受害者较常出现的精神障碍有 PTSD、ADHD 以及进食障碍（厌食症和贪食症）等。有研究指出，性受虐受害者进食障碍、PTSD 和 ADHD 的发生率分别达 65%、44% 和 46%。四

遭受身体虐待还严重阻碍青少年认知发展并引发大量心理社会问题，学术界称之为"暴力诱发的智力伤残"。有研究显示，在 10% 的遭受虐待的青少年中，虽然此次虐待已结束，但该虐待所造成的生长发育和智力发育迟缓可持续 4 年。受虐青少年可能发生多种神经和神经心理紊乱，经过治疗的性虐待受害青少年易罹患精神/意识分裂症状。

○ McCarthy G, Taylor A. Avoidant. Ambivalent attachment style as a mediator between abuse childhood experiences and adult relationship defficulties. Journal of Child Psychology and Psychiatry, 1999, 40 (3): 465-477.

○ Kaplan SJ, Pelcovitz D, Salzinger S et al. Adolescent physical abuse: risk for adolescent psychiatric disorders. The American Journal of Psychiatry, 1998, 155: 954-959.

○ Merry SN, Andrews LK. Psychiatric status of sexually abused children 12 months after disclosure of abuse. Jounal of American Academy of Child and Adolescent Psychiatry, 1994 (33): 393-944.

四 McLeer DV, Deblinger E, Henry D. Sexually abused childen: a high risk for post-traumatic stress disorder. Journal of A-merican Academy of Child anh Adolescent Psychiatry, 1992 (31): 875-879.

Herzog DB, Staley JE, Carmody S et al. Childhood sexual abuse in anorexia and bulimia nervosa: a pilot study. Journal of American Academy of Child and Adolescent Psychiatry, 1993 (32): 962-966.

McLeer SV, Callaghan M, Henry D et al. Psychiatric disorders in sexually abused children. Journal of American Academy of Child and Adolescent Psychiatry, 1994 (33): 13-319.

如果虐待是发生在家庭中，就会产生许多特殊的问题。因为这种精神创伤会反复发生且发生的时间间隔无法预料，还会导致情感矛盾、混乱。⊖长期精神创伤造成复杂的深度内心压力症状、人格改变。由于人际关系和自我同一性紊乱，驱使受害者反复受到虐待，这些虐待有的是由受害者自己造成的，有的是由他人造成的。青少年受到虐待以后，很容易发生精神创伤后紧张综合征或其他精神—心理紊乱，如压抑、焦虑综合征、意识障碍以及边缘性、自恋狂、抗拒社会、精神分裂症的人格特征。⊖

整体而言，在受虐经验对青少年的影响上，虽然各种受虐经验皆有其长期与短期的效应，但在过去，大多数的研究都是仅针对"遭受身体虐待或是性虐待对青少年的影响"问题进行探讨。同时，在各种受虐经验对青少年的影响方面，相较于遭受性虐待的青少年，遭受身体虐待、精神虐待、疏忽等虐待类型对青少年的影响比较接近。因此，以下将就遭受身体虐待和性虐待对青少年在青少年期与成人期的影响分述如表9-1和表9-2所示。⊜

表9-1 遭受身体虐待对青少年的影响

青少年期	成人期
◇ 身体与神经上的伤害	◇ 攻击或暴力行为
◇ 不安全的依附关系	◇ 低自我概念
◇ 避免与他人在目光上的接触	◇ 社会疏离
◇ 负面的社会互动	◇ 有虐待自己子女或配偶的危险性
◇ 过动倾向	
◇ 沮丧	
◇ 社会疏离与退缩	
◇ 睡眠困扰	
◇ 智力缺陷	
◇ 攻击行为	
◇ 偏差行为	

表9-2 遭受性虐待对青少年的影响

青少年期	成人期
◇ 情绪困扰	◇ 情绪困扰
◇ 忧郁与焦虑倾向	◇ 忧郁与焦虑倾向
◇ 创伤症候疾患	◇ 创伤症候疾患
◇ 行为问题	◇ 人际关系困扰
◇ 人际关系困扰	◇ 认知扭曲
◇ 认知困难与扭曲	◇ 不快乐的人格特质

⊖ Windom CS, Ames MA. Criminal consequences of childhood sexual victimization . Child Abuse Naglect, 1994（18）：303-318.

⊖ Moeller TP, Bachmann GA, Moeller JR. The combined effects of physical, sexual and emotional abuse during childhood：long- term health consequences for women. Child Abuse Neglect, 1993, 17 (3-4)：153-157.

⊜ 叶毓兰，黄翠纹，张诏雄. 家庭暴力防治专业人员工作手册：校园处理儿童少年遭受虐待/目睹婚姻暴力实务工作手册.

第四节 受虐青少年群体的社会工作干预和介入

社会工作者在介入受虐青少年工作时，会遇到来自各方面的难题和压力。有来自文化方面的，例如，文化中对青少年虐待与体罚之间界定不清，难有明确判断的标准；同时，"家丑不可外扬"的文化传统让社会工作者在介入家庭层面时面对诸多困难。面对大多数青少年虐待源于家庭的情形下，缺乏较为成熟、具有建设性的方法帮助青少年彻底解决家庭虐待问题。

一、介入青少年身体虐待和性虐待问题时遇到的难题

(一) 介入青少年身体虐待问题时遇到的难题

在社会工作者接触这类的案件时，主要会碰到五类困难：

1. 难以界定

首先，虽然随着先进教育理念在我国的不断深入，体罚还是普遍存在于我国一些家庭之中。体罚与虐待往往只有一步之隔，我国也未有明确的判断虐待的标准，处理时基本停留在有关机构工作人员的主观判断层次。其次，即便公安部门的法医机构可以对青少年遭遇的虐待进行伤痕鉴定，但相对于发达国家较完善、健全的界定程序，我国在青少年遭受家庭虐待方面的认证还需要进一步完善。

2. 难以预防

青少年遭受家庭虐待的比率，农村明显高于城市；在宣传力度上，城市却大于农村。而且，如果家庭虐待的施暴者认识到这一行为的危害，无疑对于减少其发生有很大作用；但如果施暴者没有清醒的认识，单靠宣传类的预防措施很难奏效。

3. 难以介入

出于我国国情考虑，以及对社会工作在我国目前的发展现状分析，社会工作者进入案主家庭开展工作的难度非常大。

4. 难以控制

青少年遭遇家庭暴力有极强的隐蔽性，即便社工的介入缓解了家庭冲突，但当社工退出案主工作或在社工离开的时候，家庭虐待的问题依然缺乏有效控制力。即便社工还在工作中，对家庭行为的干涉也受到很多条件制约。

5. 难以处理

我国的社会工作者大多存在于非政府组织或慈善机构中，缺乏强有力的措施和资源支持。对于受虐青少年，彻底解决其家庭行为是有很大难度的。将青少年带离家庭，依靠社会福利机构抚养也不是一个建设性的方法，并没有彻底解决家庭虐待的问题。

(二) 介入青少年性虐待问题时遇到的难题

在社会工作者接触这类案件时，主要会碰到以下三类困难：

1. 发现难

性虐待的躯体体征可以有行走或坐下困难、生殖器损伤、阴道有流出物或瘙痒、反复发作的泌尿生殖器感染或性病感染，然而躯体可能没有受伤害的表现。凡12或13岁以下儿童患有任何一种性传染性疾病，都必须看做是性骚扰的结果，如能排除，则另当别论。

青少年受到性虐待，若无躯体伤害，其行为（如易激惹、惊恐、失眠）可能是唯一可诊断的线索。而专业人员与受害青少年细致地交谈可能是进一步获取所需详情的唯一方法。一些年

龄大的受害青少年，可能受到犯罪分子的威胁而不敢告发，案情就被隐瞒了下来。

2. 介入难

与处理虐待的案例类似，若无资源支持，社工很难进入性虐待家庭开展工作。况且这类问题，不论中西方文化有何差异，都是难以启齿的痛苦。

3. 处理难

社会工作者在面对这类案件时，绝大多数的结果都是将受害者带离家庭寻求社会相关机构的帮助，或由权力机关对施暴者进行法律惩罚。纵然这样使青少年脱离了苦海，但家庭对于青少年的缺失却是一个伴随产生的新问题。

对受虐青少年的介入方法不仅包含通常意义上理解的个人辅导，也包含家庭辅导、环境干预及运用自然协助者和医疗干预等。社会工作者在与家庭、学校、医院、司法部门、警署、儿童和青少年保护机构以及社区有关力量或社会资源密切配合过程中，相互商讨对受虐青少年的介入和辅导方案，有助于把对青少年的伤害降至最低限度。

二、对受虐青少年的个人辅导

对受虐青少年的社会工作介入首先要进行个人辅导，辅导的目标、内容或方向大致可以围绕以下几个方面展开：

（1）了解。让青少年当事人了解自己是受害者，以及了解自己会经常害怕承认真实感受的部分。

（2）对原有的自己提出异议。当他们了解到自己是受害者时，他们会开始体验到痛楚及真实的感受；在辅导的过程中，他们应被允许反复体会这些感受。

（3）沉默。当新的感觉、顿悟出现时，青少年当事人会开始觉得在某些地方他们是有责任的（无论是消极层面或积极层面上）；基于某些理由，他们觉得"我是自找的"。

（4）绝望。当辅导进行时，开始觉察到他们的童年和别人是不一样的；通常都会对自己所经历和他人不同的童年感到失落。

（5）对关系的再评估。儿童期受虐的青少年当事人会为满足其人际需求而寻求完整性及人际关系。

（6）面对。当青少年当事人可以面对情绪时，他们准备好可以面对加害者。

（7）再建构。青少年当事人被鼓励与他人做更多的接触。

三、对受虐青少年的家庭辅导

有很多的社会工作方法可以介入受虐青少年的家庭，如家庭治疗、受虐青少年的父母的个别辅导、施虐父母小组等。其中，维系家庭服务和家庭重建方案现在被广泛地运用于受虐青少年的家庭辅导。

有三个层次的社会工作服务用以维系家庭，它们分别是：

（1）以社会为基础的服务，协助及支持成人扮演其父母的角色。

（2）以家庭为中心的服务，提供各种服务以使家庭状况稳定（如个案管理、咨询、辅导或治疗、教育技巧、倡导及实质服务）。

（3）密集式以家庭为中心的服务，当孩子需要被带离的情况所提供的服务。

家庭重建方案是指"一项密集的、在家庭内所进行的家庭危机咨询以及生活技巧教育方案，这样的设计是用来预防受困扰家庭的不必要的瓦解，以及减少将青少年安置于公共设立的照顾系统"。家庭重建以"自己的家庭是儿童和青少年最佳的生长环境"的信念为基础。

实施以家庭重建为导向的社会工作服务时，需要如下一些技巧，如评价家庭的优点和强处、改变环境、计划目标、设定时间限制、与家庭签约、教导特殊的生活或社交技巧、在危机时介入、在家庭内与家庭成员一起工作，以及迎合家庭需要的个别化服务。

四、对受虐青少年的环境干预及运用自然的协助者

家庭的直接环境（如朋友、亲戚、邻居）中，自然协助者是可以利用的良好资源，而且比实务工作者更常与家庭接触。使用个案直接环境中的机构及自然协助者，都是促成受虐青少年及其家庭正向改变的资源之一。与专业人员或志愿者相比较，自然协助者的另一个优点是，他们通常在助人关系结束后，还会持续与该家庭保持联系。

五、对受虐青少年的医疗干预

被虐待的青少年个案呈现出复杂的心理社会及法律问题，而这样的状况极其需要医疗、法律，以及心理等专业的技巧来共同协助。对受虐青少年的医疗干预的工作内容包括：对青少年虐待的介入团体应设立在小儿科或急诊室、急救反应、不需预约的临床服务、对受性虐待的青少年及其家人进行心理评量。另外，也需要医师的咨询服务，以协助青少年及其家庭的管理，以及协助行政人员处理面对性虐待和其他虐待案件的焦虑。除此之外，还要有一个特殊的诊疗室，实务工作者可对青少年应对压力、创伤能力的素质以及举报后的影响进行评量。同时，也和青少年保护机构一起合作，以便一旦案主进入儿科急诊室，就可以用来提醒医疗人员青少年案主被虐待的可能性。而这样的评量是在社工师、心理师、精神科医师，以及其他相关专业人士的共同监控下进行的。

第五节　青少年的性骚扰与性侵犯

近年来，针对儿童和青少年的性侵犯已成为世界各国都要认真面对的一个重要话题，各国纷纷颁布法律法规预防、抵制性侵犯。早在 1996 年，美国就颁布防范未成年人遭遇性侵害的《梅根法案》，公开罪犯身份，织紧法网打击性罪犯；1999 年，日本设立了《儿童买春及儿童色情处罚法》。2011 年 7 月，韩国首部针对严重性犯罪进行化学阉割的法案获得通过；在欧洲，很多国家都把儿童及青少年的预防保护教育纳入性教育计划中，这类教育主要教授其应对性骚扰的对策和技巧、危急关头如何自救或寻求帮助等。

一、青少年性骚扰与性侵犯的现状和含义

青少年性侵犯问题存在于世界各国。在美国，根据几次全国性调查结果估计，到 18 岁时，女孩中将有 1/4、男孩中将有 1/6 的青少年受到性侵犯。越来越多的研究表明，青少年性侵犯是导致其身体健康问题、社会适应不良的一个很重要的因素。青少年性侵犯会对受害者造成身体上的伤害、甚至死亡，感染性传播疾病（包括艾滋病）和少女怀孕。据估计 ⊖，在美国的少女母亲中，由强奸所致怀孕的占 11% ~ 23%。在秘鲁利马妇产医院所作的一项调查发现，90% 的 12 ~ 16 岁年轻母亲是强奸的受害者，强暴者是其父亲、继父或其他男性亲戚的占多数。至今，

⊖ 阮芳. 小学生科学性教育［M］. 北京：21 世纪出版社，2003.

我国还没有确切的青少年遭受性侵犯的发生率，但18岁以前遭受性侵犯者在人口中占有相当大的比率已成为不争的事实。据全国妇联来信来访统计数据表明，全国各地投诉"强奸幼女"的个案并非少数，1997年下半年为135件，2000年为3081件。[注]

（1）性骚扰（Sexual Harassment）。性骚扰是指以性欲为出发点的骚扰，以带性暗示的言语或动作针对被骚扰对象，引起对方的不悦感，通常是加害者肢体碰触受害者的性别特征部位，妨碍受害者行为自由并引发受害者的抗拒反应。性骚扰的表现形式尚无统一界定，一般认为有口头、行动和人为设立环境三种方式。

（2）性侵犯（Sexual Assault）。性侵犯泛指一切种类与性相关，且违反他人意愿，对他人做出与性有关的行为。包括强奸、性骚扰在内都可算是性侵犯，像露体、窥淫等也可算是性侵犯。一般这个词较常用来指强奸，不过也可指非礼、性虐待等。

二、青少年遭受性骚扰或性侵犯的一般发展过程

一个典型的性骚扰或性侵犯过程往往总是从不那么露骨的性活动开始的（如言语的挑逗、向青少年暴露身体和自我刺激生殖器以引起青少年的关注），然后出现实质性的身体接触（如搂抱），直至发生强制性性侵犯。它大致可以分为以下五个阶段：

1. 遭遇期

在一个隐蔽的时间和地点，具有某种个别接触的初次机会；侵犯者往往是熟人，如家庭成员、亲戚、平时信任的成年人或其他同学或校友；侵犯者往往以一些低调的、狡猾的手法，如施以小恩小惠诱骗受害者上钩，而受害者却幼稚地并未能察觉其险恶用心，也有些侵犯者是直接以暴力手段强迫受害者介入的。

2. 性互动期

在侵犯者的威逼之下，性活动将随时间推移而不断增加和升级，而受害者往往在惊吓或过度紧张的情况下不知所措或失去反抗能力。

3. 强制保密期

为了使这种性侵犯活动能继续长期维持下去，侵犯者将采取各种手段，如物质诱惑或威逼，令受害者保密。大多数孩子多会因为这种压力而保密的，有一小部分孩子会因为从中获得某种物质享受或快感而希望这种活动能继续下去。强制保密期可能持续数月甚至数年。

4. 暴露期

因为偶然的或故意的原因，终于使真相大白。不论是第三方直接察觉到的，还是受害者出现身体或行为异常的表现而意外暴露出来的，受害者都需要在相当一段时间之内得到充分的心理支持、医疗救助、行为干预和密切随访。例如，努力消除受害者的焦虑、自责和愤怒，要让受害者承认并正确面对这一事实，建立心理康复计划，必要时对性侵犯者提起诉讼。当暴露是受害者主动揭发所致时，心理支持和干预工作就相对轻松些，可以用一种较为宽松、温和的方式进行，心理阻抗要轻得多。有些家长出于保密的考虑，有时并不愿意接受外界的干预，如果侵犯者本来就是家庭成员，情况就更加复杂。

5. 压制期

当暴露期过去之后，经常会遇到的情况是受害者的家庭总是试图排斥和压制来自外界的干预，甚至可能鼓励或要求受害者撤回最初的诉讼。也就是说，他们往往声称所谓的性侵犯根本没

[注] 白明辉. 儿童性侵犯调查：性之耻还是伤之痛 [N]. 北京晨报，2007-5-11.

有发生过，过去曝光的事件全是孩子的谎言。这些家庭会认为性侵犯的发生并没有带来什么严重后果，而且会动用各种压力恐吓孩子，甚至不惜散布会损害孩子声誉和信用度的言论，声称孩子的话是根本不可信的，是骗人的，"他（或她）简直是疯了"。所有这些反应和孩子本来就具有的脆弱性都说明来自外界的帮助该有多么重要。

三、性骚扰及性侵犯给青少年造成的身心伤害

遭遇性骚扰或性侵犯后孩子们受到的伤害将是非常广泛的，绝不仅仅是身体上的伤害，而且对其心理和社会交往能力等也带来深远影响。这些影响又是很复杂和相互交错的，有时让人格和心理并不成熟的孩子不知所措，甚至搞不清楚究竟是拒绝还是继续让它维持下去，有些孩子还对这种伤害还上了"瘾"。他们多会感到内疚，认为都是自己惹的祸，故存在破罐破摔的心理。

（一）身体方面

1. 身体特征

与身体虐待相反，性侵犯的身体特征往往是不常见的。只有在急性期的医学检查可能发现生殖器或肛门的擦伤、撕裂、红肿、生殖器或衣物沾有精斑、疼痛或出血。家长可能发现孩子的衣裤被撕破或弄脏，生殖器区域有抓痕、疼痛或出血。如果较晚时期发现感染性传播疾病或妊娠，也是发生过性侵犯的明确证据。

2. 行为特征

青少年突然出现侵犯性或充满敌意的行为；自残；离家出走；少年犯罪；退行性行为（如又开始吮指、遗尿、总把自己弄得脏兮兮的）；与同龄人的关系紧张，社交能力变差；有噩梦或遗尿等睡眠障碍；过度的手淫或性体验；穿着极不适当（过紧而富有诱惑性或尽管天气很热而捂得很厚）；强迫行为等。

3. 青春期其他常见不良行为的指征

文身或刀割等自残行为；自杀企图；假成熟现象；公开手淫；公开诱人堕落的行为、乱交、卖淫；饮食障碍（神经性厌食症、贪食症、体重突然增加或减少）；爱说谎话；酗酒或吸毒等。

（二）心理方面

1. 耻辱感

青少年的自我形象以及自尊和自信会降低。个人尊严是自我价值的护卫，自信是自我价值的体现，若一个人屡次遭受性骚扰，他就容易怀疑自己的价值。因性骚扰带来的耻辱感对青少年自尊和自信的损伤往往混淆了他们自身的价值标准，使他们变得自惭形秽。青少年在今后的人际交往中遇到挫折易产生内疚心理，不分对错把错误全揽到自己身上，过分地自责。这样的心理也影响到其未来的前途和发展，内心总感觉低人一等，逃避真实的自我，易活在别人的看法与评价中，在竞争中很难展现自己的独特性。

2. 恐惧感

性骚扰的发生会使青少年产生对他人的厌恶、恐惧和不信任，并生活在恐惧、怀疑和压抑之中。如果侵犯者是男性，被侵犯的青少年往往从此以后不敢再与男性接触或是对男性产生极其厌恶的感觉，反之亦然。这同时影响到他们今后与人交往的能力，无论是面对家人还是朋友、合作伙伴，因为早年的心理阴影，他们不容易信任别人，对异性更是存在抵触心理。

3. 自闭

有些青少年因性骚扰的痛苦记忆太深而陷入"一朝被蛇咬，十年怕井绳"的习惯性恐惧中，

有意识地封闭自己，变得悲观厌世，不与他人来往，甚至拒绝恋爱和结婚。遭遇过性骚扰、性侵犯的青少年常常不愿意真实地袒露自己，把自己置于自我编织的"保护膜"内，内心没有安全感，也担心自己是否能被他人接纳。

4. 盲目依赖

由于胆小和恐惧，受到性骚扰的青少年很可能产生盲目依赖感，容易依赖那些比自己强大的异性。内心的不安全感促使他们极愿意寻找到一个"靠山"来保护自己，来弥补早年的不幸经历带给他们的伤害。这种过分企盼安全的不安全心理也会影响到他们的情绪和身心成长，使得他们容易过早恋爱，也会影响到他们今后的婚姻选择，导致"急于求成"或"速战速决"的婚恋态度。

四、对性骚扰及性侵犯的积极预防与干预

青少年遭受性骚扰、性侵犯的事件在国内外屡见不鲜，为帮助青少年防患于未然，应当将必要的预防措施传授给正处于青春期成长的青少年们。一旦不幸事件发生，作为长辈要运用自己的智慧，审时度势，判断情况，站在受害者的角度去理解他们的感受，做出有利于青少年成长的举措。

（一）预防

1. 对性安全知识的教育

青少年应及时接受适当的性教育，懂得识别哪些性行为是安全的、负责的、恰当的、可以接受的，哪些性行为是不安全的、不负责的、不恰当的、不可以接受的或必须坚决抵制的。学校应当开设有关性安全知识的课程，在校园中普及自我保护的常识；家长也应适当地给予孩子性安全知识的教育，提醒孩子在外时的注意事项。

2. 对危险人物的识别与防范

成年侵犯者的心理动态是很复杂的，他们往往公开藐视任何有秩序的社会行为规范。他们多是自卑感极强的人；他们极端自私，把个人的需要看成是压倒一切的；他们容易存在酗酒、吸毒等不良生活习惯；由于他们对孩子存在不现实的过高期待而又没有得到所向往的回报，于是对孩子产生怨恨。侵犯者中，由于孩子对熟人缺乏防范心理，结果熟人更容易骗取孩子的信任。很多侵犯者看上去与常人无异，甚至还拥有一定的受人尊重的社会地位，如医生、教师或干部，事发后让人难以置信。侵犯者自身也可能还是孩子，据报告，他们约占1/3。有些青少年侵犯者其实就是过去的受害者，正是那种让他们既痛苦又有诱惑的经历导致了他们现在的性骚扰或性侵犯行为。

3. 自我保护意识的提高

第一，要让青少年认识到，性骚扰也是歧视，是侵犯青少年权利和人格尊严的做法，不应对性骚扰保持沉默，而应该借助法律的武器来维护自身的权益。第二，青少年要自尊、自重、自爱。懂得维护自己的尊严，在任何情况下不做丧失人格、放弃原则的事情；处理问题慎重，不随波逐流，对自己的言行举止要有分寸，不轻浮、不轻信；珍惜自己生命的价值，不断丰富、充实自己，追求更高的理想实现。第三，提高自我防范意识。青少年外出时应选择安全路线行走，懂得分辨适宜场所，躲避偏僻和陌生的地方；晚上外出时应结伴而行，女生衣着打扮切忌轻浮张扬，家长最好陪伴同行；女生外出要注意周围动静，不要随便和陌生人搭腔，如有人盯梢或纠缠，尽快向人多之处靠近，必要时可呼救。

(二)干预

1. 长辈的倾听与关爱

孩子会有一天鼓起勇气向父母或老师谈起自己过去的遭遇、感受和畏惧心理，而聆听者一定要心平气和地倾听孩子的诉说，学会理解孩子复杂的心情。父母或老师等在听到孩子的倾诉之后作出的第一反应对于保护孩子来说是十分重要的，那就是既不要恐慌，也不要作出过度反应。如果大人听后的反应过于激烈，那就如雪上加霜，将不可避免地给孩子的心灵造成进一步的创伤，这样也使大人丧失了在孩子心目中的权威地位和形象，无形中在两代人之间形成隔阂。

正确的做法是，尊重孩子的隐私，和孩子的谈话要在安全的、隐秘的地方进行。

支持孩子把事情经过讲出来。正常情况下，孩子是害怕向别人讲起这件事的，特别是他们的父母。如果发现孩子有什么难言之隐，要向孩子明确表明"无论发生了什么事，我们会永远爱你的"，鼓励他们尽早如实向大人讲清楚事情的经过。应该记住的是，性侵犯者肯定会在作案时恐吓孩子，如"如果你把这件事讲出去，我会杀了你"，而孩子也害怕大人会因此而惩罚他们或从此失去大人的关爱。

向孩子解释他们没有错。大多数孩子的内心会有深深的内疚或自责，如果自己更理智、更精明或更强壮一些，那么就不会受到诱惑或哄骗，所以要明确告诉他们，他们是没有任何过失或责任的。

要记住，孩子几乎不会在性虐待问题上撒谎。要让孩子感觉到，大人是相信他们所讲的一切事情的。

保持与孩子继续交流的渠道。要让孩子知道，父母在今后仍然会同情、关爱、理解和支持他们，这样孩子就敢进一步说出具体过程和感受。

2. 肢体语言的正确使用

要从身心两方面表达对孩子的爱，比如有些亲昵的举动，像搂抱孩子，或是眼神温柔地注视着孩子，让孩子感觉到，他们是被同情、被理解的，他们的遭遇是无辜的。说话时要特别注意，不要张嘴就是"你为什么早不告诉我们呢"或"你为什么会让这种丢人的事情发生呢"。相反，应该给孩子一些积极的鼓励，如"我很骄傲你能告诉我们这件事"，或"我很高兴事情并不太糟"，或"我知道你还小，这不怪你，在这种情况下你是无能为力的"。

3. 必要的身体检查

如果怀疑孩子存在身体方面的损伤，要及时带孩子去医院检查。家长可能无法判断孩子是否存在身体创伤，单凭猜测是没有帮助的，而必须及时就医，请专业人士作出正确的、独立的判断。

4. 积极求助有关部门

必要时可与学校、社区、公安、律师、社会救助机构、青少年保护机构、有名望的心理咨询机构等取得联系，以寻求更有力的外界援助。成年人要特别注意的是，孩子肯定会要求成年人千万不能把这件事告诉别人，这时应向孩子解释清楚，保密是肯定的，保证不让这件事扩散出去，也不会在与此不相干的人面前讨论这件事，但有时有必要报告给从事儿童和青少年保护的有关部门或人士，以寻求他们的帮助或法律的帮助，以便更好地保护孩子。

第十章 学业倦怠青少年群体

第一节 学业倦怠青少年群体的概念、现状及表现

一、学业倦怠青少年的概念

学业倦怠的研究源于对职业倦怠的研究，始于20世纪八九十年代。其概念基本上沿用弗鲁顿伯格（Freudenberger）和马斯勒（Maslach）对职业倦怠的概念的延伸和修订，Pines（1980）以大学生和助人工作者相比较，给学业倦怠的定义为：学生因为长期的课业压力和负担，而产生精力耗竭，对课业及活动的热情逐渐消失，与同学态度冷漠疏远，以及对学业持有负面态度的一种现象。20世纪90年代开始，我国台湾的学者开始研究学业倦怠（张治遥，1989；杨惠贞，1998），认为学业倦怠是指学生过程中因为对学习缺乏兴趣、动力和因课业压力、课业负荷以及其他个人心理层次上的因素，在学生身上出现的身心耗竭、乏人性化、逃避学习、个人成就感低等现象。到21世纪初，考虑到职业倦怠和学习倦怠在领域、对象和表现方式一系列的不同，内地学者（连榕，1999；杨丽娴，2004）将学业倦怠定义为：学生对学习没有兴趣或缺乏动力却又不得不为之时，就会感到厌烦，从而产生一种身心俱疲的心理状态，并消极对待学习活动，这种状态称为学习倦怠。

二、学业倦怠青少年的现状及表现

目前我国大学生的学业倦怠总体情况处于中等程度，不是很严重，但确实存在，其中"行为不当"表现最为突出。其倦怠程度存在显著的性别、年级、专业、学校类型差异。具体表现为：男生的情绪低落感显著高于女生；不同年级的大学生的情绪低落感差异显著，从大一到大四呈现出随年级增高而逐渐上升的趋势；理工科学生的情绪低落感及行为不当现象均显著高于文科，综合院校学生的成就感最高。从上述现状可以看出，我国青少年学业倦怠现象确实存在，其主要表现在以下方面：

1. 学习动力不足

青少年在上大学后，部分人不知自己为什么学，不知学什么，不知自己能做什么，不知自己想成为什么样的人。许多学生觉得整天活得挺累，却没有多少收获。不仅仅在大学，有些青少年在进入初中、高中时，由于许多方面的影响，就已经产生了学业倦怠，完全没有学习的动力，导致其受教育过程的中断，严重影响其身心健康发展。

2. 学习兴趣不浓

学业倦怠青少年群体中，有些大学青少年对专业缺少兴趣，因为他们认为自己现在所学的专业是被调剂的或是由父母选择的；有些青少年逃避课程学习，学不进去，又怕不学毕不了业，因此一提学习就唉声叹气，心情烦躁，处于矛盾、冲突、焦虑中不能自拔。

3. 学习策略不当

有些青少年进入学习过程以后，始终没有找到适合自己的学习方法。他们因为成绩不理想而自卑，因为听不懂而烦恼，但自己又不知如何面对和解决这些问题，因此产生学业倦怠，只好用逃避的方式应对学习困难，导致降级、退学。

4. 缺乏合理的清晰的学习目标

几乎每个青少年都制定过学习目标，但又没有几个人能坚持下来，因此，许多学生既想制定目标，又怕制定目标，怕目标达不到给自己带来挫败感。缺乏合理清晰的学习目标和学习计划是学业倦怠青少年主要表现之一。

第二节 青少年产生学业倦怠的原因

一、个体因素

1. 学习的主动性差

在初中和高中阶段，管理相对严格，青少年在老师和家长的"管制"下进行学习，因此对学习的主动性在初中和高中没有显著的差异。青少年学习主动性缺失主要体现在大学教育时期。大学的管理相对松散，学生自由支配的时间比较多。他们开始很难接受全新的学习方式，不适应大学的学习生活，不习惯宽松的自我管理模式，不知道怎样安排自己的学习时间。那些既缺乏学习动力、自我控制能力又差的学生，会故意放纵自己，整日沉迷于网络游戏当中，经常上课迟到、早退，并且逐渐养成了逃课的习惯，情绪低落，意志消沉，因而缺乏学习的主动性、积极性，学业倦怠自然产生。

2. 自我效能感低

自我效能感是预测青少年学习倦怠的一个重要变量，自我效能感越低，青少年学业倦怠越严重。学业倦怠变化会随着自我效能感的变化而呈负向变化，即个体的学业倦怠越高，其自我效能感反而越低。自我效能感会影响活动的选择，学生在某一方面的自我效能感越高，成功的可能性越大，就会越多地选择这方面的活动，相反，就会逃避那些自己感到不能胜任的活动。在困难面前也是一样，自我效能感高的人会迎难而上、挑战自我，而自我效能感低的人则怀疑自己的能力，在困难面前缺乏自信，总是担心失败，不敢尝试。

3. 缺乏个体人际交往

青少年的人际关系失调也是产生青少年学业倦怠的一个重要影响因素。同学间的言语沟通不畅、价值观念的背离、生活学习习惯的不同，都会发生冲突、产生问题。这些都会影响学生自身的生活和学习的态度，影响他们的自我认知、自我评价系统。在人际交往的冲突中体验到挫折、沮丧、失望以及厌恶的情绪，也可能导致学生逃避学习，造成学业倦怠。

二、家庭因素

在青少年产生学业倦怠的过程中，家庭一直都被看做是一个至关重要的因素。家庭是儿童和青少年社会化过程中的最重要场所。在家庭系统中，每个家庭成员都是发展的个体，同时，婚姻关系、代际关系及兄弟姐妹之间的关系都会影响每个家庭成员的发展。

（一）家庭的高压管制

经调查显示，一些学业倦怠青少年的家庭常常运用强制手段管教孩子，但收效甚微。挨打是高压型家庭中青少年普遍遭受过的父母的管教方式。家长的粗暴管制，导致这些青少年一旦有机会就会因释放压力或寻找自由而开始逃学，甚至参与不良活动，这些都是学业倦怠的后果。家长的高压管制引起青少年的强烈不满和反抗，他们失去了对家人的信任，与家人对着干，瞒着家人在外逃学和游玩。有些青少年家庭对他们的经济控制和人身自由控制相当严格，因此他们感到很痛苦，就采取了离家出走等反抗措施，而在外没有钱就靠朋友，也因此做了很多错误的事情。

（二）对家长敬重的缺失

在大多数学业倦怠青少年的家庭中，家长角色功能的弱化致使青少年对家长的敬重越来越少，缺少家庭观念，没有正确的学习观念引导，最终导致学业倦怠。这类情况主要有以下几种：

1. 文化反哺现象的缺失

"文化反哺"意指在急速的文化变迁时代所发生的年长一代向年轻一代进行广泛的文化吸收的过程。近年来，关于青少年家庭中作为新的文化传承模式的文化反哺研究逐渐兴起。研究表明，文化反哺现象有助于缓和父母与子女之间的代际冲突，打破成人的思维定式，为孩子提供发展的平台，激发青少年的开拓精神和创新意识，也为增加家庭成员之间的交往、建立和谐亲子关系提供了机遇。但是经过调查，文化反哺现象在学业倦怠青少年的家庭中是缺失或者不存在的，尤其是在计算机和网络操作方面，大部分父母既不懂也不能理解。他们一味地认为在计算机前操作就是玩游戏，就是不爱读书，就是不好的行为。所以，家长们会千方百计地阻止孩子的计算机操作行为和网络交流活动。他们采取粗暴方式阻挠的结果是，青少年放弃或者根本没有机会向父母解释有关媒体和网络的知识，父母也没有向孩子学习新知识和技能的动机。文化反哺在学业倦怠青少年的家庭中并没有发挥应有的作用。

2. 家长失管

一些学业倦怠青少年的家庭中，父母由于工作繁忙或者其他客观因素，对子女常常疏于管教，或者缺乏管教能力。当青少年在家庭中得不到温暖、支持和良好教育的时候，就开始往外面的世界寻找需求的满足，离家出走成了他们走向社会的第一步，更不用说产生学习的兴趣。

3. 隔代教养与亲子教育缺失

不少学业倦怠青少年从小是跟随祖辈长大的，到了上学年龄或小学高年级的时候才回到父母身边。隔代教养现象是目前家庭教育中普遍存在的一种方式，这种教育方式具有过分关注、过分监督等特点，导致亲子教育的缺位，不利于青少年健全人格的形成。

4. 百般呵护与懦弱娇气

一些学业倦怠青少年的家庭中，子女因从小生活在百般呵护的家庭中，吃不了苦，或者没有独立思考和判断的能力，当学业面临困难的时候，他们不愿努力，过早地放弃。这类家庭往往是因为家长的过分包办和干涉而导致青少年过分懦弱和对父母腻烦，不仅影响亲子关系，而且使青少年失去对学习的热情，产生学业倦怠。

拖延症与幼时家长溺爱有关

沈阳市精神卫生中心心理专家刘长辉表示，现在许多学生在学习上有拖延症行为，不愿意交老师布置的作业，把老师交代的任务一拖再拖，总让家长或者老师催着。"这是典型的拖延症，是一种自我阻碍和功能紊乱行为。"

"这种拖延症在年轻人中高发，美国和加拿大的统计数据表明，70%的大学生存在学业拖延的状况，普通人中也有20%的人每天出现拖延行为。拖延的人分为两种，一种是胸有成竹，很快就能做好，一种是心里没底儿，但就是无法工作。"刘长辉表示。第一种拖延的青少年并不是毛病，而是对目前的学习了有了倦怠的感觉。而第二种拖延的形成和抚养人的教育方式有关，也就是在他们小的时候，家长对他们太溺爱了，让孩子失去了接触压力得到锻炼的机会。

（资料来源：新华网）

三、教育因素

1. 学习压力

2005 年"中国青少年学习和生活的现状与期望"课题调查显示，57.6% 的中小学生因"学习压力大"而苦恼；国家统计局 2005 年"中小学学生学习生活状况专项调查"结果显示，多数中学生认为自己的课业负担"比较重"或"过重"，两者的比例合计占全部中学生的 58%。超过 1/3 的中学生感到"郁闷""紧张""疲惫""厌烦""焦虑"或者"恐惧"。[一]

从上述调查资料来看，青少年的学业压力是一个普遍的现象，这与社会转型下的社会竞争性要求和现行教育体制下的升学压力直接相关。学业倦怠青少年在学业方面基本上表现不佳，学校生活带给他们较强的压力、挫败感和沮丧感。有些青少年在进入初中后，普遍表现出对学习的不感兴趣、没有成就感，并开始出现厌学、逃学、辍学、退学现象。从原因来看，他们大多是因为对知识理解不了，听不懂老师的讲课内容；或者怕吃苦、不用功；或者贪玩，迷恋网吧，不愿学习。也有一些青少年觉得外面的世界很时尚，读书是不时尚的；认为学校里比较枯燥，既无趣又闷。有的青少年偏科严重，对自己成绩不好的科目没有兴趣，也不投入时间和精力学习。

2. 学校的"刻板印象"

青少年在初中阶段的生活及体验到的感受，对于他们建立自我认同感产生了很大的负面影响。青少年面临的主要发展障碍是获得自我认同感——一种对于自己是谁、将要去何方、在社会中处于何处的稳固和连贯知觉。自我认同感是在应对许多选择中形成的：什么样的生活是我要的？我该信仰什么？我的所属位置在哪里？等等。这一切困扰了很多青少年。认同危机即指青春期个体思考现在的自己是谁，决定"我能（该）做怎样的自我"时会体验到的那种混乱，甚至焦虑的感受（Erikson，1968）。[二]但是在学生出现迷茫和自我认同混乱的过程中，学校却没有负担起正确的辅导、疏导责任和给予及时的回应。长期以来，许多教育研究都基于这样的假设：不管学生的能力、人格和文化背景如何，特定的教育方法、教育理念和组织系统对所有的学生都是适宜的。一些研究认为，当学校不能很好地与青少年的发展需要匹配时，学生在初中的适应性困难更大。因为小学到初中的转变，往往意味着从具有亲密的师生关系、家长保姆式的呵护、大量的课余活动的环境，转到学业要求更高、家长呵护减少和面临大量高年级学生压力的环境中，那里师生关系是非个人的，强调难以实现的好成绩，学习活动的选择有限，纪律严明——所有这些正好出现在学生寻求更多自主的时候。

因此，这时候学校老师表现的微妙的"刻板印象"对学生成绩好坏和学习积极性有非常大的影响。按照社会刻板印象理论，有些学生被认为是聪明、刻苦努力的，有些学生是成绩差的。这种刻板印象可能无意地造成了学业成绩的差异。老师对成绩好的学生可能抱着较高的期望，并以微妙的方式交流，如重述他们遗漏的问题，在学生不能作出决定时给予线索提示，从而给他们传递了"只要坚持和努力，任何失败都是可以克服的"的信息；而对成绩差的学生，经常给其贴上"能力差"的标签，很少让其接收困难和挑战。老师对成绩差的学生的批评方式也会让学生怀疑自己的能力。这种刻板印象可能直接导致青少年学业倦怠的结果，并且产生严重的后果和危害。

[一] 中国青少年研究中心. 中国未成年人数据手册 [M].北京：科学出版社，2008，3-73.

[二] ERIKSON, E. H. Identity, Youth and Crisis. New York：Norton（1968）.

3. 学校环境的差乱

一般来说，人们都认为学校应该为青少年提供优良的创造性培养环境。因为科学需要探究，科学探究学习活动为青少年提供了了解并实践上述"过程"的机会。但据教育部科学技术司、共青团中央学校部和中国科协科普研究所"2002 年全国青少年创造能力培养社会调查"的数据显示："通过观察、实验、制作进一步了解科学事实，并获取证据"的仅为 37.3%；"根据假想答案，制订的简单的科学研究活动计划"的认同率最低，为 26.5%。该数据表明，青少年亲身体验科学研究活动的比例不足三成，青少年缺乏基本和必要的科学研究活动。其次，则是教师对学生缺乏宽容和平等的态度，超过半数的学生认为"大部分学生对老师都有一定的畏惧感"，从而影响了他们创造潜能的释放。学校没有激发他们求学的动机，没有必要的设备满足他们对网络知识的探寻。对一些青少年来说，老师就是训斥者、批评者，或者对他们忽视或者无暇管教。当学校无法成为这些青少年创造性培养的环境时，处于学校中边缘的、被排斥的青少年，他们的个性化特点以及个体的独特及差异性发展而形成的教育需求，就不能得到考虑和关注，于是产生了学业倦怠。

第三节　学业倦怠青少年群体存在的问题

一、情绪低落

情绪低落是指青少年在学习时，因为对所学专业或所上课程不感兴趣，不想学而又不得不学，在情绪上就会感到疲乏、沮丧和挫折，并对学习产生强烈的排斥心理，从而表现出无精打采和低落情绪。学业倦怠青少年有很明显的情绪低落负面影响，这些群体由于家庭、周围环境等客观原因和本身性格、情绪心思对学业的低追求等主观原因，对学校的学习生活产生排斥心理，造成明显的情绪低落。

六成六中学生情绪低落沮丧

在我国香港，一项了解中学生的家庭生活、身体及精神健康状况调查发现，在 6000 多名受访学生中，有六成六的学生感到情绪低落、沮丧或绝望，六成一的学生觉得紧张、焦虑或不安。调查亦发现，高中生的功课压力较初中生大，当中，以女生的情况最为明显，而且年级越高的学生对自己的学业成绩越不满意。研究小组负责人建议家长多做主动帮助、关注及支持青年人的情绪需要，多与他们沟通。

调查结果显示，在受访前 4 星期，有 50.3% 学生每隔几天便会感到情绪低落、沮丧或绝望，12.2% 人超过一半或以上天数有上述感觉，亦有 3.9% 学生表示几乎每天都有这感觉。此外，43.5% 学生在受访前四星期，每隔几天便会觉得紧张、焦虑或不安，12.7% 人超过一半或以上天数会出现上述情况，半成人表示几乎每天都出现这情况。

（资料来源：香港成报）

二、行为不当

行为不当是指在青少年在因为对学习不感兴趣或者排斥学习过程而产生学业倦怠时，选择逃课、不听课或上课睡觉等一系列逃避学习的行为。这些行为将直接影响青少年的身心健康以及成长发展，同时，如逃课、上课睡觉等行为虽然只发生在学校里，但此种不当行为会在青少年的成长过程中不断升级，最后衍变为犯罪、危害社会的行为，最严重的后果就是使青少年走上不归路甚至出现自杀等恶性后果。因此，学业倦怠所带来的负面影响不容小觑。

在学业倦怠产生的不当行为中，网络成瘾是最普遍也是问题最严重的后果之一。随着网络信息技术的发展，网络成瘾问题日益引起全社会的关注，青少年出现网络成瘾的比率也有逐年上升的趋势。这些青少年虽然对学习产生学业倦怠，但却能在网络中寻找自己的快乐，因此沉迷于网络，更加减少了自己的学习时间和学习兴趣，产生"倦怠循环"。

三、成就感低

成就感低表现在青少年对自己的评价和态度的变化上。如一个对自己有很强的自信心、充满了自我肯定的人，因为某些因素，慢慢耗尽了自己的自信心和对自己的认可。学业倦怠青少年群体因为学业倦怠而表现出明显的厌学，在学习过程中体会不到成功的感觉，从头至尾都只有失败填充自己的生活，因此他们的成就感、自信心在学习过程一再降低，最后降为零点，完全对学习失去了兴趣，从而更加排斥学习过程。

第四节　学业倦怠青少年群体的社会工作干预和介入

一、多元主体的共同参与

学业倦怠青少年的就学辅导设计内容很广，包括对贫困辍学青少年的帮扶、对步入社会的青少年创造技术培训机会，亦包括对学校青少年面临的各种学业、心理问题的辅导等。因此，学业倦怠青少年的就学辅导需要各个行为主体的共同参与，需要政府、社会组织、学校、家庭、专业社会工作者及青少年自身的努力，才能够实现就学辅导的目标。不论是面临辍学问题的青少年，还是由于缺少技能而面临工作压力的青少年，以及在学校面临学习压力的青少年，都需要整个社会形成合力，这样才能从根本上解决问题。

二、自我评估与自我定位

1. 自我评估

对于一些特殊的学业倦怠青少年群体而言，只要他们的智力功能在正常的范围之内，自我评估的训练方案已被证明是针对学业倦怠青少年的行之有效的介入方法。自我评估是自我意识的一种形式，是指主体对自己的思想、愿望、行为和个性特点的判断和评价，是个体进行自我教育、自我完善的重要途径。自我评估的构成，应包括增强自我评量、自我记录、自我决定和自我管理。一些国外文献资料研究显示，青少年学生在主流环境中被教授如何使用自我评估技巧，通过这些技巧的使用，这些青少年学会了对他们的行为负责，并增加了他们对自己生活进行控制的内在焦点。在学业倦怠青少年群体中，大部分青少年对自己本身的情况了解甚少，加之我国的主流教育环境并不是"一对一"教学辅导，教师不可能对每个学生的学习状况全面了解，因此，自我评估对消除学业倦怠有很强的正面积极作用。帮助青少年了解自己，并且学会很好地管理自己的学习过程，将有助于青少年学业倦怠的消除。

2. 自我定位

自我定位是指青少年在很好地认识和了解自己以后，确立自己在社会或者学校所处的位置和大概的行动方向。很多学业倦怠青少年不仅缺乏自我评估的过程，而且自我定位也相当模糊，或者根本不存在对自己的定位。在进入学校进行学习时，由于兴趣、智力、学校环境等方面的影响，很多青少年不知道自己为什么学习，如何学习，完全只把自己定义为一种上课、下课、回家的"学习机器"，更不用说有什么样的学习目标，因此对学习的热情必然会消失，产生学业倦怠。在帮助青少年进行自我定位的过程中，因多元主体共同参与，学校的环境、政府政策、家庭中父母以及父母与子女的关系等，都会影响到青少年的自我定位。

三、学校团体的介入

在学校中，团体工作主要是针对不同的学生群体，并以不同的理论倾向（如心理治疗学理论、生态观点、行为学理论和任务中心理论等）来实施的。对学业倦怠青少年群体而言，学校团体社会工作对于提高个体成员的经验来说，是一个行之有效的方法。成长和进步在团体中被鼓励，而对问题的洞察和问题解决的策略也会在团体中被分享，同时，抑郁、低落以及对学业反感的情绪也同样在团体中得到分担和缓和。

团体介入举例：一项校内的团体心理治疗方案（美国）

这个团体的聚会在两名临床治疗师的指导下每周一次，时间是一学年或者为期更长。他们讨论的中心问题是这些参与者对学校有怎样的感觉和关于他们的日常生活。在团体中，由九年级的男生和女生来担任代表。团体的规则是保守秘密、不允许有身体暴力和一次只能有一人讲话。如果有成员打破这个规则，则会被团体除名。音乐、绘画和想象，都被用来扩展交流中所可接受的范围。经常地，这些青少年会被卷入一种为他们替罪（Scapegoat）的行为中。

这种聚会为青少年提供了选择（每名成员可自愿参与特定的活动）、模仿（成人领导者参与团体的每一项活动，并在整个过程中演示恰当的行为）以及食物（代表了团队养育成员的方面）。隐喻在团体活动中被使用（在每次聚会的开始都会讲一个故事，每个成员都有一次机会就这个故事来阐述个人的观点），并且权利和控制问题也会被提及。在这些聚会的结束阶段，找他人做"替罪羊"的行为消失了，成员们变得珍视个体的价值，并且有了更多的相互支持。

此项团体介入计划给团体成员带来了自尊、能力和相互支持关系的提高。

（资料来源：Paula Allen-Meares. Social Work with Children and Adolescents. 156-157.）

四、社交技巧的培养

由上述可知，人际关系的不和谐是青少年产生学业倦怠的一个影响因素，同时，学业倦怠的负面情绪也加重了学业倦怠青少年群体的人际交流的障碍。因此，社交技巧的培养对于缓解学业倦怠有很大的帮助和积极作用。社交技巧培养方案的目标是教会青少年如何以更为社会所接受的方式来与同伴们互动。它为青少年提供了结构化的学习和训练。这个方法注重这样一些程序，如在安全环境中的角色扮演、以适当的形式相互模仿、社会加强（如由重要他人进行鼓励）、矫正反馈和演示最新习得技巧的机会。根据青少年的能力特点，社会事务工作者可以对青少年使用一对一的方法或者在团体的环境下对其进行指导。表10-1 列出的是美国一项社交技巧训练的技术方法。

表 10-1 社交技巧训练的技术方法

直接教授	对特定社交情景中适宜的社交行为规则提供口头教授
示范	通过身体的演示而突出特定技巧的要点，让学生在观察中学习
象征性示范	以录像或录音的形式来演示模仿范本
行为排练	对特定社交技巧或者连续性技巧以口语或者非口语形式练习其要点
角色扮演	在模拟的社会情景中练习自然地运用适当的社交技巧
角色替换	在角色扮演训练中转换角色，来提高学生的同理心和理解力，以及在特定情境中他人的感觉和行动
强化和塑造	在训练和不训练时，对社交技巧的适当表现或连续增进提供社会的、活动的或具体的强化
先行性操作	随着社交技巧的训练来构建情景，以确保加强适当的反应并消除不适当的反应
认知行为训练	教导学生一系列社交行为中正常的口语表述规则、柔和的口语表述规则和内在的想法表述规则，以提高学生内在的口语协调技巧
家庭作业	布置在正常的环境下进行社交技巧的联系（如家庭中、社区里以及其他学校环境等），可以有也可以没有信任的同伴或成人来协助监督训练的效果
反馈/矫正程序	以口语的或身体语言的提示来激励或者引导程序，以帮助学生以适当的方式来展示所训练的技巧

第十一章　贫困青少年群体

第一节　贫困青少年群体的概念及现状特征

一、贫困的概念界定

对贫困的概念有两种理解：一是区域意义上的贫困，即从整体角度来看待贫困，例如，国家贫困、地区贫困、农村贫困、城市贫困等。如果从这个角度来理解，那么，所有低收入国家都是贫穷的国家，而所有高收入国家则不是贫穷国家。二是个体意义的贫困，即从个人和家庭角度看待贫困。从这种角度来理解，所有国家都有贫困问题。不仅发展中国家有贫困，而且发达国家也有贫困，例如，美国 2004 年的贫困人口比例高达 12.7%，即平均 8 个人中就有 1 个穷人。这种意义上的贫困可以说是一个永恒的问题，除非收入和财富分配是绝对的平均。[⊖]

对于"贫困"的定义，由于受到国家国情、文化背景及时代的影响，不同时期、不同国家对贫困概念有不同的理解。现阶段，我国的"贫困"是指经济意义上的绝对贫困。从经济学角度来看，贫困是指主体因缺少货币收入，而造成支出匮乏，并影响主体身心健康及参与社会活动的状况。所以，评定贫困与否以使用一定的货币数量作为标志。

二、贫困青少年群体的概念界定

所谓贫困青少年群体，是指在青少年群体中，由于家庭经济困难，与正常青少年相比，在生活、健康、教育、医疗等方面没有经济保障，并且在就学期间无力支付教育费用，或者支付教育费用困难的青少年群体。贫困青少年群体由于贫困因素，生活上经济困难，他们必须精打细算，节衣缩食，不求体面，但求温饱；在学习上，他们中的大部分人由于家庭经济因素，无法享受到高水平的教育；在医疗健康水平上，贫困青少年群体没有足够的医疗保障，在身体和心理健康上很容易受到损伤。因此，由于贫困的影响，贫困青少年群体是一个特殊的青少年群体，值得社会引起强烈关注。

三、贫困青少年的现状及特征

随着我国快速的社会转型和贫富差距的扩大，城市贫困现象日益引起人们的关注。作为弱势群体，由于年龄限制，青少年落入贫困的可能性增大。生活在城市贫困家庭中的青少年，限于家庭经济资源的穷困处境，在生活中更容易面临生存和发展的风险。家庭的贫困尤其是深度贫困，给青少年的成长环境造成了诸多不利因素，对其学习、健康、生活都会产生相对负面的影响。城市贫困问题对青少年日常生活带来的是综合性的影响，由于教育、经济等方面的限制，贫困家庭中的青少年在自我实现方面会遇到很多障碍，甚至会陷入贫困的恶性循环之中。青少年阶段的贫困降低了他们的教育水平、医疗保健以及个人发展的机会，使贫困产生代际转移，形成

⊖　郭熙保. 论贫困概念的内涵 [J]. 山东社会科学，2005 (12).

一种"贫困的陷阱",进而使暂时性贫困转化为长期性贫困。我国贫困青少年的基本特征如下:

1. 家庭经济压力大

贫困青少年的家庭经济压力较大,经济收入水平低,并且对医疗方面有较大的经济开支需求等,其原因在于多数贫困家庭的父母处于失业、无业状态或者从事不稳定的工作,基本无法享受我国医疗福利设施以及社会保障,因此对青少年的成长与教育的开支比例缩减,以致贫困青少年越来越贫困。由于家庭经济的压力,贫困家庭家长指定自己子女对零用钱花费的用途的比例明显高于普通家庭,显示了其家庭经济资源拮据,在消费观念上,贫困青少年更趋于谨慎和节俭。

2. 家庭居住环境差

贫困青少年家庭居住环境较差,其中单亲家庭结构比例较高,家庭中赡养人口和长期病患的数量高于普通家庭。从居住环境上看,贫困家庭青少年的家庭住房条件普遍较差。一份调查显示,以家庭住房类型、拥有独立厨房、拥有独立卫生间和拥有自己的独立房间四个指标检测,结果显示,贫困家庭与普通家庭相比,都存在明显差距。而住宅及家庭设备落后于一般水平,在一定程度上影响了青少年的身心发展。从家庭人口规模和结构特征看,贫困家庭赡养人口的数量明显高于普通家庭;而在家庭结构方面,贫困家庭中单亲家庭的比例也明显高于普通家庭。

3. 健康状况不佳

贫困家庭青少年的身体健康状况明显低于普通家庭子女,心理健康状况略低于普通家庭。有关身体健康状况的调查显示,贫困家庭子女健康状况比普通家庭子女差。贫困家庭中,表示健康状况良好的占57.0%,健康状况一般的占39.9%,有慢性疾病或残疾的占3.1%;普通家庭中,表示健康状况良好的占73.5%;健康状况一般的占25.8%;有慢性疾病或残疾的占0.7%。[一]贫困带来的对健康食品和生活习惯的"低需求"是造成健康状况不佳的主要原因。

4. 教育支出与教育期待水平较低

贫困家庭青少年教育经费支出水平低于普通家庭,贫困家庭青少年接受大专以上教育的比例、就读学校的质量以及青少年对自己未来的教育成就和职业发展的期待均低于普通家庭。从对未来教育成就期望和对职业发展的期望看,贫困家庭青少年对自己未来代表学业成就的学历期望比普通家庭青少年要低。而在职业发展方面,贫困家庭青少年多数选择职业声望较高、收入稳定的公务员和教师类工薪阶层,而较大比例的普通家庭青少年选择职业声望和收入都较高的管理人员。

5. 日常交流较少

贫困家庭青少年与父母的交流情况低于普通家庭,在社区较少获得同辈支持,社会活动参与率低于普通家庭。青少年在成长阶段能够得到家庭、同辈和整个社会网络的支持,将有助于青少年适应和调整学业压力和生活压力。当青少年缺乏社会支持、社会关怀时,往往会导致偏差行为,我国贫困青少年正是如此。由于贫困因素,青少年不愿意参与社交活动,甚至也不愿意与父母进行沟通,更加难以调整自己的发展心态和学习生活压力。

第二节 贫困青少年群体存在的问题

一、教育问题

1. 失去受教育的机会

青少年贫困对青少年教育的影响主要表现为受教育程度较低,无经济能力支付课余学习,

⊖ 于明远. 贫困家庭青少年状况调查分析 [J]. 理论学刊, 2007 (1): 52-56.

青少年本人对未来教育成就和职业发展的期待处于低水平等。而最令人担忧的是，贫困家庭青少年对国家有关政策不了解，只有小部分人得到了政府的教育补贴，大部分人失去受教育的机会，教育状况不佳，也直接导致了贫困家庭青少年的就业率较低，容易形成"代际贫穷"。

2. 无法享受良好的教育

一份针对抚顺、合肥、重庆三个城市开展的城市贫困与儿童救助的社会调查数据显示 [一]，有43.09%的贫困家庭认为面临的最大困难是子女的教育，教育成为贫困家庭的瓶颈问题。青少年的教育对贫困家庭是一笔沉重的家庭负担。调查中，77.8%的贫困家庭认为对目前孩子的教育费用负担不起。希望孩子上大学、多读书的贫困家庭都表现出对孩子上学费用来源的担心。贫困家庭户中有在义务教育阶段就辍学的孩子的比例为2.2%，辍学率较低说明家长对子女教育的重视；辍学的孩子中，因为经济原因辍学的为53.33%，意味着经济方面的压力是贫困家庭青少年辍学的主要原因。这些贫困青少年在接受义务教育的机会上与其他青少年是均等的，但在教育质量上有些差距。由于经济的原因，就读的贫困青少年中，73.2%没有参加过学校组织的付费补习班或请过家教。贫困对于青少年就读学校的选择存在一定限制，绝大多数的贫困儿童就读于公立学校，在私立学校/民间或社会办学的学校读书的贫困儿童比例较低，仅为5%，因此无法享受到和普通青少年一样的良好的教育。

生活的沉重负担影响到贫困青少年群体的身体健康、受教育程度，甚至影响到他们未来自身的全面发展。青少年的教育问题是贫困家庭面临的核心问题，下岗家庭、流动人口家庭等几类贫困家庭都共同反映出贫困对青少年影响最大的方面是教育：①教育费用是贫困家庭主要的经济压力，贫困青少年的受教育质量落后于同龄人；②大多数贫困家庭把摆脱贫困的希望寄托在孩子身上，对青少年的教育期望很高，但贫困制约了青少年的受教育机会和通过教育实现发展的能力。

二、身心健康问题

(一) 生理健康问题

一个人若有疾病缠身，则代表他生理上出现问题，即一个人身体的各个系统、器官和组织机能发育不良、运行不畅的问题。近年来，我国青少年身体健康状况明显改善，但是贫困青少年，尤其是贫困落后地区的农村青少年，整体身体素质水平不高，他们的健康问题仍然十分严峻。当前，营养不良是影响贫困青少年体质健康的首要问题。长期的营养不良导致缺铁性贫血等疾病的产生，对青少年的身体健康和成长造成威胁。而且贫困青少年挑食、厌食、偏食的不良习惯容易造成身体虚弱、抵抗力下降，导致各种常见疾病和罕见疾病的困扰。在这点上，农村明显高于城市："2008年，城乡学生的沙眼患病率分别为7.50%和8.0%，蛔虫感染率为1.1%和6.6%，贫血患病率为9.1%和11.4%。" [二]

1. 普遍存在营养不良状况

尽管当前农村的经济水平有了极大提高，农民的生活质量也大大改善，但是农民的饮食结构不合理、生活习惯不健康、微量营养物质摄入量不足仍是长期以来一直存在的问题，尤其是处于身体生长发育时期的青少年儿童。目前，贫困青少年儿童保持着不良的饮食习惯和结构的现象依旧严重，造成了他们的大多数存在营养不良的状况，由此引发了许多疾病，严重影响了青少年的健康成长。

[一] 李敏. 中国城市贫困对青少年发展的影响 [J]. 北京教育学院学报，2009 (6)：30-33.

[二] 范小杉，张曙明. 我国农村青少年素质现状分析 [J]. 中国西部科技，2008：60-61.

2. 缺乏性生理知识和良好的性健康行为

贫困青少年由于教育资源的缺乏，绝大多数没有受过性生理知识的教育，这与家庭和学校的性健康教育是有极大关联的，致使许多青少年出现了不知道如何进行性器官卫生保健、发生了问题不知道该怎样办的状况。贫困青少年大多数来自农村、偏远山区等贫困地区，在这些地区，人们长期受封建落后思想的影响，观念落后，大多数人对性方面的问题采取回避不言的态度，因此使得大多数青少年也是谈"性"色变，养成了不良的性行为习惯，导致了性器官疾病的发生。

(二) 不利于青少年心理健康

人格健全的青少年才是祖国、民族的未来和希望，这已经成为人们的共识。而健全的人格发展要以健康的心理发展为前提。当前我国青少年，特别是贫困青少年学生存在心理问题的现象比较普遍。这部分青少年由于特殊的家庭原因，使本该处于花季的他们不仅在经济上，而且在心理上也成为一个特殊的群体，承受着比一般青少年更大的压力和挫折感。根据调查，贫困青少年学生主要存在的心理问题有：

1. 自卑心理

自卑心理主要来源于三个方面：①家庭生活上比较困难、经济上比较拮据的自卑；②学习中接触到现代高科技的学习方法和学习工具或更时尚的文化消费，加上同学间的攀比，使他们一时难以适应种种差异并因此产生的自卑；③个别同学的言行，如一个轻视的眼神、一句冷言冷语，都会挫伤他们的自尊心，使他们产生自卑心理。

2. 心理抑郁

贫困学生因为经济负担，容易产生心理负担以及抑郁、浮躁的心理，特别是那些突然出现在其家庭中的变故或父母离异，导致其中一些人在面对经济和精神的双重压力时，不能很好地调整心态，而是怨天尤人，憎恨命运的不公平。一些过于敏感的青少年，可能发生丝毫争端就将引起愤怒，破坏同学之间的关系。有的青少年整天沉默寡言，自我封闭，避免社会活动，不能自我疏导，逐渐形成了抑郁的心理，变得情绪低落，对事消极，缺乏青春和活力。

3. 自我封闭

贫困学生在人际交往中，由于受经济局限，生活上难以"洒脱"，朴素的外表也往往使其觉得"矮人三分"。为了掩饰经济上和心理上的贫困，他们不愿意主动与他人交往，对同学间的礼尚往来尽量躲避，班级活动也不敢多参与，更不愿别人触及自己的内心世界，久而久之，就会产生远离集体、自我封闭的心理和行为。

三、童工问题

1. 未成年人非法进入劳动力市场

贫困和经济利益是产生童工问题的内在动因。一方面，由于贫困，家庭难以支撑其子女的教育费用，甚至一家的温饱都难以解决，因此，贫困青少年不得不被排挤出教育年龄，进入劳动力市场求得生存；另一方面，在市场经济的作用下，现实化及物质化倾向影响着社会的价值趋向，对利益和物质的追求成为不少人行动的出发点。例如，一部分不法企业主受利益驱使，为降低成本而非法雇用童工，以此获取暴利。童工的自我保护能力弱，年幼无知，容易被压榨剥削，雇主往往提供最差的条件、最低的成本就能获取可观的利润。但我国《劳动法》明确规定，禁止用人单位招用未满 16 周岁的未成年人。

2. 加重贫困的代际相传

不足法定年龄却从事着成年人劳动的童工们，基本权益得不到保障，在生存和发展方面面临很大的危机：①承担严重超过法定工作时间的繁重劳动；②环境恶劣，报酬低廉；③缺乏基本的福利保障；④面临较严重的身心发展的困扰；⑤成为违法犯罪分子残害、利用的对象。这些原因不仅导致童工得不到良好的经济报酬，并且身心健康都会受到影响，最终导致贫困青少年陷入贫困陷阱，贫困代际相传。

四、吸毒、犯罪的社会问题

近年来，青少年犯罪的情况不容乐观。进入20世纪90年代以后，青少年犯罪的情况也出现了缓和下降的趋势，但是，从1997年起，青少年罪犯的数量又出现反弹，开始逐年攀升，占全部刑事罪犯人数的比例越来越大。青少年犯罪近些年来日益呈现出暴力化、团伙化的趋势，严重危害社会治安。犯罪类型集中为抢劫、强奸和盗窃，在押未成年犯中，上述犯罪类型的人数比例分别为64.4%、11.3%、10.5%，占全部犯罪类型的八成以上，明显高于其他人群。[一]贫困是导致青少年犯罪率上升的主要原因之一，社会底层的家庭收入低，父母素质和文化水平低，因此对子女的教育缺乏系统的方法和要求，导致一部分青少年在受教育过程中误入歧途，走上吸毒、犯罪的不归路。贫困导致青少年犯罪的原因主要表现在以下几个方面：

1. 文化水平低，法律意识淡薄，缺乏正确的人生观、道德观和法律观

由于自然的、历史的原因，目前农村偏远的贫困地区经济仍相对滞后，文化教育事业不发达。许多青少年因失去在校受教育的机会，思想愚昧，认识幼稚，是非莫辨，善恶不分，淡漠人生，追求享乐，以至目无法纪、放荡不羁，因而极易受到外界不良因素的影响，自觉或不自觉地步入人生歧途。

2. 社会不良风气和丑恶现象的存在和影响

青少年好奇心强，生性爱模仿，对外界新事物易于接受。同时，贫困青少年又因其阅历浅，缺乏分辨是非的能力，以致在接受新事物的过程中带有很大的盲目性。当前社会上存在的"一切向钱看"、极端个人主义、拜金主义、赌博吸毒等不良风气及丑恶现象，极大地腐蚀着部分青少年的心灵，成为他们犯罪的"催化剂"。

3. 家庭、学校教育失误

家庭是人生的第一课堂，父母是孩子的第一任教师。家庭教育和家庭环境对青少年的健康成长关系极大。实践说明，一些青少年之所以犯罪，与其家庭教育不当有很大关系。贫困青少年家庭中，父母一般受教育程度较低，对其子女的教育起不了关键性作用，加之贫困地区教育资源缺乏、学校教育质量低，因此贫困青少年走上犯罪道路的概率增大。

第三节　青少年贫困的原因

一、家庭总收入低成为青少年贫困的直接原因

青少年对家庭的理解随着时代的变化也在不断变化，而有的青少年生活在不幸福或被收养的家庭中也会感同无家。但是，青少年的成长离不开家庭的支持，包括情感的、认知的、经济等多方面的支持。其中，能否得到家庭的经济支持，应该说是青少年是否会变为贫困青少年群体一员的重要原因。城市贫困家庭的未成年人、农村贫困青少年、贫困大学生之所以是贫困青少年，

[一]　数据来源：孙云晓. 当代中国未成年人犯罪的现状和原因及预防对策. 北斗星社区. 2006.

关键的因素是得不到家庭的有效经济支持，或家庭无法或无能力予以支持。家庭是否愿意为青少年提供经济支持取决于家庭，而家庭是否有能力为青少年提供经济支持则并不完全取决于家庭。家庭没有能力为青少年提供经济支持的原因也是多种多样的。

1. 地区发展不平衡

我国地区发展不平衡一直是制约着我国经济发展的重要因素，主要表现在以下几个方面：①城乡发展差距较大；②区域发展差距明显，改革开放30多年来，各地居民收入都有了大幅度增长，但不同地区间仍存在收入差距；③除经济差距外，城乡、区域之间基本公共服务水平的差距也较大；④同经济发展相比，社会事业等发展相对落后，某些区域的优质教育资源短缺，教育公平的问题比较突出，医疗服务的总供给量相对不足，社会保障体系不够完善，等等。地区发展的不平衡直接导致了家庭收入低、受教育机会少、教育质量低、医疗开支高等，使贫困地区的家庭更加贫困。

2. 单亲或孤儿家庭

单亲或孤儿家庭，这一由来已久的社会问题早已成为普遍现象。周沛（2000）在研究城市绝对贫困问题时认为，可以"从贫民的实际生活状况来认定绝对贫民阶层。一些双下岗家庭、残疾人、重病患者以及低收入群体等，其人均生活费收入无论是达到还是低于180元的最低标准，由于面临着特殊而现实的困难，使得他们的实际生活捉襟见肘，入不敷出，处于极端贫困之中"。⊖照此看来，单亲家庭，尤其是以女性为户长的单亲家庭中，贫困比率是相当高的。其主要原因是单亲家庭的收入难以维持一个家庭的生活开支，孤儿家庭更是如此，青少年完全没有得到父母收入的经济支持，因此导致贫困。

二、人口因素及生育观念的影响

1. 偏远地区经济落后，人口密度小

依据第五次人口普查资料，贫困地区的人口现状具有以下明显特征：①人口自然增长速度较高；②人口文化素质、文化水平程度较低；③人口城镇化水平偏低；④人口密度较低，但这并不意味着贫困偏远地区的人口容量大，因为人口容量是以一定的生存环境为基础的；⑤贫困地区少数民族的人口比重较大，这既使迅速改变贫困地区的面貌更富有政治意义，又给从严控制贫困地区的人口增长平添了几分难度。

在农村偏远地区，劳动生产并不是以脑力劳动为主，而是以手工劳动为主，多生子女以增加劳动力，尤其是男劳动力，是家庭增加收入的主要手段。加之没有国家政策管束和教育资源稀缺，农村偏远地区的劳动力生产率低下，严重遏制了当地的经济发展，因此导致贫困家庭和贫困青少年的产生。

2. 不讲求"优生优育"

优生优育是计划生育具体内涵的延伸，是新的历史条件下对计划生育的具体化体现。我国是人口大国，巨大的人口压力会制约着社会的发展，所以做好优生优育既是提高青少年素质的重要手段，也是制约人口盲目增长的重要手段，对未来社会的整体发展有重要的作用。

据了解，我国每年新生人口缺陷发生率达到4%~6%，约80万~120万，平均每30~40秒就有一个缺陷儿出生。至2003年10月1日实施新的《婚姻登记条例》取消强制婚检这一措施之后，诸如性病、艾滋病及传染性、遗传性疾病传播扩大，新生儿出生缺陷率走高等一系列社会问题让人感到忧虑重重。同时，也严重影响了青少年的健康成长，导致贫困等不良结果。

⊖ 周沛. 一个不容忽视的事实-城市绝对贫困现象研究 [J]. 南京大学学报, 2000 (6)：124-125.

三、用于青少年贫困的社会开支有限

1. 基本生存条件的保障

青少年群体是一个特殊群体，每个人都要经历人生的青少年时期，而这一时期则是人生的一个特殊阶段。青少年时期作为人生的一个中间环节，一方面，青少年迅速走向成熟，走向社会，开始成为社会的一个自立群体；另一方面，青少年逐渐步入中老年期，走向衰退，开始为未来创造和积累必要的生存条件。对于贫困青少年，其过程更为艰辛，因此，政府对贫困青少年群体的基本生存条件的保障是不容忽视的问题。尽管在贫困补助、贫困青少年家庭援助等方面，政府投入了一定的资金，但是分配到贫困青少年的资金比例却难以支撑我国的整个贫困青少年群体，主要原因就是缺少专门针对贫困青少年的民间救助机构，其原因多方面的，有待深入研究。

2. 基础教育的提供

"十五"期间，教育公平问题越来越成为一个广受关注的社会问题。在 2006 年的"两会"上，教育公平问题已经成为焦点话题之一。教育差异主要包括农村偏远地区教育和城市教育之间的差异、不同地域之间教育的差异、学校之间的不平衡以及不同的受教育群体之间的不平衡，这些都受到教育体制的制约和社会分配差距加大的影响。最大的不平等首先显现在基础教育层面，很多农村贫困青少年在义务教育阶段就被淘汰出局，无缘大学梦。到高中阶段，这种淘汰的比例更高。高中阶段机会的不平等与学习费用的高涨、贫困地区高中稀少造成的机会短缺，以及小学和初中阶段教育质量的低劣有关。在高等教育中，招生时向着城镇倾斜的惯性也是不可忽视的因素。由于高等教育机会是相对更为稀缺的资源，因此围绕这种资源的竞争更加激烈。虽然国家用于青少年教育每年的开支巨大，但是对于贫困青少年教育，特别是基础教育的开支受到多种因素的限制，因此成为青少年贫困的又一关键性原因。

3. 基本医疗卫生条件的改善

当前，我国正处于社会转型时期，医疗卫生费用支出的增长速度超过了居民收入增长速度，导致居民治病成本居高不下，尤其是大量贫困群体的"看病难"问题日益突出，而现有医疗保险制度难以解决这一问题。其突出表现为：一是参保费用成为贫困群体入围的障碍。绝大部分贫困群体依靠最低生活保障制度维持基本生活，难以支付基本参保费用，缺乏参加医疗保险的能力。二是"起付线"的设置使贫困群体难以受益。目前推行的医疗保险制度，都设置了"起付线"，即参保对象必须在医疗费用超过一定数额后才能通过保险报销部分费用。因此，贫困青少年家庭即使参加医疗保险，也因难以承受必须由自己负担的那部分费用而无法就医。

第四节　贫困青少年群体的社会工作干预和介入

目前，我国主要是通过社会救助制度——最低生活保障制度扶助贫困青少年家庭。在当代社会，社会救助也被看成是保障无法在劳动力市场获得充分生活资源的公民的基本生活所需的最后一道防线，对他们的扶助往往仅是提供满足其最低生活所需的金钱或实物。但是，社会救助的问题也是突出的，贫困青少年家庭长期依赖政府转移性收入生活，可能对公共支出日益膨胀的政府财政产生巨大压力。因此，在维持经济弱势者基本生活所需的同时，一方面，增强贫困青少年的自我发展与社会参与的能力，促使其脱离贫困状态；另一方面，在保证政府对贫困青少年的资金救助维持在一个合理的空间的基础上，建立专门针对贫困青少年的民间组织机构，双管齐下，帮助贫困青少年脱离贫困，就成为社会救助发展的一个新目标。

针对贫困青少年需求的多元化，协助贫困青少年的社会政策也应是整体性和多面向的，需要同时考虑贫困家庭中的家长就业、青少年的照顾和教育、医疗服务与相关的青少年福利服务。主要政策措施如下：

一、"分类施保"，改进救助政策

在最低生活保障制度中，应强调"分类施保"，尤其是对于贫困家庭中的青少年，应建立独立的现金补贴制度，来缓解家庭经济压力可能给青少年带来的伤害。同时，要关注贫困家庭长期经济改善的救助政策。传统的以"收入"为基础的社会救助政策只能协助受助者在短期内维持基本的最低消费，而从长期的效果看，也仅仅停留于维持受助者的最低消费。这种社会救助政策有助于改善受助者的经济生活，却难以实现长远性的福利效果。为此，应当把以"资产累积"为基础的福利政策作为对现行的社会救助政策的重要补充。它不仅可以帮助贫困青少年提升生活水平，更重要的是，通过协助贫困青少年家庭积累部分财产（如储蓄等）以应对未来所需（如其子女的持续教育），以达到长远的福利效果。家庭资产累积不但可以缓冲家庭危机所导致的贫穷困境，也可进一步打破代际贫穷的恶性循环。

二、根据我国国情，适当发展家庭政策

国家和社会干预贫困青少年家庭问题并协助其子女，主要目的是以增强家庭功能为主，而并不是要取代家庭，家庭政策制度范畴如图 11-1 所示。家庭政策是一个行动领域，至少包括下列福利系统：健康、教育、社会服务、收入维持、住宅、就业与人力、家庭法律与税务。以家庭为中心的积极的社会福利政策，有助于创造一个合适的环境，使家庭能够满足成员的需要，促进功能的发挥，防止家庭的瓦解。在发展中国家，由于社会经济条件的限制，很难发展全面的家庭政策，但从优先次序的角度考虑，在我国应率先发展贫困家庭的经济补助或福利服务，以巩固家庭的功能，协助贫困青少年家庭成员通过共同努力来摆脱贫穷。

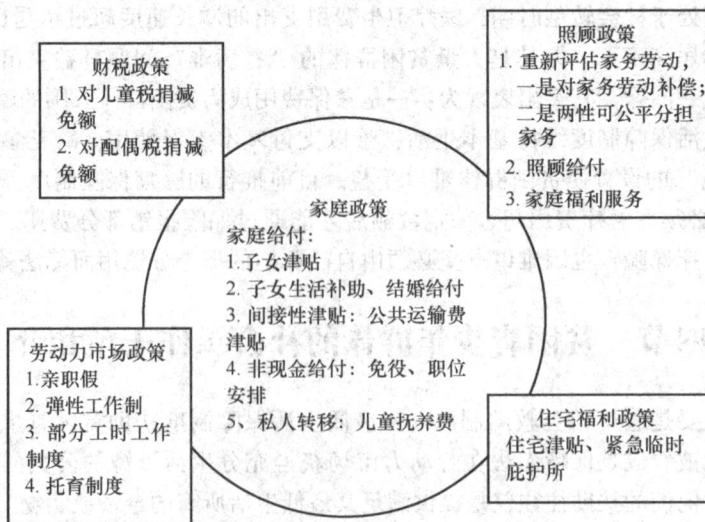

图 11-1　家庭政策制度范畴 ○

○ 林宜辉. 家庭政策支持育儿妇女就业制度的探讨 [J]. 社区发展季刊, 1998 (48).

三、提升贫困家庭家长和青少年的人力资本

中国人非常重视教育，特别是对于贫困青少年家庭而言，子女接受良好的教育是其家庭唯一向上流动的机会。而投资教育虽然对家庭是一种财产负积累，但对贫困青少年而言则是人力资本的提升。一些关于就业问题的研究显示，中等教育水准的人力资源（高中/职高），在劳动力就业市场上已经没有优势，不能保证其家庭脱离贫穷的困境。而家庭贫困也常使得青少年中断继续教育，进入劳动力市场。但由于他们的教育水平不高、知识与技术不足，无法获得较高待遇的工作，所赚取的收入仅能补贴家用，对改善家庭贫困状况的作用非常有限，但却丧失了继续就学的机会。虽然其日后继续求学的机会还是存在的，但要克服很多困难。

因此，除了现有的一些学费减免、奖学金、助学金和教育贷款政策外，还需要规划一些立足长远的贫困青少年的教育培训方案，积极协助贫困家庭的青少年持续教育，尽可能完成大学教育。当然，对贫困青少年的教育培训计划并不一定都要培养到大学毕业，也并不是每个孩子都希望或能够进入大学教育，问题的关键是培养贫困青少年能够有一技之长，顺利在劳动市场上就业，才能有利于协助贫困青少年走向脱贫。

四、强化各个系统的社会支持功能

相关系统可以协助贫困青少年解决困难，成功应对不利的经济社会环境的压力，成为一个人格健康、对社会有用的人。实际上，每个人都需要与他人建立良好关系的社会联结，并相互关心与照顾。可想而知，当一个人在面临压力的情景下，尤其是青少年遭遇家境贫困的不幸时，这些关心、照顾等对他们而言就是一种社会支持。一些研究也指出，社会支持的来源分为正式支持系统与非正式支持系统。正式支持系统主要是指法律、教育、医疗与社会服务系统，通常包括政府机构、非政府组织等；非正式支持系统则是来自个人社会网络的非正式社会支持，如来自家人、亲友、邻居、社区志愿者的支持等。对于青少年而言，其正式支持系统中最具代表性的是学校系统，其他包括法律政策、青少年服务机构；非正式系统则以家庭系统和同辈系统为主要支持力量。因此，应不断加强青少年社会工作的专业性和针对性，提高青少年社会工作者的专业素质，完善针对贫困青少年的社会救助与保障制度。强化个体系统的社会支持功能，对贫困青少年个体的成长有重要的作用。

第十二章 残疾青少年群体

世界卫生组织的统计资料表明：世界上约有上千万的青少年儿童患有智力和大脑健康损伤，其中大约80%生活在发展中国家，大约1/4的家庭有一个与之关系密切的损伤成员。至少有2.5%的0～14岁的儿童患有从轻度到重度的感官、肢体和智力损伤。[一] 由此可见，残疾是不可被忽视的、短期内不能克服的、广泛存在的现象，残疾人士需要更多的关爱和帮助。

第一节 残疾青少年群体的界定及现状

一、残疾青少年群体的界定

残疾青少年是指"生理功能、解剖结构、心理和精神状态异常或丧失，部分或全部丧失日常生活自理、学习和社会适应能力的青少年群体。身心发展上有各种缺陷的青少年，又称障碍青少年"。[二]

1. 智力残疾青少年

智力残疾青少年是指在生长发育时期，智力发育低于同龄青少年的平均水平，同时伴有明显的社会生活适应能力困难的青少年。可见，判断一个青少年是不是智力残疾，必须从三个方面考虑：一是智力，二是社会适应能力，三是年龄，三者缺一不可。

智力残疾青少年与正常青少年在生理发展上并无太大差异，他们在青春期所面临的问题也很相似，两个群体都要遭遇包括同一性、独立、友谊、性和休闲活动等问题的困扰。但是，与同龄正常青少年相比，智力残疾青少年却处于更低的心理发展阶段，他们很难独立或经由较少的帮助解决这些发展性问题。

2. 肢体残疾青少年

肢体残疾青少年是指青少年的四肢残缺或四肢、躯干麻痹、畸形，导致人体运动系统不同程度的功能丧失或功能障碍。肢体残疾包括：上肢或下肢因外伤、病变而截除或先天残缺；上肢或下肢因外伤、病变或发育异常所致的畸形或功能障碍；脊椎因外伤、病变或发育异常所致的畸形或功能障碍；中枢、周围神经因外伤、病变或发育异常造成躯干或四肢的功能障碍。

3. 听力残疾青少年

听力残疾青少年是指由于各种原因导致双耳听力丧失或听觉障碍，听不到或听不见周围环境的声音，从而难以同一般人进行正常的语言交往活动的青少年群体。听力残疾按照发生时间，可分为先天聋和后天聋；按照发生原因，可分为感音性耳聋（听神经受损）和传音性耳聋（声音传导通路损伤）。

4. 视力残疾青少年

视力残疾青少年是指由于各种原因使视觉器官或大脑视中枢的构造或功能发生部分或完全

　㊀ 钱志亮. 中国特殊儿童教育的现状报告 [EB/OL]. http//www. spe- edu. net/Html/jichu/2006092014243949. html：2006 年 9 月 20 日/2010 年 1 月 27 日.

　㊁ 朴永馨. 特殊教育词典 [M]. 2 版. 北京：华夏出版社，2006：21-22.

病变，导致双眼不同程度的视力损失或视野缩小，视功能难以像一般人一样在从事工作、学习或进行其他活动时应用自如，甚至丧失的青少年群体。

5. 语言障碍青少年

若是听力丧失也会造成语言异常，如果一个青少年儿童无法听到自己说话的声音，他便很难开口说话。语言障碍是指在说话和语言两方面都异常。说话异常是指语音的清晰度或流利度异常；语言异常是指对语言符号系统的了解困难，即听、说、读、写的能力发展受到损伤。

二、我国残疾青少年整体状况

1987 年，我国第一次全国残疾人抽样调查结果显示，当时我国 0 ~ 14 岁残疾青少年儿童817.5 万，6 ~ 14 岁义务教育学龄阶段残疾青少年儿童 625 万；2006 年，我国第二次全国残疾人口抽样调查结果显示，我国 0 ~ 14 岁残疾青少年儿童 387 万，6 ~ 14 岁义务教育学龄阶段残疾青少年儿童 246 万（见表 12-1）。由上述两组数据比较得知，抛开准入标准的影响，中国残疾青少年的绝对数量是呈减少趋势的。形成这种趋势的主要原因是：计划生育、优生优育、基本国策的实施以及医疗卫生状况提高、孕产妇营养状况改善等。但是，上述状况仍不容乐观，工业发展、环境污染、生存压力、交通事故等，是我国在发展过程中必须面对的国民致残因素。

表 12-1 2006 年全国 6 ~ 14 岁残疾青少年儿童状况 （%）

残疾类别	一级残疾	二级残疾	三级残疾	四级残疾	合 计
视力残疾	0.78	0.53	0.41	3.21	4.93
听力残疾	0.74	0.40	1.24	1.45	3.83
语言残疾	1.02	1.23	2.54	3.58	8.37
肢体残疾	0.86	1.45	3.34	9.82	15.47
智力残疾	3.44	3.79	8.73	20.13	36.09
精神残疾	0.24	0.26	0.36	1.27	2.13
多重残疾	18.68	5.47	3.37	1.66	29.18
总计	25.76	13.13	19.99	41.12	100

（资料来源：第二次全国残疾人抽样调查办公室 . 第二次全国残疾人抽样调查资料［M］. 北京：中国统计出版社，2007 年：21-22.）

第二节 残疾青少年群体存在的问题

残疾青少年是一个特殊的群体，是社会人群的一部分。他们既有与一般人相同的心理特点，也有由于生理上的一些欠缺而导致的一些独特的心理表现和认知特点。残疾青少年同健全青少年相比，在感知觉能力、记忆、思维等方面并不存在显著的差异，但是由于生理上或者精神上的残疾导致了某些活动能力的欠缺和社会生活中的某些困难，以及在社会生活中遇到的一些不公正的待遇和歧视，会导致残疾青少年的个性和身心特征方面有着不同于健全青少年的一些特点。

一、自卑感

自卑感是每个残疾青少年都会有的一种情感体验。自卑与自尊相对，而每个人都有自尊的需要，这既包括自我对个人的认同，还包括他人对个人的认同。而残疾对于青少年以及其家庭或者社会而言，是一个非常沉痛的打击和巨大的损失。残疾给个体的生活带来了极大的不便和苦难，从心理上来讲更是严重地打击了个人的自信心。尤其是对于一些后天残疾的青少年，往往经受不住这个打击，情绪完全崩溃，从此一蹶不振。残疾青少年群体由于生活不能自理或者功能丧失，经常需要别人帮助，有些个体便会产生一些"无用感"。他们认为自己丧失生活自理的能力给家庭带来了负担，因此非常自卑，自我评价比较消极。成年以后的残疾青少年在就业、婚恋等方面也可能遇到一些问题，如果不能很好地解决这些困难，更会加深这种自卑感。

二、心理较为敏感

残疾青少年由于自身存在生理上的欠缺，他们往往更加关注自己，非常在意自己的隐私，在一些情况下甚至隐藏自身的缺陷。他对别人的评价非常敏感和在意，尤其是当有人说出带有歧视性的话语时，会引起他们的强烈反感，自我保护意识强。因此，也有一些残疾青少年避免和健全人交往和接触，基于自我保护的机制，把自己限制在一个狭小的活动范围。残疾青少年尽管生理有残疾，但心智健全，他们很希望自己能够像健全人一样参与社会生活，可是具体的情况却不能完全如意。他们想要自我独立，却又不得不依赖他人的帮助，因此常存有矛盾的心理。

三、生活困难

生活困难是残疾青少年的普遍特征之一，这主要表现在其就业率低，以及对生活持有低期望甚至无期望。残疾青少年在成长期间由于残疾，导致生理和心理上受到重创，对生活失去了信心。因此，在培养就业能力方面，明显不如正常青少年积极主动，结果导致生活困难。残疾青少年的生活贫困不仅仅只包括残疾这一关键因素，还包括家庭、教育、学校以及周围环境的综合影响。因此，残疾青少年在面对生活以及自身成长方面，需要足够的信心和努力来克服这一困境。

四、孤独感与社会活动少

孤独是残疾青少年普遍存在的情感体验。一方面，肢体残疾青少年和盲人青少年在行动上有很大障碍，其行为很容易受到挫折；另一方面，他们因为活动场所太少而不得不经常待在家里。久而久之，孤独感就会油然而生。随着年龄的增长，孤独感的体验会日益增强，肢体残疾青少年会把与外界交往的欲望深深埋在心底，长期的积郁使其人际适应力下降、人际关系的挫折感增强，容易由于交往受挫而引发心理障碍。事实上，肢体残疾青少年渴望与人交往，需要友谊及被别人理解，他们希望参与各种活动，寻找和建立温馨和谐的人际关系，通过人际交往去认识世界、获得友谊，满足自己物质上和精神上的各种需求。

第三节　残疾青少年群体存在问题的原因

由于残疾青少年群体的特殊性，导致其存在以上问题的原因不仅仅是他们的先天残疾造成身心上的伤害，同时还有环境等方面的客观原因，并且某些客观原因对该群体的身心伤害比残疾本身还要严重。

一、社会歧视因素

虽然目前我国对残疾人的公开歧视现象已经大大减少，但隐形歧视仍然比较严重，只是"残废人"的称谓被"残疾人"这一平等、文明的称谓所取代。例如，虽然越来越多的残疾青少年走进了高等学府，平等受教育的权利基本得到了保障，但残疾大学生毕业后却面临着许多就业歧视，多次碰壁也难以找到一份工作。除了隐形歧视，社会还存在一种对残疾人需求"忽视"，对残疾人"俯视"，对成功残疾人"仰视"的社会现象，这些都与"平等、参与、共享"的残疾人价值观相违背。残疾人包括残疾青少年应该得到人们的"平视"，他们的社会问题应该得到政府和社会的"正视"。

二、家庭经济因素

家庭经济收入状况的好坏会直接影响残疾青少年未来的身心健康发展，包括未来的职业道路的选择等。很多调查显示，大部分残疾青少年都来自农村，其经济状况一直处于社会低水平，有些家庭经济特别困难，并且父母的文化水平都不高，因此，贫困是残疾青少年家庭的一种重要特征。残疾青少年群体及其家庭比正常青少年更可能生活在贫困中，而贫困将带来一系列可怕的后果，包括残疾青少年由于残疾而产生的特殊需求得不到满足，父母由于孩子残疾需要花费大量精力和物力在其身上，耽误他们自己的职业发展，进而可能陷入贫困陷阱等。因此，残疾青少年群体在成长过程中必然会因为这些问题而产生一些身心健康问题。

三、教育因素

由于残疾青少年群体的特殊性，在对其教育方面，国家目前主要的做法就是保证他们平等接受义务教育、高等教育的权利和建立特殊学校。在平等接受教育方面，各个国家都设立了相关法律，并且实施效果良好。但在特殊学校的建立与管理方面，我国目前所做的还尚未达到发达国家的标准。我国特殊学校的数量不多，且分布不均匀，中西部地区尤其缺乏，像西部的宁夏回族自治区，全自治区只有一所特殊学校，每年只招收几百名残疾学生就读，这对于多达几万名适龄入学适龄残疾青少年的全自治区来讲，无疑是杯水车薪 ⊖。

中西部地区特殊学校现状

从中西部的整体情况看，根据全国残疾人联合会的统计：西部 12 省（市、区）因贫困未入学适龄残疾儿童少年达 183355 人，占失学残疾儿童总数的 46.94%；中部经济欠发达 6 省（河北、安徽、江西、河南、湖南、湖北）因贫困失学适龄残疾儿童少年达 135181 人，占总数的 35%。如此高的失学率从表面上看主要原因在于残疾儿童家庭经济贫困，但特教学校在中西部地区数量过少、教育成本过高，则是导致许多残疾儿童失学的客观因素。而有限的教育资源，包括师资队伍、教室和宿舍、教学设备、康复器材等，势必不堪重负，从而严重制约到特殊教育的质量。

根据教育部的统计数据，2002 年，全国特教学校的专职教员数为 2.98 万人，而同期在校学生数为 37.45 万人，平均生师比为 12.57:1。即使像北京这样教育资源相对丰富的地区，根据北京市教委公布的统计数字，2003 年特殊教育学校的生师比仍然高达 9.26:1（在校学生数 6177 人，专职教员 667 人）。与此形成对照，2002 年日本三类特教学校的在校残疾学生人数为 94171 人，而专职教员多达 59886 人，平均生师比为 1.57:1，基本接近一对一的比例。因此，要实现真正意义上的个别化教育，在特殊教育领域，即意味着一对一的个别化教育，还存在着巨大的困难。

（资料来源：中国教育网）

⊖ 残疾青少年的教育不容忽视. 中国教育网. www.chinaedunei.com. 2004 年 11 月.

第四节　残疾青少年群体的社会工作干预和介入

残疾青少年社会工作是社会工作者运用社会工作方法帮助残疾青少年补偿自身缺陷，克服各种环境障碍，重新回归社会生活的专业活动。其根本目的是增强残疾青少年的社会功能。因此，残疾青少年社会工作介入的主要内容包括以下几个方面：

一、致残预防

造成青少年残疾的原因很多，根据其致残作用机理主要分为三类：遗传和发育致残、环境和行为致残、外伤和疾病致残。前两者的交互作用造成了先天性残疾，后两者相互作用造成了后天性残疾或者获得性残疾。先天性残疾包括遗传性残疾和发育缺陷非遗传性残疾；获得性残疾包括传染性疾病致残、非传染性疾病（包括躯体疾病、精神疾病和营养失调）致残和创伤及伤害致残。分析不同人群的致残高危因素有利于制定有针对性的残疾预防策略和措施。

1. 致残的风险因素

一份关于中国残疾人口致残原因的分析报告显示，将多重残疾按其实际的残疾类别分解为六类残疾后，再对六类残疾的致残原因进行分析，其中先天性因素致残占 9.57%，而绝大部分残疾为后天性因素致残，占 74.67%。这说明，在现有的残疾人群中，后天获得性残疾是致残原因的主要因素，如图 12-1 所示。在先天性残疾中，发育缺陷非遗传性残疾最高，占 68.91%；而在获得性残疾中，非传染性疾病致残最高，占 71.58%，其次是创伤及伤害致残的占 16.65%，传染性疾病致残的占 11.77%。

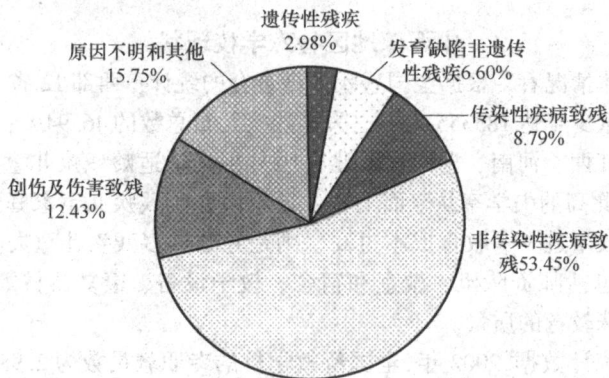

图 12-1　残疾人致残因素构成

残疾青少年群体是残疾人口中的一部分，并且他们是普遍受到社会关注的残疾群体。青少年在生长发育过程中，身体和生理的发展极易受到周围环境以及遗传因素的影响，并且后天因素致残极易对青少年以后的成长产生不利影响。比如：在眼睛保护方面，一些青少年没有引起注意，没有采取相关措施在学习或者生活过程中对眼睛没有进行保护，以至于致残最后导致失明；或者家长对青少年儿童在游玩过程中没有采取基本的保护措施，在没有清晰认知的情况下，导致青少年儿童肢体或者神经残疾。

2. 主要预防措施

在生活、学习、工作和社会活动中，残疾青少年存在各种功能障碍，如肢体活动障碍、听说障碍、精神情感障碍、智力障碍、视力障碍等。人的一生中会面临各种各样的可能导致残疾的因素，有些因素在很大程度上是可以避免的，有些则是客观的必然。前者如遗传、发育缺陷、意外伤害、疾病、环境和行为因素致残；后者则主要由于人口老龄化后生理功能衰退而导致功能障碍。但不论人们采取怎样的措施，当今全球仍未解决预防残疾的全部问题，国际上残疾人的比例通常达到10%~15%。随着工业化和城镇化进程的加快，人口流动频繁，人们工作节奏加快，以及生产安全事故、交通事故和环境污染等社会环境因素的影响，都增加了残疾发生的风险。因此，采取有效的措施和方法，预防或减少致残性疾病和伤害的发生，限制或逆转由伤病而引起的残疾，并在残疾发生后防止残疾转变成为残障，这些预防措施对于避免残疾青少年群体的扩大是非常重要的。

（1）建立非致残环境。强调要建立一个"非致残环境"，这是预防残疾的重要问题。首先，"极度贫困环境"是一个致残环境。贫困和残疾不分先后，贫困不仅是残疾易造成的结果，也是促发残疾的原因。帮助贫困地区脱贫，加强经济建设，促进社会发展，提高文化教育和生活、卫生水平，将大大有助于预防残疾；其次，"高危工作环境"是造成职业性残疾的重要因素。例如，有害化学物质引起的中毒，粉尘引起的矽肺等呼吸系统疾病，手工重复操作或重力负荷引起的慢性肌肉骨骼疾病或工伤等。因此，要引导生产企业建立规范、安全的生产环境和流程，减少职业性疾病的发生。这些措施主要针对那些无法继续学业的青少年，他们由于客观原因不能上学，只能出去工作，进入复杂而又危险的工作环境而便宜出卖自身的劳动力；最后，"高压心理环境"是造成心理、精神疾病的重要因素，容易引起青少年精神方面的残疾。长期在高压的环境下学习或工作，精神得不到放松，是诱发精神疾病的重要因素。因此，要对青少年儿童等进行经常性的心理疏导，防止出现心理问题。

（2）预防抓"早"。人们经常用"事半功倍"形容费力小而收获大。在青少年残疾预防中，如果注意抓"早"，就可以有效地避免残疾的发生和发展。所谓抓"早"主要包括：一是做好一级预防，即病因预防，是针对致病因素的预防措施，分为针对环境的措施和针对机体的措施。根据世界卫生组织统计，发展中国家引起残疾的主要原因是营养不良、传染病、围产期保健差以及各种事故，这些原因造成的残疾占全部残疾病例的70%左右；二是早期发现，对于已发生的可能致残的伤病，要尽早发现、尽早诊断、积极治疗和训练，尽量避免发生残疾；三是早期干预，即残疾一旦发生，要及早进行康复治疗，调动残存的功能，尽可能不要造成障碍或减轻障碍程度，逐步提高患者生活、学习、工作及参与家庭和社会活动的能力。

二、对残疾青少年的医疗康复

医疗康复是帮助残疾青少年恢复和补偿功能，增强生活自理和社会适应能力，平等参与社会生活的基础。医疗康复的目的在于让残疾青少年得到康复、享有均等机会和重返社会。帮助残疾青少年接受康复服务，发掘自身的最大潜能，是有效开展残疾青少年社会工作的基础，也是帮助残疾青少年这类弱势群体的一个重要方面。

1. 物理疗法

物理疗法主要针对残疾青少年群体身体方面的缺陷，以一种预防、治疗、及处理因疾病或伤害所带来的动作问题，利用物理因素的刺激以及药物性治疗来尽可能地恢复残疾青少年原有的生理功能或者辅助残疾青少年完成正常的生理活动。这种康复方法主要由专业医疗人士完成，运用专业的医疗知识来解决残疾青少年的生理问题。由上述可知，普遍贫困是残疾青少年群体的一大特征，他们没有足够的资金来进行物理医疗，因此，国家和地方政府的帮助是针对残疾青少年进行物理治疗的关键因素，而且专业医疗人士的教育培养也是促进残疾青少年群体正常生活的一个重要方面。

"音乐理疗"帮助残疾人打开心灵之窗

2012年4月19日，北京海淀区北下关街道"温馨家园"里一片欢声笑语，该社区20多名智力残疾朋友汇集于此，在辅导老师的带领下跟随着音乐做着互动游戏。当日，正是北京市残疾人活动中心在海淀区北下关街道残联开展的"乐动心灵、文化共享"智力残疾人音乐理疗活动的开幕式现场。北京市、海淀区残联领导，该社区的智力残疾人代表及家属，以及社会爱心人士与媒体记者共60多人参与了当天的活动。

"音乐理疗"是以德国奥尔夫音乐治疗理论为基础，形式活泼，寓教于乐。通过由指导老师带领智力残疾人参与团体音乐活动，试探他们对乐器、乐音、节奏、旋律、音乐活动的反应，分析其表达的情绪或意愿，带来运动、感官、认识、情绪、心理社会行为等多方面的改善和进步，在引导残疾人回归社会、参与社会活动的同时，还有助于他们身体、语言等能力的恢复和再学习。

（资料来源：乐善助残网）

---

2. 作业疗法

作业疗法就是应用有目的的、经过选择的作业活动，对身体上、精神上、发育上有功能障碍或残疾，以致不同程度地丧失生活自理和职业能力的患者，进行治疗和训练，使其恢复、改善和增强生活、学习和劳动能力，作为家庭和社会的一员过着有意义的生活。对于残疾青少年，作业疗法是一项很有意义的康复方法，它不仅能够恢复其原有的生理或心理功能，而且能够增加学习和劳动能力，为以后的成长发展有积极的作用。作业疗法的特点在于：强调在完成作业方面，要对残疾青少年进行心理教育、指导和训练；并强调应用器具作为帮助。因此，其用于治疗的作业内容是需要经过严格选择、有目的性的，并且是依据每种类型的残疾青少年群体而专门设计的。作业内容包括日常生活活动、职业技巧训练、学习疗法、文娱疗法等。

3. 语言疗法

语言疗法是残疾人医疗康复的方法之一，它是针对口吃、失语、发音不清、发音困难、聋哑的残疾人进行语言训练的一种康复方法。其目的是尽可能恢复其说、听和语言交际能力，并巩固所获得的疗效、使其与他人的直接语言交流能力得以恢复。具体来说，即反复利用强的听觉刺激和多途径的语言刺激，如给予听觉和语言刺激的同时给予视觉、触觉、嗅觉刺激，当残疾人对刺激反应正确时，要鼓励和肯定。因此，对于语言和听力有障碍的残疾青少年，语言疗法是一种有效的康复医疗手段。

4. 心理疗法

残疾青少年存在诸多心理障碍，因此，如何对其进行有效的社会心理和精神病理方面的治疗成为医疗康复残疾青少年的一个重要问题。格林斯潘博士（Greenspen）1976年提出的心理动力疗法注重改善残疾人的内部心理机制，能够对消沉和缺乏自尊产生疗效。简等人（1977年）认为，残疾儿童和青少年同其父母进行磋商和交流是很有必要的。他着重指出，残疾者的父母应该接受足够的教育，以保证他们不向自己的孩子提出过高或过低的要求和期望。简等人（1977年）还强调指出，在对残疾者进行心理治疗的过程中，很有必要建立一种"信任"关系。其他医生和研究者也强调：在对残疾者进行心理治疗的过程中应该进行多方面的干预，包括心理疗法、药物疗法以及康复疗法（见林德曼 1981 年的研究）[注]。

国家要加大对残疾青少年康复心理学的重视，增加对康复心理学的政策扶持和经费投入，各医科大学应设立这项公共学科，对残疾人心理障碍领域进行广泛深入的研究，加快对残疾青少年康复心理学人才的培养。

昂昂溪区残联正式启动"阳光心灵"青少年残疾人心理咨询室

经过近 3 个月的筹备，齐齐哈尔市昂昂溪区"阳光心灵"青少年残疾人心理咨询室于 2012 年 8 月 16 日正式启动，并开展面向全区青少年残疾人的心理疏导和矫正服务工作。"阳光心灵"青少年残疾人心理咨询室是区残联与"蓝德心灵成长基地"合作，由区残联组织建立的为全区青少年残疾人服务的心理咨询机构。心理咨询室设在区残疾人综合服务中心，有单独的咨询场所，由国家二级心理咨询师杨柳负责咨询工作，咨询对象主要面向全区的青少年残疾人，咨询内容为青少年残疾人在成长过程中出现的各种心理问题。

（资料来源：黑龙江省政府网）

三、对残疾青少年的教育

残疾青少年教育是我国社会主义教育事业的一个有机组成部分，它的发展程度如何，能否满足残疾青少年的入学、升学要求，是衡量一个国家普及教育的一个重要方面，也是衡量一个社会是否发达、文明的标志之一。事实证明，尽管残疾青少年有生理缺陷，但只要社会关怀他们、重视他们、给他们创造条件，他们同样可以掌握文化与科学技术，成为对社会有用的人才。因此，全社会都要重视残疾青少年的文化科学教育，进一步创造条件，尽量满足残疾青少年入学和升学的迫切愿望。对残疾青少年群体的教育主要有普通教育和特殊教育两个方面。

1. 普通教育

残疾青少年儿童的普通教育主要是指普及残疾青少年儿童义务教育，从根本上提高残疾青少年的文化素质。我国相关法律对残疾青少年儿童的普通教育作了相关规定，地方各级人民政府应当将残疾儿童、少年实行义务教育纳入当地义务教育发展规划并统筹安排实施。县级以上各级人民政府对实施义务教育的工作进行监督、指导、检查，应当包括对残疾青少年儿童实施义务教育工作的监督、指导、检查。对残疾青少年儿童进行普通教育，主要目的就是调动广大残疾青少年发扬自强、自主、自尊、自信的精神，提高他们的思想素质，消除他们的依赖思想，提高他们参与社会生活的能力，为他们融入社会大家庭创造积极的条件。

2. 特殊教育

特殊教育是指使用一般或特别设计的课程、教材、教法、组织形式和设备，对特殊儿童（青少年）所进行的达到一般的和特殊的培养目标的教育。其目的是提高残疾青少年的学习教育水平，逐步达到高等学校教育标准。残疾青少年儿童教育是"特殊教育"的一部分。因此，残疾青少年儿童的特殊教育主要针对包括残疾、超常、行为问题的青少年。残疾青少年群体的特殊教育主要包括残疾儿童学前教育、残疾青少年义务教育、残疾青少年高级中等教育、残疾青少年

[注] 罗伯特 T 阿默爱.《青年心理手册》［美］. 第 22 章.

职业教育、残疾青年高等教育。这种特殊教育是政府通过创办特殊教育学校机构或者在普通学校中创立专门针对残疾青少年的特殊教育班，根据不同类型的残疾青少年儿童，有针对性地对其进行教育学习。其目的就是帮助这些残疾青少年恢复正常的学习和工作能力，为其身心和以后的职业发展提供有利的帮助，如表 12-2 所示。

表 12-2　残疾类型及与之对应的特殊教育机构

残疾类型	对应的教育机构
视力残疾	视力障碍学校
听力残疾	聋人学校
智力残疾	特殊教育（启智）学校
肢体残疾	特殊学校或者普通学校
重度残疾	根据其主要残疾种类确定与之对应的教育机构

四、对残疾青少年的职业培训

就业是残疾青少年回归主流社会的重要环节，而职业培训又是就业的前提。残疾青少年在身心健康受到伤害的条件下，只有通过适当的学习教育和专业的职业培训，才能走出职业困境，进入正常的社会劳动力市场，获得劳动报酬，自力更生。对残疾青少年的职业培训，就是指根据劳动力市场需求，为帮助和促进残疾青少年就业，通过课堂学习、实地操作等形式，在一定时间内对劳动者进行职业知识和实际技能的培养和训练。残疾青少年职业技能培训的特点是：专业设置要以市场为导向，培训内容要有针对性、实用性，要紧扣市场脉搏，要从源头上解决培训与就业脱节的问题。

海淀区残疾青少年职业技能培训拉开帷幕

2010 年 10 月 8 日，北京市海淀区残疾人职业技能培训在海淀区培智中心学校拉开了帷幕。"一人残疾，全家受穷"是很多残疾青少年家庭的真实写照。残疾青少年不应只是慈善救济对象，更应该成为权利主体。大力发展残疾青少年职业教育，普遍提高残疾青少年就业甚至创业能力，是改善残疾青少年生存、学习发展状况、保障残疾人切实利益、提升社会地位、实现人生价值的重要途径。

为了积极响应中共中央、国务院颁发的《关于促进残疾人事业发展的意见中关于"积极开展残疾人职业教育培训"》的要求，北京海淀区残联整合社会力量，结合残疾青少年就业要求和现状，希望通过培训能从最根本问题出发，给残疾青少年提供生存的基本条件，提供就业的本领和门路，使他们逐步摆脱生活贫困，消除残障差距。

北京中青职业技能培训学校作为本次培训的执行单位，秉承"将心比心　责任社会"的办学宗旨，将精心组织，聘请专业讲师，认真为残疾青少年做好培训和服务工作，切实做到"传授知识、体现服务、用真知与真情帮助最需要的人"。同时，将积极支持海淀区残联推进"两个体系建设"，构建海淀区残疾青少年职业教育、认证考培与就业创业的综合服务体系建立。

（资料来源：中国青少年发展中心）

第十三章　流动青少年群体

所谓流动青少年，是指跟随父母外出，但不改变户口登记的处于义务教育阶段的适龄青少年，在这里主要是指进城务工农民的子女。所谓流动，包含两层含义：一是指在农村与城镇之间的流动[⊖]；二是指在城镇之间的流动[⊖]。流动人口虽然从农村流入城镇打工，但他们并不是城镇的正式居民，他们的家仍然在农村，他们也未必固定在某一城镇打工，他们中的许多人有在两个以上城镇打过工的经历。根据第五次人口普查资料，目前在我国超过 1.2 亿的流动人口中：18 周岁以下的流动青少年儿童数量为 1982 万，占全部流动人口 19.37%；14 周岁及以下流动儿童为 1409 万人，占全部流动人口的 3.78%[⊖]。根据有关文献以及对黑龙江、四川、广东等地农村的考察，估计农村青少年至少有一半以上流入城镇，即流动青少年的人口总规模不少于 5000 万。

第一节　流动青少年群体存在的问题

农村流动青少年跟随家庭的流动使他们过早地感受到生活的动荡和艰辛，特殊的成长经历带给他们与同龄孩子不同的影响。在流动青少年的成长过程中，他们遇到的是比同龄的青少年更复杂且更多元的烦恼，如入学的烦恼、学业成就的烦恼、身心健康问题及价值观和道德观等问题。更令人担忧的是，他们的父母在城市中忙于生计，与流动青少年的沟通少，流动青少年的情感需要得不到满足。在城市里和同伴的社会交往需要也得不到满足。其结果是，有的孩子自卑，有的孩子放任，出现各种心理问题，甚至形成反社会人格。

一、教育问题

经常见诸各大网络媒体、报纸、电视等大众传播媒体上的对农村流动青少年的新闻报道，或者通过个案访谈，给人们带来的流动青少年的形象主要是：住着阴暗潮湿的租赁简易房；在破旧昏暗桌椅残破的打工子弟学校上课；在父母的生意中忙碌着的身影；无人看管，自顾玩耍，等等。流动青少年群体就是背着这样的形象游走在城市的边缘。而通过众多关于农民工子女城市受教育问题的关注与研究，可以很明显地体会到农民工子女因陈旧的户籍制度、教育制度在城市受到的一些不平等对待，以至于生活在城市的边缘。因此，流动青少年群体普遍受教育程度低，甚至从没有受到过学校教育，因此他们的生活质量自然而然处于社会低水平，由此引发的社会问题以及贫困问题越来越多。一份比较全面的全国性调查显示，流动青少年儿童就读的学校主要集中在打工子弟学校和普通公立学校。

二、心理问题

流动青少年是我国社会转型期出现的一个重要社会群体。他们从农村来到城市，从小县城来到大城市，这种迁移和流动使其生活模式、生活习惯等受到都市生活的极大冲击，随之而来的

⊖　史小花，阳德华. 城市流动青少年人际交往问题研究 [J]. 流动人口教育，2008 (10).
⊖　史小花，阳德华. 城市流动青少年人际交往问题研究 [J]. 流动人口教育，2008 (10).

是态度、意识和行为等方面的改变。流动青少年由于外界环境以及父母家庭环境经常性的迁移印象，会表现出情绪不稳，如无家庭管教，家长和教师的忽视、压制和不公平、学习压力与感情问题等而引起烦恼、焦虑和抑郁的现象并不少见。调查显示：青少年情绪问题的发生率在10%～30%[一]。20%～30%的青少年儿童中有不同程度的抑郁症状，抑郁多发生于青春期女孩。进一步分析表明，不同群体的流动青少年儿童在日常生活中对消极情绪的体验是有差异的：初中阶段的流动青少年出现这些消极情绪的体验的人更多，更经常；非独生子女比独生子女的比例更高。这与他们生活的状况和成长的环境，如家庭环境、社区环境和学校环境等有比较直接的关系。

> **流动儿童心理健康令人堪忧　七成受访儿童急需关爱**
>
> 长沙市中心医院儿保科主任医师胡尔林说，近期他们对雨花区树木岭学校240名8～17岁流动儿童的心理健康状况进行了集中调查。结果显示，21.6%的流动儿童存在自卑、孤僻、焦虑等心理问题，56%的流动儿童存在一种或多种行为障碍。
>
> 流动儿童青少年心理健康问题主要表现在性格缺陷、行为障碍、情绪障碍、社会适应障碍和学习障碍五个方面，其中，性格缺陷和行为障碍问题最为突出。胡尔林说，大多数流动人口生活水平、职业地位较低，而且工作时间长，很少有精力去关心照顾孩子。孩子由于对城市生活不适应，并且缺乏正常的家庭教育与情感支持，很多都有不同程度的心理问题，具体表现为：有的孩子寻求物质满足，有的孩子呈现任性、冷漠、孤独等性格特征，严重的话还会伤害别人，成为"问题少年"。
>
> （资料来源：湖南频道网）

三、行为问题

由于流动青少年群体的心理问题的扩大化，加之环境、家庭、学校以及社会风气文化的影响，容易引起他们行为上独有的特点和问题，主要表现在以下两个方面：

1. 学业问题

由于经常迁徙和转换住所，流动青少年群体的基本生活需求得不到满足，具有强烈的不安全感和紧迫感，受教育的条件与空间都十分有限，最终导致失败的学业。在受教育过程中，还有一个形式和实质上的区别，许多流动青少年虽然身份是学生，接受着正规的教育，但他们逃学、旷课的情况突出。由于家庭经济条件和其他方面因素的制约，他们不能在比较好的学校接受高质量的教育，因此，很容易在中考、高考等升学过程中被淘汰。流动青少年群体的学业问题是家庭流动和环境的不稳定性给他们带来心理的压迫和不安全感导致的结果效应。

2. 危险行为

流动青少年健康危险行为是指青少年个体或群体在偏离个人、家庭、学校、社会的期望方向上表现出的一类行为，这类行为可能给青少年的健康完好状态乃至成年期的健康和生活质量造成直接或间接的损害，是青少年行为相关障碍中最严重的一种。流动青少年意外伤害和死亡、传染病、自杀、常见病的发生率均较常住青少年高。社区流动青少年危险行为包括吸烟、酗酒、吸毒、赌博等。与一般青少年不同的是，社区流动青少年危险行为一般还常伴有其他行为问题存

[一]　杨丽. 社区流动青少年心理行为健康服务模式研究进展 [J]. 护理研究，2009 (8).

在，如学习成绩下降或无心学习，同时沾染喝酒以及其他不良习惯等，很容易产生孤独、社会回避消极情绪，甚至引发吸毒、赌博、犯罪行为和社会事件。另外，近年来社区青少年网络成瘾问题迅速增加，主要原因之一就是青少年缺乏家庭的管教与亲人的温暖，在孤独和好奇心理驱使下迷恋网络。

四、交往问题

流动青少年因其流动性，使得他们的生活环境、所接触的人群都发生了极大的改变。相比较非流动青少年，流动青少年人际交往的特点表现在以下几个方面：

1. 交往范围相对狭窄

流动青少年的人际交往范围与其居住的地理位置相联系，由于流动青少年家庭的流动性高，并且对地区适应性不强，加之流动青少年自身的心理特点，他们的交际范围一般仅限于家庭所在社区及周围邻近的区域内，有时甚至足不出户，不愿意跟周围人接触。因此，流动人口实现社会融合的程度较低，他们一般不参与甚至是不能参与当地的一些社会组织和社会活动，形成事实上的社会隔离和排斥。这就在一定程度上限制了流动青少年的交往范围。

2. 交往对象比较固定

流动青少年居所及所在学校的不断变换影响其同伴关系的稳定性。流动青少年跟随父母从一个环境到一个环境，不断变换，刚刚建立起的同伴关系不断被打破，难以形成固定的同伴关系。因此，流动青少年的交往对象主要是自己的家庭成员、亲戚及相同家庭背景的其他流动人口子女。这主要是由于流动人口缺乏与当地居民的联系和交流。流动人口家庭没有固定的生活居所，加之工作的压力使他们更没有机会去参加各种社会活动，因此其家庭子女即流动青少年生活在一个相对封闭的环境中，一定程度上仅限于与"自己人"打交道，此种"自己人"仅限于家庭成员、有相同经历的流动青少年伙伴或者社会闲杂人士。这表现在流动人口家庭父母的交往对象上也一样。

3. 交往程度一般不深

流动青少年正处于特定的人生成长阶段，其身体和心理都正处于快速发展变化之中，而家庭的不稳定性、陌生的不断变换的环境、城市与家乡差别巨大的生活方式等都可能给流动青少年的心理带来许多不同程度的影响，表现为脆弱的心理承受力、敏感的情感反应、强烈的不满情绪及严重的社交恐惧等。因此，他们在与其他人交往时，往往会有提防和敌对心理。在学校中，与教师的交往方面，随着流动青少年年龄的增长和年级的升高，他们与老师的交往也随之减少，喜欢与那些处事公正、学识渊博的教师交往；而与同学之间的交往仅限于"仪式"上的交往，且关系并不牢固，男女同学之间则界线分明。在家庭中，流动青少年仅与个别家庭成员，尤其是母亲交往较多，而与其他家庭成员交往较少，关系淡漠。因为在流动家庭中，父亲经常漂泊在外的情况较多，母亲成为照顾家庭和孩子的主要角色，而且一般流动家庭成员只有父母与孩子，因此孩子接触的家庭成员也只有父母，而且与母亲交流更频繁。

第二节　流动青少年群体存在问题的原因

一、社会制度因素

流动青少年群体普遍存在的问题很大程度上与流动青少年受教育权利以及相关方面得不到

保障密切相关，我国现行的户籍制度、义务教育拨款模式、流入地政府及学校的观念等因素，影响着流动青少年受教育权利的实现。由于流动青少年的受教育权利得不到保障，他们在社会、学校中成为特殊群体，这就促使流动青少年在群体内部一定程度上形成了"身份认同"。这种"身份认同"使其整个群体与流入地青少年、其他社会成员之间形成一定意义上的"身份区隔"，由此限制了流动青少年交往的范围及对象，因此很大程度上影响了流动青少年正常的学习和人际交往生活，导致产生一些心理问题，最终酿成不良后果。

社会转型使流动青少年面临着多种矛盾和冲突。流动人口是我国社会全面转型时期的产物，由于转型时期社会矛盾的特殊性和复杂性，社会冲突的激增在所难免。从农村来到城市打工与生活的流动青少年正处于经济市场化与人口非农化的巨大变革之中，面临着这种变革所带来的多种矛盾和冲突。由于受我国传统文化影响较大，他们身上仍保留着浓厚的乡土社会气息。而城市的现代化意识较强，且带有较强的西方文化色彩。这种空间转移实质上使他们从一个同质社会走入一个异质社会，因而难免产生一些应激反应和水土不服现象。"人们在乡土社会中所养成的生活方式产生了很多流弊，陌生人所组成的现代社会是无法用乡土社会的习俗来应付的。"学习新的生存法则与放弃旧的生活方式一样困难，二者必然会产生冲突。这种冲突使他们无所适从，心理上充满紧张、犹豫和不安，并与社会处于一种紧张的状态。这种状态如无法及时消解，就会诱发其出现一些病症，甚至走上犯罪道路。

杨澜委员建议：让流动青少年融入社会

　　全国政协委员杨澜于 2011 年中国人民政治协商会议上表示，由于种种原因，流动青少年现在融入主流社会还有较大困难。户籍、社保等制度障碍等使其很难平等享受城市公民的权利；基于社会地位的排斥与歧视无时不在影响流动青少年对城市的感情；收入差异导致的经济困境迫使家长多忙于生计，无法为孩子提供更多的关爱与支持；就业、居住等带来的高流动性使孩子难以适应外部环境等。其直接的影响就是造成了流动青少年孤岛化生存的现状。

　　杨澜委员建议：政府牵头，关心流动青少年身心发展，组织教育界、学术界、公益界作好基于实证的调研；支持有针对性的试点工作。在评估试点效果、总结经验的基础上，出台相关政策法规：①建立由中央政府监管的流动儿童义务教育补偿经费保障体制，协调好学生流入地和流出地的经费衔接及差额补偿；②鼓励和支持社会各界积极探索有效帮助流动青少年了解城市、适应城市、融入社会的途径，尤其是基于艺术教育、体育运动、社区活动等正规课堂教育之外的创新途径；③加大政府创新力度，转变政府职能。政府可以公开招标购买服务，由社会组织提供相应的社区服务，调动各方积极性，为保障年轻一代的健康成长，为促进和谐社会的建设共同努力。

　　（资料来源：人民政协网）

二、家庭教育因素

流动青少年群体有一个普遍存在的特征，就是家庭的经常性迁移以及家庭教育的不完整，即家庭教育的缺位。家庭是个人社会化开始的第一课堂，温馨的家庭氛围和父母的良好教育是孩子健康成长的必要保证，残缺的、缺乏管教的家庭则会在青少年的心灵上蒙上阴影，使其产生自卑、孤僻的心理和性格，压抑的内心无法正常排解并从而引发越轨行为。在流动青少年家庭中，父母由于经常性的外出工作，并且流动人口整体文化素质相对较低，对家庭教育知识掌握甚少，不懂得家庭教育规律，使得他们在教育子女时易采用偏激的教育方式，因此，流动青少年家庭残缺或父母教育不当的情况比较严重。还有的父母一方或双方在城市务工，因工作繁忙而无力顾及子女的教育，孩子因缺乏管教，会产生诸多心理问题，并由此引发犯罪、危险等不良行为。

另外，在流动青少年家庭中，亲子间的交流时间过少，流动人口的家庭教养方式使亲子间很难进行良好的沟通，家庭对子女的人际交往发展都不太关注。流动青少年的父母大都是在我国城镇化进程中，由农村向城市转移的农村剩余劳动力，他们在城市中大部分从事服务业或简单体力劳动，其劳动时间长、强度大。生活的压力迫使他们除基本的休息外，没有时间顾及其他，从而使亲子间难以形成良好的人际关系。

三、学校因素

流动青少年随父母来到城市，一部分就读于打工子弟学校，因办学条件低劣和师资水平的限制，难以接受正规教育；还有一部分就读于公办学校，因文化背景的差异，很难与城里的孩子融为一体。他们不仅时常处于被冷落、受歧视的境地，而且还因身份和学业成绩的差异或偶尔的不良表现而被贴上"不当"的标签。天长日久，他们便会对标签的内容产生认同，并根据他人的评判形成自我意象，且以此支配自己的行为，于是逃学、辍学、进行不良交往等便成为其经常的选择。一旦结交上坏孩子，其很容易走上犯罪道路。流动青少年的受教育情况普遍不好，造成其受教育程度相对较低，这是流动青少年犯罪大量增多且出现严重的心理问题的又一重要原因。

在学校里，教师和学生因素也是影响流动青少年群体心理和行为的两个重要原因。教师因素包括教师的素质、个性特点、教师对学生的期望、表扬与批评的合理运用、教师对青少年身心发展的特点的认知等；学生因素包括学生的年级高低、学生的学业表现、学生的性别及学生在其特定年龄阶段所具有的特点等。

一项全国性的流动青少年状况调查显示[⊖]，流动青少年儿童就读的学校，相比体育活动设施的拥有率，展览室、礼堂、闭路电视等学生活动设施的拥有率都在50%以下，礼堂的拥有率只有13.7%（见表13-1）。这说明流动青少年目前就读的学校为学生活动提供的设施比较缺乏，而且不是所有流动青少年所在的学校都有图书馆和多媒体教室，因此这些硬件设施的提供都需要加强。

表13-1 流动青少年儿童目前就读的学校基本教育教学设施的拥有率

学 校 设 施	拥有率（%）
操场/田径场	89.0
广播台	78.9
图书室（馆）	75.3
多媒体教室	71.1
体育馆（室）	40.7
闭路电视	40.5
展览室（馆）	29.7
礼堂	13.7

⊖ 陈卫东. 流动青少年权益保护与违法犯罪预防研究报告［M］. 北京：中国人民公安大学出版社. 2009.

第三节　流动青少年群体的社会工作干预和介入

流动青少年是一个弱势群体，关注其生存状况，对他们提供必要的服务，帮助他们解决在适应新的城市环境中可能出现的问题，体现了社会对他们的关心和爱护，是社会文明进步的重要标志。当流动青少年离开了自己的家乡，来到一个陌生都市的时候，他（她）们不可避免会产生一系列的适应困难。特别是在目前城乡分割的制度背景下，流动青少年的生存、教育和健康发展更是面临着一系列的挑战，致使其正常的需要无法得到充分满足。当流动青少年的基本需要得不到保障，甚至其基本的生存需要都受到威胁的时候，社会工作对社会文明的推动作用就愈加凸显出来。社会工作通过对社会资源的再分配和相关政策法规的制定，可以提升社会正义，促进社会平等；通过实际的、微观的助人行动，可以挖掘流动青少年的潜能，促进社会所有群体的共同进步和发展；通过为流动青少年提供参与社区生活的机会，增进社会交流和社会归属，促进社会成员之间的相互尊重和平等互动。因此，流动青少年的社会工作干预和介入可以从以下几个方面入手：

一、改革学校体制

由于流动人口子女的活动场所主要是学校，因此，为了给他们提供恰当的服务，有必要加强学校社会工作，改革学校对待流动青少年的体制政策。如前所述，在全日制公办学校和简易学校就读的流动人口的子女几乎各占一半，因此，除了要在全日制公办学校开展针对流动人口子女的社会工作，还要在简易的打工子弟学校开展流动人口子女的社会工作。首先，学校应使全校领导和教师认识到做好流动青少年的基础教育工作的重要意义，树立尊重、公平的理念，保证流动青少年义务教育权利的实现和人际交往能力发展心理氛围的创造；其次，学校应积极响应国家制定的关于流动人口子女基础教育的相关政策，同流出地学校合作，对流动青少年实行义务教育动态学籍管理，保证学校内流动人口子女受教育权利的实现；最后，针对因流动青少年个体心理因素所引起的人际交往障碍，学校应加强心理健康教育工作。在思想上要重视流动青少年的心理健康问题，同时应制定相关制度，将心理咨询与辅导作为学校的一项经常性和制度化的工作，定期开展学生心理状况调查，防患于未然。

二、改善义务教育管理体制

此举措包括：①强化中央政府对义务教育的责任，加大中央政府对义务教育的投资力度，缩小各地方义务教育生均投入的差异。②流出地与流入地政府共同协作。可以通过两种方式来实现：一是流出地政府为本地在外的流动人口在其比较集中的地方建立"跟踪学校"；二是流入地与流出地政府共同出资，在流入地兴办流动人口子女学校。③规范民工子弟学校，把民工子弟学校列入城市的教育管理体系之中。教育行政部门要制定相应的办学标准和质量标准，还要对教师的素质加以控制，以及对学校的教学活动进行监督检查，以确保民工子弟学校的教育质量。

三、加强家校合作

应开展家校合作，学校指导家庭建立良好的亲子关系。学校应发挥主体作用，通过一些措施帮助流动人口建立良好的亲子关系。例如，通过家长会或家访，邀请一些资深的心理学家为家长们作讲座，使家长们了解亲子关系的重要性及子女的身心特点，传授一些沟通技巧，帮助家长与子女建立良好关系。各级政府和教育学校机构要指导流动青少年儿童的父母提高自身素质，鼓励他们尽量抽出时间，与孩子进行亲情交流，并用健康正确的价值观影响孩子，要特别重视他们的心理健康教育和思想道德教育。有条件的学校和社区可以为流动青少年的父母成立家长学校，有针对性地帮助家长掌握正确的教育方法。

四、完善社区服务

完善社区服务制度，对流动青少年进行管理，使其与邻里同伴建立良好关系。要充分发挥社区内的资源优势，多组织青少年活动，促进沟通，培养友谊和合作精神，消除社区内其他成员对流动青少年的偏见，扫除流动青少年自身思想认识上的障碍，使流动青少年与社区教育活动融为一体。

社会工作者除了在政策的传达方面可以承担中介者的角色，还可以在实际的救助行动中承担协调受助者和政府相关部门及行业之间的中介者的角色。众所周知，在实际的社会工作中，要帮助某一求助者解决问题往往离不开其他行业的协助，如对流动人口子女的上学难问题必须找教育主管部门协调，医疗纠纷得与医院打交道，工伤事故要与就业单位甚至公检法部门协调，等等。由于绝大多数受助者不仅不了解相关的救助政策，更缺乏与这些部门打交道的经验，因此，社会工作者就成为协调流动青少年与相关部门和机构的中介者，做求助者的利益代言人。

社区青年汇让流动青少年找到组织

所谓社区青年汇，是团组织建在社区乡村、联系服务青少年的终端综合服务平台，在联系服务青少年的同时，引导青少年积极参与社会建设。2010年，北京市团市委曾率先建立了110个市级青年汇，通过讲座、比赛、体验等形式，在部分青少年中开展创业帮扶、心理辅导、文体娱乐等活动，直接服务青少年30万余人次，培育联系青年组织300余个。

2011年，青年汇的参与者扩大至各类青少年群体，特别是在加强流动青少年的管理上发挥了积极作用。根据市流管办调查统计，截至2011年5月，全市共有登记流动人口737.4万人。其中，具有大专以上学历的"80后"64.5万人，含生活困难青年流动人口31.7万人。这部分青年聚居于城乡结合部，普遍缺乏城市融入感和社会归属感，部分青年对自身发展感到担忧，对就业状况、生活条件的改善要求迫切。

针对这一特点，团市委选择了四个青年流动人口千人规模以上的区域试点建设青年汇，推进青年流动人口管理工作，它们分别位于朝阳区十八里店乡老君堂村、海淀区上地街道东馨园社区、海淀区四季青镇香山地区普安店村和昌平区东小口镇兰各庄村。眼下，这四个青年汇完成了对5000余名青年流动人口的调研，掌握了这些青年最迫切的三项需求——就业问题、住房及保障等生活压力较大、参与文化娱乐活动的需求明显，并由此开展了青年创业培训、提供就业信息等有效帮扶，同时组织了各类文体娱乐活动。如此一来，流动青年得到了有效引导，团组织的凝聚力也增强了。

（资料来源：北京日报）

第十四章　网络成瘾青少年群体

第一节　网络成瘾青少年群体的内涵和基本类型

互联网作为 20 世纪人类最伟大的文明成果之一，一经产生，就迅速地在社会中发展起来，重塑了人们的生产方式、生活方式和思维方式，同样，青少年的成长也被这股网络大潮所影响。网络本身的复杂性与青少年的特殊性发生了复杂的化学反应。首先，网络是一个巨大的信息库，可以为人们提供发展所需知识和信息，但其中也不乏低俗的、色情的、暴力的内容。其次，青少年处在学习、成长的关键时期，他们一方面对新鲜事物有一种天然的好奇心和追求欲，另一方面又缺少对信息的辨识能力，自制力较弱。而青少年网络成瘾则是最引人瞩目的问题之一。

一、青少年网络成瘾的内涵

网络成瘾又称"在线瘾""因特网瘾""上网成瘾""互联网成瘾综合征（IAD）""病理性互联网使用"等。它是指上网者由于长时间地、习惯性地沉浸在网络时空当中，对计算机、互联网以及整个网络世界的一切都产生了强烈的依赖，甚至达到痴迷的程度，而难以自我摆脱的行为状态和心理状态。网络沉溺的实质，就在于作为网络行为活动主体的人，丧失了行为活动的自主性，而蜕变成为网络的"奴仆"。[⊖]

网络成瘾具有以下三个特点：一是过度使用网络；二是在没有使用网络的状态下情绪难以控制、行为异常；三是个体身体、心理和社会功能的损害。由于长时间沉迷于网络，部分青少年表现出了身体、心理及社会功能方面的损害，如面色苍白、精神萎靡、自闭、极端、以自我为中心，人际交往能力下降、亲子关系恶化等。[⊖]

二、青少年网络成瘾的基本类型

由于网络本身所固有的虚拟性、广泛性、交互性等，加之青少年主体的复杂性和兴趣的广泛性，网络成瘾有多种类型。[⊜]

（1）网络色情成瘾。这种网络成瘾是指上网者迷恋网上的色情音乐、色情图片、色情影视、色情笑话以及色情文学作品等。此类成瘾者沉迷于观看、下载和交换色情作品。

（2）网络交际成瘾。网络交际成瘾是指上网者利用各种聊天软件、网站的聊天室或者专门的交友网站、多人用户游戏等进行虚拟人际交流。具体表现为使用者深陷网恋、网络黑客联盟、网络游戏群体等各种各样的在网络交往基础上形成的网络群体而不能自拔。

⊖ 李一. 网络沉溺的生成机制及社会对策 [J]. 广东社会科学, 2002 (5).
⊖ 费梅苹, 韩晓燕. 青少年社会工作案例评析 [M]. 上海: 华东理工大学出版社. 2010.
⊜ 昝玉林. 青少年网络成瘾研究综述 [J]. 中国青年研究, 2005 (7).

（3）网络信息成瘾。由于网络所固有的广泛性和开放性，导致了网上信息的海量性，几乎是应有尽有。有的青少年不停地浏览网页，观看并收集各种无关紧要的、无用的或者不是迫切需要的信息，导致信息崇拜、信息焦虑或者超载，难以摆脱对海量的信息的依赖。

（4）计算机成瘾。计算机成瘾是指青少年沉迷于计算机程序性游戏以致影响了正常的学习和工作。一般的计算机程序都带有游戏，如常见的扫雷、纸牌、弹球等，一般都设有级别，每完成一次计算机都会自动给出分数，给出排行榜上的排名。这实际上是一种虚拟的奖励，但是每个人都愿意重复被表扬的行为。

第二节　网络成瘾青少年群体存在的问题

《第 30 次中国互联网络发展状况统计报告》的统计显示，截止到 2012 年 6 月，10～19 岁网民的比重占 25.4%，20～29 岁的网民占 30.2%。其中，初中生网民占 37.5%，高中/中专/技校生占 31.7%。[⊖]可以看出，青少年，特别是广大初、高中学生已经构成了我国网民的"半边天"。但部分青少年群体却因为网络成瘾损害了身心健康，荒废了学业，破坏了人际关系，甚至走上了暴力犯罪的道路。

一、损害青少年身心健康

对网络成瘾青少年群体来说，他们对网络有一种强烈的、病态的依赖感，这种依赖不仅是行为上的，更是心理上的。他们每天都要花费相当多的时间沉溺于网络世界中，导致作息时间日夜颠倒，饮食不正常，脸色苍白、视力下降，身体日渐虚弱，严重影响了身体健康。更严重的是，他们在心理上也对网络有很强的依赖性。对他们来说，现实中的人、事物、学习、交际等正常的社会生活都不再具有吸引力，而一旦离开网络，他们就会怅然若失、百无聊赖，网络成瘾已极大地威胁了他们的心理健康。

二、荒废学业

网络成瘾对青少年群体造成的最直接的危害就是学业荒废。他们本应用来读书思考的时间却被网络世界挤占，在课上他们不能集中注意力、成绩下滑甚至逃学、辍学。国外研究表明，长期上网、沉溺于网络的孩子，其学习成绩会受到很大影响。

三、破坏人际关系的和谐

青少年成功实现社会化的前提之一，就是与外界交往沟通。而网络成瘾青少年群体倾向于把感情寄托在网络上，在虚拟世界中获得安慰、支持和理解。他们从网络游戏中获得成就感，从网络交际中获得归属感，他们在网络上张扬自己，获得完美的自我认同。他们沉溺于网络世界中，迷恋人机对话模式，愿意把时间消磨在网络的虚拟世界中。

而在现实世界中，他们却难以得到同样的满足感，所以他们不愿意甚至拒绝与人交往，拒绝融入社会，他们与外界的联系基本上被阻断。再加上青少年缺乏相应的沟通技巧，更加剧了其对人际关系的恐惧。

⊖ 中国互联网络信息中心. 第 30 次中国互联网络发展状况统计报告. 2012 年.

网瘾青少年的人际关系

中国青少年网络协会的调查数据显示：在非网瘾青少年中，有 29.1% 的青少年"平常不主动与人交往"；而在网瘾青少年中，这一比例达到 38.0%。独立样本 t 检验结果表明，网瘾青少年中"平常不主动与人交往"的比例显著高于非网瘾青少年。

通过对不同类型的青少年网民的比较，发现随着网瘾程度的加深，青少年不愿意主动与人交往的比例基本呈现上升趋势，在"重度网瘾"青少年中，该比例达到了 42.2%。在深访中，他们也发现许多网瘾青少年平常不会主动与人交往，性格偏内向。相对而言，网瘾青少年更加倾向于不主动与人交往。

（资料来源：2009 年青少年网瘾调查报告）

四、促成暴力甚至犯罪行为

网络使得青少年可以隐匿自己的性别、年龄、相貌、身份等自我信息，因此他们在网上的行为更加自由任性，甚至没有责任义务关系。缺少了老师、家长的监督，摆脱了社会的道德约束，他们更容易在网络游戏、色情网站中充分徜徉，以满足自己的好奇心与欲望。同时，青少年涉世未深、法律道德意识淡薄，更容易受到网络游戏中暴力、色情内容的影响和诱惑。网站中良莠不齐的信息也会冲击青少年的思想，甚至促使他们误入歧途。另外，由于对网络的极度依赖性，网络成瘾青少年群体会主动寻求频繁的上网行为，甚至为了上网费而偷盗、抢劫，走向暴力犯罪的道路。

五、网络欺凌行为

网络的发展和技术的成熟可能使懵懂的青少年产生新的情绪宣泄的方法，网络欺凌行为是其中一种比较严重的现象。网络欺凌是指个人或群体使用信息传播技术，如电子邮件、手机、即时短信、个人网站和网上个人投票网站，有意、重复地实施旨在伤害他人的恶意行为。网络欺凌大致可以分为情绪失控、网络骚扰、网络盯梢、网络诋毁、网络伪装、披露隐私和在线孤立七种表现形式。许多青少年产生网络欺凌行为是因为通过网络无法直接接触对方，觉得好玩，是"欺负别人的游戏"，或者觉得很有"面子"。有些是因为想在网络上释放压力，或试图控制他人。网络欺凌会导致青少年长期的心理伤害，包括丧失自信、沮丧、脾气暴躁、学业成绩下降、逃学，有时还会引发校园暴力，甚至导致自杀。

网络欺凌行为的个案

2002 年 11 月，加拿大魁北克省三河市的高中生 GhyslainRaza 自拍视频短片《星战小子》，模仿《星球大战》中的"绝地武士"舞动激光剑的样子，挥舞一根高尔夫球杆，演绎了五段不成系统的功夫。该片断于 2003 年被一名同学上传到网络上，迄今已被网友点击观看超过 9 亿次。略显肥胖的身形以及毫不优美的动作在网上的无限传播，给这个高中生带来极大的心理困扰。被人到处嘲笑的 GhyslainRaza 不得不辍学离校，并接受心理治疗。

（资料来源：李静. 青少年网络欺凌问题与防范对策）

第三节 网络成瘾青少年群体存在问题的原因

一、社会因素

1. 社会变迁带来的压力和焦虑

由社会的飞速变迁带来的不确定感和焦虑感，以及对残酷的社会竞争和沉重的社会责任的恐惧与逃避，使许多缺乏社会竞争力的学生选择上网来求得暂时的安宁和超脱。无处不在的竞争使得人与人之间互相猜忌，相比之下人们更愿意与陌生人进行交往，因为他们之间没有现实的利益冲突。而在这时，网络从某个角度上就成了现代人逃避现实问题和消极情绪，追求超现实满足的工具。许多青少年烦恼时便"泡"在网上，渐成习惯，终变成瘾。⊖

2. 制度的监管、落实不畅

对于青少年网络成瘾的问题，我国政府有相关的制度约束，如"未成年人不得进入网吧"，以及为有效控制未成年人使用者的在线时间实施的网络游戏防沉迷系统等。然而现实中网吧违法经营、"黑网吧"等现象屡禁不止，不良网站、不良信息充斥网络，网络游戏防沉迷系统遭破解、突围，政策的执行和实施受到很多挑战。⊖

3. 网络及网络终端的普及

随着互联网的发展，青少年获得网络的途径也越来越多，从家庭计算机到网吧，从个人笔记本到智能手机，网络渗透到青少年的生活中，这就在客观上为青少年迷恋网络提供了条件。互联网的发展速度从网吧的普及度中可见一斑，目前网吧在全国遍地开花，其中不乏"毒网吧"、"黑网吧"，甚至有些经营者受利益驱动，为顾客提供食宿上的方便，使一些青少年通宵达旦地上网、消费。另外，移动互联网和手机终端的迅猛发展，为青少年又提供了另一种介入互联网的方便、廉价的方式。

二、网络的内在特性因素

网络带给人们一个"一切皆有可能"的虚拟世界。在这里，人们以自我为中心、张扬个性、自由平等地交流，极大地满足了追求满足感与成就感的需求。而网络的这些特质对青少年的吸引力又高于其他社会群体。

1. 使用的技术门槛低

"傻瓜"模式是当下许多电子商的追求，即在保证多元化功能的前提下，将用户操作界面做到最简单。这种设计理念恰恰满足了青少年的技能水平，使他们得以活跃在网络世界中。对青少年来讲，游戏和娱乐的技术门槛相对较低，研究表明，我国的网络成瘾青少年群体大多是沉溺于网络游戏。

2. 网络活动的即时满足性

网络活动的即时满足性对青少年具有极大的吸引力。在网络这个虚拟世界里，他们可以扮演心目中的理想角色；在网络游戏中，他们通过努力就有可能战胜对手、通关晋级，甚至获得奖励。在这里，他们可以摆脱现实世界中的压力、痛苦和自卑感，获得满足感和成就感。

3. 交际的隐蔽性和虚拟性

网络人际交往具有隐蔽性和虚拟性，青少年可以把自己变成任何一个他们想成为的人，而

⊖ 吴宏飞. 透视青少年网络成瘾 [J]. 思想政治课教学, 2007 (5).
⊖ 赵茜. 青少年网络脱瘾的社会工作服务研究 [D]. 上海：华东理工大学, 2008.

不会被发现。在这个虚拟世界中，他们可以敞开心扉地互换信息，摒弃世俗观念，像隐身人一样无所顾忌。可以说，网络这个虚拟世界可以满足青少年在生活中难以获得的认同与理解，是他们现实之外的"世外桃源"。

4. 信息的丰富性和开放性

正如尼葛洛庞帝所说："信息高速公路的含义就是以光速在全球传输没有重量的比特。"互联网世界是一个信息极其丰富的百科全书式的世界，来自各种不同信息源的信息数量按几何级数不断增长。在互联网上，你可以自主选择需要的信息，自由地发表自己的观点。互联网的自主性为青少年个性化发展提供了广阔的空间。⊖

三、家庭因素

家庭是青少年汲取力量获得认同的重要途径，对于他们的健康成长至关重要。但父母的从严管教、情绪反复以及家庭的紧张氛围不但不能给青少年积极能量，反而会使其产生惧怕、躲避的心理，转而投入网络的"怀抱"。

1. 父母的从"严"教育

"棒棍之下出孝子""养不教父之过，教不严师之惰"，这些都是中国的传统古训，也是现在很多父母的教子之方。他们把孩子视为自己的附属品，希望控制、支配甚至惩罚子女，这种行为严重伤害了青少年的自尊心，他们会觉得自己无足轻重。另外，家长受"望子成龙，望女成凤"的心态唆使，为孩子安排各种补习班、艺术特长班，这让学业负担本就很重的青少年无力承担，而把精力转向虚拟世界就成了他们逃避这种压力的方式。

调查表明，网络成瘾倾向者与非网络成瘾倾向者的父母的培养方式差异显著。网络成瘾倾向者的父母对他们过分干涉、惩罚严厉、否定多于赞赏，使孩子觉得自己不被重视和尊重。⊖

2. 家庭氛围紧张，缺乏沟通

青少年时期被喻为人生发展的"暴风骤雨期"，即生理和心理迅速走向成熟的时期，是个体社会化的关键阶段，他们需要家长的理解和引导。但随着社会节奏的加快和社会压力的增大，父母行为和情绪的稳定性受到影响。父母一方或双方如果喜怒无常或脾气暴躁，甚至有家庭暴力，就会造成紧张、对抗的家庭氛围。同时，对处于叛逆期的青少年来说，如果没有一个良好的沟通环境，没有家长的耐心相待，他们就更不愿说出困惑、倾诉情感。这种亲子之间过于疏离、缺乏沟通的关系会使青少年选择逃避，转而去网络上寻求刺激。特别是当父母离异、父母一方或双方因故去世时，这种倾向会更加强烈。

四、学校因素

学校是青少年停留时间最长的地方，也是青少年长知识、学做人的地方，他们所有的社会活动、人际关系基本上都是学校活动的延伸。但学校的应试教育理念或不佳的校园氛围，却是青少年网络成瘾的另一重要因素。

1. 应试教育理念

目前，青少年的评价系统单一化，唯分数论即以学习成绩论"英雄"，依然是评价学生的重要标准。"分分分，学生的命根；考考考，老师的法宝"，长久以往，青少年在自我评价时所使用的标

⊖ 陆士桢. 网络为何能左右青少年的成长 [N]. 中国教育报, 2005-09-19.
⊜ 黄恩，邢少红. 网络成瘾是什么困住了中学生. 光明网. 2005-12-13.

准也是学习成绩。但成绩优秀的学生毕竟是少数，这种评价标准给很多青少年带来自卑感，对于成绩不佳的学生来说，自卑感尤为强烈。这种教育理念使得学习和考试成为青少年生活的全部，过重的学习压力难以激发他们的兴趣、体会学习所带来的成就感，成绩必然越来越差，从而进入一个恶性循环。这时他们一旦接触到网络，接触到网络游戏，就可能沉溺其中难以自拔。在网络和个人计算机日益普及的今天，这种接触又是必然的，继而造成青少年网络成瘾的恶果。

2. 校园氛围不佳

青少年在学校要从事学习、交际、集体活动等多种社会行为，如果学校没为他们提供良好的班风、学风、参加集体活动的机会等，则不利于青少年树立正确的价值观，建立和谐的同学关系、师生关系。研究表明：不好的班风、校风更容易使学生沉溺于网络；学生的网瘾得分随着与老师关系从"很不好"到"很好"逐级递减；同伴关系不好的学生沉溺于网络的可能性更大；经常参加课外活动的学生网瘾均分最低，而从来不参加课外活动的学生网瘾均分最高。[一]

五、自身因素

青少年正处在生理上不断发展、心理上不断成熟的特殊阶段，是人成长中的"心理断乳期""暴风骤雨期"，他们敏感、脆弱，追求认同，渴望被理解、被接受。正是青少年的这些特性，才使得其容易受到网络世界的诱惑，从而深陷其中。

1. 对自我认同的追求

青少年对新事物敏感且容易接受，好奇心强。据了解，上网成瘾的学生绝大多数存在内向、孤僻、敏感等特征，而这类学生在学校、家庭中也几乎都有被人看不起、经常失败、缺乏帮助等经历，得不到应有的理解、认同和支持。[二]但在网络世界中，网络游戏里的"高手"头衔以及每一次升级，都会让他们产生愉悦感和满足感。网上交际使他们很容易找到倾诉对象，满足其社交需要。而在虚拟世界中的一次次的满足感又进一步强化了他们的行为，最终难以自拔。

2. 消极的人格特质

"网络成瘾症患者往往具有某些特殊的人格特征，而且大多数患者在对互联网上瘾之前，常常已经患有其他的心理障碍，特别是抑郁症和焦虑症。"[三]可以说，消极人格特质是青少年网络成瘾的重要内部原因。研究表明，网络成瘾者同时具有以下一些人格特征或者行为表现：喜欢独处，敏感警觉，倾向于抽象思维，缺乏社会交往，不服从社会规范，在实际生活中成就感较低，自信心严重不足，自卑感心理倾向重，自制力低下等。[四]

第四节　网络成瘾青少年群体的社会工作干预和介入

社会工作中有"人在情境中"的理念，它认为事实是在不同的情境下被建构出来的，个人遭遇的问题并非仅是个人的内在问题，而是有外在的结构成因的。由此，社会工作在看待个人面临的问题时具有"双重焦点"的视角，即增进个人能力和适应力与改变社会环境以利个人生存

[一] 顾海根. 青少年网络行为特征与网络成瘾研究 [M]. 合肥：中国科学技术大学出版社，2011.
[二] 魏丽. 青少年网络成瘾原因及对策 [J]. 中国青年研究，2005 (8).
[三] 陈赟文. 新的心理疾病：网络成瘾症 [J]. 社会，2000 (6).
[四] 昝玉林. 青少年网络成瘾研究综述 [J]. 中国青年研究，2005 (7).

的两种使命。[一]所以，对网络成瘾青少年群体的干预和介入主要从社会层面、学校家庭层面以及个人层面来论述。

一、政府层面

政府在解决青少年网络成瘾方面的干预主要是通过制度建设和实施监管为青少年的成长创造良好的环境，以及通过资金、资源的投入扶持网络成瘾诊疗机构，帮助网络成瘾青少年摆脱瘾症。

1. 推行行之有效的预防措施

相关措施的颁布和实施是有效预防青少年网络成瘾的方式。在防止青少年对网络的过度依赖方面，可以借鉴美国的经验。在美国，政府坚持"疏堵结合"策略。"疏"主要体现在美国的娱乐软件业的分级制度，分为两个部分：一部分是位于游戏产品包装背面的内容描述，用特定的词组描述游戏画面所涉及的内容，如暴力、血腥以及游戏中人物对话是否粗俗等；另一部分是位于游戏包装正面的等级标志，共分七个级别，基本按年龄划分，以游戏适合的年龄段英文首字母来命名。按照分级规定，特定等级的游戏产品只能卖给特定年龄的消费者，如果随意将游戏软件卖给青少年，销售网络游戏的商店要受处罚。"堵"主要体现在美国对不利于青少年身心健康网站的屏蔽上。美国的中小学对学校的计算机实行联网管理，这样可以集中对那些影响青少年身心发育的网站进行屏蔽。[二]这里需要注意两点：一是保障制度、措施切合实际、行之有效；二是加强监管，真正把它们落到实处。

2. 加强网络管制，净化网络环境

上文提到的网吧问题、网站暴力色情内容是青少年网络成瘾的土壤，只有杜绝了青少年不正当使用网络的可能，净化了网络内容，才能有效遏制网络成瘾现象。首先，公安机关及相关部门要形成合力，查处、取缔"黑网吧"，同时对现有网吧进行整顿；其次，加大对网站的监管力度，对网络的传播内容进行全面监控，发现不健康的、对青少年成长有害的信息及时清理；最后，实行有害信息举报制度，利用群众力量进行监督，发现问题及时处理。

3. 鼓励网络成瘾专题研究，推动网络成瘾诊疗机构的发展

随着对青少年网络成瘾问题研究的深入和扩大，发展出多种针对青少年网络成瘾的矫治手段，包括药物治疗法、心理治疗法、社会矫治法和教育矫治法，随之也产生了相关网络成瘾诊疗机构，如医院治疗机构、心理咨询中心、社区服务中心及自主性治疗团体等。一方面，政府要鼓励针对网络成瘾的相关研究，深入了解青少年网络成瘾的根源，并在理论层面探索总结出一套适合中国青少年特点的、行之有效的矫治办法；另一方面，政府要鼓励、扶持社会上相关矫治机构的发展壮大。其一，它们有利于网络成瘾青少年的矫治和康复；其二，它们掌握大量的实际案例，每一个机构都是一个庞大的案例库，这对相关理论研究亦有裨益。

韩国立法禁止青少年熬夜网游

由于人们对网络成瘾的担忧与日俱增，韩国政府即将颁布一项法案，要求网络游戏公司在午夜 12 点切断注册年龄在 16 岁以下的用户的服务。

[一] 赵茜. 青少年网络脱瘾的社会工作服务研究 [D]. 上海：华东理工大学，2008.
[二] 郗杰英，郭开元. 论我国青少年网络成瘾及其矫治 [J]. 中国青年研究，2009 (2).

　　负责该法案的政府官员说："许多孩子整夜玩游戏，他们白天在学校的学习和正常生活受到影响。我们认为有必要推出法律，来确保他们的健康和睡眠。"他表示，网游服务将在第二天早上6点恢复。法律生效之前有一年的等候期，以便网络游戏公司为此进行准备。

　　相关官员还表示，如果家长提出要求，政府还将考虑要求网络游戏公司限制年轻用户的上网时间，规定一个星期或一天最多只能上几个小时网。

　　（资料来源：参考消息）

二、家庭、学校层面

　　通过上述分析发现，导致青少年网络成瘾的因素中，家庭和学校有很多相似之处，主要体现在教育方式和不良的氛围方面。在现实生活中，只有家庭和学校共同努力，才能有效预防、矫治青少年网络成瘾。所以在对网络成瘾青少年群体进行干预和介入时，应整合家庭、学校资源，为青少年提供良好的沟通环境和生活氛围。

　　1. 充分及时沟通，了解青少年成长动态

　　青少年在成长过程中会遇到各种各样的问题，知识的、交际的、价值观的甚至两性方面的困惑，他们需要长辈疏导解疑，需要与长辈交流沟通。而在现代社会，家长和老师则似乎是青少年仅有的、唯一的长辈资源。这时，他们需要采取主动，积极与青少年沟通，真正发挥教育引导作用。首先，与青少年进行沟通时，家长和老师应采用积极、真诚的态度，只有在一个轻松的、开放的、充满爱的沟通氛围下，沟通才是有效的；其次，家长和老师之间也应定期进行沟通，互通信息，分享青少年的成长动态，汇聚成一股合力推动其健康成长。

　　2. 树立正确教育理念，培养青少年多元兴趣

　　过重的课业负担、过少的娱乐项目，是青少年走向网络成瘾的主要原因。家庭和学校应树立正确的教育理念，尊重青少年的多元化，成绩不是判断一个人好坏的唯一标准，"三百六十行，行行出状元"。培养青少年的多元兴趣，也有助于预防青少年网络成瘾。同时，多个兴趣点可以使青少年在有网络成瘾倾向时，转移其注意力。一个人的兴趣往往是其最容易获得快乐成功的地方，培养青少年的多元兴趣，就可能使他们在现实中获得成功，体验现实中的满足感，从而矫治其网络成瘾。在德国，慈善组织建立的网瘾治疗所，治疗手段主要有三种：一是艺术疗法，教孩子绘画、舞台剧、合唱等；二是运动疗法，包括游泳、骑马、静坐、按摩、蒸汽浴等；三是自然疗法，通过种花、种菜，让孩子接触大自然，远离计算机和网络。○

　　3. 及时发现青少年成瘾倾向，必要时寻求专业人士帮助

　　青少年网络成瘾前，往往有某种异常征兆，如茶饭不思、身体不适、不愿与人交往、经常泡在计算机前等。另外，青少年生活中的巨大变动，如失恋、父母离异等情况也是需要特别注意的。这时家长和老师要及时对其进行疏导与鼓励，必要时可向心理咨询机构、社区服务站或其他网瘾矫治机构寻求帮助，争取把瘾症遏制在萌芽当中。

　　○ 郗杰英，郭开元. 论我国青少年网络成瘾及其矫治［J］. 中国青年研究，2009（2）.

江西萍乡：老师家长齐努力，学生成功戒网瘾

萍乡某中学学生万军，初一上学期，学习成绩还在全班前10名，但到下学期，成绩就掉到20名以后，为此，班主任周老师特意到万军家里家访，在与母亲晏女士交谈中了解到，万军每天一般六七点钟回家，有时候在外住宿，说是到同学家去了，而学校其实在下午四点多钟就放学了。通过晏女士和周老师的努力盘问，这才知道万军每天放学后泡在网吧里打游戏。

万军的父亲是一位公司老总，望子成龙心切，当他得知儿子网络成瘾以致成绩下降非常着急，也多次找周老师商量孩子的戒网瘾问题。最初，家长和周老师通过引导和苦口婆心的做思想工作，万先生甚至给儿子立下了《在家补课铁定规定》，但这些做法丝毫没有改变孩子的状态。

最后通过和周老师商量，万先生为儿子买了一台计算机，让他到家里上网。他在一次出差的过程中，偶然了解到上网学习可以帮助孩子戒网瘾，于是决定试一试。

于是，万先生规定万军每晚上1h网校，周末上、下午各补习2h，其余时间可以聊天或看电视，并制定奖励办法；生活上，晏女士每天都会在计算机前放点水果，对孩子多表扬、少批评，让儿子感受到父母的关爱和家庭的温暖；这期间，周老师也时常上门找万军谈心，了解他的各方面情况，鼓励他做一个好学生。最终，万军在老师和父母的共同帮助下成功戒掉了网络成瘾。

（资料来源：中国江西网）

三、自身层面

虽说网络成瘾更多的是由于我国社会的转型背景，以及家庭、学校的环境不能满足青少年的需求等原因造成的，但青少年是网络成瘾和戒除网瘾的主体，网络成瘾的预防和矫治最终还要靠青少年自身的努力。青少年应通过树立理性观念约束自己，利用健康的人际关系满足现实交际需求、丰富业余生活。

1. 正确认识网络，理性使用互联网

网络只是人们生活中的一种工具，不是生活的全部。首先，青少年应正视利用网络带来的种种便利；其次，青少年也应深刻认识到迷恋网络所带来的种种后果，它会造成作息时间紊乱、身体素质下降、学业荒废以及人际关系恶化等情况。所以，青少年上网需明确目的，必要时为自己限定上网时间，通过对互联网的理性使用，提高自己的规划能力、自我约束能力、自我监督能力等。

2. 构建健康的人际关系网络

良师益友对青少年的成长来说至关重要。青少年的人格、价值观还没有形成，容易受到外界的影响，现实中不乏因为朋友的劝说和蛊惑而走上网络成瘾道路的现象。但如果青少年周围的朋友都品行端正、乐观向上，那么他们染上网瘾的概率就会大大降低。另外，良好的人际关系能减少青少年的孤独无助感，通过交流可以释放压力、倾诉心声，通过共同活动丰富业余生活，进而提升现实生活中的人际满意度，杜绝网瘾。

第五篇 机构篇

第十五章　中国青少年社会工作组织机构

青少年社会工作的开展离不开有关的青少年组织及青少年社会工作机构的服务与支持，这些组织机构既为青少年的成长与发展进行各项服务，也对一些问题青少年开展相应的社会工作帮助。我国内地及港澳台地区存在着与青少年工作有关的各类组织机构，其中有国家层面负责青少年工作的政府机构，也有各地方为青少年服务的社会工作组织。本章将首先概述青少年组织的相关理论，其次，分别介绍我国内地和港澳台地区有关的组织机构的情况，最后提出未来青少年组织机构的发展方向。

第一节　青少年组织概述

青少年组织是指由一定年龄规定的年轻人组成并相对于一定的社会关系而存在的形式化的社会群体。青少年组织是青少年正式群体的高级形式，是青少年社会关系中有形式结构的部分。它是社会组织中的一种特殊类型，既具有一般组织的属性，又具有区别于其他社会组织的特点。青少年组织是为实现青少年的某些需求、完善青少年自身发展为目标而建立的，是青少年参与社会的重要渠道和媒介。

一、青少年组织的产生

青少年组织是社会发展到一定时期的产物，青少年组织的产生在一定程度上是青少年与成人之间复杂的社会关系的反映。从历史的角度来看，青少年组织是在近代社会才产生的，它既与青少年的自身发展有关，又与社会政治、经济发展变化紧密联系在一起。最早的青少年社会组织，是以学生组织和宗教组织为代表的。1815 年 6 月诞生的德意志大学生协会，被认为是早期青少年学生组织的典型代表，它也是 19 世纪初德意志爱国学生运动的核心组织。1844 年 6 月 6 日，在英国伦敦的一家布店里，一批青少年学徒工组成了世界上第一个基督教青少年组织，以后这一组织遍及世界大部分国家和地区，成为历史最悠久、分布最广泛的青少年宗教组织。19 世纪末，随着意识形态的分化和政治斗争的风起云涌，青少年组织出现了政治化的高潮，如 20 世纪前后的意大利社会党、共产党等，都有各自下属的青少年组织。与此同时，还出现了青少年组织军事化的现象，如童子军等。

在中国历史上，有过不同类型、不同规模、不同性质的"青少年组织"，如明朝末期出现的士林结社和东林党之类的"组织"。但现代意义上的青少年组织，还是起源于近代的社会变迁之中。其中最早产生的是学生组织或新的知识分子社团，具有典型意义的是 20 世纪初在留日学生中开始兴起的学生组织。1902 年于东京成立的中国青年会，被认为是我国第一个具有年龄特征和革命倾向的青年组织。该会在国内青少年中产生了很大影响，此后相继出现了爱国会、学生救国会等青少年组织。当时，邹容在上海发起的中国学生同盟会是其中著名的青少年组织。"五四"运动前后是中国青少年组织（以学生社团为主要成分）形成过程中的第一次高潮。基督教青年会于 1876 年传入中国，1890 年基督教女青年会也传入中国，这也是历史上较早的中国青少年组织，而这些青少年宗教组织总体上对中国社会的影响不大。另外，在中国青少年组织起源时期，也有军事化的青少年组织和以社工服务为主的青少年组织以及大量的基层青少年小社团现象存在。

近代社会环境是中国青少年组织产生的背景条件，因此起源时期的中国青少年组织也有其独有的特征。首先，外来社会思潮的输入和扩大，使得国外的团体制度、组织形式等得以传播，并推动了留学生组织的诞生；其次，初期的青少年组织中学生比重高，学生组织兴起较早，历史最久，对中国青少年运动及整个中国社会都有极大的影响；最后，青少年组织的政治性强，大多数青少年组织的兴起都与社会政治相关，大部分青少年组织活动都服务于政治运动需要，大量的青少年组织都受一定的政治力量支配或影响。同时，与欧美国家相比，中国青少年组织在起源时间上略晚一些。社会服务性及娱乐性青少年组织略少等特征的存在，也是与当时中国特定的生活状况紧密相关的。

二、青少年组织的本质、特点与性质

1. 青少年组织的本质

青少年的本质决定着青少年组织的本质。青少年所具有的社会过渡性、倾向未来的动态发展性，规定了青少年组织是青少年的一种动态存在方式。社会组织的本质意义是人的互助协作关系的形式化。青少年组织从属于社会组织的范畴，作为青少年互助协作关系及其形式化的存在，同样高于青少年个体的存在和青少年群体的存在，是一种高级有序的存在方式。青少年组织区别于家庭、学校及其他社会组织的主要特征，就在于它是社会满足青少年自我发展的组织。在青少年组织中，青少年作为自我服务者、自我教育者和自我管理者而存在，体现了一种主体性和自主性原则。青少年组织的出现，丰富和发展了青少年存在的方式，也开辟了青少年社会化和青少年作用于社会的新途径，发挥了家庭、学校等组织所不能替代的作用。

2. 青少年组织的特点

与一般的社团或非正式青少年组织相比，正式青少年组织的特点表现在：有完备的组织章程和制度，有固定的组织成员，有明确的组织原则，组织结构较为严密，组织成员有确定的权利和义务，组织规模较大。

开展活动是各类青少年组织的最基本的工作方式，通过组织丰富多彩的活动，寓教于乐，才能吸引青少年壮大组织，从而实现组织的自身目标和提高青少年的自身素质。我国各类青少年组织开展的活动可以分为单位团组织开展的微观活动和在团组织的号召下各类青少年组织开展的社会公益活动两大类。青少年积极参与青少年组织有不少的益处，其在参与过程中，可以培养社会责任感、自我管理和自我教育的能力，有利于增强社会交际能力及与政府、社会各界的联系与沟通能力，有利于沟通信息、开阔眼界，提高社会参与的能力，有利于树立公民意识和道德意识。

3. 青少年组织的性质

所有的青少年组织都具有社会组织的一般性质，即主体的目的性、客体的系统性、行为的有序性；也都具有青少年组织共有的特性，即成员的同辈性、队伍的流动性、结构的松散性、行为的多样性、活动的业余性及群众性、灵活性等。如果进一步考察青少年组织与整个社会的相互关系，可以发现青少年组织还有一个明显的特点，即青少年组织的两重性状态，主要表现在以下四个方面：

（1）从社会组织结构上看，青少年组织既有亚属性特点，又具有前喻性的特点。在社会组织结构体系中，青少年组织一般不占据第一层次，并往往以其他社会组织为其生存基础。如一个20岁的青少年工人，首先应是企业组织中的一员或工会会员，其次才是共青团员或青少年俱乐部成员。这种亚属性的特点，是由青少年组织的社会地位所决定的。同时，青少年组织也蕴涵着超越并影响较高层次社会组织的潜力和能量。如非洲民主革命中，某些青少年组织的思想观念和革命行为，后来逐步发展成为主流社会和主要政党组织的纲领和行动。

（2）从社会政治层面上看，青少年组织既具有附属性，又具有先锋性。社会上，特别是政党制国家，众多的青少年组织受一定的政党或政治集团的领导，在物质资源和活动条件上，依附于一些政治力量，这是青少年组织的附属性。同时，青少年组织又具有先锋性。这种先锋性不同于先进性，而是指青少年组织站在社会运动前列，并发挥先锋作用和带头作用。

（3）从社会教化力量上看，青少年组织既具有辅助性，又具有主导性。所谓辅助性，是指青少年组织在青少年社会化过程中，一般属于辅助力量。但是，青少年组织在青少年社会化的某些特殊领域却又具有主导性作用。青少年在青少年组织中，能更多地摆脱纯粹受教育的角色地位，而接受同辈文化。在青少年实现自我内化方面，青少年组织是一种主导性的社会教化力量。

（4）从社会生活角色看，青少年组织既具有准备性，又具有创造性。青少年正处在走向社会而又尚未达到预定目标的人生过渡阶段。青少年组织既要帮助青少年完成进入社会和未来的准备性任务，又要满足青少年对展望未来和开拓世界的这种创造性需要。指导青少年准备走向未来和创造未来，是青少年组织不能忽略的任务和角色。

此外，青少年社会工作者也应关注青少年中的非正式组织，它往往会比正式组织具有更大的影响力，也是青少年日常生活中真正身在其中的社会组织，它的随意性、松散型、多元性、娱乐性对青少年具有一般正式组织无法比拟的吸引力。青少年成长的任务之一，就是选择一个志同道合的社会组织，并通过这一组织在更大范围内参与社会。

三、青少年组织的类型

青少年组织是众多的社会组织类型中的一种。它不是血缘型、地缘型或业缘型的组织，而是趣缘型或志缘型的组织；不是强制性和功利性组织，而是规范性的组织，是群众性的社会团体。从不同的角度，可以给青少年组织划分成不同的类型。

以正式组织为对象，从现实存在状况看，青少年组织主要有以下四种类型：

（1）存在于全国范围的大型青少年组织。它代表着各方面青少年的利益，具有代表的综合性，如中国共产主义青年团、中华全国青年联合会、中国青年企业家协会、中国青年科技工作者协会、中国青年志愿者协会等全国性的青少年组织。这类组织有两种类型，即由单一团体构成的统一式青少年大型组织和由众多团体构成的联合式青少年大型组织。

（2）存在于学校系统的学生组织。它主要由各大、中学校的学生会或类似的团体，联合组成学联组织，具有代表的典型性，即代表青少年中最典型的成员——学生。这些组织一般分为全国、地区和学校三个层次，是典型的青少年组织。

（3）存在于社会基层的社团组织。例如，学生史学社、社区青少年工作者协会、青年农民互助会、青工质量管理小组等。这类组织活动内容丰富、形式多样，广泛地存在于社会基层青少年较集中的地方。它的特点是能分别代表青少年具体的、多方面的需要。

（4）非法青少年组织。例如，非法传销组织等。这些组织具有隐蔽性、欺骗性和极高的危害性，对青少年群体有很大的不良影响。

四、青少年组织的社会功能

（一）满足需要的功能

满足青少年成员的需要是青少年组织的基本功能，一个组织不能脱离其成员的需要而存在。不同的青少年组织从不同的角度看，都是青少年社会化的重要场所。就一般的青少年组织而言，要满足青少年成员的社会教育、社会交往、社会承认、社会发展等方面的需要。

1. 满足社会教育的需要

少先队组织、共青团组织是学习共产主义的学校，大、中、小学生社团也常被称做第二课堂，这些都形象生动地表明了青少年组织具有满足青少年社会教育需要的功能。

青少年组织满足青少年成员社会教育需要是有其特色的。青少年组织是学校和劳动单位之外的新的组织途径，它的教育不同于学校教育和职业教育，而是一种社会教育。这种社会性的教育是学校或单位教育的补充。这种教育的内容具有广泛性和多样化的特点，其教育方式也不像学校教育那样明显、有形，它主要是在组织成员的活动与交往中潜移默化地进行的，是一种实践性的教育。在这样的教育中，起重要作用的不是权威的说教，而是青少年自身的体验。

2. 满足社会交往的需要

青少年组织的出现与存在，为青少年成员在邻里、学校和工作单位之外，提供了满足社会交往需要的新的途径和形式。一般来说，社会交往本身就是青少年组织的基本目标之一，特别是联谊性的青少年组织，其宗旨就是增进交往。这种青少年组织的作用是符合青少年天性的。

青少年成员在青少年组织中实现社会交流，具有强烈的主动性和明显的对象选择性。青少年组织提供的社会交往机会，使青少年成员得以突破个人生活、学习或工作的圈子，具有更大的广泛性和丰富性。因此，满足青少年社会交往和聚群的需要，是青少年组织的基础功能。

3. 满足社会承认的需要

青少年组织可以通过自己的信息宣传媒介，或以开展各种比赛、表彰活动，以及加入某种青少年组织的资格条件，来满足青少年获取社会承认的需要。特别是区域范围较大的或专业性较强的青少年组织，在实现青少年社会承认的需要中具有十分重要的作用。

4. 满足社会发展的需要

社会发展的需要，其内涵带有一定的综合性因素，如青少年知识技能的增长、事业上的成功、个性价值的实现等。社会的改革开放和发展进步，为青少年实现以社会为指向的个人发展提供了更多更新的机会，而青少年组织是满足青少年社会发展需要的独特环节。

（二）维护权益的功能

青少年组织维护青少年的权益是一种基本的保障行为。它不是为青少年谋取新的利益，而是在一定的法制条件下，保护青少年成员的"安全"，具体包括青少年组织对个别成员权益的维护和对群体权益的维护两类。

1. 对个别成员利益的维护

一般情况下，青少年的基本权益应由学校或工作单位及政府机关来保障。如果某个青少年同时是某青少年组织的成员，那么这个青少年组织则为其又提供了一个新的社会保护系统。一般的青少年组织均在其章程中明确有关维护成员权益的内容。青少年组织的个别成员权益，主要表现在青少年的学习成才、劳动就业、恋爱婚姻以及闲暇消费、文化娱乐等方面。青少年组织可以通过提高自身的知名度，宣传和扩大影响，强化与各界的沟通，增强组织的社会作用等来提高维护青少年组织成员权益的能力。

2. 对群体权益的维护

随着社会的改革和发展，社会群体利益的分化越来越明显。一方面，就整个社会状况而言，青少年作为社会中的一个特殊群体，其群体的独立性现象也非常普遍；另一方面，青少年大群体中的小型群体，如女青少年、学生青少年、劳动青少年、青少年地域群体等也逐步增加。一般来说，青少年组织对群体权益的维护功能，在统一性的青少年大型组织及学生组织中较强，表现得较为充分，而基层性的小型青少年社团的维护功能则较弱。青少年组织对群体权益的维护，实际上也是对自身整体利益的维护，因此，这种维护功能是十分重要的。在维护过程中，青少年组织既是群体活动的公关者，又是群体要求的代言人，在社会的各种协商中扮演着重要的角色。

3. 维护权益的操作

青少年组织无论是维护个别成员的利益还是维护群体的利益，都需要一定的基础和实力。维权的基础是"法"，即青少年组织所维护的是青少年成员的合法权益，其操作是依法维护。"法"是青少年组织维护功能的前提和基础。在具体操作中，青少年组织维护权益的能力主要来自以下几个方面：青少年组织的社会地位、青少年组织的公众形象、青少年组织在专门性领域的权威、青少年组织诉诸大众舆论和借助政府及有关政治机构的权威力量等。这些能力的形成，需要青少年组织平时的努力、长期的积累及善于抓住时机。没有一定的能力，青少年组织的维护功能就很难发挥。

青少年组织维护功能的实现，主要的操作形式有咨询服务、意见表达、对话协商、法律诉讼等。咨询服务是常见的维护操作，即在利益纠纷中，青少年组织提供有关知识、经验及规则方面的咨询，以服务于具体的维护活动；意见表达就是将合理维护的意见，向有关方面作表述或转达；对话协商则是在前两条均行不通时，进行面对面的平等对话，协商解决青少年的利益纠纷；法律手段是最后一种操作形式，一般很少用，只是在严重损害了青少年成员的权益时才运用，这是依法维护的具体行为。

（三）参与社会的功能

参与社会是青少年组织的一项重要社会功能。一方面，青少年组织要实现满足青少年发展需要和维护青少年合法权益的功能，就必须与青少年组织参与社会的功能有机地结合起来；另一方面，青少年组织要进一步发挥对社会的影响和作用，就必须更好地发挥参与社会的功能。

1. 参与社会的主要内容

青少年组织的参与功能是普遍存在的。广义的社会参与可以包含青少年组织的各种活动，即包括对社会主义物质文明建设、政治文明建设和精神文明建设各领域各层次的参与。青少年组织使这种参与过程更为有序，也更有深入的可能性。狭义的社会参与主要是指青少年组织对社会政治的参与。这种参与功能具体表现为青少年组织的参政议政，这是青少年对社会参与的集中体现。青少年组织要代表青少年的利益，服务于青少年的需要，就必须对社会政治生活进行有效的参与。如果没有这种功能，也就谈不上青少年组织其他的广泛的社会参与的实效。

2. 参与社会的基本前提

青少年组织对社会的参与，还要以青少年组织成员对青少年组织的参与为基本前提。一方面，如果没有成员对组织的参与，就难以实现组织对社会的参与，因为对青少年来说，组织也是他们参与社会的一个特殊部分；另一方面，青少年在政治社会化过程中，需要通过对组织的参与来培养对社会参与的素养。只有这样，青少年组织的参与功能才有可能真正地体现出来。

3. 参与社会的主要方式

综观国内外青少年组织的社会参与性活动及方式方法，其有效的途径主要有以下九个方面：

（1）通过投票选举进行参与。这是一种最直接参与社会生活的方式。青少年组织通过对青少年投票者的组织，能集中地表达青少年的主张，从而影响社会政治生活。

（2）通过政府及执政党赋予的权力进行参与。在一些社会事务中，青少年组织通过政府行政部门或政党组织赋予的权力，参与一定的管理活动。

（3）通过法定制度进行参与。这是青少年组织根据法律规定的条文及赋予的条件进行社会政治参与的方式。

（4）通过有关代表资格及有关重要职务进行有效的参与。这是由青少年组织领袖或成员所担任的社会立法、参政议政或行政职务方式进行的社会参与。

（5）通过青少年组织自己的报刊、出版物、网站等宣传舆论工具，表达组织主张和青少年的意愿。

（6）利用大众传播媒介，通过影响社会舆论来达到青少年组织参与社会的效果。

（7）通过合理化建议活动进行参与。不仅可以有生产和经济上的合理化建议，还可以有政治和文化生活方面的建议。

（8）通过协商讨论进行参与。与有关方面的领导和其他社团协商讨论，也是一种有效的参与行为。

（9）通过发挥作用进行参与。通过青少年组织本身及成员发挥作用，提高组织行为能力，造成有力的社会影响，从而起到无形的参与作用。

（四）辅助党政工作的功能

沟通辅助的功能，也是青少年组织的重要功能。这一功能以青少年组织（包括青少年组织的成员）为中介，联结青少年和有关部门的关系，这些部门主要包括与青少年组织关系密切的政党组织和政府部门。青少年组织发挥这一功能，主要有沟通联系与辅助工作两个方面的内容及形式。

1. 沟通联系

人们常用"桥梁""纽带"等词语来比喻青少年组织，实际上就是指青少年组织所具有的沟通联系方面的功能。青少年组织的成员要求和希望把他们的意见、想法传达给社会，同时也希望了解社会，特别是政府领导方面的情况，以及对自己的要求和评价；政党、政府及有关方面也希望了解和掌握青少年及其组织的状况及动态，并在指导管理方面提出相应的意见和要求。青少年组织的沟通联系，就是自觉做好在这两者之间上传下达的工作。

2. 辅助工作

青少年组织是党政工作的助手。这种助手工作有较多的具体行为，如完成党政方面交给的任务，执行党政方面制定的有关政策，协助党政方面做好对青少年（包括非青少年组织成员）的引导、管理及思想教育工作，协同党政方面开展有关的社会工作。

（五）促进社会进步的功能

常言所说的"先锋作用"和"突击手""生力军""开拓者"等，就是青少年组织促进社会进步功能的形象概括。良好的青少年组织必定能发挥组织成员和青少年群众在经济建设中的先锋作用、在改革开放中的积极作用、在政治文明和精神文明建设中的带头作用。

1. 培养各种人才

培养各种人才是青少年组织历史悠久的特殊性功能。例如，学生演唱队可能造就未来的歌唱家，现代企业家也有可能产生于某一"青年岗位能手"中。青少年组织为社会培养了各种人才，提供了各类干部，故有"共产主义学校"和"后备军"之称。青少年组织的这种功能，是青少年组织教育作用和先锋作用的有机结合，也是青少年组织社会化价值与创造性价值的综合体现。

2. 活跃文化生活

活跃文化生活是青少年组织普遍具备的基本功能。无论是大型的青少年组织，还是小型的青少年社团，都具有这种活跃青少年文化生活的功能。闲暇时间是青少年组织的基本活动时间，文化生活是青少年生活的重要组成部分，而且大多数青少年组织都不能缺少活跃青少年文化生活这一环节。这一功能的正常发挥，也有益于整个社会的文化生活。

3. 推进经济建设

推进经济建设是长期存在并逐步演化的青少年组织的功能。不少基层团组织在企业改革发展过程中，积极开展青少年突击队（手）活动，并注意由原来的"直接型""体力型"向"间接型""智力型"转化。青少年组织服务经济建设的功能是长期存在的，但形式和机制正在发生一定的变化。

4. 参加社区服务

参加社区服务也是青少年组织正在迅速发展、不断完善的功能。在社区建设发展中，开展志愿服务和公益活动是青少年组织的重要活动内容。在当今社会中，青少年志愿者已成为一道亮丽的风景线，社区公益活动已成为青少年组织发挥作用的重要形式。

5. 倡导社会新风

青少年本身就是最富有生气、最善于创造的社会群体，因此，倡导社会新风既是青少年组织促进社会进步功能的具体构成，又是上述诸方面活动的共有特色。

第二节　我国内地的青少年组织机构

一、中国共产主义青年团

（一）机构简介

中国共产主义青年团（简称共青团）是中国共产党领导的先进青年的群众组织，是广大青年在实践中学习中国特色社会主义和共产主义的学校，是中国共产党的助手和后备军。中国共产主义青年团原名中国社会主义青年团。1920年8月，中国共产党首先在上海组织了社会主义青年团。1949年4月，召开新民主主义青年团第一次全国代表大会，宣告中国新民主主义青年团正式成立。1957年5月，中国新民主主义青年团召开第三次全国代表大会，决定把团的名称改为中国共产主义青年团。

截至2007年年底，全国共有共青团员7543.9万人，基层团组织294.6万个，其中基层团委17.6万个，基层团工委2.3万个，团总支22.4万个，团支部252.3万个。全国共有10.7万个非公有制经济组织建立了团组织，专职团干部19.1万人。

（二）社会功能

共青团是中国共产党的青年组织，是目前中国最大的青少年组织。作为党直接领导、政府大力支持的青少年团体，共青团影响着全国2.8亿多14~28周岁的青少年。在中国青少年的生活发展中，共青团的功能作用是广泛而重要的。

（1）通过各种途径，如在全国人大、政协等机构中设有共青团组织的代表等，直接参与包括社会福利制度在内的各种国家政策、法令，特别是有关青少年方面的政策法规的制定与执行。

（2）教育青少年牢牢掌握党的基本路线，引导他们解放思想、实事求是，帮助他们全面提高思想道德素质。

（3）带领青少年在建立社会主义市场经济体制中发挥作用，带领青少年在推动科技进步中施展才干，带领青少年在发展第三产业中有所作为，带领青少年在贫困地区经济开发中奋勇当先，带领青少年在急难险重任务中勇挑重担。

（4）积极为青少年健康成长服务。例如，重视青少年自身需求，为青少年提供学习教育、劳动就业、恋爱婚姻、生活消费等具体服务，反映青少年的要求，参与民主和法制建设，加强对青少年权益的维护和社会监督，优化青少年成长环境等。

共青团具有严密的组织结构，通过多种多样、丰富多彩的活动实现上述功能任务。

（三）主要活动内容

1. 青少年思想道德建设

共青团为加强青少年的思想道德建设，开展了一系列活动："我与祖国共奋进"主题教育实践活动，进一步了坚定广大青少年跟党走中国特色社会主义道路的信念；实施未成年人思想道德建设工程和青年马克思主义者培养工程，提高青少年的思想道德素质，培养了一批政治坚定的青年骨干；加强青少年爱国主义教育阵地建设，开展网上思想道德教育活动，树立一大批优秀青少年典型；举办青年群英会，使青少年思想教育的形式和载体更加丰富。

2. 开发青少年人力资源

开发青少年人力资源，可以更好地发挥青少年在经济发展中的生力军作用。大力实施"青春建功新农村行动"，开展科技培训和技能培训，帮助大批农村青年发展现代农业、实现转移就业，促进农村青年增收成才；不断深化青年科技创新行动，持续实施青工技能振兴计划；深入开展"挑战杯"大学生科技竞赛活动，设立中国青少年科技创新奖励基金。这些活动促进了一大批创新型、技能型青年人才的成长，而"保护母亲河行动"则增强了广大青少年的生态环保意识。

3. 引导青少年展现青春风采

积极倡导文明新风，引导青少年在促进社会和谐中展现青春风采。在此方面，共青团组织开展了许多内容丰富且有意义的青少年活动。例如："青少年志愿者行动"动员150多万名青少年为北京奥运会、残奥会提供志愿服务；在抢险救灾、扶贫开发、社区建设、生态环保、大型赛会等领域开展志愿服务；举办青少年文化节、"青春中华"系列活动，加强了青少年文化建设；深入实施团的"五个一工程"，基层青少年文化活动更加丰富多彩；各级青少年文明号集体成为传播职业文明的窗口。

4. 服务青少年成长需要

针对青少年的实际需要，共青团组织努力服务青少年成长发展。其代表性活动有："青年就业创业行动"通过观念引导、技能培训、岗位对接、创业扶持等方式，有效服务了青年就业创业；开展大中学生素质拓展、"雏鹰争章"等工作，帮助青少年全面提高素质；开展济困助学活动，筹措上亿元资金资助家庭经济困难大学生；创建优秀"青少年维权岗"，建设"12355青少年服务台"，实施未成年人保护行动，推进"为了明天——预防青少年违法犯罪工程"等，切实维护青少年的合法权益。

共青团12355阳光行动

2011年5月14日上午，高考减压讲座在首都师范大学第二附属中学举行，同时共青团12355阳光行动正式启动。12355青少年服务台是共青团为青少年提供心理和法律服务的重要平台。自2006年建台以来，全国已有12355青少年服务台（热线）251个，遍布全国31个省（区、市），累计呼入量百万余个，为近2000万人次青少年提供各类咨询和具体服务。

共青团12355阳光行动是充分利用12355青少年服务台的专业资源，针对青少年普遍性问题，每年确定若干主题，由团组织开展的公益活动，其中，中、高考减压系列活动将长期开展。

（资料来源：中国共青团网）

---

5. 促进与我国港澳台地区青少年的交流

共青团通过建立新平台，不断拓展了与我国港澳台地区青少年的交流。例如，举办"中华龙腾"、两岸青年论坛、"同心同根万里行"等一系列大型活动，使内地与港澳台青少年交流的人数大幅增长；加强与港澳台各界青年人士的联系，与有关青少年社团建立友好关系，在经贸、科技、文化等领域的交流合作更加广泛深入。

6. 开展青少年国际交流

通过服务国家总体外交和党的对外交往，共青团组织大规模开展了青年国际交流。例如：加强与外国政府机构、政党和社会民间组织开展双边和多边领域的交流与合作，进一步增进了中国青少年同各国青少年的相互了解和友谊；在环保、创业等领域有效实施一系列国际合作项目；实施青年志愿者海外服务计划，向多个国家派出青年志愿者。

二、中华全国青年联合会

(一) 机构简介

中华全国青年联合会（简称全国青联）于 1949 年 5 月 4 日成立。新中国成立前夕，为了更广泛地团结、教育全国各族各界青年，为新民主主义革命的胜利和建设新中国而奋斗，也为了巩固和发展中国青年统一战线，在着手建立青年团的同时，中国共产党将成立全国青联的工作提到了议事日程上来。1948 年 9 月，中共中央在西柏坡召开政治局会议，讨论了 1949 年上半年召开全国青年代表大会、成立全国青年联合会的问题。1949 年 5 月 4 日，标志着全国各族各界青年大团结的中华全国第一次青年代表大会在北京隆重召开。出席大会的代表 552 名，他们代表着全国各个地区、不同职业、不同民族、不同阶级、不同党派、不同信仰的青年及青年工作者。这次大会正式宣告全国青联诞生。

全国青联实行团体会员制，现有团体会员 52 个，其中：全国性团体会员 16 个，包括共青团中央、中华全国学生联合会等；地方性团体会员 36 个，包括各省、自治区、直辖市青联和中央直属机关青联、中央国家机关青联、全国民航青联、全国金融青联和中央企业青联。

(二) 社会功能

全国青联是中国共产党领导下的我国基本人民团体之一，主要具有以下五个方面的社会职能：

（1）团结职能。以爱国主义为思想基础，团结各族各界青少年，为实现社会主义现代化和统一祖国而奋斗。

（2）代表职能。代表青年的利益和愿望，参与各项社会活动，对党和政府的决策提出意见；代表青年对国内外大事发表言论。

（3）服务职能。为青年的健康成长开展各种服务，向社会推荐和扶植青年人才。

（4）协调职能。在各青年团体和各方青年中起联系协调作用，并指导他们正确参与社会生活。

（5）联络职能。开展与世界各国青年的友好交往活动，开展与我国港澳台地区青年的联络工作。

(三) 主要活动内容

1. 引导青年深入学习实践科学发展观

全国青联通过举办"国情考察""十杰青年""青年科学家进校园"等活动，进一步增强了广大青年走中国特色社会主义道路的自觉性和坚定性；通过深入开展"百万青少年民族团结手拉手""培养计划"等活动，不断增进各族各界青年的思想认同，壮大了反对民族分裂、维护祖国统一的青春力量。

2. 服务经济发展

全国青联组织的活动理念之一就是为服务国家经济发展献计出力。其主要活动有"青年科技创新行动""科技之光""博士服务团""海外学人回国创业周"等工作,为促进经济发展提供了青年人才智力支持;实施保护母亲河行动,为建设山川秀美的锦绣中华作出积极贡献;动员青联委员支持青年创业就业基金会和共青团"青年就业创业见习基地"建设,推动实施青年创业小额贷款项目;举办返乡农村青年技能培训,有效服务了青年就业创业。

3. 促进社会和谐展现风采

在"展现风采"方面,全国青联开展了"真情助困进万家""希望工程圆梦行动"等活动,帮助青年解决了一些学习、工作和生活中的实际困难;动员青联委员中的人大代表、政协委员围绕青少年的普遍性利益诉求发出组织呼吁;动员360多万名青年为北京奥运会、残奥会和上海世博会等大型活动提供志愿服务;组织全国青联志愿者艺术团开展系列慰问演出活动。

4. 与我国港澳台地区青少年交流

通过举办"相聚国旗下"等大型青年交流活动,进一步增强了我国港澳台地区青年的国家归属感和民族自豪感;举办两岸青年联欢节等活动,实现了两岸青年和青年社团交流的新突破;举办我国港澳台青年领袖国情研习班、"香港200"优秀中学生培训计划、两岸精英总裁营等活动,培养了一批心系祖国、情牵中华的青年骨干。

5. 促进青少年国际交往

通过实施中日青少年友好交流年、中非青年联欢节、中拉青年节等大规模青年交流项目,举办中国—东盟青年系列交流、中日韩青年领导人论坛、上海合作组织青年友好会见等多边青年交流活动,以及在青年就业、青年领导人培训、环境保护等方面开展国际项目合作,增进了中国青年与其他国家青年和人民之间的了解和友谊,开辟了青年和青年组织参与区域合作、国际事务的新领域。

"中国十大杰出青年"评选活动

"中国十大杰出青年"评选活动是由中华全国青年联合会创意策划,联合中国青少年发展基金会和中央电视台、中央人民广播电台、人民日报、中国青年报、光明日报、解放军报、经济日报、科技日报、工人日报、农民日报等首都十家新闻单位共同主办的,自1990年起至2008年已经开展了19届。19年来,一批在改革开放和社会主义现代化建设中业绩突出的优秀青年脱颖而出,他们的辉煌业绩和艰苦创业精神被社会各界,特别是当代青少年广为传颂,他们具有鲜明时代特征和较强导向性的楷模形象激励着更多的青少年刻苦锤炼、奋发成才。同时,"十杰青年"评选活动对在全社会进一步营造崇尚人才、学习先进的良好氛围,产生了积极的作用。

在"中国十大杰出青年"评选活动的影响下,目前全国几乎所有的省(区、市)和大部分城市都开展不同层次的"十杰"青年的评选活动,不少领域也纷纷开展本系统的"十杰"评选。

(资料来源:中华全国青年联合会网)

三、中华全国学生联合会

(一)机构简介

中华全国学生联合会(简称全国学联)是中国共产党领导下的中国高等学校学生会、研究生会和中等学校学生会的联合组织。全国学联是"五四"运动的直接产物。1919年6月16日,来自全国各地和留日的学生代表60余人,在上海召开了第一次全国学生代表大会,宣告全国学联正式成立。中国共产党成立后,全国学联在党的领导下,团结全国青年学生,为抵御外来侵略,推翻"三座大山",取得新民主主义革命的胜利,发挥了重要的历史性作用。新中国成立后,全国学联响应党的号召,团结和引导全国广大大学生刻苦学习,勇于实践,努力成才,为祖国的繁荣富强建功立业。近年来,全国学联及地方学联、各大中学校学生会组织结合我国经济社会发展和青年学生的实际,积极开展工作,在团结引导广大同学高举爱国主义旗帜跟党走,服务于广大同学的健康成长,表达和维护广大同学的具体利益等方面发挥了重要作用。⊖

全国学联实行团体会员制。国民教育体系中,国家举办和社会力量举办的全日制普通高等学校和中等学校的学生会、高等学校和科研教育机构的研究生会、国外中国留学生团体、承认全国学联章程的,均可成为全国学联的团体会员。目前,全国学联拥有团体会员10万多个,团结和联系着全国8000多万名大、中学生。

(二)社会功能

(1)遵循和贯彻党的教育方针,促进同学的德、智、体全面发展,团结和引导同学成为热爱祖国、适应有中国特色社会主义现代化建设事业要求的合格人才。

(2)发挥作为党和政府联系同学的桥梁和纽带作用,在维护国家和全国人民整体利益的同时,表达和维护同学的具体利益。

(3)倡导和组织自我服务、自我管理、自我教育,开展健康有益、丰富多彩的课外活动和社会服务,努力为同学服务。

(4)增进各民族同学的团结,加强与我国港澳台地区同学的联系,促进中华民族的团结和伟大祖国的统一。

(5)发展同世界各国、各地区学生和学生组织的友谊与合作,支持各国、各地区人民和学生的正义事业。

(三)主要活动内容

1. 主题教育活动

各级学联、学生会组织认真贯彻中央关于加强和改进未成年人思想道德建设和大学生思想政治教育的要求,开展"我与祖国共奋进"主题教育实践活动;推进大学生骨干培养工作,使广大学生青少年在理论和实践中得到锻炼;在大中学校广泛展开民族团结教育,使维护祖国统一和民族团结成为更多同学的自觉行动。

2. 素质拓展活动

开展大中专学生"三下乡"、中学生"四个一"等社会实践活动,使同学们在火热的社会生活中受教育、长才干、作贡献;"挑战杯"系列竞赛每年吸引全国1000多所高校、数百万同学积极参与;"中国青少年科技创新奖"评选表彰等活动大大激发了同学们的创造活力;在大中专院校里,组织开展学术研究、文化交流、体育竞赛等活动,开办各类学生社团。

3. 服务青少年成长

各级学联、学生会组织把促进同学就业创业作为工作的重中之重,努力把更多、更有效的职业生涯规划辅导、就业创业政策和岗位信息送到同学当中;建立15000多个就业创业见习基地,提供35万多个见习岗位,为20多万名同学创造了见习和就业机会;在节假日期间集中开展慰问活动,让留校同学感受到关心和温暖;设置"大学生自强奖学金",为家庭经济困难的同学解决

⊖ 主要来源:全国学联官网 http://cyc6.cycnet.com:8090/ccylmis/xuelian/

后顾之忧；每年举办"5·25"全国大中学生心理健康节，为新生发放《心理手册》，努力营造有利于同学身心发展的校园环境。

4. 维护学生利益

各级学联组织积极探索与政府有关部门和人大代表、政协委员"面对面"等表达同学诉求、维护同学权益的新渠道，推动事关同学就业创业、生活保障等政策措施的制定落实；各级学生会组织在了解搜集同学意见建议的基础上，积极参与校内学生事务管理，通过"校长接待日"与学校职能部门的沟通协调会等平台，有效维护广大同学的具体利益。

四、中国青年志愿者协会

（一）机构简介

中国青年志愿者协会成立于1994年12月5日，是由志愿从事社会公益事业与社会保障事业的各界青年组成的全国性社会团体，是中国共产主义青年团中央指导下的，由依法成立的省、自治区、直辖市青年志愿者组织和全国性的专业、行业青年志愿者组织和个人自愿结成的全国性的非营利性社会组织，是全国青联团体会员，联合国国际志愿服务协调委员会（CCIVS）联席会员组织。[⊖]

中国青年志愿者协会的基本任务是：改善社会风气和人际关系，为发展社会主义市场经济创造良好的社会环境；适应社会主义市场经济发展的需要，推动青年志愿服务体系和多层次社会保障体系的建立和完善；培养青年的公民意识、奉献精神和服务能力，促进青年健康成长；为城乡发展、社区建设、扶贫开发、抢险救灾以及大型社会活动等公益事业提供志愿服务；为具有特殊困难以及需要帮助的社会成员提供服务；规划、组织青年志愿服务活动，协调、指导全国各地、各类青年志愿者组织开展工作；培训青年志愿者；开展与海内外志愿者组织和团体的交流。

（二）主要活动内容

1. 关爱农民工子女

"共青团关爱农民工子女志愿服务行动"由共青团中央发起，于2010年5月4日在全国各地集中启动。该行动以随父母进入城市的农民工子女和留在农村的农民工子女为主要服务对象，组织青年志愿者在全国城乡广泛开展学业辅导、亲情陪伴、感受城市、自护教育、爱心捐助等内容的志愿服务，为农民工子女提供切实有效的帮助。

2. 大学生志愿服务西部计划

每年按照公开招募、自愿报名、组织选拔、集中派遣的方式，招募一定数量的高校应届毕业生，到西部基层从事为期1~3年的志愿服务工作。自2003年启动以来，西部计划高扬理想主义旗帜，探索了以志愿服务的方式引导高校毕业生面向基层就业创业的新途径，唱响了到西部去、到基层去、到祖国和人民最需要的地方去建功立业的时代强音。

3. 奥运会、世博会、亚运会等大型赛会志愿服务

近年来，广大青年志愿者积极参与北京奥运会、上海世博会、广州亚运会、国庆60周年庆典等一系列大型活动。特别是2008年以来，以"鸟巢一代""海宝一代"为代表的青年志愿者以辛勤周到的工作、细致入微的服务、无私奉献的精神，向世界展现了当代中国青年的时代风尚和精神风貌。

⊖ 中国青年志愿者网：http://www.zgzyz.org.cn/

4. 海外志愿服务

2002 年，中国青年志愿者海外服务计划正式启动。截至目前，全国已累计向亚洲、非洲、拉丁美洲的 19 个国家派遣 476 名援外青年志愿者，在教育教学、农工科技、社会发展、国际救援等多个领域开展为期 1 年的志愿服务，圆满完成了 2006 年中非合作论坛北京峰会确定的 3 年内向非洲派遣 300 名青年志愿者的重大政治任务。同时，志愿服务国际交流活动不断加强，促进了受援国发展，增进了中外友好，树立了中国负责任大国的形象，产生了积极的国际影响。

5. 弘扬志愿精神

综合运用传统媒体与新兴网络媒介，深入挖掘优秀典型，精心培育志愿服务文化，推出了徐本禹、冯艾、熊宁、丛飞、赵晓婷等一大批优秀志愿者典型，产生了《燃情岁月——西部志愿者日记》《志愿者》等一批优秀志愿者主题书籍和影像作品。通过开展"奉献者风采优秀志愿者事迹报告会"等活动，唱响了青年志愿者的时代强音，将志愿服务精神和理念渗透到全社会，进一步营造了尊重志愿服务、支持志愿服务、参与志愿服务的良好社会氛围。

五、上海市阳光社区青少年事务中心

（一）机构简介

上海市阳光社区青少年事务中心（以下简称"中心"）成立于 2004 年 2 月 18 日，性质为民办非企业单位，主管部门是共青团上海市委员会，实行理事会领导下的总干事负责制，理事会成员为社会工作专业的专家学者、青少年工作者和企业家。

中心的使命是"更新立志、构建和谐，全人关怀、成长青年，秉持专业、追求卓越"。中心的主要任务是承担政府委托的 16~25 岁青少年教育、管理和服务事务，负责对全市青少年事务社工进行业务指导、管理和调配，支持其参加资格认证、职业培训等。中心在各区县设立社工站，负责对本区域内所属青少年事务社工进行业务指导、绩效考核和日常管理。

（二）主要活动内容

中心在发展的过程中不断壮大，开展了丰富多彩的青少年社会工作活动，形成了多种品牌项目，包括："小海豚"来沪务工人员子女艺术培训计划、"柠檬屋"驻校社工服务、"我要爱阳光"灾后重建项目、"青苹果"禁毒计划等。通过专业化的社会工作，对社区青少年积极引导，帮助他们解决成长过程中遇到的困难，形成了独特的工作方法，其工作经验在全国范围内得到了广泛的认可。其主要品牌活动有：

1. 稚翔计划（PISP）

为了帮助企业构建和谐、稳定的劳资关系，提高对新生代员工的沟通管理技巧，同时帮助新生代员工合理规划自己的职业生涯，丰富其在工厂内的业余生活，鼓励和引导新生代员工正面成长，瑞联稚博（儿童权利和企业社会责任中心）与上海市阳光社区青少年事务中心携手合作，共同开发"稚翔计划"项目。该项目以专业社会工作的服务模式介入工厂、企业中，通过开展沟通技巧、生活技能培训、职业生涯规划等课程，开展互动的社区活动，建立网络沟通平台，丰富新生代员工在工厂的生活，加强其对企业的归属感，从而为企业带来更多的经济效益。

2. "柠檬屋"驻校社工服务

"柠檬屋"驻校社工服务作为上海市首家由青少年事务社工进驻中等职业技术学校的项目，旨在促进改善成长困难生在校期间的个人成长困扰，开展成长教育、领袖培养和志愿者服务等工作。其服务对象是中等职业技术学校的成长困难生（即在学校期间有逃学、逃夜、逃课等厌学情绪及伴有不良行为的在校学生），服务目标是搭建老师、家长、学生之间的良性互动平台，疏导学生、老师所面临的心理困扰，协助学生掌握个人发展、群体发展、学业等方面的知识、技能和态度。

3. "青苹果"禁毒计划

该计划通过"零点关爱"外展禁毒宣传、"人生交叉点"禁毒宣教巡展（主要面向来沪青少年群体和流动性较强的来沪人员）、"抉择"网络禁毒 FLASH 游戏、"边缘"主题四格漫画大赛、"禁毒卫士"定向越野和禁毒题材话剧高校巡演等，使广大青少年认清毒品的危害，提高禁毒意识和自觉抵制毒品侵害的能力。

4. 考察教育

考察教育即对违法犯罪情节较轻的未成年人在经历行政处罚或刑事诉讼阶段时，坚持"教育、感化、挽救"的基本方针，并依据国家法律的有关精神，由司法机关作出实施考察教育的决定，由社会组织、学校、家庭共同落实开展的制度。社工在涉罪未成年人开展考察教育期间，本着尊重、关爱、保护其合法权益的原则，减少因行政处罚或刑事诉讼程序对其身心造成的伤害，对其开展再犯罪可能性的评估、悔罪表现观察、心理调适、社会公益劳动教育等一系列服务，考察教育结束后向司法机关提供报告，为司法机关作出最终决定提供依据。

5. "阳光乐园"寒托班

为缓解家长后顾之忧，让孩子度过一个健康、愉快而有意义的寒假，上海市阳光社区青少年事务中心在闵行、普陀、杨浦、宝山和虹口五区特别开设"阳光乐园"寒托班。社工以专业知识、专业技能和方法，协助及引导孩子完成寒假作业，并结合其各项能力发展而设计特色活动。

第三节　我国港澳台地区的青少年组织机构

一、我国香港的青少年社会工作组织机构

1. 香港青年协会机构简介

香港青年协会（简称青协）于 1960 年成立，是我国香港最具规模的非营利青年服务机构之一。其主要宗旨是为青少年提供专业而多元化的服务及活动，使青少年在德、智、体、群、美等各方面获得均衡发展。其经费主要来自政府津贴、公益金拨款、赛马会捐助、信托基金、活动收费、企业及个人捐助等。青协特别为青少年而设的 U21 青年网络会员制度及专业服务，为青年及家庭提供支援及有益身心的活动。辖下超过 60 个服务单位，每年提供超过 10000 项活动，参与人次达 500 多万。青协服务以青年为本，致力拓展 12 项核心服务，以回应青少年不断转变的需要。

香港青年协会各时期发展大事记

1960 年：英国基督教福利会（British Christian Welfare Council）委派到中国香港的史笃士（George Stokes）创立香港青年协会。

1962 年：按社团法例正式注册。

1967 年：试验性推行"离散青年工作"（现"外展社会工作"的前身）。

1970 年：改以公司法例注册。

1979 年：全面开展外展及学校社会工作与家庭生活教育服务。

1989 年：与房屋协会合作开设自负盈亏的"荃湾室内体育中心"。

1993 年：设立"关心一线"，定期进行青年意见调查及青年研究。

1994 年：试行以接受警司警诫令的青少年为服务对象的"青年支援服务计划"，其后确立为常规服务。

1995 年：成立第一批位于红磡及荃湾的"青年综合服务中心"。

1996 年：分别设立"儿童之家"及"青年研究中心"。

1997 年：于西湾河成立第一间名为"青乐幼儿园"的幼儿园。

1999 年：开办第二间幼儿园"青乐幼儿园（油麻地）"。

2000 年：成立"青年领袖发展中心"及开设首间小学"香港青年协会李兆基小学"。

2001 年：位于大网仔的户外训练营重建竣工启用，并更名为"赛马会西贡户外训练营"。

2002 年：协会属下所有青年中心、青少年中心以及青年综合服务中心正式更名为"青年空间"。

2006 年：开始与中华全国青年联合会合办"香港 200"中学生领袖计划，为期 10 年。

（资料来源：香港青年协会网）

2. 主要服务内容

香港青年协会在 50 多年的发展历程中，为青少年社会工作作出了重大的贡献。以下为香港青协提供的主要服务⊖：

（1）青年空间。本着为"青年创造空间"的信念，青协辖下分布香港各区的 22 所青年空间，从室内设计、服务理念、活动形式以至效能指标等，均作出全新演绎。青年空间无论在硬件设计及专业服务上，均致力追求卓越，务求成为一个属于青年，回应青年需要，让青年发展潜能，并提供机会予他们不断探索和锻炼的活动场所。

（2）就业支援。青协倡导生涯规划概念，青年就业网络（简称 YEN）经常举办青年就业博览，让青年无论在受雇、自雇和创业路上，均能得到充分引导与支援。香港青年创业计划为青年提供财政资助及指导，让他们敢于实践创业。此外，通过设立社会企业，青协鼓励并发掘机会和资源，协助青年提升其工作能力及竞争力。

（3）边青服务。外展社工队伍主动接触及协助边缘青少年，解决其个人行为、情绪、升学、就业、家庭关系、滥用药物及赌博等问题。"青年支援服务计划"特别为曾触犯轻微罪行而接受警司警诫令的青少年提供专业辅导。

（4）义工服务。青年义工网络（简称 VNET）是香港最大型并以青年为主要对象的义工网络，登记义工人数已超过 11 万，每年为社会贡献超过 50 万小时服务。每年 4 月，积极发动学校/团体举办各类义工服务，响应全球青年服务日。每年举办"有心计划"，联系学校与工商企业携手合作，推动义工服务社区，不仅丰富学生的生活体验和成长，也鼓励企业实践公民责任。

此外，香港青协为了丰富青少年的生活，开展了许多青年社会活动，为青少年的成长和发展提供了一定的帮助扶持。

⊖ 香港青年协会官网 http：//www.hkfyg.org.hk/chi/units/index.htm#es

香港青协举办青年就业博览

香港青年协会青年就业网络于 2011 年 7 月 7 日举行"青年就业博览"，为刚毕业的青年及早寻找就业机会。56 家企业机构提供近 3500 个职位空缺，比去年同期多出 1622 个。长工月薪主要介于 7000～9000 元，而 84% 空缺要求中五学历或以下，主要来自销售、餐饮服务和顾客服务等。

另外，由青协、劳工处"展翅青见计划"和 5 家商业机构分别合作的 5 项特别就业计划也设置招聘摊位及提供即场面试，当中包括"机场大使计划"和"海洋公园销售助理培训计划"，其余三项则是全新推出的计划，包括与新世界电信合作的"客户服务助理计划"、与彩箭投资有限公司合作的"发型助理培训计划"及与显赫顾问有限公司合作的"助理培训导师计划"。

（资料来源：香港青年协会网）

二、我国澳门的青少年社会工作组织机构

（一）澳门中华新青年协会

1. 机构简介

澳门中华新青年协会（简称新青协）创立于 2003 年 1 月 5 日，是我国澳门特别行政区的一个非营利青年组织，以"团结澳门广大青年服务社会"为宗旨，通过一系列有针对性、创新性及启发性的活动，促使新青协成为青年朋友相互学习、互勉共进的课堂，成为青年朋友发挥学识、展露才华的舞台，成为青年朋友沟通政府、服务社会的桥梁，成为青年朋友联络感情、反映心声的乐园。

新青协通过综合分析目前澳门青少年的特点，归纳出"凝聚、服务、参与"三项工作目标，具体地说就是："凝聚青年、服务民众、参与社会"。凝聚青年就是要最大范围地团结青少年，反映青年的心声，维护青年的合法权益，组织和开展广大青年乐意参加的各项活动；服务民众就是该协会的服务对象除了青少年外也包括广大民众，通过积极组织会员和青年参与社会各类公益事业和慈善活动，关心民众疾苦，为民众送上青年的关心和爱心，使青年在服务民众的同时，令自己的人格和心灵得到升华；参与社会就是通过组织社团活动，使青少年学会观察社会、了解社会，能够正视社会矛盾，反映社会诉求，投身社会实践。

2. 主要服务内容

（1）社会参与。青少年的社会参与是一种高层次的青年社会行为，而非一般意义的简单个人行为，是青年以主人翁责任承担者的身份所从事的具有社会影响力的活动。澳门中华新青年协会设置"社会参与"专栏，专门为青少年参与社会、实现个人价值目标服务，带动青少年积极参与社会事务，为澳门的长治久安出谋献策。其主要服务活动包括：市民论坛、青年议会、时政开讲、青年论坛和问卷调查。

（2）生涯规划。生涯规划是指人对其一生中所担任角色及其相继历程的预期和计划，这个计划包括一个人的学习与成长目标，以及对一项职业和组织的生产性贡献和成就期望。澳门新青协通过开展生涯规划服务，引起社会各方对青年的职业生涯规划的关注，并将更多的力量投入其中，提高认识水平，提高辅导水平，提升人力资源的素质、提升整体竞争力，最终达至共享社会和谐的目的。其主要服务活动包括：品牌活动、生涯规划基础理论、生涯咨询服务、生涯规

划校园讲座和专业人士分享会。

（3）健康促进。澳门新青协通过健康推广活动，使青少年在面对工作压力和身体健康的同时，达到双赢目的，以达至健康城市为最终目标。其主要服务活动包括：健康大使和健康信息。

（4）志愿服务。澳门新青协把志愿服务工作作为该会重点开展的项目之一，为澳门青年的志愿服务提供一个平台，促进澳门的青少年志愿服务者走出澳门、走向国际志愿者服务的行列。其主要服务活动包括：智醒少年⊖、志工培训、希望小学、义教义诊⊜和彩虹计划。

（二）澳门明爱

1. 机构简介

澳门明爱原名为"利玛窦社会服务中心"，于1971年正式成为澳门天主教教区属下的机构，并加入了"国际明爱"，随后易名为"澳门明爱"。除了组织起了变化外，澳门明爱的工作在巩固和改进的基础上，逐渐趋向多元化的发展，以适应日益复杂的社会问题。家庭个案援助服务、嘉模圣母安老院、圣类斯公撒格之家及澳门首间培训社工的社工学院都在这时期由"澳门明爱"创立。

澳门明爱是澳门的社会服务机构，以提供社会福利为宗旨。机构的宗旨是为个人、家庭、团体及社区服务，协助他们在社会、经济、道德及精神生活方面，达到更符合人类情况的境地；对自己的生活动向负责；在他们的环境内，建立基于真理、秉乎正义、发乎仁爱、实现自由与和平的社区。澳门明爱从创办至今，服务项目已达13项，单位30个，为市民在不同人生阶段中提供服务，层面涵盖了预防性、补救性、发展性等方面。其服务范围之广，使澳门明爱成为澳门现时规模最大的社会慈善服务志愿团体之一。

澳门明爱的主要目标是为最有需要和最被人遗弃的人们服务，迅速给予灾民赈济援助，促进扶助各项自力计划，以使需要扶助的人能自立并对社会提供积极贡献；鼓励及培育个人的友爱和合作精神，并提倡社会正义；研究社会上贫穷、痛苦等情况，以了解其成因并找出解决方案。澳门明爱有专门针对青少年的服务，为澳门青少年社会工作作出了突出的贡献。

2. 主要服务内容

（1）青少年服务。澳门明爱提供的青少年服务有两种：一是青少年、小区及学校辅导服务，本着以人为本的信念，协助在学业、社交、情绪、家庭等不同层面有困难的在学学生，解决个人的问题和充分利用学习机会，为成长作好准备。通过驻校学生辅导服务，让学生在学校、小区及家庭之间建立良性互动关系，建构社会资源网络，促使学生朝向全人发展。二是为被遗弃、缺乏家庭照顾、与家庭或社会环境有冲突而可能濒临危机边缘的青少年服务，使其在良好的居住环境下得到短期或长期性的照顾与辅导。通过提供住宿及辅导服务，使儿童及青少年重建有纪律的生活，并在有爱、有教育的计划环境中成长，并重整青少年的生活节奏、价值取向、人际关系相处及生活信心。服务的最终目标是使院友能学会独立，有自我照顾的能力，并在许可的环境下重投自己的家庭。

（2）劳工服务。明爱劳工服务主要由四项服务项目组成。一为协力社。其协助失业工友，帮助有工作能力且领取援助金的失业人士，提供过渡期的社会服务机会，从中学习、习惯、遵守

⊖ "智醒少年"是由社会工作局资助，新青协属下的一个预防青少年赌博活动的义工组织，每年招募智醒少年，并通过培训成为本会智醒少年。（资料来源：澳门中华新青年协会网站）

⊜ "义教义诊"服务即组织教师、医生和其他专业人员，在澳门长假期，向偏远地区送上各种志愿服务的活动，包括教育、医疗等。（资料来源：澳门中华新青年协会网站）

工作间的规则，助他们重建自信，提升再就业的竞争力，自力更生。二是丰衣阁。其是澳门明爱下属新开设的小型服务单位，义卖衣服、鞋子、文具、精品、玩具等，宗旨是培训再就业人士营运小型店铺。丰衣阁的货品来源是由厂商、热心人士等将全新的物品捐予澳门明爱，经分配后由丰衣阁作义卖，所得善款将拨入澳门明爱作服务经费。受惠人士包括：残疾、弱能人士及儿童、独居老人、单亲家庭、贫困家庭等。三是心愿亭。它于2002年3月25日，由澳门明爱获民政总署给予租金特优支持下开办，售卖无火的食物、饮品、零食、纪念品等，并放置宣传单向游客及市民推广澳门明爱不同类型的服务。四是外地劳工服务计划。其最主要的任务为协助在澳门工作的外地劳工解决生活适应的问题及所需，使他们能尽快融入澳门生活，并同时体验澳门对他们的照顾和关爱之情，达到和谐共融的目的。

（3）教育服务。澳门明爱教育服务主要由两部分组成：一是庇道学校。在澳门明爱的支持下，庇道学校于1985年11月正式成立，主要针对社会上由于客观原因而不能进入正规学校学习的儿童以及青少年，为其提供教育机会。二是成教部，又名庇道成人教育进修中心。它于2003年成立，以举办颁发学历（香港中文大学专业进修学院文凭、证书）以及非学术的兴趣班为主要活动，其中包括交流研讨会、工作坊、旅游及参观等。成教部以推动终身学习为目标，致力为澳门在职人士提供进修机会，未来将更多关注小区教育的需要以及实用性课程，积极发掘个人潜能，发挥创意，使澳门居民丰富人生之余又可提高个人修养和阅历，甚至开展创业之路。

70多机构参加澳门明爱慈善园游会，筹善款惠泽社群

第41届澳门明爱慈善园游会于2010年11月5~7日，一连三天在南湾湖水上活动中心举行。6日下午，代理行政长官陈丽敏主持了园游会开幕式。

园游会的主题为"播种耕耘，惠泽社群"，共有70多个政府部门、学校、社会团体、艺术团体及商业机构等参与。记者现场看到，场内除设置饮食区、摊位游戏区及儿童游乐区外，更加入了创意艺术作品、环保手工及怀旧摊位等多元化活动。

澳门明爱总干事潘志明称，希望今届园游会筹得的善款同去年约400万元相若，以帮助生活有困难的市民。他希望各界爱心人士慷慨解囊，支持澳门明爱配合社会发展需要，优化现有服务，扩展新项目，服务更多有需要的人。

（资料来源：中国新闻网）

三、我国台湾的青少年社会工作组织机构

1. 青年辅导委员会机构简介

青年辅导委员会（简称青辅会），是台湾地区处理青年事务的专责部门，隶属于行政部门之下。青辅会成立于1966年1月28日，为行政部门统筹处理台湾地区青年辅导事宜的直辖单位。青辅会担负的任务由早期的辅导海外归国学人就业与创业，征选青年进入公务单位与"国营事业"，发展到近十年包含青年就业、创业，社会参与、志工服务以及青年旅游与文化等多元化青年工作。

2. 主要服务内容

青辅会的政策主轴在于建构青年全方位发展的平台，鼓励青年以创新、学习、参与、服务的精神，塑造新时代创意、多元、勇于开拓、勇于承担的新风貌。其主要包括以下几个方面的服务活动：

（1）营造优质创业环境，鼓励青年及女性发挥创新创业精神。为了鼓励青年发挥多元的创意、勇于实践创业的梦想，青辅会在既有的良好基础上，持续强化青年创业贷款及青年创业辅导

网的后续服务，提供更便利的青年创业贷款管道。针对初创业的弱势青年，还提供相关辅助服务，让他们得以稳健事业。同时推动青少年创业教育，办理活化闲置馆舍之创业计划竞赛活动，以提升青年的创业能力。此外，持续推动"飞燕专案"，加强创业信息辅导及后续关怀陪伴服务，建立女性创业友善环境等也是青辅会创业政策重要的一环。

（2）提升青年核心就业能力，强化青年就业接轨服务界面。为了协助青年顺利进入就业市场，缩短从校园到职场的落差，青辅会推动多元积极性的职业生涯辅导及就业促进措施，包括推动青年职场体验计划、提升大专青年就业力试办计划、大专在学青年职业生涯发展计划，以及各类工读、见习，以缩短青年学习与就业落差，协助青年与职场顺利接轨。另外，各项专案计划也规定优先聘用弱势青年，从而间接增加其就业机会并提高竞争力。

（3）扩大青年公共参与，提升青年角色及对社会贡献。为了引导青年参与公共事务，鼓励青年以行动关注社区及参与公共事务，青辅会积极培育青年公共参与人才，建构青年政策对话机制，包括办理青年人才培力、青年社区参与行动计划及"青年政策大联盟"四部曲系列活动等多项计划，让青年及团队可以有不同层次的参与，提供青年参与公共事务的渠道与计划，以鼓励青年积极参与各项公共事务。

（4）建置"区域和平志工团"，打造青年志工服务新架构、新平台。青辅会为了鼓励青年关心国际社会，关怀当地发展，并接受服务学习的淬炼，积极规划"台湾小飞侠计划"，成立"区域和平志工团"，号召台湾青年在台湾地区与国际间积极参与扶贫、济弱、永续发展等志工服务。另外，持续推动全球青年服务日（GYSD）系列活动，鼓励青年以创意提出具体的服务方案，让青年从服务行动中体验志工的精神，进一步深化志工的价值。

（5）鼓励青年认识乡土、行遍台湾，带动青年壮游风潮。青年壮游的理念，在于鼓励青年背起背包，走出教室，走出城市，走出舒适的生活，以双足行遍台湾的角落，以新的视角重新认识台湾的土地。青辅会研发规划青年壮游优质路线，设计感动地图，融合"责任旅游"的观念，营造青年壮游友善环境，让每一个青年都能从壮游中重新建构自我的定位，进而塑造新时代创意、活泼、勇于开拓的新风貌。

青舵奖的设立

年轻人具有天生的热情、旺盛的企图心、强烈的自我期许、勇于创造流行接受新知，并拥有扭转世局的潜力。所谓青年乃时代的栋梁，不仅代表了一个社会进步的原动力，更是国家发展的新希望。

长久以来，青辅会秉持这种使命感，全力支持这些年轻人搭建梦想，更顺应青年在多元领域上有不凡发展的趋势，特以"青年是时代改革的领航者及观念的见证者"为主轴，以"青舵奖"作为表扬活动名称，欲借由此表扬活动，执起青年掌舵之手，期待展现 21 世纪青年形塑的角色与价值，并注入崭新的时代意义，以追求跨越成长、改变社会的关键力量。

（资料来源：青年辅导委员会网）

第四节　我国青少年社会工作组织机构的问题与发展方向

一、我国青少年社会工作组织机构的问题

从上文的介绍中可以看出，目前我国内地及港澳台地区存在着各类从事青少年工作的组织

机构，对促进青少年发展、解决成长中遇到的问题作出了巨大的贡献。但同时也必须承认，我国现有青少年社会工作组织机构还存在一定的问题，主要包括以下几个方面：

（一）组织机构缺乏专业性

青少年社会工作组织机构是青少年社会工作者工作的场所，是青少年社会工作者提供青少年服务的依托，也是青少年社会工作者施展经专业训练而获得的知识和技术的地方。在社会工作发展悠久的国家和地区，社会工作机构非常关注社会工作的专业性，他们会依据本机构的服务宗旨和目标对工作者的专业知识结构进行详细的规定，机构只会聘请满足机构所规定的教育水准和专业素养的工作者。在实务领域中，青少年社会工作机构对专业性的自觉极大地保证了青少年社会工作在社会中的权威。我国青少年社会工作的发展才刚刚开始，不仅应当在教育领域中强调其专业性，更应该重视青少年社会工作机构的专业意识的培养。

（二）组织机构缺乏社会认同

由于社会工作机构是寄托于预防犯罪体系而组建和发展起来的，这一身份势必会影响到社会成员对社会工作机构的认识和理解。不仅如此，服务对象对社会工作机构的认同程度和配合程度也会影响到社会工作机构的运作。

我国的青少年社会工作机构的工作侧重于政治引导，社会引导的功能显得相对薄弱，服务青少年的内容长期得不到细化和拓展。由于这样的定位，其工作上就难免为工作而制造工作、为政治而产生工作，现实中就很难真正融入青少年中，也不能真正了解和掌握青少年的所思、所想、所盼，而偏离了青少年的实际需求，自然就无法受到青少年和社会的认同与参与。

（三）青少年社会工作者缺乏职业化

衡量一个专业的最低标准就是一门专业首先应该已经成为一种职业，这种职业由于需要相应的训练、技能和被社会认可，从而进入专业领域，可见职业化的进程对青少年社会工作专业化的重要性。青少年社会工作组织机构里的社会工作者在职业化方面的不足与问题主要表现在：第一，学科不能应用。这是目前社会工作，更是青少年社会工作职业化进程中的重大弊端，更深层次的原因与学者、教育工作者缺乏职业经验有关。青少年社会工作学者队伍的健康成长，需要有一线工作的实践，相关组织和有关部门也应提供方便。第二，教育过程缺乏职业性。无论综合性大学或高职院校其职业性都不强，实习和实验的分量由于种种原因都明显不够，专题的青少年社会工作实训做得更不理想，职业训练和专业技能的培养内容肤浅，具体操作很难到位。第三，职业地位不确定。职业要获得社会的承认和国家的保护，必须实行职业准入制度，有严格的职业规范和专业化的职业技能，进而实现职业的专业化。但青少年社会工作的职业准入由谁来做、怎样做，还没有一个明确的规定。

二、我国青少年社会工作组织机构的改革方向

（一）以政府为主导，同时大力发展民间青少年社工组织机构

我国香港的青少年社会工作除了得到政府的大力支持外，主要是通过大量发展民间社会福利团体，与政府共同承担繁重的社会服务工作，并着手培养专业的社会工作者。我国内地由于独特的历史原因，缺乏民间团体，很难像我国香港的民间团体那样起先导作用。因此，我国内地的青少年社会工作组织机构需要寻求政府的支持，把政府作为推行制度的主导力量。青少年社会工作的职业地位必须得到政府和社会的认可，青少年社会工作人员则必须经受专业职业技能培训。当然，政府的力量也是有限的，政府不应也不可能成为现代意义的青少年社会工作组织机构的唯一实施者和直接经办者。而要在政府主导下，大力发展民间力量。民间青少年社工组织一方面可以得到政府在政策和财政经费上支持，另一方面也应该采取社会化运作的方法，争取各种

资助。政府则要扮演好社会福利事业的规划者和监督者的角色，以保证青少年社会工作组织机构的健康发展。

（二）建设专业社会工作者队伍

在我国港澳台地区，从事社会工作的人必须是在社会工作注册局注册的社会工作专业毕业生。而我国内地目前青少年组织中的专业社会工作者为数不多，今后有必要大力建设专业社工人才队伍，从而使青少年社工组织能更好地为青少年服务。应特别注意对目前高校就读社会工作专业的在校生的吸引和选拔。社会工作专业的高校生具有一定的社会工作专业知识，对处理青少年事务具有一定的专业性。但是，目前这些高校生直接进入青少年社会工作行业的比例比较低，各个社会工作组织机构应想尽方法，吸引更多的专业社工人才进入组织中来。可以考虑让高校生通过实习的方式进入社会工作组织机构，一定程度上也能提高青少年社会工作服务的专业水平。此外，还可以吸收专业社工研究人员，从而更好地促进青少年社会工作机构的专业发展。

（三）贴近青少年的内在需求

我国港澳台地区青少年社会工作组织机构的工作之所以能蓬勃发展，深得社会各界和政府的支持，关键的一点就是贴近社会、贴近青少年内在需求。如上所述，我国内地的青少年社会工作组织机构在这方面的工作显得相对薄弱，更突出的问题是，真正能够团结青少年、影响青少年、教化青少年的青少年领袖无法在实际工作中产生。要改变这一现象，首先是要建立以青少年为本，以青少年的需要和个人发展为本的工作思路。在具体的活动内，要着重考虑社会和青少年团体的接受程度和参与程度，着重考虑青少年的社会需求和社会成长。实践证明，活动有创意、够新颖就能抓住青少年的好奇心和新鲜感，激发青少年的参与热情，活动的形式内容贴近青少年的生活和思想实际，青少年的认同感和接受程度就高。

（四）进一步加强青少年工作与国际接轨

各个青少年工作的组织机构还应寻求青少年工作的国际交流与合作，进一步与国际接轨。积极参加有关青少年的国际性活动，使国际社会全面了解中国的青少年发展状况和成就，增进相互了解，求同存异，扩大共识，是目前我国青少年社会工作机构在服务青少年事务中的一个极为重要的领域。到目前为止，在国家级层面，我国已同130个国家的250个组织建立了不同形式的交往关系，其中包括政府青年组织、政党青年组织及非政府青年组织等。地方和民间自发的青年国际交流和交往活动也越来越活跃。这表明，我国青少年工作的组织机构在国际交流、交往与合作方面有着较强的能力和水平，应该进一步发挥优势，不断加强同国际社会的交往与合作。

参 考 文 献

[1] 阿内特. 阿内特青少年心理学 [M]. 3 版. 段鑫星, 等译. 北京: 中国人民大学出版社, 2009.

[2] 彼得·威特. 娱乐与青少年发展 [M]. 刘慧梅, 孙喆, 译. 杭州: 浙江大学出版社, 2009.

[3] 蔡忠. 阳光点亮心灵——上海市青少年事务社会工作案例汇编 [M]. 上海: 华东理工大学出版社, 2007.

[4] 曾守锤. 亟需加强流动青少年的社会工作——以浦东为例 [J]. 华东理工大学学报, 2006 (2).

[5] 车广吉, 丁艳辉, 徐明. 论构建学校、家庭、社会教育一体化的德育体系 [J]. 东北师大学报: 哲学社会科学版, 2007 (4).

[6] 陈微. 青少年社会工作 [M]. 北京: 中国青年出版社, 2001.

[7] 戴昕, 何玲, 刘瞳, 王建, 梁晶. 北京市智力残疾青少年体成分特点分析 [J]. 中国学校卫生, 2011 (8).

[8] 但瑰丽. 湖北省残疾青少年社区参与的个案研究 [D]. 武汉: 华中师范大学, 2008.

[9] 窦静. 残疾青少年儿童教育、康复体系初探——以天津市为例 [D]. 天津: 天津财经大学, 2010.

[10] 费梅苹. 次生社会化: 偏差青少年边缘化的社会互动过程研究 [M]. 上海: 上海世纪出版集团, 2010.

[11] 费梅苹, 韩晓燕. 青少年社会工作案例评析 [M]. 上海: 华东理工大学出版社, 2010.

[12] 顾东辉. 社会工作概论 [M]. 上海: 上海人民出版社, 2005.

[13] 顾海根. 青少年网络行为特征与网络成瘾研究 [M]. 合肥: 中国科学技术大学出版社, 2011.

[14] 郭惠华. 特别的心灵需要特别的关注——残疾青少年的心理调适 [J]. 中国校外教育, 2009 (8).

[15] 郭迎新, 陈伟娟. 如何正确对待青少年早恋现象 [J]. 生命与灾害, 2011 (10).

[16] 何洁云, 谢万恒. 社会工作实践——小组工作 [M]. 香港: 香港理工大学应用社会科学系, 2002.

[17] 江洪. 中国社区化发展与青年工作社会化转型 [D/OL]. 中国青少年研究网, http://www.cycs.org/.

[18] 姜涛. 浅谈大学生应如何树立正确的恋爱观 [J]. 青春岁月, 2011 (14).

[19] 赖斯, 多金. 青春期: 发展, 关系和文化 [M]. 11 版. 陆洋, 林磊, 陈菲, 译. 上海: 上海人民出版社, 2009.

[20] 黎熙元. 现代社区概论 [M]. 2 版. 广州: 中山大学出版社, 2007.

[21] 李锡海, 盛兆林. 流动青少年犯罪的特点、原因及防治对策 [J]. 河南公安高等专科学校学报, 2010 (3).

[22] 李先忠. 聚焦新生代青少年网络成瘾与网络游戏研究和调查 [M]. 北京: 地质出版社, 2006.

[23] 李旭培, 单敬, 田宝. 智力残疾青少年生活技能训练 [J]. 中国康复理论与实践, 2008 (5).

[24] 连榕, 杨丽娴, 吴兰花. 大学生的专业承诺、学习倦怠的关系与量表编制 [J]. 心理学报, 2005, 37 (5).

[25] 林崇德. 发展心理学 [M]. 北京: 北京师范大学出版社, 1995.

[26] 刘凤英, 姚志刚. 青少年早恋的原因分析及其疏导策略 [J]. 科技信息 (学术研究), 2007 (30).

[27] 刘杰, 孟会敏. 关于布郎芬布伦纳发展心理学生态系统理论 [J]. 中国健康心理学杂志, 2009 (2).

[28] 刘梦. 小组工作 [M]. 北京: 高等教育出版社, 2003.

[29] 卢德平. 中国残疾青少年特殊教育问题评估报告 [J]. 中国青年政治学院学报, 2004 (5).

[30] 卢韵场, 黄一戎. 浅析斯金纳强化理论在人力资源管理中的应用 [J]. 人才资源开发, 2009 (3).

[31] 陆春雨. 民族贫困地区青少年犯罪问题探析 [J]. 广西社会科学, 1996 (2).

[32] 陆士桢, 李江英, 洪江荣. 中国青少年社会工作实务案例精选 [M]. 上海: 华东理工大学出版社, 2010.

[33] 陆士桢. 童工问题及其治理 [J]. 社会, 2003 (4).

[34] 罗凤雏, 罗一平. 青少年早恋的原因探析 [J]. 甘肃教育, 2005 (Z2).

[35] 吕民睿. 社会工作个案研究——方法、探讨与处遇 [M]. 台北: 红叶文化事业有限公司, 2002.

[36] 吕卫华. 从青少年弱势群体现状考察中国青少年政策的调整 [J]. 中国青年政治学院学报, 2004 (1).

[37] 吕新萍, 等. 小组工作 [M]. 北京: 中国人民大学出版社, 2005.

[38] 马灿. 青少年社会工作者素质模型的构建特点与层次研究 [J]. 浙江青年专修学院学报, 2012 (2).

[39] 马惠霞, 张建新, 郭念锋. 青少年危险行为研究进展 [J]. 中国临床心理学杂志, 2004 (1).

[40] 彭聃龄. 普通心理学 [M]. 北京: 北京师范大学出版社, 2003.

[41] 沙依仁. 人类行为与社会环境(修订版)[M]. 台北: 五南图书出版公司, 2005.

[42] 沈文捷. 家庭暴力的社会学思考 [J]. 宁夏大学学报, 2006 (2).

[43] 史柏年, 罗观翠. 儿童社会工作 [M]. 北京: 社会科学文献出版社, 2003.

[44] 斯滕伯格. 青春期: 青少年的心理发展和健康成长 [M]. 7 版. 戴俊毅, 译. 上海: 上海社会科学院出版社, 2007.

[45] 苏淑君, 李舜曼. 城市青少年弱势群体问题探析 [J]. 天水行政学院学报, 2011 (6).

[46] 孙江平. 中国 5 省市中学生危险行为调查报告(三)——吸烟、饮酒和成瘾类药物滥用状况 [J]. 中国学校卫生, 2001, 22 (5).

[47] 邵鹭明. 青少年抑郁症的预防与矫正 [J]. 漳州职业大学学报, 2001 (1).

[48] 檀传宝, 等. 大众传媒的价值影响与青少年德育 [M]. 福州: 福建教育出版社, 2005.

[49] 唐卫海, 杨孟萍. 简评班杜拉的社会学习理论 [J]. 天津师大学报, 1996 (5).

[50] 田万生. 残疾青少年的心理障碍及其治疗 [J]. 青年探索, 1999 (3).

[51] 童星. 世纪末的挑战 [M]. 南京: 南京大学出版社, 1995.

[52] 汪新建. 人类行为与社会环境 [M]. 天津: 天津人民出版社, 2008.

[53] 王思斌. 社会工作概论 [M]. 2 版. 北京: 高等教育出版社, 2006.

[54] 王雪莲, 才世辉. 青少年抑郁症早期诊断心理干预、研究 [J]. 中国实用医药, 2009, 4 (36).

[55] 王雪涛. 中国残疾儿童社会福利现状分析 [J]. 商业文化, 2011 (8).

[56] 吴明燕. 如何对待青少年的早恋问题 [J]. 中国校医, 2007, 21 (2).

[57] 谢冬怡, 布坤涛, 梁筱健, 等. 佛山市青少年吸烟饮酒和成瘾类药物滥用行为调查 [J]. 中国校医, 2007, 21 (5).

[58] 星一, 季成叶, 张琳, 等. 中国北方两城市青少年健康危险行为多发特点分析 [J]. 疾病控制杂志, 2006, 10 (4).

[59] 徐选国, 陈琼. 社会工作成长小组模式建构 [J]. 社会工作, 2010 (7).

[60] 杨丽, 朱明瑶. 社区流动青少年心理健康影响因素的研究 [J]. 护理学报, 2011 (4).

[61] 杨丽娴. 当前大学生学习倦怠状况及其与专业承诺关系的研究 [D]. 福州: 福建师范大学, 2004.

[62] 叶刚. 青少年危险行为特点研究及其保护/危险因素模型探索 [D]. 苏州: 苏州大学, 2011.

[63] 于晶利, 杨奎臣. 青少年社会工作实务 [M]. 上海: 格致出版社, 上海人民出版社, 2012.

[64] 张文新. 青少年发展心理学 [M]. 济南: 山东人民出版社, 2002.

[65] 张严方. 论我国弱势青少年群体的教育与法律保护 [J]. 福建师范大学学报, 2009 (6).

[66] 张治遥. 大学生内外控信念、社会支持与学习倦怠的相关研究 [D]. 彰化: 彰化师范大学辅导研究所, 1989.

[67] 章友德. 青少年社会工作 [M]. 天津: 天津大学出版社, 2010.

[68] 赵映春. 对青少年学生"早恋"现象的对策研究与探讨 [J]. 中小学心理健康教育, 2011 (4).

[69] 中国青少年研究中心、共青团中央权益部. "当代中国青年与社区建设"调研报告 [D/OL]. 中国青少年研究网, http：//www. cycs. org/.

[70] 周碧瑟. 台湾地区在校青少年药物滥用盛行率与危险因子的探讨 [J]. 中国药物依赖性杂志, 2001, 10 (1).

[71] 周梦. 从班杜拉的观察学习理论看影视传播对青少年的影响 [J]. 大众文艺：理论版, 2009 (1).

[72] 周沛, 葛忠明, 马良. 社会工作概论 [M]. 武汉：华中科技大学出版社, 2002.

[73] 周育林, 郑艳华. 青少年危险行为研究综述 [J]. 山西煤炭管理干部学院学报, 2007 (2).

[74] 朱国量. 和谐社会与和谐青少年工作的建构分析 [J]. 山东省团校学报, 2010 (3).

[75] 朱眉华, 文军. 社会工作实务 [M]. 北京：社会科学文献出版社, 2006.

[76] Freudenberger H J. Speaking from experience [J]. Training and Development Journal, 1977, 31 (7).

[77] Pines A, Kafry D. Tedium in College [C]. Honolulu Hawaii：ERICDocument Reproduction Service, 1980.